北京市哲学社会科学北京学研究基地项目
北京市属高等学校高层次人才引进与培养计划项目资助

找寻大栅栏

北京学丛书·纪实系列 主编 张宝秀

杨澄 著

北京大学出版社
PEKING UNIVERSITY PRESS

写在前面的话

北京历史悠久，拥有三千多年建城史和八百六十多年建都史。

北京人文繁华，是辽、金、元、明、清五朝帝都，也是中华民国曾经的首都。1949年中华人民共和国成立，定都北京。

北京见证了中华民族的发展壮大，积累了无比丰厚的文明成果，成为中国人民的精神圣地。

孔子说："温故而知新，可以为师矣。""故"是历史，"新"是未来。以史为镜方可知兴替，丢失了历史的民族无以知新，是没有未来的。班固在《东都赋》里指出："温故知新已难，而知德者鲜矣。"德之不存，礼崩乐坏，世事无依。两位历史巨人从正反两个方面告知了"温故"的紧要。

北京市哲学社会科学北京学研究基地与北京大学出版社合作，推出了"北京学丛书"（该丛书分为"流影"和"纪实"两个系列），旨在"温故而知新"。名之曰"纪实"，既是为老北京众生相立传，更是为新北京大变化述说，留存古今北京的社会记忆，为研究者提供丰富多样的素材，助益读者领悟北京的前世今生。

北京学研究基地，是北京市哲学社会科学规划办公室与北京市教委联合设立的，是以成立于1998年的北京联合大学北京学研究所为核心，以"立足北京、研究北京、服务北京"为宗旨，以北京地域综合体为研究对象，多学科交叉互动的综合性研究平台。广泛调动专家学者、社会工作者、历史文化爱好者等各方面研究力量和资源，对北京历史文化进行多方位、多要素、多专题的发掘与研究，为首都北京发挥全国文化中心示范作用做贡献，是我们的责任和努力方向。

本丛书编写凭借个人口述、采访等直接体验或使用日记、书信、报刊、档案等历史文献间接体验，真实地述说北京历史上的真人真事和现实生活，以文为主，图文互补，题材可大可小，须见物见人见精神，不虚妄，求真实。

当代著名学者闻一多先生留美归来，回到久别的北京，壮怀激烈，写下诗歌《祈祷》："请告诉我谁是中国人，启示我，如何把记忆抱紧；请告诉我这民族的伟大……"

愿"北京学丛书·纪实系列"能为回答先生的追问做出努力，"把记忆抱紧"，倾听北京的声音，感知"这民族的伟大"。

张宝秀

北京城
是梦堆起来的地方
悠悠老北京
积蓄着多少代人
矢志不移的追求
胼手胝足的努力和
绚丽多彩的梦想

回望老北京
不仅需要情感
更需要智慧、襟怀和勇气

20世纪初的前门大街五牌楼

目 录

序
解读京味儿文化的一把钥匙 /12

开篇
找寻大栅栏的来龙去脉 /19

第一编
找　店 /28
身穿瑞蚨祥/33
头戴马聚源/54
脚蹬内联陞/66
表戴亨得利/72
济世同仁堂/75
芬芳张一元/78

茶饮庆林春/88
鼻烟天蕙斋/91
玉器德源兴/105
酱香六必居/119
豫菜厚德福/126
门框小吃街/144

第二编
找　乐 /156
老戏园子/161
电影大观楼/182
万有劝业场/196
八大胡同絮语/206

第三编

找　钱/242

钱市小胡同/246

腰缠四大恒/255

票号有故事/261

保镖这一行/268

银行西河沿/283

第四编

找　人/292

朱启钤和他的民国旧事/295

田汉和他的《白蛇传》/317

程砚秋和他的《锁麟囊》/327

裘盛戎和他的《秦香莲》/339

大美不亏大节/353

跋

大栅栏，不泯　　林胜利/370

主要参考文献/386

序
解读京味儿文化的一把钥匙

打开长长的北京历史画卷，我们追寻到70万年前，在北京这块宜居的土地上就出现了人类生存的迹象；3000多年前，北京的先人按照当时的礼法，在北京西南琉璃河董家林村，建造了一座有模有样的城池，它是北京最早的城；汉唐以后，定鼎中原的封建王朝为了抵御北方强敌的入侵，先后12次把北京地区作为军事重镇，派亲王、设重兵，严密防守。防守的另一面却是来自西北、东北、蒙古的诸民族，在这边关要地的频繁交流与融合中，不断为北京的地域文化注入取之不尽、用之不竭的活力。

进入公元10世纪，北京顺理成章地开始向全国的政治中心转身，先后担当了辽的南京（燕京）、金的中都，继而成吉思汗的蒙古大军占领北京，建立了震撼世界的大元帝国。百年后，朱明扫灭大元，重新打造北京城，奠定了今日京城的格局。1644年清军入关进京，不仅保存了大明北京旧有的建筑文化，而且屡加修缮，增建了城内三海和西山园林等自然景色。1911年，绵延了两千余年的帝制在中华大地寿终

20世纪50年代的前门大街 ▶

正寝，革故鼎新，北京成为中华民国最早的首都。1949年10月1日，中华人民共和国成立，定都北京。

  细数前朝旧事，犹感天地悠悠，人海苍茫，多少惊心动魄的日日夜夜，多少扭转乾坤的一刹那，长使英雄喟然长叹泪沾襟。老北京的故事悠远绵长，又何其深邃沉重！然而，它却是今人鉴古知今、走向未来的宝贵财富。

  今日北京，地广人稠，空前繁盛，可谓古今并存，眼花缭乱。时见旧迹饰新，新迹骇世，不知何去何从。破译老北京故事的密码杳然不知去向，却又时隐时现，令人难以捉摸。而标榜"老北京"的货色，乘虚而入，招摇过市，乱人耳目。加之时光飞逝，旧人凋零，记忆冲淡，究竟从哪里去找寻、见识北京的人文脉络，寻觅北京历史文化的真相呢？

  余青少年时，常听父辈们闲谈，说及京城旧事，其中不少故事的发生地大半在南城，在前门外、在大栅栏、在琉璃厂……听得我倍儿来精神，因为那是我出生和长大的地方，砖头瓦块儿里藏着我儿时的记忆。前门外，不单培育出我早年的痴想，也引发我难解的疑问，比如：

  一条270米长、9米宽的大栅栏，为什么在一二百年间能"生长"出那么多的老字号？

  今日被列为世界非物质文化遗产的国粹京剧，为什么会从大栅栏一座座密集的老戏园子里诞生？

  中国第一部电影、第一座电影院竟诞生在大栅栏的大观楼？

  国药名家同仁堂为什么在大栅栏落脚生根？

  为什么享誉中外、不同菜系的名餐馆和名小吃店在大栅栏街区比比皆是？

  为什么民国初年最早的报馆、书局、电台大都建在大栅栏临近地区？

  为什么新型商场、照相馆、西服店、西餐馆、珠宝店、古玩店，都聚集在大栅栏左近呢？

  而蜚声海外的文化街琉璃厂和京城最热闹的厂甸春节庙会，甚至名传遐迩的"八大胡同"也都在大栅栏的延长线上。

  前门外的一条短街，如何串起如此众多闪烁的北京文化的宝珠呢？

  我还注意到，在大栅栏地区，密集分布着百家大小不一、地区不同的地方或行业的会馆。它是全国连通北京的信息站，也是北京吮吸全国各地文化营养的"奶站"。会馆现象注明了京城品性，也预示着它的未来走势。

太神奇了，一条270米的短街和它延伸的琉璃厂街，以及它向周围浸润、衍生的地区，竟包容了北京文化这么多闪光的节点，汇集了如此丰富的人文财富，不能不令人拍案称奇，有所深思。

大栅栏在北京人嘴里读作"大拾栏儿"，它原本是前门大街路西的一条短街。自打明永乐帝建街以来，六百多年，这条短街由无到有，由兴而盛，又由盛而衰，随着京城的变化亦步亦趋。特别是近百年来，大栅栏遭遇了义和团的大火焚街、北洋军阀的兵变劫掠、日本侵略者的欺凌摧残、1949年后的合营改造乃至今日的焕然一新……几经兴衰，它却像浴火重生的凤凰，在一代代北京人的滋养下，不仅日益繁盛，展露出夺人的绚丽光彩，成为京城居民和中外旅游人士的必到之处，而且培育出了北京的商业、戏剧、电影、新闻、出版、文物、民俗等多种文化的奇葩。

大栅栏是北京文化的百宝箱。

你要领略北京的人文情怀吗？到大栅栏来找寻吧。

你要解读老北京的猜想吗？到大栅栏来找寻吧。

因为在大栅栏装饰一新的门脸背后，在那还来不及装修、破败的建筑背后，在那失去往日喧闹的胡同背后，在街头晒太阳老人昏花目光的背后，在图书馆一页页发黄的书页背后……你会发现一代代漂泊到北京的各地人是怎样背井离乡，怀着异样的梦想，从全国各地聚集到这块不大的"皇天后土"，坚忍不拔，施展本领，最后赢得生存、发展的奇迹。他们出身卑微，却绝顶聪明。大栅栏既是他们厮杀的战场，也是他们建功立业的根基。在这里，堆积起来的梦想，闪耀着奇异的光芒，结出累累硕果。在这里，人文北京的DNA表现得最充分。

无疑，大栅栏的故事，是解读京味儿文化的一把钥匙。本书文字长短不一，繁简适意，明白晓畅的北京话正好用来述说大栅栏一段段喻世明理的故事，细细听来，方悟出，原来老北京人曾经这样生活，在日夜苦斗中品尝梦中的甘甜……

杨　澄

小小 开篇

20世纪60年代的大栅栏东口 ▶

找寻大栅栏的来龙去脉

　　一条街,也如同一个人一样,有它的生命和历史。

　　当元大都建成的时候,位处城南垣的丽正门(今正阳门)外,较之其他城门是人来人往相对繁忙的郊野。虽然它的西南是被蒙古大军摧毁了的金中都,但残留的庙宇、寺院、学宫、园林还在;眷恋昔日笙歌的文人墨客、遗老遗少还在;旧日采买居家用品的市场还在……

　　晨光熹微,人们会三五相邀,南出都门,踏着荒草萋萋的土路,去捡拾旧梦。而古道扬尘、络绎不绝的中原来客,也会依着历史行进的惯性,从贫瘠的家乡,北上大都城,去找寻圆梦的机缘。他们也必然要途经卢沟桥,抵达大都城南垣的丽正门。这样,原本是一片生土的"大栅栏"栖身地,早早就印上了南来北往人的脚印,虽横不成巷、竖不成街,却逐渐熟识了异乡人的气味,亲近了他们匆匆找梦的步履。

　　"大栅栏"的原生地,在外乡人脚下一次次地被踩热、踩熟了。然而,人世在战事的"刀耕火种"中,被反复地扭曲、厘正,淬炼了民族,征服了土地。

◀ 2009年的大栅栏东口

一、建廊房招商成街

1368年春天，独享元末农民大起义胜利成果的朱元璋在南京称帝，建立大明王朝。这年的九月十二日，明军乘胜追击，在徐达的率领下攻克元大都，元顺帝妥懽帖睦尔带着后妃、太子及部分蒙古大臣，出大内，从健德门北逃，没入蒙古大草原……终结了九十八年的大元帝国，扰人安眠带来噩梦的戾气却并未消失。

大都改名北平。朱元璋封他的四子朱棣为燕王，坐镇北平，警视北方蒙古贵族残余势力的袭扰。徐达授命大将华云龙在被摧毁的元大都城的基础上，建造北平城。燕王府设在太液池西岸的隆福宫，北城垣南缩五里，依旧是两个门：废健德、安贞，改名德胜、安定；南城垣南进二里，依旧是三个门：丽正（正阳）、文明（崇文）、顺承（宣武）。南城垣南推二里，使"大栅栏"热土进一步亲近了皇城。

1398年，随着明太祖朱元璋的去世，皇太孙建文帝朱允炆的即位，一场为时四年的"靖难之役"在燕王朱棣与他的皇侄之间打响了。内战重创了初建的明王朝，却也带来新政权此后的稳定和发展。1402年，明成祖朱棣即位，次年改年号"永乐"，随即把帝都从南京迁到北京。

这个迁都十分艰难，朱棣一方面要应付北方蒙古贵族各部，实施怀柔和防御的两手政策；另一方面又要不失时机地投入巨大的人力、物力，建造簇新的帝都北京城，而现实却很糟糕。当时连年战事不断，民不聊生，京城房倒屋塌，人烟稀少，市井萧条，王朝不得不从江南以及山西等地迁徙大量富户、工匠充实京城。同时移居大量无地、少地的外地农民，乃至把罪犯调到京郊凋敝、荒芜的农村，垦荒屯田，以保民生，维持新建的王朝。

面对困窘的局面，总会有智者提出多种解救的办法。

城市的坚固在于城，而活力却在于市。活市必须营造市场，建廊房辟新街就能虚位以待，招商引资，促进贸易往来。这样，既可繁华市井，增添城市的活力，又可扩大就业，稳定民生，提高居民的生活水平。明大贵族郭勋率先捕获商机，投资千万，开设店铺千余家，一时在京城赢得"郭半城"之誉。事实证明，这一招果然灵验，至今依然。

何谓"廊房"？

清康熙朝著名诗人查慎行在其所著《人海记》中记载了它的来由：

> 永乐初，北京四门、钟鼓楼各盖铺房，招民居住，招商居货，谓之廊房。视冲僻分三等，纳钞若干贯，洪武钱若干文，选居民有力者一人签为廊头，计庸纳钱钞，敛银收买本色，解内府天财库，备宴赏支用。今正阳门外廊房胡同，犹仍此名。

这段话讲了建廊房的地点、管理和租金的用途三重意思。

四门，指的是朝前的丽正（正阳）、文明（崇文）、顺承（宣武）三门和皇城后门（地安门）。钟鼓楼是元大都时候的"后市"，都是繁华所在。名之曰"廊房"，点明了这种建筑不同于一般民居，突出门廊毗连，联袂成街。选择这些地区建造廊房招商，可谓地点适中，设置得体，安排妥当。

明初，从南方迁徙来的2700多家手工业者被安置在前门外西侧搭建的四条街，取名廊房头条、二条、三条、四条，采取前店后厂的形式，街市一体。廊房诸条借助优越的地势，经过十余年的经营，这里渐具规模，成了京城靴帽、刺绣、荷包、丝织、挑花、制香、球皂、熔炼金银等行业的中心市场。而从江南水运过来的锦缎、三梭布、纸张、瓷器、药材、茶叶、干果、海味、香料、桐油、染料、生铁等物品也在这里集散、周转。乃至街以市兴，廊房头条、二条、三条的街名依附街市的繁荣而保留至今。只有廊房四条的街名被更响亮的"大栅栏"代替了。

自明清以降六百多年，京城闹市虽有"西单东四鼓楼前"（或"东单西四鼓楼前"）之说，但前门外一直是是京城人气十足的旺地，早年前门楼子底下的棋盘街、帽子巷、荷包巷，堵着晨昏城门的启闭，人头攒集，积蓄的商机，无处可比。说及地势，更是天造地设，堪称唯一。因为它位居中轴线核心紫禁城的大门口，紧邻朝廷的六部衙门，东接京杭大运河入城的水道（江米巷），西通辽金旧城故地(宣南广内)，南抵中原大道通衢（永定门外），是个四通八达的关节所在。就连后来修建的京奉、京汉两个火车站，也是把着前门楼子的大门洞、贴着城墙根儿建造的。大栅栏依傍前门大街，独获天时地利人和的优越条件。

二、大栅栏脱颖而出

正阳门俗称前门，廊房头条、二条、三条、四条并排地建在前门大街北头

小京纪实

找寻大栅栏

的西侧。

前门大街是紫禁城通向天坛、先农坛，南抵中轴线南端永定门的主干道，有天街御道之称。中心御道由两竖一横的大理石条石铺就，御道两侧宽阔平坦，遇有皇帝出巡则用黄土铺垫，再用净水均匀泼洒，既不粘脚，也不扬尘，湿润得当。明初，正阳门外没有东侧的肉市、布巷子、果子市和西侧的珠宝市、粮食店两条南北街，天街的宽度比正阳桥前的"标榜"五牌楼还要宽。

明初，前门大街东面的空地，陆续建造了长巷，草场一条、二条、三条等安顿百姓居住，因为受地形水道的限制，这些胡同大都是南北向的。而天街西侧开发建造的廊房各条街，是东西向的，是邻着前门西护城河，依次序自北向南排列的，功能是买卖街，兼顾民居。当年的护城河河道很宽，来往行船，畅通无阻，正当中的正阳桥横跨护城河，宽大雄伟。因此，在西河沿南岸建造廊房头条的时候，离河道还有很宽的距离，且地势较高。

廊房头条、二条、四条街的东口与前门大街路西取齐，西口都开在煤市街。其中廊房三条只有西口，没有东口，是条死胡同。因为地势所限，四条商业街后来发展的态势并不一样，唯有廊房四条独占鳌头，日盛一日，近百年来，虽屡遭劫难却能浴火重生，乃至人们撇弃了平淡无奇的"廊房四条"，直呼形象鲜明的"大栅栏"，且按照京片子读音的流转，飘出一句"大拾栏儿"！亲切、顺溜儿，带着一股俏皮劲儿。如此"爱称"，在京城的闹市名街中是仅见的一例。

那么，廊房四条是怎么脱颖而出由"老四"变成"老大"的呢？粗略算来，原因有以下五条。

一是大栅栏沾了地势的光。虽然原来建造这四条街的时候是依次排开，不偏不向的，但是这四条街并不在同一个水平面上，地面高低不一样。

廊房头条、二条的地势较高。从珠宝市北口往南看，呈下坡趋势。而这两条街的东口，比前门大街路面高出一米左右。过去从前门大街进廊房头条、二条的东口，要爬一个相对较陡的斜坡，人空着手走尚且吃力，洋车、三轮车上坡就更难。记忆中，斜坡路面是用交错的红棕色大条石铺成的。下雨时，雨水从街口向东奔流而下，注入前门大街路边的水箅子，很有气势。而廊房四条（大栅栏）的路面就与前门大街同在一个水平面上，行人和车辆平蹚，走行自如，没有爬坡之苦。

二是，四条街路面的宽窄不同。大栅栏路面最宽，平均9米；而头条宽约6米，二条宽4米，三条只有2米宽。路窄难设店，不利于游人闲逛，不便于车马行走。

三是，四条街向西的延长线也不一样。有的可以通往小胡同，像廊房头条可以西接不宽的北火扇胡同，二条西接取灯胡同，三条就没有对应的胡同连接。只有廊房四条向西的发展前途远大：宽阔的街面向西，直接连通观音寺街（今大栅栏西街）；再往南走，经过铁树斜街，可以到达繁华的虎坊桥地区；若从大栅栏西口往北，经过杨梅竹斜街就可以到达名扬中外的东西琉璃厂古文化街，西抵宣武门大街。由此可见，在廊房四条街市中，唯有廊房四条延伸最长，街面也比较宽，适于经商开市。实际上，自辽以降，这条逐渐成形的街市就是一条民众经常往返的熟路。它为后来"大栅栏""琉璃厂"的繁荣与成熟，埋伏了深深的人脉，留出了富裕的发展空间。

廊房四条后来居上的第四个原因，就是它的经营广泛，服务全面，商品精良。其他三条街无法比拟。

分开说，廊房头条在清末民初除了有劝业场、天宝金店、三阳金店、谦祥益绸缎庄等大买卖外，最显眼的商家是二十几家专做宫灯、纱灯的灯笼铺，著名的有文盛斋、华美斋、秀珍斋等。一进头条东口，只见路南彩灯闪亮，花团锦簇，十分亮眼，故廊房头条有"灯笼街"之称。

廊房二条街道不宽，但干净整齐，有"三盛兴""永宝斋""聚丰厚""德源兴""恒盛兴"等几家很不错的古玩店、十几家珠宝玉器店，以及众多的玉石作坊，颇受官绅和洋人的青睐，故有"玉器街"之称。

廊房三条只有西口，没有东口，挺窄，除了"全兴盛""德利斋"两三家玉器铺外，还有几家不大的钱庄、票号。最近，廊房二条、三条在开挖路面，维修地下管道时，沿路发现大量坑埋的玉石下脚料，惹得不少人财迷转向，追着施工人员满地找宝石。

由此可见，这三条街除了劝业场顾客较多以外，顾客大多是衣着鲜亮的达官贵人和洋人买办，他们着眼于金银首饰、珠宝玉器等奢华贵重商品，普通民众很少涉足，故而人脉不广、不深。

廊房四条则不然。在这条270米长、9米宽的短街两侧，既有老百姓平素离不开的吃的、喝的、抽的、闻的、穿的、戴的、使用的、听的、看的，游的、逛的，又有高档人士所用的绫罗绸缎、钟表眼镜、西服革履……可谓一应俱全。可以说在大栅栏，只有你想不到的，没有它办不到的，此其一。其二呢，就是大栅栏的商品和服务，绝对是京城一流，而且是祖辈相传，延续百年。因此，在这里名副其实、童叟无欺的"老字号"比比皆是。如同仁堂中药铺、瑞蚨祥绸缎庄、亨得利钟表店、张一元茶庄、内联陞鞋店、一品斋鞋店、天蕙斋鼻烟铺、厚德福饭馆、祥聚斋糕点铺、二妙堂西式糕点……

有趣的是，由于大栅栏的兴旺，竟成就了一条同样火爆的门框胡同。这条165米长、3米宽的短街，不单横着插了一杠子，贯穿廊房头条、二条、三条直抵大栅栏中段，成为来往劝业场与大栅栏之间的一条捷径，而且演化成北京最具风味的小吃精品街。门框胡同的酱牛肉、烧羊肉、羊头肉、豆腐脑、老豆腐、爆肚、豆汁、褡裢火烧、白汤杂碎、涮羊肉、年糕、奶酪、豌豆黄、艾窝窝等几乎成了品牌。别看一家家店铺门面窄小，本小利微，却能做出一品品令人难忘的小吃，就连穿西服的董事长、伶界大王也跻足平民之间，端着豆腐脑、烧饼酱肉，吃得有滋有味。门框胡同里还有北京最早的军衣庄、西服店，作家张恨水也曾在此居住，挥笔描绘京味十足的言情小说。如今胡同中间的石板门框还在，它原本是个过街楼，上面供奉财神爷，香烟缭绕，日夜不断，即便大栅栏的买卖都上板打烊了，门框胡同依旧食客盈街，不识夜深……

第五个原因是大栅栏浓郁的戏剧文化。

在这条短街里戏园子密集，街北有广德楼、庆和园、同乐轩、庆乐园，街南有大亨轩、三庆园和粮食店路口的中和园，共7家戏园子。如果加上附近肉市的广和楼，鲜鱼口的华乐园，珠市口的文明戏院、第一舞台和开明戏院，就是12家戏院。两百多年，这些古老的戏园子不仅见证了昆曲的衰落、乱弹的兴起、徽班的进京和京剧集腋成裘的华丽亮相；而且卓有成效地培育了一代代的京剧演职人员。当年培养京剧演员的科班如富连成（在广德楼、广和楼）、荣春社（在三庆园）、鸣春社（在庆乐园）、斌庆社（在广德楼）、奎德社（在庆乐园）等戏班，无一例外的都是把实习场地恒定在大栅栏的戏园子，织就群星闪耀、百鸟喧鸣的繁荣景象，这才凸显了"须生三鼎甲""四大名旦""四小名旦"和前后"四大须生"的流派纷呈，争奇斗艳。如今追寻梨园界"好佬儿""名角儿"的成名踪迹，谁又能离得开大栅栏那几座唱对台戏的戏园子呢，怎不感激当年京城一辈辈火眼识金的热情戏迷呢？

其实，从明代大戏剧家李渔到清末谭鑫培、王瑶卿、梅兰芳、荀慧生、叶盛兰、裘盛戎……众多的京剧名家都是把家安在大栅栏地区,为的是上园子近,彼此交流方便,就连梨园公会也干脆设在杨梅竹斜街。大栅栏真的是国粹京剧的摇篮,滋养京剧艺术生生不息的家!

廊房四条隐退,大栅栏粉墨登场,回过头来再找补几句"栅栏"是怎么回事。

早在公元13世纪,元世祖忽必烈建造元大都城的时候,城内就以皇城为中心,周围建造了50个坊。坊,长方形居民小区,从治安和管理方面考虑,围之以墙,两端开设坊门,横额题坊名,夕闭晨启,有人巡更守夜。坊门或木制,或砖制,后来有了铁质,坊门结合牌坊的造型也有了美化、装饰,不再是厚重坚固的两竖一横的门的造型,立柱坊门额头编成了花样"栅栏",既牢固透亮,又美观大方,被广泛采用。当然这不菲的造价要由本街巷的住户、商铺出的。比如当年的长巷头条等街巷,皆因住户中有豪宅、巨贾,资财亿万,就可以修建牢固保险的铁栅栏,设岗楼,雇专人携利器彻夜看守。

当年廊房四条的木栅栏修得高大牢固,一为安全,二为招摇,目标明显,后来还装饰以灯光、彩绸、旗帜,这样不仅花花绿绿很好看,给人印象深刻,而且吸引游人光顾。顺而,三五相邀就不说去"廊房四条"而直呼"大栅栏"了,嘴一滑,就成了"大拾栏儿"了。后来木栅栏糟朽了,换成铁的,以后又嫌碍事,拆了。很长时间,大栅栏有名无实,逛的人依然多。现在又按照老照片修了个"大栅栏",但只有架子没有门,像个铁牌楼,好歹名实相符,年轻人发现:原来大栅栏是这么个玩意儿!

如今,廊房四条成了历史,老话说,扔脖子后头了。

三、瞻前顾后就看大栅栏

1911年,德国人约翰·拉贝(John H. D. Rabe,1882—1950)曾作为德国西门子公司北京分公司的雇员,住在东城苏州胡同。闲暇之时,他常拿着相机到处游逛,留下了那时北京的影像。后来他调到天津,1932年至1938年在南京担任西门子公司的负责人,目睹了日本侵略者在南京的大屠杀罪行。他怀着一颗仁爱之心,尽着全力,不畏残暴,救助屠刀下的南京民众,并留下了《拉贝日记》等二十几册在华期间的记录和大量宝贵的照片。在他的笔下和镜头里,再现了"前门卫"的景象:

小小京纪实 —— 找寻大栅栏

前门外的城区，中国人管这里叫"前门卫"。那里的胡同最窄，但生意最红火。在这些胡同里有很多牌楼和拱门，随处飘扬着各家商号的幡儿和招揽生意的旗子。人头攒动，走在街上只能跟着人群一步步缓慢地向前挪。但人们很喜欢这样的场景，拥挤的人群很少发生争执。来这儿买东西的人都有充裕的时间。只有少数几个维持秩序的保安人员在路口指挥交通，人力车和汽车也必须缓慢地在人群中爬行，所以也不会发生恶性交通事故，这里主要汇聚的是绸缎和皮货店、金银首饰店、书画店、各种可以想象出来的生活用品和奢侈品店，特别是让西方人兴奋不已的古玩店。

拉贝所说的"前门卫"可能是指明清以来，特别是清末民初围绕正阳门瓮城周围的棋盘街、帽子巷、荷包巷，前门外东西两侧的打磨厂、鲜鱼口和路西的西河沿、珠宝市、大栅栏、廊房头条、二条、三条这一块地区。"卫"者，围也。这样说也有道理。笔者以为拉贝说的"前门卫"很可能是"前门外"的误认。因为"前门外"是北京人的口头语，他们太熟悉这个生活里少不了的热闹繁华地。只一句"前门外"，即可说明一切。当然大栅栏是"前门外"必逛的精华所在。

说到"前门外"地区的空前繁盛，绝不能忽视前门楼子东西两个火车站的建成，与1906年京汉铁路和1907年京奉铁路的通车。这是激发前门外获得繁荣兴旺的重大契机。正是火车的通畅与快捷，洞穿了天子朝臣固守了几百年的皇皇都城，洞开了北京高贵的大门。它使得全国乃至全世界的游客，有了圆梦的机会，可以顺顺畅畅地进出神秘的"帝都"，看个究竟，做做美梦，撞撞大运。

坐火车进北京，高大的前门楼子是抹不掉的第一印象：源源不断的客流和货流，一下火车就麇集在前门外，人和货都围着前门楼子转。因此，需求发生消费，消费呼唤市场。于是，前门东站南侧的东河沿，建起了货场、仓库、旅馆、饭店、照相馆、百货店、书铺等充盈了打磨厂一条街。而前门西站南侧的西河沿，干脆建起了豪华的银行街，漂亮的西式楼房与陈旧的四合院高低错落，开启投资之门，延展经营之路；新旅馆与老会馆互补短长，迎迓八方来客，进进出出，疏导文化新风。

至此，在时代大潮的涤荡冲刷下，前门外不再是天子脚下彰显皇恩浩荡的禁地了，它蜕而变之，成了寸土寸金的商业竞争宝地。"前门外"身不由己地顺从时代的抉择，面临着市场的检验和空前发展的机遇。

受历史和地势的影响，前门外逐渐形成了东、西两个商业文化板块：

东板块：前门大街以东，鲜鱼口是核心，北至打磨厂，东至崇文门大街西侧，南至东珠市口、三里河、水道子、瓷器口。

西板块：前门大街以西，大栅栏是核心，北至西河沿，西至宣武门大街东侧，南至西珠市口、虎坊桥、果子巷、菜市口。

西板块有两点可圈，一个是它身处或者毗邻汉唐以来的古幽州、辽燕京、金中都故地，文脉深，遗存广，与元明清建都的北京有着割舍不断的机缘，饱含丰厚的历史文化积淀；另一个是大栅栏西连的琉璃厂。它命运不凡，由早先的河边野村，辟地为琉璃窑厂，为宫廷皇城装点辉煌。当烟火飘远，这里因凑近文人墨客举子官绅的住所，很快阡陌成巷，商旗招展，琉璃厂量身定做，成了官宦朝罢频频光顾的一条充盈文化、情趣盎然的古街。书铺、纸店、文玩三业支撑，挑起了北京乃至中国五千年历史文化的大旗，延宕至今，可谓国中罕见，世间难得！

如今，百年大栅栏正面临着空前发展的大好时机，把握方向与把握时机同等重要。瞻前何妨顾后。孔子说：温故而知新。故，就是历史，就是前辈的创业史，就是我们走过来的漫漫长路。大栅栏百年辉煌就在于它拥有厚重的文化积累和前辈用智慧与勇力所成就的事业。这是大栅栏持续发展的优势。所幸今天在这片残破与更新并存的街巷中，有心者还可以按图索骥，从泛黄的史籍和老人的口述里，找寻出百年来大栅栏多如牛毛的故事。故事并非虚妄，有的有名有姓，多数名姓难说，虽然一辈辈大栅栏的主人早已亡故，但他们的人生轨迹依旧有迹可循。如果再现彼时追梦人的梦圆，或梦破的陈年往事，当是一件有趣且有益的乐事。岂不知，前人在大栅栏划出的一道道经历，恰如暗夜里路边明灯的缕缕光辉，足以照亮我们脚下延伸的行程。

本书作者经过一段细密的搜寻和检索文档，揭示了大栅栏地区一些曾经拼搏创业、创造辉煌的"老北京人"的逸闻轶事，顺而晕染出从前的那个时代，那个味道浓郁的老北京情韵。其中不乏令今人感到陌生且有趣的往事，它犹如一面镜子，在照出我们面容的同时，也照出后面的风景：原来北京的过去是这样，那时人们的智慧竟有如此的熠熠光彩。

大栅栏正是我们找寻"我们从哪里来"的一方热土，审读"我们是谁"的铜镜，启迪"我们向何处去"的一卷参考书。

第一编
找　店

身穿瑞蚨祥
头戴马聚源
脚蹬内联陞
表戴亨得利
济世同仁堂
芬芳张一元
茶饮庆林春
鼻烟天蕙斋
玉器德源兴
酱香六必居
豫菜厚德福
门框小吃街

源聚馬	瑞蚨祥
德厚内	盛錫福
青雲閣	同仁堂
張一元	全聚德
豐澤園	中和戲院
大觀樓	六必居
南紙店	和睦同

錦繡文章在掌中

經綸事業從針下

FOR SELECTING
SUPERIOR QUALITY
GOODS OF THE
FOLLOWING
DESCRIPTION:
SILKS, SATINS,
GAUZE, COARSE AND
FINE CLOTHS.

瑞蚨祥鴻記

顧繡粧品時式新衣
竺置各種細毛皮債

中国丝绸

福　福

引　子

　　大栅栏街，东西走向，东起前门大街，西止煤市街，全长270米，均宽9米。自东向西，北侧分别与珠宝市街、门框胡同相交；南侧分别与粮食店街、同仁堂夹道相交。商业街的购物、餐饮、娱乐等老字号店铺，历经数百年却长盛不衰，同时带动了周边地区经济的繁荣。①

　　这是今人给大栅栏街下的定义，只是今天旧貌新颜的表面多的是炫目的华丽，少的是独立的个性，看不到百年传承下来活泼跳跃的生命力，感受不到曾经含忍苦笑开基创业的故事。这或许是时代整齐划一后意外的结果。

　　大栅栏地区的格局呈现为"三纵九横"，南北为纵，东西为横。

　　"三纵"是珠宝市街、粮食店街和煤市街；"九横"依次是小齐家胡同、大齐家胡同、王皮胡同、蔡家胡同、施家胡同、掌扇胡同、云居胡同、湿井胡同、甘井胡同。还有半截车辇胡同。这个格局至今依然。它有点像前门大街商业区的家属宿舍，这里的居民大多是在附近做事谋生的。

---

①《北京百科全书·宣武卷》，奥林匹克出版社、北京出版社2002年版，第59页。

◀ 2008年的瑞蚨祥鸿记

小小京纪实

找寻大栅栏

1937年冬天，我就出生在离大栅栏隔着七条胡同的湿井胡同。小杂院坐北朝南，那是一所窄长的三合房，住着六户平民。靠门道仅有的一间南房住着一位单身厨子，他整天泅在煤市街路西的饭馆里烟熏火燎，终日不照面。北头儿的两间正房住着在施家胡同西口开修理自行车铺的段掌柜，东是他，伙也是他，一个人包圆儿，算是院子里的体面人；夫妇俩带着六个孩子，一天净喝棒子面儿粥。院子西面没房，是一抹半人高的短墙，与邻院隔墙相望，如同一个院劈两半儿。东面是一拉溜四间小平房，每间也就五六平方米，住户频频更换，都是无业游民。我和父母还有姐姐住在当间儿的一间。小屋里支上铺板，靠窗户根儿勉强挤着一口大水缸，下地就出门，没一点儿富余地方。那时候，爸爸失业，天一亮就出去找事由儿，奔一家人的嚼裹儿（吃喝），妈妈等爸爸拿钱回来，买水买面蒸窝头。我仅有的快乐，就是出家门胡乱串街，大栅栏是我总也逛不够、玩不腻、猜不透的乐园。其中，放眼一街两侧的大大小小商铺戏园，最排场、最火爆也最有故事的大买卖家，就数大栅栏东口路北的瑞蚨祥，北京人留有"身穿瑞蚨祥"的口碑。

身穿瑞蚨祥

衣、食、住、行,这是北京人常挂在嘴边儿上的生存四大要素。明明"民以食为天",吃饭是活命的第一要素,为什么这会儿偏把"衣"排第一,"食"却屈居第二呢?就连日子过好了,也说"丰衣足食","丰衣"照例超前于"足食",难道生活里穿衣真比吃饭还重要吗?

北京人笑了。

天子脚下、帝王都城,北京人有身份、有管教,最在乎的是面子,是体面,是在人前恰当地表现自己。北京人把衣服称作"身命"(身家性命),是除了生命以外的第二性命。长辈教训晚辈"身命要齐,脸目要壮"。

"人靠衣服马靠鞍""树要皮,人要脸""穿衣戴帽,各有所好""衣帽取人"……在京城不同阶层的小社会中,穿衣打扮确实是件很要紧的事,一方面自己要以良好的形象示人,另一方面也要向对方表示必要的尊重和示好。讲体面首先是衣帽整齐,其次才是彬彬有礼。

小时候过春节,最高兴的不是吃好的,而是穿好的,可以穿新衣、戴新帽,告别一年到头的缝缝补补、破衣烂衫。过春节时推头洗澡、里外三新,感觉像换了一个人,浑身上下从里到外特别舒坦,这才叫"除旧迎新"。

1950年我到灯市口育英中学上初一的时候,校方要求:一律推平头、穿竹布大褂(浅蓝色长衫),不许留分头、穿短衫;到上四年级(高中一年级)时才可留分头，穿制服。服饰判定了我从一起头就必须老老实实地念书、学好。

又想到父亲裕隆布庄里的伙计也是一色的灰布大褂，走路稳重，待客热情，显着规矩大方。只有我随父亲去观音寺开源银号的时候，才见到那里的员工一律西装，马甲、领带、鞋罩一应俱全，十足洋派，金光闪闪。那是和钱打交道的地方，高雅、神秘。

过去，放眼打量，真的可以从穿衣戴帽，大体判断出一个人的身份、素养、性格和职业来，确实可以"衣帽识人"。

一、大栅栏街一枝独秀

京城是帝都，长幼尊卑层次鲜明，穿戴有谱儿，不能越界坏了规矩，讲究"衣裳垂，天下治"。不同层次的穿戴要求，催生了京城绸布业、服装业和鞋帽业的发达。瑞蚨祥、马聚源、同陞和、内联陞……相继而生，扎堆前门外大栅栏。

经查，1949年以前，大栅栏270米一条街共有77家开业的商店，其中鞋帽店15家、绸布店5家、新衣庄2家、皮货店2家、百货店5家、眼镜店2家、钟表店4家、金银店2家，这些店都是打扮人的穿戴的。另有茶叶店4家、烟铺5家、干鲜果铺7家、饮食店5家、糕点铺2家、中西药房11家、戏园电影院4家，这些店都是解决人的口腹之欲和观赏要求的，还有其他2家。可见大栅栏的一切全是围着人的种种欲望打转的，着眼需求。大栅栏向西的延伸线八大胡同地区，则是为了满足人的另一种需求："食色，性也"的"色"、性欲。

检索当年大栅栏的商铺名号很有趣味，从中既可以揣摩出商人对市场的期冀与许诺，又可以朦胧地想象出旧时街市的繁华。

那时的大栅栏街有多热闹呢？

据王永斌老人回忆，彼时一条街的商铺有：

街北（从东往西说）：滋兰斋糕点铺、晋昌果局、有福来纸烟店、文魁斋糖葫芦铺、天成信绸布店（公益厚大烟馆，后为大同洋行）、东鸿记茶庄、祥义绸布店、聚庆斋饽饽铺、瑞蚨祥绸布店、二妙堂冷食店、庆乐戏园、吴德泰茶庄、同济堂中药铺、盛祥新衣庄、聚兴烟店、厚德福饭庄、晋阳会馆（内有益善水会，后为商办消防队）、广盛祥绸布店、凤翔金店、豫丰关东烟店、一品斋靴鞋店、大香宾鞋店、广生行化妆品行、老德记大药房、瑞蚨祥皮货店、美华鞋店、青云阁香蜡店、西鸿记茶庄、瑞蚨祥西号、老九霞鞋店、大昌源鞋店、XX酱牛羊肉铺、广德楼戏园、永顺和干果店、屈臣氏药店、永和茶汤铺、聚顺和干果铺、永利果局。

街南（从东往西说）：长和厚绒线店、逸民药房、长盛魁干果店、四箴药房、精明眼镜行、东兆魁帽店、天蕙斋鼻烟铺、及时钟表店、恒义钟表洋货店（东方眼镜行）、协盛祥新衣庄、宏仁堂药铺、德昌帽店、瑞蚨祥货栈、步瀛斋鞋店、华美药房、三庆戏园、三盛荷包店、张一元文记茶庄、东方鞋店、同仁堂乐家老铺、达昌眼镜行、聚文斋帽扇庄、欧美大药房、聚明斋帽扇店、德隆皮货店、老美华鞋店、云香阁香蜡店货栈、XX银号、华盛顿钟表店、生大漆店、达仁堂药铺、大观楼电影院、兴顺纸烟行、白敬宇眼药店、远东帽店、万顺果店、信增钟表行。

穿行大栅栏街一个来回，你会有一个突出的感觉：瑞蚨祥太厉害了。在寸土寸金的短街中，瑞蚨祥一家就开了瑞蚨祥绸布店、瑞蚨祥皮货店、西鸿记茶庄、瑞蚨祥西号和东鸿记茶庄五家商号，占地之大，门脸之气派，无与伦比。

瑞蚨祥是蜚声中外的大商号，位居京城绸布业"八大祥"之首，辉煌时期，瑞蚨祥在大江南北开设过以绸布业为主的108家多种行业连锁店，举世罕见。

它从不打广告，但北京人把"身穿瑞蚨祥"挂在嘴边上，这成了京城各界人士讲"穿"的共识与追求。这是瑞蚨祥的诚信在市场营销中，用实实在在的业绩赢得民心的结果。不光如此，瑞蚨祥"货真价实，童叟无欺"的许诺，为京城商界注入了儒家"民本"的因子，浸染了世俗世风，潜入了京味商业文化，它也率先开拓了一套行之有效的经营管理模式，极其难能可贵。

它的经营理念远涉重洋漂到了美国，引发有心人的注重。送报纸出身的山姆·沃尔顿（Sam Walton，1918—1992），在谈到他缔造美国零售王国沃尔玛的时候，情不自禁地揭示了一个秘密。他说：

> 我创立沃尔玛最初的灵感，来自中国的一家古老的商号，它的名字来源于传说中一种可以带来金钱的昆虫。我想它大约是世界上最早的连锁经营企业。它做得很好，好极了。

这家"世界上最早""好极了"的连锁企业，就是孟雒川1893年在北京大栅栏创办的瑞蚨祥绸布店。

二、孟雒川一人成就

孟雒川（1851—1939），名继笙，字雒川，以字行，山东章丘旧军镇人。章丘距济南35公里，有"千年古县""小泉城"之称。在这块沃土上名人辈出，如齐国阴阳家邹衍、隋起义军领袖杜伏威、唐代名相房玄龄、宋代"词国女皇"李清照、元代文学家刘敏中、明戏曲家《宝剑记》作者李开先……

咸丰元年（1851），孟雒川出生在章丘旧军镇一个殷实的地主兼商人的家庭里。他的祖上是明洪武二年（1369）从直隶枣强迁移到章丘旧军镇的亚圣孟子第55代孙孟子位、孟子伦兄弟及其家人。这支孟子后裔在章丘落地生根，艰难度日，传宗接代，传到康熙朝孟子伦的8代孙孟闻助的时候，家境渐有起色。孟闻助到章丘和邻近县的农户家收购自织的"大捻布"，而后拿到周村（有"天下第一村"之称）和济南的庙会、集市去贩卖，购销两旺，生意做得不错。传到孟闻助的5世孙孟兴智、孟兴泰兄弟的时候，家境已然富裕。他们知时顺势，改行商为坐商，开店纳客，招徕生意，渐而走出家门，把买卖开出县、开出省、开到京城。从此，两兄弟分家另过。

孟兴智有两个儿子：毓瀚和毓翀。毓瀚有四个儿子：传璐、传瑗、传玞和传珊。传珊就是雒川的父亲。孟兴泰的次子毓湄也有四个儿子。这样，东西两门八子各立堂号，旧军镇遂有"八大堂"之说。商海游弋，鱼龙变化，渐而西四堂的矜恕堂集纳了其余三堂，财源广聚，生意越做越大，瑞蚨祥脱颖而出。东四堂的传人也不甘落后，创建了谦祥益等绸缎店，孟家的"八大祥"名传遐迩。这是后话。

孟雒川家出名门，他的外祖父高汝梅也是章丘西关的望族，舅父高亦诚经商颇有名望。雒川兄弟四人，他最小，也最聪明伶俐，人们戏称他"孟四猴子"。不幸的是，他很小的时候父亲孟传珊就去世了，家业转由他三伯父孟传玞署理；幸运的是，母亲高氏不仅精明强干，而且极富经商的心机，她的言传身教对孟雒川影响很大。这位孟母延聘章丘名儒李青函先生为塾师，课子读书，望子成龙。但是小雒川性颇顽皮，不善读书，喜欢算盘，常以数砖计瓦为游戏。有一次，李老师向孟母告状，说孟雒川逃学了，不念书。孟母当天就叫小雒川在中厅罚跪。管家在一旁规劝，孟雒川却拉着管家的手问，你是大管家，知道建造这么一座厅堂要用多少砖瓦，多少木料，多少工吗？管家张口结舌答不出来。小雒川却顺口答出，说得头头是道，大致不差。管家听了十分惊喜，忙将这事告诉了孟母和雒川的三伯父孟传珽。后来孟家但凡有关于房院营建、店铺结账的事，都叫孟雒川参加。有时，经理、账房遇到经营上的难题，也去找孟雒川，总能在他那里得到破解难题的办法。小小年纪，如此高明，令人佩服。

然而，过去社会上轻商，看不起商人，认为商人是不劳而获的剥削者，对国家没贡献，还留下"逢商必奸"的恶名。荀子说："工商重则国贫。"因此，历代封建王朝都重农抑商，重本抑末，固守自给自足的小农经济，把农民牢牢地捆绑在土地上，抑制流通交换，维护封建专制，这个保守的观念流传了几千年。

孟家没有固守孔孟之道而另辟经商逐利之路，个中自有因由。

当孟子位、孟子伦兄弟拉家带口从枣强迁徙到旧军镇的时候，正赶上清王朝由盛而衰、西风东渐、人心思变的大动荡时期。孟家是亚圣孟子的后裔，广有田产，也曾守着耕读过日子。但他们脑子活，知时顺势，并不墨守成规，而是遵从"民本"思想，就地取材，供民所需，走上了经商之路。到乾隆时期，孟家先是在旧军镇开个小杂货铺，卖些日用品，渐而调整为以卖布为主。道光元年（1821），孟家在周村开了万蚨布庄，销售农户自产的"大捻布"，着眼于民生中"穿"的需求，一下子门路大开。随着生意兴旺，孟家改变了经营方式，从游村串户的收购土布，改为收购棉花，交由农户去纺线，再将棉线交给自办的布厂织成布，自产自销，自己控制了成本，大大提升了获利的空间。

说到布，自然想到棉。其实我国早先没有棉，先民穿的"布"是麻葛类的编织物，少数贵族才穿得起"帛"类丝织品。棉花是南宋时从印度传入的。宋末元初时黄道婆在琼州学来黎族的纺织技术，纺棉织布才得以实现。明代朱元璋为了解决百姓的温饱问题，强令有四亩田者，必须种植桑、麻、棉各半亩，百亩以上加倍，这样种棉织布得以在民间推广。

孟家在周村开的布店，起名"万蚨"，"蚨"为何物，何必求"万"呢？这里孟家的本意说得不直白，用了个障眼法，拖出一个典故。

《淮南子》里有个"青蚨还钱"的故事。

传说南方有一种虫，叫蚨蜗，又叫青蚨、鱼伯。它比蝉、蝶大一些，翅膀像蝴蝶，颜色美丽，味道鲜美，是一位具有补中益气、固精缩尿止带功效的中药。青蚨把小如蚕卵的籽甩在草叶儿上。如果有人把它的卵拿走藏起来，那母青蚨就变着法儿地飞来，总会找到。如果用母青蚨的血涂在81文铜钱上，用子青蚨的血涂在另外81文铜钱上，每次去买东西，无论是用母钱还是用子钱，用掉的钱都会飞回你的钱袋，如此反复，钱就永远用不完了。因此世间也把钱称作"青蚨"，把"飞去复飞来"的青蚨钱，叫"神钱"。有数以万计的"青蚨""飞去复飞来"为万蚨布庄赚钱，孟家能不大发财源吗？

清同治元年（1862），孟雒川的母亲高氏在济南院西大街（今泉城路）路南买了块地皮，建起了五间门脸儿的店房，金字大匾高悬，上书两个楷体大字"瑞蚨"。字面显示，孟家的追求延伸了，光是"青蚨还钱"还不够，还要天赐祥瑞，保佑好运长久。再往后，字号干脆补成了"瑞蚨祥"，一个"祥"字，标示了章丘孟氏家族经营绸布业的统一吉祥名号。

济南老店当时以经营布匹为主，兼营绸缎、绣货等物。由于买卖刚开张，字号簇新、门面华丽，货色齐全，加上地处繁华闹市，一开张就门庭若市，生意兴隆，一下子超过了济南原有的庆祥和隆祥两家绸布业老店。

孟母为儿子搭建了稳固、宽大的平台。1868年，18岁的孟雒川闪亮登场，他不仅掌管了本房矜恕堂开设的瑞蚨祥绸布店，还兼管了旧军镇孟家三恕堂、其恕堂、容恕堂、矜恕堂四房共有的庆祥布店和瑞生祥钱庄。

瑞生祥钱庄在济南颇为知名，明里它是金钱往来，有出有进的钱庄；暗里它与官府勾结，是官吏们藏金纳贿的保险箱。官吏们把搂来的大把银子放在瑞生祥，不在乎存储的利率大小，只在乎瑞生祥钱庄的牢靠，为他们严守机密。这笔数目大、利息小、源源不断的"存款"可帮了孟雒川的大忙。他经常将这笔"存款"，从瑞生祥这个口袋里提出，装进瑞蚨祥那个口袋，供其经营使用，真的有如"青蚨往复"，老有花不完的"神钱"。

此外，章丘还有一家隆聚钱庄也经常在瑞生祥存款。这些大笔的外来储金，给初创的瑞蚨祥提供了雄厚的资金，任其闪展腾挪，尽情发挥。18岁的孟雒川从一起步就领悟了先人的智谋，心中牢牢装下了"钱"和"权"两个字，把结交官府与开拓市场看得密不可分、相互帮衬、同等重要！

孟雒川掌管了瑞蚨祥，花心思的第一件大事就是用人。

他明白，自己是帅，是统领三军打仗的大元帅，他一个人本事再大，也要靠精兵强将和足智多谋的军师组成集团军，才能攻无不取、战无不胜。

环顾四周，仔细详查，孟雒川在钱庄界发现了沙文峰。沙文峰也是章丘人，此人眼界开阔，头脑灵活，精明能干，办事果断严谨。孟雒川委派沙文峰担任济南瑞蚨祥绸布庄的经理。沙文峰一上手就把瑞蚨祥管理得井井有条，生意迅速红火起来。后来，瑞蚨祥又逐渐把触角伸向烟台、青岛、天津、上海等重要商埠，奠定了连锁店的初创模式。

三、大栅栏一举成名

孟雒川在济南红得发紫，却并未在奉承声中头脑发昏，他志存高远，谋划的是进驻千里之外皇上居住的京城。他知道，早些年已经有山东布商抢占先机进了北京城。北京，那是天子脚下、帝王都城，管着天下事，连着全国人，是个无比活跃、海量消费、蓄存着无限商机的大市场，更是一叶落而知天下秋的国之心脏。一个有志气的商人怎可忽视这个大展宏图的所在呢？

为此，他在光绪十六年（1890）来到北京转了一圈，走街巷，逛市场，观社情，看民需，心里有了数，跃跃欲试。回到济南，他选派族侄孟觐侯带着一个伙计和一批大捻布，进驻前门外鲜鱼口里与布巷子相邻的抄手胡同，开门营业。

孟觐侯年轻稳重，是个有心人。他有一双识人懂事的慧眼和一副能谋善断的好脑子。来到京城，他住在前门外，每天置身在鳞次栉比的商店和熙熙攘攘的游人当中，深深感到，那喧闹繁华氛围的背后充满勃勃生机和激烈的竞争，这是住在济南城里怎么也感受不到的。他沿着不长的前门大街街面寻找同行绸布店：在前门楼子底下最热闹的西月墙，他看到同治年间开张的瑞林祥绸布店，绕到东月墙是谦祥益绸布店，店里货色齐全，既有山东老家的土布，也有各色进口的洋布、江南的绸缎，每日里人出人进，生意十分繁忙。他还注意到前门大街东西两侧，瑞林祥在鲜鱼口西路南开了"瑞林祥东记"分店；谦祥益在东珠市口西口路南开了分店"益和祥"；瑞生祥还在打磨厂西口路南开了分店"瑞增祥"。而山东昌邑高姓老乡，早在道光年间就在鲜鱼口和大栅栏开设了天有信和天成信两家布店，在京城最早出售洋布，很有实力。不长的前门大街，布店这么多货品这么全，说明四时八节人们的衣饰不同，川流不息的顾客需求不但量大，而且品种多样，常卖不衰。

孟觐侯带来的大捻布厚实耐穿,如同京城畅销的高阳土布,很受京城乡镇农民和一般平民的欢迎,那时进口的洋布虽然面幅比土布宽,花色鲜艳,价钱便宜,但质地轻薄,不耐穿。北京的一般市民收入低,过日子要算计着花,家里谁要做件新衣服可是笔大投入,事先要安排好,一件衣服必须要"新三年,旧三年,染三年,缝缝补补再三年"。洋布不耐穿,平民百姓觉着不划算。

世间流行的打油诗说(道光二十五年《都门杂咏》):

绵袍洋布制荆妻,颜色鲜明价又低;

可惜一冬穿未罢,浑身如蒜拌茄泥。

北京人夏季爱吃芝麻酱烂蒜拌茄泥,黑糊燎烂,入口即化。如此比喻洋布棉袍岂非笑话!对瑞蚨祥来说,平民所求的白布色布是细水长流,不可忽视;但引起孟觐侯重视的是京城住着皇上娘娘、皇亲国戚、达官贵人、文人墨客、巨贾富商、戏曲名伶和海外旅华洋人士绅,这些人位居高层,活的是排场、要的是面子、摆的是架子,穿戴最讲究,一天八换。他们追求的是靓丽时尚,不在乎一件棉袍穿几年,摆的是谱儿,提的是身份。孟觐侯顿悟,这批顾客虽然人数不多,却该是瑞蚨祥长久供奉的财神爷。瑞蚨祥光靠销售大捻布又有多大的前程?从济南搬到北京,地方换了,更要紧是脑子必须跟着换,要摸准京师的"人脉",看人下菜。

孟觐侯回到济南把自己的想法一五一十地禀报给孟雒川,孟雒川点头称是。俩人仔细合计了一番,他们给北京即将开业的瑞蚨祥铺垫了三块基石:

(1)不能指着土布发财。增加货色品种,满足各个阶层的需求,特别是眼睛瞄准上层权贵士绅,扩展相关业务。

(2)新店址一定要选在前门外最繁华的大栅栏街。天时可遇,地利可选,人和可为。大栅栏绝对是块出金产银的宝地。

(3)守住"货真价实、童叟无欺"的宗旨,迎进的是生客,送出的是熟客,绝不许宰客欺客。让百姓的口碑给瑞蚨祥在京城扎根定位。

孟觐侯返回北京,可巧大栅栏东口路北有家铺面出让,孟觐侯立即花了八万两银子买下,经过一番筹备,大约在光绪十九年(1893),

瑞蚨祥在大栅栏开张，开启了瑞蚨祥新的创业史。

大栅栏人气旺，靠的是一条街的店铺都很珍惜自己的信誉，务求货真价实，服务周到，在京城树立了"买东西就到大栅栏"的良好口碑，加之它紧邻前门东、西火车站，每日进京的旅客总要到大栅栏逛一逛，买点伴手礼带回家，也给大栅栏扬了名。瑞蚨祥进入这样的行列自然不能落伍，货色要更全、质量要更好、服务要更周到，优中创优，很快赢得了京城内外的赞许。

孟觐侯心思绵密，在大栅栏街南专门开设了一处带花园的接待处，专门款待高层权贵客户。它与中和戏院的后门相通。梅兰芳、荀慧生等京剧名家演出前后，往往信步来这里闲坐、休息，有时顺便挑挑衣料，做几件时新的衣服。在这里，贵客选购商品如在自家，只需发话或递个纸条，自有伙计把货品送到面前，任由挑选，直到满意为止。成交后也不必付现钱，可以记账，年底结算。如此不进店铺、不带银钱、不显山显水，而且尊崇有加，受到款待，就完成了一次交易，上层的权贵富绅梨园名宿喜欢这样的瑞蚨祥。

对服务而言，只有高没有低；对顾客而言，一视同仁，同样礼遇。在大栅栏街面门市，不论什么身份的客人都能从瑞蚨祥获得一份自尊。比如，在店门外设了停放车马的空位，门内设有茶桌座椅，买不买东西无妨，来的都是客，总有人谦恭地敬烟、让茶，温煦如春。对办货多、久坐的顾客，夏天还送西瓜茶水；乡间老财为给儿女办喜事，来瑞蚨祥挑选彩礼，既有面子，又受店方款待，还招待酒饭喜上添喜。对大客户一旦买卖成交，随来的佣人、侍女、车夫总能得点柜上的"小意思"，上上下下皆大欢喜。只几年时间，瑞蚨祥就名声大噪，盈利大幅提高，俨然成为大栅栏名店街中的后起之秀。

孰料地利优厚，天时却不予。此时的大清，已危如累卵，干柴拥室，只擦燃一个小火星，即可烧毁蹒跚近三百年的皇皇大清。

光绪二十六年（1900）六月十六日，在大栅栏瑞蚨祥的近邻庆乐戏园里设坛的义和团，由大师兄率领，火烧靠近西口的老德记大药房，一把火烧了一天一夜，大栅栏地区连同前门大街、前门楼子俱都深陷火海，几千家店铺戏园被烧成一片瓦砾，蒸蒸日上的瑞蚨祥只剩下半壁门楼，残砖断瓦，灰烬积丘。紧接着八国联军入城，烧杀劫掠，京师顿成人间炼狱。继1860年英法联军践踏古都、火烧圆明园之后，北京再遭奇耻大辱！

国难当头，北京人没资格像老佛爷那样抛开江山社稷、黎民百姓灰头土脸地仓皇"西狩"，只能擦干血迹，再谋活路。那些日子，孟觐侯带领伙计们把从大火里抢出的布匹绸缎，晾洗干净，扛到天桥估衣摊儿贱价叫卖，维持生计。

瑞蚨祥面临着两难的处境，是大火烧毁、就此倒闭，关张歇业呢，还是继续在大栅栏重整旗鼓，浴火重生？歧路彷徨，孟雒川举棋不定。

还是这个能谋善断的孟觐侯，他越过眼前的焦木瓦砾，看到了日后瑞蚨祥的大有作为，便在孟雒川面前，一力承担下重建瑞蚨祥的重任。不仅要恢复瑞蚨祥的旧日风采，而且要瑞蚨祥有如涅槃后的凤凰，长盛不衰，再迎朝阳。

孟觐侯回到京城宣布，大难伤众，需要互相帮衬。由于账目烧毁不全，凡是从瑞蚨祥借过钱、支过货的客户，一笔勾销；凡是瑞蚨祥欠过钱或货的客户，只要有凭据，瑞蚨祥如数偿还，绝不失信。这一允诺立即轰动京城。危难之中见真诚，瑞蚨祥名声大震！

痛定思痛，孟觐侯不惜重金请名家设计了西式的镶嵌铁花栅栏的坚固门墙和铁栅栏大门，前院停车场高搭敞亮通风的铁罩棚，两层楼的正门门脸儿则是中式玻璃木隔扇样式，真材实料，磨砖对缝，既美如殿堂，又固若金汤，防水、防火、防盗贼，如一座铁打的营盘。一年后，这座中西合璧、富丽堂皇的商号重张，惹动京城万千观众涌进大栅栏，以观其详。1912年2月29日，曹锟率部发动兵变，士兵抢烧王府井、大栅栏等京城闹市的商店，几次强攻瑞蚨祥大铁门，终因坚如铁壁铜墙而作罢，大栅栏唯有瑞蚨祥躲过这一劫。

四、大栅栏一册"经典"

走进瑞蚨祥的货场，放眼望去，尽是五颜六色的花绒布匹，却井然有序，层层递进，按照出售的货品分为前柜、二柜和楼上三大部分，便于顾客选购。

前柜出售受大众青睐的青、蓝、白布，二柜高一档，出售呢绒等中高档布匹。

楼上清雅舒适，出售丝绸、皮货、广货等高档商品，自然顾客多是贵族官宦有身份的人了。顾客临门，先由四个年纪较大的职工拉开一楼大门,含笑迎接,然后由售货员上来请坐、看茶,根据顾客需要,送上商品,顾客买不买均可。

未雨绸缪是孟雒川的一个营销策略。他很用心揣摩上层顾客的购买心理,往往抢先一步,给贵宾一个惊喜。比如,春末夏初,孟雒川亲自出马带明白人去广东采购,买来薯莨绸、草葛、承湘葛、祥云纱、哆啰麻等祛暑衣料,顺手买来一些著名的广东丸药,如大活络丹、六神丸、再造丸、牛黄清心丸、红灵丹、乌鸡白凤丸、宁坤丸,等等,卖贵宾欲买而未买,很受上层顾客欢迎。这无形中为瑞蚨祥又开通了一条广货财路。瑞蚨祥在经营上认为:只要进货对路,适合消费者口味,至于推销手段则全属多余的了。当时在北京,有许多新奇的洋货广货,别家没有,唯独到了瑞蚨祥能找到。

有暑必有寒。北京冬季天寒地冻,长达五个月,有钱人还未入冬,就准备起入冬后梯次换穿的各种缎面皮袍取暖。皮袍、皮坎肩,既无棉袍的臃肿又有皮袍的华贵,同时也是一种身份的表达。早在1909年,北京瑞蚨祥就在二楼设立了皮柜,供应各种珍贵皮草和绸缎面料,请手艺高超的裁缝量体定制。关键是货源,瑞蚨祥设立皮柜后,派行家里手赴山西、东北、内蒙古等地高价选购优质皮草,极力经营,精工细作,颇得京城朝野权贵人士的欢心。瑞蚨祥的皮袍成了京华时尚名牌,一扫此前京城的皮货被晋商垄断的局面,领军京师皮草业,穿之者为贵。1924年,瑞蚨祥索性又增设了金柜,金银首饰华丽耀眼,招徕贵妇小姐频顾,业务大进。

财大压众,是孟雒川的又一营销策略。他财源广聚,敢于投资聚珍,独占高档精品市场。少数权贵追求的珍贵商品,一般小字号无力经营,大字号又怕积压资金而不肯涉足。瑞蚨祥资金雄厚,正可囤积居奇,独步牟利。比如,在1930年以前,北京、天津的皮货中一件貂褂标价四五千元、一件海龙领子开价一千余元,至于稀有皮货如金丝猴、玄狐、白狐等更是奇货可居。价高货少压占资金,一般商家不敢问津,而只有瑞蚨祥独备这些奇珍异宝,自然卖出一件获利巨大,也必有人登门选购。在绣货中,清代高级官员的服装,别家难寻,瑞蚨祥则应有尽有。民国以后,一些如梅兰芳、荀慧生等名伶舞台所用的桌椅绣披、门帘大帐等,也多委托瑞蚨祥代办。

瑞蚨祥生财有道,锱铢必较。它的经营采取"远地进货,获取地区差价;先期进货,获得季节差价;加工定织,牟取垄断价格;提高质量,以求本大利大"的种种方式,颇见功效。

小京纪实 找寻大栅栏

比如，定机织做，是孟雒川保住瑞蚨祥丝织产品高端质量的重要措施。丝绸产品是富贵人家一年四季少不了的制衣材料，质量高，价格自然也必须高。瑞蚨祥做高级丝绸呢绒大都在苏州定织。当年孟雒川初到苏州时，各家丝织作坊的老板瞧不起这个山东人，怕受骗上当，向他提出要有可靠的担保人、要签订条款繁多的商业合同，种种条件。粗布缭衣的孟雒川眼皮眨也不眨，当即拍板，订货即付全款，苏商很受震撼。日子长了，瑞蚨祥成了香饽饽，苏商抢着给瑞蚨祥做定织，主动征求意见，按瑞蚨祥提供的图纸织做，银子挣得钵满盆儿满。这样的"定机货"高于一般丝绸的质量，且独此一家。比如夏季用的丝料熟罗，最好的是11丝，而瑞蚨祥的定机货加到13丝、15丝，仔密漂亮。又如纺绸，一般是用四合成丝织，而瑞蚨祥的定机货是用六合成丝织，而且用的全是上等丝，花样品种也多，提高了纺绸的质感。再比如，20世纪20年代，绸货中有一种"漳绒"，一度流行大团花，有些陈旧了，瑞蚨祥就改成小团花，很受顾客欢迎。瑞蚨祥还独创了一种"高丽纳"，是用好洋绉或物华葛做表，中加衬绒，以白布为底，用丝线纳成。这种货是专供上层人物在秋冬之交做过渡衣服用的，既保温又轻巧，颇受权贵富豪演艺名家的青睐。这些定机货的料端，都织有"瑞蚨祥定制"的字样。标明专属，独占市场，定机货为瑞蚨祥赚了个名利双收。

自染色布，惠及民众。瑞蚨祥虽然注重高端，但从不疏忽民众日常离不开的布匹销售，毕竟时长量大，布匹的销售利润，始终在营业总额中占有优势，因此，瑞蚨祥很重视各种色布的质量与经营。20世纪30年代以前，机器染厂不多，像阴丹士林这样的机染色布自然很少，绸布业出售的各种色布，都是自买白布交染坊手工染色的。瑞蚨祥为了创自己的牌子，垄断市场，利润最大化，坚持选用最好的布坯，最好的染料，委托最好的染坊加工精染，成品加盖自己的印章。瑞蚨祥自染的各种色布，不易褪色，特别是青蓝色布与众不同，在农村有很高的信誉，很多地方的农民非瑞蚨祥的布不买。不褪色的诀窍在于，瑞蚨祥的色布在染色合格后，还要进行"闷色"，用大条石压住码好的色布，使色质随着

2009年的瑞蚨祥 ▶

时间的延长而全部渗透纱中,"闷"的时间越久色泽浸透越深,越不易脱色。大量销售的双青布要"闷"六个月之久,经过"闷色"的布缩水率小、布面平整、色泽均匀鲜亮、不易褪色。白布属大路货,利润多少藏不住,价格定得很低,不过百分之几,有时甚至亏本,目的是与同行竞争占有市场份额。而加工自染的色布,由于质量高于一般市货,利润高达12%—15%,瑞蚨祥稳稳当当垄断了市场。

货真价实,是一切老字号长盛不衰立住根基的缘由。货真,讲的是真材实料、质量好;价实,讲的是物有所值,不嘘谎。北京有句俗话:"人叫人,千声不语;货叫人,点手自来。"好货就是信誉,就是人心。瑞蚨祥从不采取大减价、大甩卖、大赠送、打折扣等一类商家促销的花活。瑞蚨祥的营销靠的是货真价实、言无二价、童叟无欺、顾客至上,赢得了北京人"身穿瑞蚨祥"的良好口碑。

买卖做大了,外埠有了十几家连锁企业,职工多达千人,好的时候利润四五年就翻一番,这么大的家当谁来管,怎么管?孟雒川自有办法。

孟雒川是财东,属有京津沪济南等十几家连锁企业,却不设"总部办公室",只聘用一位全局总理(总经理的简称),协助他料理全国各分号的业务,有关全局性的重大问题,如主要人员的录用、升迁、调动,年终结算、利润分配或转化为资本、店员工资额的增减以及其他重大事项,必须由他一人决定。孟雒川的书房里没书,全是报表、账本,他每天的兴趣就是通过旬报、月报、年中约算、年底结算等形式,了解总店及各分号的营业状况及人员表现,及时调整经营对策。孟雒川聘用的全局总理是他最得力的助手,第一任全局总理是沙文峰,1916年沙文峰死后,孟觐侯继任。其后继任的有孟秀涵、高俊廷等人。

对济南、北京、天津等各地区的连锁店,孟雒川实行两级管理:地区总理和分店经理。地区总理由各地区的总店经理兼任。分店经理每天早晨必须到总店向地区总理报告前一天的营业情况及其他情况。

以济南为例。济南瑞蚨祥有3个店,每个店都有经理和副理。各店的人员一般是:

前柜。专售各种色布、白布。设柜头2人,学徒6人。

二柜。专售各种花布、广货、呢绒。设柜头1人,伙计和学徒4—5人。

绸货。专售绸缎、绣货。设柜头1人,伙计和学徒10人左右。

皮柜。专售皮货。设柜头1人，伙计2人。

金柜。专售金银首饰。设柜头1人，伙计2人，工人、学徒各10人。

账房。账房兼司文书。设头目1人，伙计、学徒若干。

售货员。专司售货，有20余人。瑞蚨祥的售货员，除皮柜、金柜固定在该柜台以外，其他售货员并不属于某一柜台，他们接待完了顾客即集于前柜。在长凳上依次坐着等待顾客，来了顾客，即按顺序起立招呼。

号房。负责管理货房和布匹的加工、染色，设头目1人，伙计、学徒3人。

后司人员12—14人，其中包括炊事员、杂役人员。设有一个头目。

前柜、二柜柜头之上，还设有两个头目，一个是前柜、二柜的掌柜，总管前柜、二柜的营业和人员，相当于营业主任；另一个是洋货头，专管前柜、二柜的进货。前柜、二柜掌柜，洋货头，绸货头，金柜经理，账房头，都由经理管理。这些人都属于分股掌柜。

除以上头目外，还有"瞭高的"，一般是前柜4人，二柜2人，楼上3人。他们的主要任务是监督售货员售货，监视扒窃，并兼管一些杂务，如传达和送往迎来等。一般由老年掌柜或老年伙计充任。

进瑞蚨祥学徒很难。首先看出身，唱戏的、炒菜的、杀猪的、当吹鼓手的、剃头的、修脚的等，隶属"下九流"的一概不要。出身合格的要由保人领着到济南老店考试，应试本人当面填写姓名、年龄、是否章丘人、保举人的姓名等，借此考察应试人的书写能力和文化程度。考取了分配到各地分店。分到北京的，经过训练，要学说一口京腔京韵，待人和颜悦色，笑不露齿，站不倚靠。晚上下班，要练习小楷记账，三年零一节出师后，才能独立接待顾客。行内人说，学徒要穿三年木头裙子，只能从早站到晚。这三年里，要学眼力见，学应承，学拿货，学递货，学规矩，学见什么人说什么话。顾客进门，看他的脸色神气和跟随的人，就大致能判断出是大把花钱的，还是光看不买的。当伙计必须能把绫罗绸缎的种类、用途、染织程序、加工方式都烂熟于心，要能看人下菜、有的放矢地介绍商品，主动替买主算计，比如，遇有买团花绸缎做长袍马褂的，立时能报出需用多大尺寸、多少料，几处开口与骑缝的地方，需要多少对花；来买皮货的，伙计必须懂得皮子的拼缝和搭配，怎么样才不松不紧。甭管顾客买多少东西，全凭脑子记账。几种十几种多到几十种东西撂好了，去银台报账。伙计瞄着货品唱，银台低头写，算盘一敲，清清楚楚，掌柜的当场检查让利抹零。其中，最难掌握的是瑞蚨祥内定的暗码，从一到十不明说，全用固定的汉字代替，其中有一套就是：瑞蚨交近友，祥气招远财。像这样的暗码一共五套，交替使用不能错，到了晚上复合的时候总数要是错了，谁错了即刻出号，一点情面都没有。不但是对伙计这样，对柜头和掌柜的也是一样。孟东家一旦发现顾客空手出门，立刻找来掌柜的查问，如果责任在店方，这位掌柜的也一样出号。

管理有严必有宽。严的是制度，宽的是福利，奖罚分明。

在瑞蚨祥做事头一条：工资高。同行别家的最高月薪是瑞蚨祥的最低月薪。定期发洗澡肥皂钱，夏季发手巾扇子钱，店里备绿豆汤和西瓜；春秋每人有两天假，看戏发官戏钱；平日吃饭四菜一汤，初一十五吃犒劳，年节有会餐有堂会，年底另有馈送，类似年终奖。1935年的年底馈送的大洋按职务不一样，最低10元，最高30元。当年一块大洋可换1800个铜子，等于1800文，5文钱可以买一个芝麻烧饼。如此算，年底的馈送是相当不少。

外地职工，每年有50天探亲假，报销往返路费，还发二三斤茶叶，名曰路茶。婚丧病死，铺子全管，若是死后家属要求返乡的，瑞蚨祥出人出资负责将棺材托运回去。

瑞蚨祥好是好，可一旦被瑞蚨祥辞退，再找个铺子学徒或是当伙计就太难了，谁家也不敢再用，基本上不能在大栅栏一带混事由了。

孟雒川是孟子的后裔，又是商界巨贾，他财大业大，世间流传"南有胡雪岩，北有孟雒川"。他与一般商贾不同，在经商活动中，倡导为人要"忠恕"，"忠恕违、道不远，己所不欲勿施于人""尽己之心，推己及人"。孟雒川在同经理掌柜们闲谈时，常说：《洪范》五福先言富，《大学》十章半理财。指出读书要明理，明理经商即可生财。他归纳为：生财有大道，生之者众，食之者寡，为之者急，用之者舒，则财恒足矣。强调生财的"生"、为之的"为"，叮嘱经理们切莫碌碌无为，坐吃山空。他还告诫店员：要规规矩矩做人，诚诚恳恳相待。一旦有违背店规店训者，一律从严处理。在济南老店的墙壁上，迎面刻着"践言"，对面刻着"修身"，提醒每一个瑞蚨祥的员工加强自身的道德修养，言必行、行必果，说话算数。他认为，同在瑞蚨祥做事，你给我服务，我给你报酬；你干不好，我辞掉你，你对瑞蚨祥建功，我对你嘉奖增薪。为此，他制定了严格、明确的铺规，约束"船队"驶向既定航程。

今天看来，讲究道德修养的同时，还必须佐以约束力的规矩，相辅相成，"无规矩不成方圆"，治国、治家、治店铺，概莫能外。"铺规"何谓？举例说明。当年瑞蚨祥济南总店的"铺规"，具体入微，一望便知。今人读来知是知非知做人，有益无损。

兹录以备考：

盖闻生意之道，铺规为先，章程不定，无所遵循。

今奉东谕，议定章程列后，望各遵议奉行，以图长久，

如有违犯，被辞出号，贻误终身，悔之无及矣。

一、柜上同仁不得携带眷属。

二、因私事出门，必须向掌柜请假，说明事故及去处，不得指东往西。出门时必须到账房写请假账，挂出门牌。假期不得过长，如因事不能回柜时，必须在上门前向号中声明。

三、亲友来访，只能在指定处所谈话，接谈时间不得超过一小时，并不能接待亲友在柜上食宿。

四、早六时（冬季七时）下门，晚十时上门。上锁后非有要故，一律不得出门。

五、不得长支短欠，顶名跨借。不得代客作保。

六、同仁探家打行李，须经指定人员检查后，始得包裹。

七、同仁探家要按探家次序，并经经理决定，到期即回。至期因事不能回店，须来信续假，多住五天，下期即压班一个月，如因业务繁忙，到期不能走时，压班一个月，补假五天。

八、春节放假，必须留人值班，顾客上门应予接待。

九、摇铃开饭，不得抢前争先，菜饭由柜房规定，不得随意挑剔。

十、同仁洗澡，下门去，早饭前回柜，不得借机游逛或下饭馆。

十一、同仁无论在柜吃饭或出外应酬，均不得饮酒过量，醉后发狂。

十二、同仁用货，必须由店中人员剪裁，不得私自找人。只能自用，不准代买。

十三、柜上同仁不准吸烟，以防发生火灾。

十四、不得代存衣物。

十五、同仁之间，不得吵嘴打架，如有违犯，双方同时出号。

十六、营业时间，不得擅离职守，不得交头接耳，妨碍营业，影响观瞻。

十七、严禁嫖赌和吸鸦片，违者立即出号。

十八、不准无故纳妾。如因无子纳妾者，须事前声明，经考察属实后方准实行。

十九、对待顾客必须谦和、忍耐，不得与顾客争吵打架。

二十、同仁必须注重仪表，无论冬夏，一律穿长服，不得吃葱蒜，不得在顾客面前扇扇子，不得把回找零钱直接交到买主手里（须放在柜台上），不得用粗词俗语，不得耻笑顾客。

二十一、不得挪用柜上银钱、货物，有贪污盗窃行为，立即出号。

二十二、不得以号章为他人作保。此事关系至巨，任何人不得违反。

二十三、柜上同仁，不得在瑞蚨祥所在地区开设同类企业，亦不得兼营其他业务。

二十四、在同仁中挑拨是非致伙友不和者，立即出号。

二十五、结伙营私，要挟柜方者，立即出号。

二十六、凡被辞出号者，不得以任何借口或凭借他种权势逗留不去。

二十七、凡调拨他处不立即前往者，立即出号。

以上规定，俱系省、京诸店应有之定章。凡我同仁概不准违犯。有股份者更宜谨遵履行，方能为同仁之表率。如因循自私，则章程为虚设，店务必日渐废弛，问心亦当有愧。号务綦繁，非一二人所能周及，务必群策群力，严格执行，方免贻误。国家论功行赏，铺事亦大同小异，凡我同仁，慎之勉之。

为了时时晓谕众人，铺规写好挂在墙上，一目了然。店员入店要熟读能背，身体力行。店方执行严格，一丝不苟，在商界颇有好评。

细细想来，当年瑞蚨祥在大栅栏创造的业绩，能延续到今天，离不开孟雒川、孟觐侯等管理者的孜孜以求，也离不开一代代瑞蚨祥传人的辛苦耕耘，条分缕析其成败，于今朝后世不无益处，也算大栅栏商界的一册经典。因而毛泽东在1956年12月7日的一次谈话中，说到"老字号"时，有一句：瑞蚨祥、同仁堂一万年要保存。字号保存很容易，关键是看商品的质量价格和老店优秀的经营作风能否一以贯之地传承。

五、孟雒川的背后

孟雒川生于乱世，赶上了大清皇帝退位、民国初立的大动荡时期。乱世害民，却为军政商贾提供了乱中取利的机会。孟雒川头脑清晰，他警醒自己，既要抓住商机，更要把握时机，见风使舵，攀附权贵，报效执政者，行善济世，支起瑞蚨祥的保护伞。就本质而言，商人本来就具有从思维到行动的投机性。"无商不奸"不好听，却有道理，一个"奸"字，包含了"奸猾""奸诈""奸佞"等含义，投机则是"奸"的核心。其实，商人做生意必须投机，要有"投机取巧"的本事。

孟雒川巧于算计，赚再多的钱，也不能放在家里生金子，而是各有各的用场，明里将本求利，扩大投资，利滚利，求取利润的最大化；暗里还要舍得拿钱买通当局，结交官府、拉拢军阀、政客、贤达，夯实人脉，有达官显贵罩着做靠山。稳固靠山的办法很多，其中以联姻、结拜最具传统，这样就把权与钱用亲情的丝线捆绑在一起，利益攸关，生死与共。比如，孟雒川把长女许配给济南高官沈延杞的儿子，二女儿嫁入大总统徐世昌门内，三女儿与南洋大臣张之洞之后结缡；法部侍郎王塨的女儿是孟雒川三子孟广址的续弦，王女死后，济南大官僚何春江又把女儿许给孟广址；孟雒川把孙女（孟华峰之女）许给张宗昌军法处长白荣卿的儿子，白的女儿又嫁进孟家为妇，军阀曹锟、官僚陈钦等也都先后与孟家联姻。当时孟府一门姻亲势力浩大，几乎无人能损其一毛。

再看看孟雒川结交至好的名单，更令人咋舌。上面有山东巡抚毓贤、文华殿大学士陆润庠、户部尚书翁同龢、江西提学使曹鸿勋、清末状元京师大学堂监督刘春霖、两江总督王仁堪、两广总督王芝祥、四川布政使护理总督王人文、吏部侍郎金梁、兵部尚书铁良、湖北督军王占元、江西督军陈光远、国务总理靳云鹏，以及毕道远、冯公度、张英麟、陈云诰等新旧官僚政客、达官显贵。

贵中取贵，他与袁世凯的交往非同一般。袁世凯在清末民初的舞台上是一代枭雄，唯他纵横捭阖、挥斥方遒。孟雒川看准了这棵大树，用尽心机百般巴结。比如袁世凯的父亲死了，出殡时，孟雒川在街上搭棚支桌，作"三多九如"的贡席，亲往路祭。袁世凯的母亲死了，出大殡，孟雒川担任治丧总管。"三多九如"是汉族一种吉祥图样，常画在成套的瓷器上。花样以佛手谐音"福"，以桃寓意"寿"，以石榴暗喻"多子"，合为"多福、多寿、多子"，是为"三多"。"九如"是绘画九支如意，与佛手、桃子、石榴相配。九支如意简称"九如"，寓意如山、如阜、如陵、如岗、如川之方至、如月之恒、如日之升、如松柏之萌、如南山之寿，全是赞颂祝福无以复加的吉祥话，称"三多九如"。孟雒川摆这样的贡席无非是向袁表示自己的一片忠心，博得袁世凯的好感，结果袁世凯给了他个参政院参政的头衔。投桃报李，据说，袁世凯"称帝大典"穿的龙袍，后妃、太子、公主的礼服以及朝臣的官服，等等，经人设计后都是在瑞蚨祥定制的，这可是一笔算不清的大买卖，孟雒川发了大财。

1928年民国政府南迁后，孟雒川的靠山倒了，他的权贵主顾们也纷纷南下了，瑞蚨祥风光不再，开始走下坡路。继而日寇侵华、国民党打内战，军痞讹诈，土匪抢劫，种种厄运，飞沙走石般扑向瑞蚨祥，大栅栏的老字号瑞蚨祥，有如风中灯、火前蛾，气息奄奄。此时孟雒川年迈气衰，再也无力独擎将堕的大厦，加之后继无人，瑞蚨祥是生是死，只有听天由命。

人生有命，富贵在天。1939年9月7日，一代富商孟雒川在天津撒手人寰。据说，他一生不抽烟，不喝酒、不喝茶，不修边幅，食宿穿戴都不甚讲究。他是高，是矮，是胖，是瘦，外人难说。奇了，这么一个叱咤风云的商界巨子，竟没留下一张照片，令人错愕！但人们说起瑞蚨祥，必然想起孟雒川，那个成就瑞蚨祥的山东人。

1949年10月1日，大栅栏北面的天安门广场炮声隆隆，随着高亢的《义勇军进行曲》歌声，中华人民共和国第一面国旗冉冉升起。这是瑞蚨祥献给新生的共和国最珍贵的礼品。

瑞蚨祥老字号重获新生，大栅栏的买卖重又人流如织。其后，经过公私合营，北京和各地的瑞蚨祥招牌还在，只是再无连锁关系。

目前，据不完全统计，当年瑞蚨祥的"学生"，美国人山姆·沃尔顿开创的沃尔玛零售王国，已经在全球27个国家开设了10000家连锁商场，员工总数达220万人。2018年5月21日权威的《财富》杂志公布，沃尔玛连续第六年蝉联美国五百强榜首，它已成为美国最大的私人雇主和世界上最大的连锁零售企业。

20世纪30年代的大栅栏 ▶

头戴马聚源

长住四九城里的臣民，受了八百多年帝都的浸染，早已陶冶得像猫儿一样温顺，说话做事讲究和和气气，有里有面，既外场，又不失态。出门见人不管穷富，总要打扮一番，笑破不笑补，就是一件漤了色的蓝布大褂，也要洗干净熨平整，配一顶合适的礼帽。

帽子，扣在脑瓜顶上，至高无上，风光得很，它不光遮阳、防尘和保暖，到了旧日的官场，它可是标识官阶、权力、荣誉的载体。就说皇帝老倌吧，为体现他君权神授、天下一人的寡人身份，就在脑袋上戴一顶九龙珍珠冠，富丽堂皇，威仪寰宇。早先皇帝戴的平天冠，平与天齐，前后还有珍珠穿起的冕旒，分别从平天冠的前后沿垂下，摇摇摆摆，恍恍惚惚，使臣子不得窥见天子龙颜的真面目。定陵出土的万历皇冠，金丝编织，龙形缠绕，轻巧华美，人世无两；臣子戴的乌纱帽、顶戴花翎，也是判然有序、标志鲜明。丢了乌纱帽几与掉脑袋相近。帽子尊贵至上。回到家，有条件置办八仙桌、大条案的，条案两端专设两个一尺来高的细瓷帽筒，静候官帽、礼帽煌煌然落座。也有把帽子放在衣裳架子顶端的雕柱上，看着不雅。抄家那阵儿，小将不识帽筒为何物。有的说是存水的，有的说是插花的，最后比着赛地扔高，一声响亮，两只精美的雍正描金粉彩瞬间粉身碎骨，白花花铺了一地，荧光闪闪，似水似泪，谁去管它？

百姓平日戴的帽子，虽没官帽那么至重，却也不可小觑。在帝都，城开南北东西，人分三六九等，穿衣戴帽既受经济实力左右，又因修养爱好有别，帽子一戴，街头一站，常能显出一个人的身份、品阶和素养。可见世间衣帽取人，并非无理。鲁迅先生唱道"旧帽遮颜过闹市，管他冬夏与春秋"，是调侃，也是自讽。

帽子既属服饰范畴，也随世俗流变，很讲时髦，而且趋新、趋奇，变化很快。一时一个款式，随即风靡一时。一顶小帽往往也能折射出几许世风流俗和人们的心理状态。比方说民国初年，帝制退位让给民国，剪去了辫子，顶戴花翎沦为废品，多好的翡翠翎管、双眼花翎、朝珠也被扔在地上没人捡，就连青缎瓜皮小帽也落伍了，那光秃秃的脖颈子上用什么扣定呢？恰是西风东渐，陪同西服革履一道，呢制礼帽和巴拿马草帽一道传入，洋气十足，又清爽利落，而留洋的学生自行搭配一袭长衫，内衬西裤，脚蹬皮鞋，也颇潇洒，至今依然是俏丽无比的打扮。新中国初立，满街晃动八角帽，配上灰军装、列宁服，比着赛地标榜"革命"；"文化大革命"飙起，小将争抢绿军帽，甚至抄家觅户不择手段，自诩"造反有理"，登峰造极。再看看如今海内外流行的棒球帽，花样翻新，风格奇特，颇受各界老少待见。可是只要一翻看帽里，就会发现不论档次高低，几乎一律都是"Made in China"。原来，世界庞大的"帽子工厂"竟然定位于神州。

国人爱帽，情结缠绕，渐渐发现，有形的帽子之外，还有无形的"戴高帽""扣帽子""把帽子拿在手里，随时戴上"等发挥。大"帽子"之下不仅扣住脑壳，罩住脸面，而且可以锁定终生命运，直到把活人一点点压死。"帽子"竟有如此功效，你道怕也不怕？

话说回来，既然在京师，头戴的帽子有如此广大的市场，而且绵延不绝，常换常新，就必然有众多的追"帽"人，看在眼里，记在心头，争着、抢着挑起做帽子和卖帽子的担子，而且出奇制胜，扬名于世，例如马聚源、盛锡福、同陞和，等等。这里且说北京人的一句老话："头戴马聚源"。

马聚源是人名，也是他开的帽店的字号，还是他自产自销的各式各样帽子的商标名。从前，在北京只要一提马聚源，人们立即想到帽子，一种品质优、做工好、款式新的名牌帽子，于是世面乃有以"头戴马聚源"为荣的说法。

一、有手艺就不愁吃喝

这是一个闯荡京城改变命运的故事，一个老北京人的活法。

马聚源是直隶（河北）马桥的庄户人，一家六口就靠几亩薄地活命。遇着风调雨顺的年头，打下的粮食不够一年的嚼裹儿（京人俗语，吃喝的意思），爷几个还要不断外出打短工帮衬。要是赶上旱涝灾年，那就只有逃荒要饭一条路了。所以老马就指望四个儿子给一家人带来好运。他给大儿子取名聚财，二儿子取名聚源，三儿子取名聚茂，四儿子取名聚盛。农家种地，指望春种一粒谷，秋收万担粮，最关心的就是这个"聚"字。聚少成多，日子才好过，土炕上做梦，梦来梦去就是财、源、茂、盛四个字。

四个儿子里马聚财岁数大，身子板儿也好，自然帮老爹干农活，早出晚归，不离左右。老二马聚源聪明好学，一家子省吃俭用供他念了两年书，算是家里识文断字、能写会算的"秀才"。老三、老四岁数小，一时还派不上用场。马桥离北京城不远，村里人盘算，那里住着皇上娘娘，处处贴金挂银，低头就能捡着宝贝。所以，乡亲们把上京看作逃离苦海、改换门庭的登天梯，常有乡亲到京城找个事由儿，讨了碗安家饭，还能往老家捎钱带点心匣子。

老马不想让马聚源留在村里跟一家人苦守，就托在城里亲戚给他找个学手艺的地方。那年头，有手艺就有饭吃，手艺好就能挣钱娶媳妇买房子成家，在京城落住脚生下根。所以当年来京城"北漂"的弟兄们，最大的愿望就是能在四九城里找个学手艺的地方，学得一把好手艺，挣个铁饭碗。

马聚源14岁那年，离开马桥来到北京，找到当裁缝的远房舅舅，把他介绍给崇文门外花市的一家小成衣铺当学徒。那时候北京人添件新衣服是宗大事，要提前预留出一笔富余钱才能开工，或是自量自做，或是找街头巷尾的裁缝铺（也叫成衣铺）请人代量代做，倒也花不了多少手工费，所以这种住家式的小裁缝铺、小绷鞋铺或是开在路边，或是混在大杂院的住家户里，很多，也很方便。这家裁缝铺开在路边，一间半打通的小房，临街的一间支个案子接活做活，后半间是掌柜的一家三口吃饭睡觉的生活区。夜深打烊，小聚源就爬上做活的案子，打开单薄的铺盖卷猫一宿，等天明小聚源赶忙拢火烧水，伺候师傅一家起床。师徒感情融洽，亲如一家。不料第二年师母得了痨病，小店关门，师父一家回转农村老家。走前，师父把马聚源领到三里河状元桥边的一家制帽作坊，把他托付给帽店掌柜的：这是个懂事的好孩子，收下他，给碗饭吧。

这家帽店掌柜的手艺好、做活细、待人和气；师娘却刁钻，老找徒弟的不是，借机克扣工钱。马聚源心里明白，只认定一个"忍"字。平素眼里有活儿、手底下能干，不仅跟师傅学会了做各式各样的帽子，还留神掌柜的怎么调理作坊的人手，留心京城帽子市场流行什么新花样。他早把师娘刁钻的事扔在脖子后头了。掌柜的看他聪明伶俐，常派他到打磨厂、花市一带走街串巷揽活。三年零一节出师，马聚源又帮着师父做了两年。无奈，马桥的爹妈年迈，仨兄弟也都半大不小了，日子艰难，眼巴巴地望着他能帮帮家里。马聚源只得辞别师傅另起炉灶支锅另做。他知道，翅膀硬不硬，只有飞出去才见高低。

他来到崇文门外南药王庙（今十一中）附近租了间房，开始单干。为什么选这儿呢？因为，清末那阵儿，这里散住着一些做帽子、荷包、布袜子的作坊，白天打开两扇门借光做活，门外摆摊儿，做好的帽子、荷包、布袜子往门口儿一放，任人选购。过路的停住脚步，有看上眼的，说好价钱，拿起就走。日子长了，这里成了门口摆摊的买卖街。别瞧条件简陋，帽子的质量、款式可不软，不比前门大街的大铺眼儿的名牌差。市场聚人，不请自到。进入民国，远近各种手工作坊闻风而至，扎堆儿长街南北两面，原来的十几个地摊儿增加到五六十个货摊儿，出售的货品扩展到布鞋、腿带、洋袜子、洋手巾（毛巾）、洋胰子（肥皂）、梳头油、榧子儿、木梳子、顶针、钢针、镜子、棉线、绳子、网子、笸箩、眼镜、大烟袋，等等。这条街从水道子南口向西延伸，一直搭到红桥西口。货摊从天一亮就摆满街头，到中午收摊，半天的买卖，生意火爆，起名"东晓市"。东晓市最兴旺的时候，一街能出三百多个货摊，销售四五百种商品，名动京城，成了当年北京最大的百货批发市场，就连天津等华北其他地区经营百货的行商、坐商都有人定期来这儿选货、进货、了解行情。

日本投降后，我在南药王庙西邻的大明古庙清化寺里读小学。每天一早穿过熙熙攘攘的东晓市挤进学校，一路上只有挤不够的人群、看不够的热闹，越走兴趣越高涨。记得我曾从一位打地摊的老者手里买了一纸箱的磕泥饽饽的模子：内有两扇大兔爷的前后身和一套唐僧师徒五人，还有一个力驮师徒五众渡河的硕大乌龟。我去四块玉野地挖来胶泥，兑水摔打上劲，托出大兔爷，再涂上铅粉，按自己的意思上色勾脸，一个迥异于市面销售的大兔爷与我面面相觑，欲语无言。这就是我的"东晓市"和"清化寺"。

马聚源自制的帽子，在东晓市地摊儿上卖出了行市。将货比货，他做的帽子就是好，内外行全都认可。好在哪？活儿规矩，手艺瓷实，样式时新。但是，好货也要让人知，不能干等着天上掉馅饼。马聚源收了俩小徒弟留在作坊做活看摊，自己背着帽子去打磨厂、花市一带的客店旅馆推销，串找熟门熟路继续揽活，打听新客户登门拜访，日夜不得闲。

皇天不负苦心人，马聚源谋事有成，卖帽子有了积蓄，就把东晓市的帽摊搬到了前门大街路西的鲜鱼口，这可是京城达官贵人盘桓流连的闹市，人来人往，灯火辉煌。马聚源地摊儿的帽子照样出彩，受到游客的欢迎，打入了行家的法眼，就有新老客户跟过来接着订货，买卖越做越火越活。嘉庆二十二年（1817），街中间路南有个小商店歇业。马聚源立马盘下，开了自家的帽店，圆了梦，就取名"马聚源帽店"。

那时候，鲜鱼口是与大栅栏比肩齐名的闹市，逛前门大街，必逛这两条街。尤其是鲜鱼口集中了很多鞋帽店，买时新的鞋帽必到鲜鱼口。因而这里的地价比别的地方高得多。马聚源为何偏拣高地价的鲜鱼口开店呢？有人请教马二爷，他说，做买卖也和做任何事情一样，必求天时、地利、人和。有句行话叫"一步差三市"，意思是开店选址差一步，买卖的行市就有可能降三等；此外，"好买卖不怕扎堆"，越扎堆越能比较出产品的优劣好坏，俗话说，"不怕不识货，就怕货比货"。还有的说得更难听的："人比人得（dei）死，货比货得（dei）扔！"话糙理不糙，天下一理，好，是比出来的，不是吹出来的。好就是好！

过去，北京的帽店分两种：一种叫"帽局"，一种叫"帽铺"。帽局是"招匠自造"，属前店后厂的作坊式，除自售外还可适量批发给别的店铺；帽铺是光卖不产。这和世间流行的"书局""书铺"一样，书局是可以出书、卖书，如中华书局；书铺是只卖书不出书。马聚源属连产带销的"帽局"。当时马聚源帽店生产的青缎子小帽、风雪帽和三块瓦瓜皮帽在北京市面上很叫座，卖得很好。这是因为，有了一间门脸儿帽店的马聚源把帽子的款式、质量放在第一位，坚持优质优价、精工细作，不怕货比货，就怕货不精。这一比，马聚源的帽子就显出与众不同，让人待见。顾客眼睛雪亮，心里有数。小门脸儿里老是拥挤不动的顾客和顶着簇新的帽子，绽开一张张心满意足的笑脸。马聚源在鲜鱼口站住了，而且名声远播："买帽子，去鲜鱼口，找马聚源去！"名声在外，谁也挡不住。一天，一位客人信步走进马聚源帽店，这位爷的光临，一下子把马聚源小店抬上了"帽王"的宝座。

二、谁知哪位是财神爷

这位贵客穿着得体，并不华贵，像个平常人。他在展柜前随意地挑选了几顶帽子，里里外外、仔仔细细地瞧了个够，随逐一问价，不时点点头，微微一笑，最后只挑了一顶青缎小帽，让伙计放进帽盒，走了。回到衙署，他赶忙把帽盒放在八仙桌上，禀告坐在主位的张老爷，说这帽子不仅款式好，做工精细、用的是真材实料，而且帽店品种齐全，价格合理，当时随手挑了五顶同样的小帽，几乎都这么精细熨帖。将货比人，看得出马聚源这个人诚实可靠。张大人边听边看，颇感兴趣。转天他们一起来到鲜鱼口马聚源帽店，挑了一顶红缨官帽，回去与旧有的一比，不光颜色正、帽胎瓷实，而且分量合适，不轻不沉，戴着既舒服又不觉着压头，果然是一等一的好货。回到衙门，张大人命差办去鲜鱼口约见马聚源到衙议事，明示想介绍他为朝廷里的官员做缨帽。马聚源闻听大喜过望，这是做梦也盼不来的好事，岂非天赐良机？连忙磕头谢恩。张大人扶起叮嘱，给朝廷办事不比寻常，活儿量大，催得急，只准好上加好，不能有半点差池。办砸了，可是掉脑袋的大事，他也要跟着吃瓜落儿（京人俗语，受牵连的意思）！说着，命差办把官帽的图样、要求一一交给马聚源，并开出了数量、价格和交货日期。

回到鲜鱼口，马聚源先到对门路北的清华池澡堂子泡了个澡，舒舒服服地咂摸着这件天大的喜事，而后琢磨着怎么调兵遣将，做好朝廷交办的这件大差事。他明白，活儿好是马聚源的命。一万顶红缨帽必须一万顶黑红亮丽，设若有一位官老爷挑出一顶毛病，那马聚源就彻底砸锅、吃不了兜着走！成功与失败往往是一张牌的两面。正眼看，好是它，翻过来，坏也是它，不能有丝毫的疏忽。从表面上看，马聚源从一个一间门脸儿的小帽店，一跃而成为专为朝廷的王公大臣、公卿显贵做官帽的"王牌店"了；实质呢，马聚源的制帽工艺攀上了一个新台阶，带动了京城的制帽业。一个人、一个店、一顶帽子，为京城文明增光添色，延续至今。

张大人乐见其成，成了马聚源的座上客。

马聚源稳坐了京师帽业第一把金交椅，真正应了他的名字"广聚财源"。可天有不测风云，人有旦夕祸福。就在他飞黄腾达、还不到五十岁的好日子口上，多年的饥饱劳碌、日夜操劳渐渐把他的身体拖垮了。偏偏马家又没人接班，店里营业兴隆，急需有人当家主事，幸亏马聚源早有安排，店里的大事小情全交给贴身的大徒弟李建全料理，不影响帽店的生意，以便自己能脱身回家养病。

李建全跟随马聚源多年，又一直是店里的业务经理，他熟知马聚源的心思，伙计们又都是和自己一起打拼多年的好弟兄，加上马聚源多年立下的规矩行之有效，帽店的生意不仅没受到影响，而且年年盈利。

三、聚源本自天成

道光二十一年（1841）腊月，柜上盘账分红，人人笑逐颜开。最后淤出一笔钱不好分了，有人建议买成布匹分给大伙；有人建议存到钱庄，每年吃利息。也有人出主意拿这笔钱做个小买卖，末了，大家同意这个主意。可做什么呢，横不能还做帽子吧？那，做鞋！有人说："我认识一个做鞋的，手艺好，人也精明。咱们拿这笔钱开个小鞋店，请他来操持，一准成！"

事儿就这么定了。这个鞋匠姓刘，大高个儿，人称"大刘哥"，河北武清人。闻听此事，他一百个同意。本来他流落到京城，在一家小鞋铺学手艺。老话说："师傅领进门，修行在个人。"成不成，在个人。仗着他心灵手巧，又不惜力，在街面上只要他拿眼一瞄，回来就能做出一模一样的好鞋。出师后，他辞柜另做，在前门外打磨厂找了间房，白天闷头做活，落灯晚串旅馆卖鞋，很受欢迎。他也想开个小店扩大生意，只是没一笔不菲的租金。马聚源帽店的邀请正逢其时，两好并一好。他们把鞋店开在鲜鱼口西口路北一个一楼一底的把角处：面对大栅栏，右手是前门大街，左手是鲜鱼口，地势绝佳。大刘哥找了几个帮手，楼上做活，楼下卖鞋。

道光二十二年（1842），鞋铺开张了，老掌柜马聚源在家养病，闻听伙计们办了这么一件好事，十分感动，想到自己创业的经历，不由得感叹这一切似有天助，乃给鞋铺起名"天成斋"。

　　马聚源靠做官帽发家，光顾的是达官显贵名人巨贾；而开鞋店呢，他把目光向下，更多地关照平头百姓两只奔走不息的光脚板子。马聚源没忘本，他毕竟是马桥的庄户孩子，缺吃少穿，知道添一双新鞋有多难，又多么渴望。所以，他决定天成斋要放下身段，给穷汉做鞋，价格要低廉，货色可不能软。天成斋开张，顾客涌进门，人们发现柜台里最叫座的招牌鞋是"双脸"和"靸鞋"。

　　"双脸"，得名于鞋面上滚两条皮条儿，边式、好看、透着精神，八旗兵、绿营兵、善扑营的扑户、私家练武术的、天桥打把式卖艺的差不多脚下踩的全是双脸。这种鞋口紧、膛松，穿进去抓地、得跟、舒服。甭管您脚下怎么拧歪趔趄，这靴绝不会炸帮开线（俗说"开绽"）。足青布面料的双脸鞋，物美价廉，适合一般民众；还有一种鞋面用青缎或者上好礼服呢的双脸鞋，供资丰好脸的爷们选用。

　　"靸鞋"取意洒脱，俗称"扳尖儿大叶把靸鞋"。鞋底纳得仔密厚实，留出底疏儿，扳起尖儿与鞋帮缝在一起，呈一人字形皮脸，鞋帮加厚密缝，纳有菱形块，皮包头帮底相连，坚固异常，能踢死一头老牛。卖苦力的穿在脚上，那叫一个提气得跟，干起活来分外给劲儿。靸鞋也有扳尖儿和长脸两种，前者耐踢耐磨，后者脸长跟脚不易掉。

　　天成斋还出售一般市民喜爱的直脚（不分左右脚，分左右的叫"认脚"）圆口皂、老人过冬暖脚的"老头乐"、下雨天不怕蹚水的"油靴"，等等。穿天成斋的鞋，美观、舒坦、放心。鲜鱼口又落下一句赞美："头戴马聚源的帽子，脚蹬天成斋的鞋——两全其美。"

　　过去，人们把技艺高超的工人，称作"匠人"，如木匠、铁匠、瓦匠、花儿匠、鞋匠，等等。一个"匠"字道出了人们对他们高超手艺的赞美和独具匠心的尊重。匠心不从俗，不泥古，讲究的是精细创新，完美创造。因而这里包含了匠人丰沛的智慧、精湛的技巧和孜孜不断的追求。

　　鞋匠做着低微的活儿，却其功至伟。

　　人能站起来凭的是一双健全的腿脚，而能大步流星地前进，就要靠一双舒适跟脚耐磨美观的鞋。北京人说，"爷不爷，就看鞋"。天成斋的鞋出自鞋匠手，成在鞋匠心。他们做鞋，首先是用好料，请好工。比如，千层底布鞋的底子，用八成新的好布打袼褙，延边包面用簇新的细白布，圈边和纳底子有牢靠可信的加工点，底子紧针密纳，一平方寸80至100针，而后用十几斤重的铁锤，砸击开水浸泡过的千层底，最后整形晾干。这样经过千锤百炼的鞋底子怎么能不耐穿？久而久之，"富人鞋，内联陞；穷人鞋，天成斋"成了京都购鞋指南。其实内联陞是后起之秀，学的天成斋，就连内联陞请的师傅都学天成斋——清一色的河北武清人，不过人家走的是高档路子，服务对象是伺候"坐轿子"的。

天成斋买卖好，无奈一间门脸的场地太小，顾客多，挑鞋试鞋回不过身来，大大影响了销售，开设分店势所必然。同治年间，天成斋就在鲜鱼口西口临近的北布巷子北口路北，开了第一个分号天源斋鞋店。光绪年间，又在鲜鱼口当间路南开了天成斋分号。随后，又在分号东侧开了天利斋鞋店。民国年间，顺应时势和顾客的需求，天成斋在鲜鱼口街西段路北开了天华馨鞋店，门面光彩亮丽，店内敞亮舒适，专供女客挑选面料、花色不同的绣花鞋和款式时新的皮鞋，很受京城贵妇淑女以及演艺、青楼靓女的欢迎。这时，天成斋几个店铺的职工达140余人，天成斋的名声响动京郊各县，同帽店相比，大有后来居上之势。

清咸丰八年（1858），马聚源面对一片蓄势腾达的产业，久病不治，衔恨去世了。马家后人不愿经商，只想把店铺尽快脱手，拿上现钱，在家乡置地盖房，过衣食无忧的清静日子。那位张大人闻听此信，心中焦急，他不能眼看着蓄势上扬的帽店、鞋店就这么骤然散伙，于是拿出一笔钱，把帽店盘了过来，成了东家，李建全照旧当经理，熟东熟伙，并不生分，业务照常，帽店仍旧沿用"马聚源"的名号。张姓官员在朝廷里有权有势，使得马聚源帽店顾客越来越多。几年以后，马聚源就扩建成前边三间大玻璃门脸儿的店堂、后边是制帽作坊的大帽庄。

四、与时俱进，不进则退

"与时俱进"，话很豪迈，却也道出些许无奈。时不我与，你不俱进，行吗？不进则退，必然落伍，遭到淘汰。帝制结束了，谁还去买簪缨官帽？眼瞅着当年看家的产品没了，必须改弦更张，选时尚新颖产品。

民国初年，马聚源帽店顺应时需，改做瓜皮帽和将军盔。这就要看眼光和魄力了。结果，它同样力拔京城帽业市场的头筹。民国初建人心欢畅，穿衣戴帽，各取所好。马聚源应时应需，帽子的品种增多，式样翻新，销路大开，进入了全盛时期，落下"头戴马聚源"的口碑。

1954年公私合营，同类项合并，帽子归帽子，鞋归鞋，不问哪家字号，更不能为资本家唱赞歌。1958年马聚源帽店由鲜鱼口迁进大栅栏，"文化大革命"中并入东升帽店……在这段改变所有制和管理体制的时间里，统一产供销，一切按计划行事，没有了产品的竞争，同吃一锅饭，同喝一缸水。"大锅饭"吃掉了企业的活力和生命力。

如今，北京城里的年轻人几乎不知道马聚源为何方神圣？1986年恢复老字号，马聚源帽店并入步瀛斋，主要品种有各式男女帽子、皮帽、棉帽、童帽及汉、满、回、苗、蒙、藏、瑶等各式民族帽、舞蹈帽八十余种。

二百年来，马聚源之所以昌盛不衰，不仅仅是传承了马聚源的传统工艺，更重要的是延续了马聚源的精工细作的匠人精神和一丝不苟的严细作风。举个过去的例子说吧，马聚源的青缎小帽之所以出名，就因为这顶帽子看似简单，加工细节却十分讲究。比如小帽用的缎子必选南京正源兴绸缎庄最高档的元素缎，别家的一概不用。又如，瓜皮帽的缨子选用的是西藏牦牛尾，用藏红花做着色剂，染出的缨子好看，丝絮匀顺，怎么弄也不乱。烫活与皮帽的接皮技术，独一无二。用"马三针"的针法钉上的帽结，绝对不会掉，就算用再大的力气，也只能把帽子扯坏，帽结仍然掉不下来。常戴马聚源帽子的人，只要一看帽子上的疙瘩，就知道是不是马聚源的货。

八十多岁的马聚源传人盛秉伦老师傅说："制作帽胎是最吃功夫的地方，要先将胎坯放在木模上，刷上浆子，再用烧得通红的烙铁熨烫。熨烫时，帽子会冒出火来，看起来像是被火烧着了，但帽胎却不会受损，只是将帽胎熨烫成黄色鼓挺。这样的帽胎即使用手按下去，也会自动鼓起来，放到水里泡上一整天，也绝对不会变形。"良好的口碑源于良好的工艺质量，良好的工艺质量源于严格的管理和严格的培训。盛老师傅还说："我当学徒的时候，仅是'马三针'这一门手艺，就学了半年时间。因为钉帽结必须用丝线，所以学徒要先学搓线，丝线分为青六珠和红六珠两种，搓出上百条丝线，才能正式开始学习钉帽结的手艺。帽结钉上后必须见棱见角，小小的帽结，随便一捏就变成了圆的，讲究的人是不会戴的。为什么'马三针'半年才能出师，因为在半年内手艺不稳，钉活时

小小京纪实

找寻大栅栏

手心容易出汗，一出汗，帽结就保持不了原来的形状，什么时候钉帽结手心不出汗了，这门手艺才能算学成了。"

历史上，马聚源帽店曾为数不清的名人制帽，受到广泛称赞。比如西藏十世班禅大师生前戴的珍贵皮帽和欧美一些国家领导人用的帽子都是在马聚源定做。他们还为时任美国总统尼克松做过全皮软胎皮帽，为时任印尼总理阿米佐约做伊斯兰帽。前几年，台湾举办了"京味文化之旅"，巡展中马聚源带去的帽子受到人们热情追捧，没等到展会结束，帽子就销售一空。2008年11月份，马聚源到香港参加了一年一度的京港贸易洽谈会，在品牌的运作、再包装和再利用以及管理经验等方面，马聚源收获不少。如今，"马聚源手工制帽技艺"被评为北京市级非物质文化遗产。"马聚源"商标已经在我国台湾和香港地区进行了注册。他们正着手结合现代的制帽工艺，将帽品、服饰进行捆绑式运作。

如今，您走进大栅栏东口，与瑞蚨祥相对的路南，就会看到两块金字牌匾"步瀛斋"和"马聚源"。这两家老字号共同占有两楼两底，一起经营。

步瀛斋有三百多年的历史。清初有个做靴子的匠人，带个小徒弟，在前门月城的东荷包巷开了个一间门脸的靴铺，专做螳螂肚青缎薄底快靴。靴子有腰，不同于鞋，穿上舒适、得跟、护脚、不易脱落，步瀛斋的快靴随做随卖，深受善扑营跤手的喜爱。一般练武之人也钟爱此物，穿上打把式卖艺颇为精神。民初改建大前门，拆除月城，步瀛斋搬到大栅栏，以圆口千层底布鞋和彩缎绣花鞋驰名京城。

望着店内熙熙攘攘的顾客，我顺而悟到，虽说京城居，大不易。然如有一技在身，以一物济世，何愁在世间没有立足发家之地，不被后人追念？马聚源生年不足半百，他的"帽子"光鲜至今。抬头仰望那三个金晃晃的大字，仿佛也在拷问今人，你想在北京立足吗？可你的北京故事又从哪里说起呢？没有故事的北京人，不过是个影子。

大栅栏，毫光毕现，处处闪现着先人的智慧、勇力，和说不完的故事，只待你去发现、补充……

大栅栏西口的中华老字号帽店 ▶

脚蹬内联陞

北京人穷讲究，看人看穿戴，不在乎档次高低，而在乎穿戴是否得体、整洁，所谓"笑破不笑补"。这内中，对脚下一双鞋的搭配，格外注意，俗话说"爷不爷，先看鞋"，"脚下没鞋穷半截"。试想，一身西服笔挺，配一双脏了吧唧的破旅游鞋，您觉得淌色不淌色？

早先，京城男女大多穿布鞋。生活富裕点的到鞋铺拣着样儿的买鞋穿，男的时兴礼服呢小圆口便鞋，女的时兴缎子面绣花鞋。一般家庭都是主妇挑起为家人做鞋这件日常的差事。北京人过日子历来节俭，不糟践东西。全家日常淘汰的破衣烂衫，碎布头儿零布块儿都不扔，凑够了数，洗净晾干，刷糨糊裱在木板上，大太阳晾干，贴成硬邦邦的"袼褙"，揭下备用。要做鞋了，取出压在炕席底下的袼褙，按脚型大小肥瘦裁剪，层层叠加，粘合成鞋底儿。再搓麻绳，用锥子使劲儿锥透鞋底，将麻绳一针挨一针地依序纳进，勒紧，针脚紧凑仔密、整齐排列，把鞋底子纳得坚实如铁，而后选面料、选鞋样做好鞋帮。再到街上，请鞋铺的匠人把鞋底、鞋帮绱在一起，再在鞋里排进木头楦子定型，于是一双崭新美观的布鞋大功告成。

我上中学以前穿的布鞋，包括冬天穿的骆驼鞍"毛窝"，都是妈妈、姨们做的，唯独七岁上小学那年从山西太谷老家捎来一双靸鞋，鞋尖扳起包着小牛皮,俗称"踢倒山";鞋帮两侧各绣着三只彩色蝴蝶,垂着须穗儿,俨然是一件绝美的工艺品,哪里还舍得穿?我打心眼儿里爱它,佩服老家二奶奶的心灵手巧。这双靸鞋不仅好看,而且好穿,口紧膛大,兜跟贴脚,舒适轻巧,抓地生风,走起路来健步如飞。小学开春季运动会,我穿它赛百米,居然跑了第三名,得了个铅笔盒。六年小学毕业,鞋帮破了,鞋底薄了,帮和底愣是没有开绽!1950年我上初中,父亲奖励我去天津,在滨江道买了双捷克产黑皮鞋,轻软舒适,并不板脚,刮风下雨、走道跑步全是它,一直到读完六年中学,穿着它走进燕园。

京城海涵,容得下四方人,接得住四方物。府里老太爷过冬要穿扎着云头肥帮厚底的"老头乐",上朝的老爷们要蹬青缎子朝靴,出阁的千金小姐要准备几双彩缎绣鞋,台上的"角儿"们,下得台来,要穿一双轻便鲜亮的小圆口皮便鞋……人各有志,鞋各有样,这么讲究的"鞋"家里可做不了,谁做?匠人,要靠鞋匠的巧手缝纳,为四九城布下脚下祥云。

这就有了咸丰年间武清县的赵廷日后进京登台亮相的故事。

一、脚下的路从穿双好鞋开始

武清县在天津西,离北京通州不远。赵廷从小就看见家人一年到头地在土里刨食,既养不起家,又填不饱肚子,日子苦,苦得没头没尾没指望;却又瞅见村里人闯到京津两地学手艺做买卖,能时不时给家里捎钱、置地,还能回来娶上媳妇。这给小赵廷带来希望。他毕竟十几岁懂事了,父母知他从小就有主意,狠狠心放他离家,或许是条生路。小赵廷没去天津,而是一头扎进皇上坐镇的北京城,靠乡亲引荐,他来到东四牌楼一家靴鞋铺学徒。那时候,坐个马扎成天低着头缝鞋做靴子,给常人归置脚底下的零碎儿,是件不受人待见的苦活儿,可他认命、乐意干。从此,他起早贪黑儿,烧水做饭,看孩子扫地,见人就笑,见活儿就干,一刻也不拾闲。铺子里杂活儿零活儿多得干不完,伺候完掌柜的,还要伺候师傅、师哥,哪儿有工夫学做鞋的手艺,谁又肯把看家的本事一五一十地教给你?赵廷明白,学本事全靠自己的一门心思和两膀子力气。一门心思就是一天到晚不想别的,只盯着师傅手下飞针走线,怎么做靴子、怎么做鞋;两膀子力气,就是一天到晚绝不偷懒,不叫苦、不喊累,一条命全卖给柜上！这一干就是三年零一节,掌柜的、师哥们全看在眼里,记在心里。这么实在明白的徒弟谁不爱惜、谁不教?

赵廷学了全套的靴鞋手艺,还学了一套伺候顾客的本事。他更虚心,也更勤奋了,手下的靴子越做越精巧,拢住了不少主顾,点着名叫他做鞋,一时供不应求。有位姓丁的军爷,特别赏识他做的靴子,穿上服脚得跟,样子边式好看,谁看见都说好,许多同僚经他介绍也都预订赵廷做的靴子。

干什么都要一门心思,不能三心二意。赵廷出门老是低头留意人们脚下的一双鞋。东四牌楼是京师繁华地,达官贵人多,穿靴子比穿鞋的多。往西不远是东华门,官员们上朝,不管骑马还是坐轿,一律穿朝靴,年年如此,月月如此,日日如此,多少官员,又是多少双朝靴啊。这是一笔多大的交易啊!要是吃上朝靴这碗饭,他赵廷几辈子不愁吃喝,赵廷越想越不敢想!不敢想更逗人想,细一思量,这么大的生意,自己不做谁做?可单丝不能成线,孤木不能成林,一个人成不了事啊,起码要有个铺子磴底,再有几个师傅盯活儿,这才有希望。眼下,赵廷穷小子一个,想开个鞋铺岂不是白日做梦?能做梦也好,有梦就有谱儿,就有奔头。那天,他赶到丁爷常去的大茶馆候着,抽空把自己的想法一说,丁爷眉毛一扬,说,好事啊!开个铺子用不了多少银子,我候了。选个好地方,起个好字号,约俩好师傅,是你的事。

二、起名"内联陞"

清咸丰三年(1853)重阳节那天,赵廷的"内联陞"靴鞋铺在前门东侧的江米巷开张了,这儿内邻宫城,外临前门大街闹市,是个内外通吃、两全其美的绝佳地。

元朝时,江米巷是一条贯穿大都东西最长的胡同。当时这条胡同傍着京杭大运河,是南粮北运卸货的码头之一,设有朝廷管控的税务所和海关,官商云集、车船密集,因而得名"江米巷"。明朝时大明门前修建棋盘街,把东西贯通的江米巷,截为东江米巷和西江米巷两段,还立起牌楼。在东江米巷设有六部中的礼部以及鸿胪寺（主管朝会、宾客、吉凶礼仪的衙门），和只接待安南、蒙古、朝鲜、缅甸四个藩属国使节的会同馆，又被称作"四夷馆"。到了清代，会同馆改名四译馆，只允许外国使节在这里居住四十天。再后来，洋人瞪眼，仗着坚兵利舰、洋枪洋炮硬逼着朝廷同意在这儿建使馆，俄国打头，英法跟进，江米巷很快成了使馆区，离皇上起居的养心殿只有一街之隔，洋人蹬鼻子上脸，可以脸对脸地盯着皇上太后的一举一动。朝廷解嘲，自打嘴巴，江米巷就叫"交民巷"好了。

鞋铺起个好字号，不光是为买卖挣个好"脸面"，看着顺眼，叫着顺嘴，而且内涵吉祥，喻义久远，让商客双方都能从中得到快慰和祝福。赵廷选定"内联陞"的"内"，既有凑近皇宫大内的意思，也有店内成交双方获利的暗示；"联"是联合，联络，不是连续、连接的"连"，却意近音同，一字双关；"陞"是踩着台阶向上升级的意思，不能用表示容器的"升"（一斗的十分之一）。内联陞的字号起的好，好就好在包含买卖双方，预示穿我内联陞的靴鞋，保你官运亨通，步步高陞！

字号响亮不是吹出来的，也不是名家题写匾额抬出来的。内联陞名声在外，靠的是朝靴做得比京城哪家都好！朝靴登的是朝觐天子的殿堂，比肩的是治理天下的文臣武将，靴子好坏，不光是脸面，在宫里来回行走舒缓脚力的必备。赵廷明白，为官吏做的朝靴，样子、材料、工艺、舒适度，必须上乘，好上加好，精益求精，且不计成本。32层的鞋底既要厚实庄重，又不能沉重，走起路来，绵软轻快无声；青缎子靴面，只取南京产的贡缎，色正纯厚不吸尘，穿在脚上明丽爽眼，与朝服底摆的彩绣搭配。

在内联陞店铺，朝靴有号码齐全的成靴，随到随选，比较方便、及时。外地官员进京办事，到内联陞总能挑到一双满意的官靴。讲究的官员可以到店里量脚定做，这样做出来的朝靴更服帖于脚型，穿着舒服。对有脚病或畸形脚的官员，内联陞总有办法在靴子里想办法弥补找齐，令穿者舒坦之极。这是内联陞匠人的绝技。赵廷有心计，但凡来店定做靴鞋的官商大户，一律让账房先生登录造册，录存备用。对高官大贾，他另眼看待，逢年过节总是派体面懂事的伙计登门问安，顺手把老爷太太公子小姐的靴鞋尺寸量回来，带回一批活计。逢到三节两寿就有人到内联陞为上司、执勤、好友定做靴鞋作为贺礼，尺寸大小保管合适，因为店里有录存的档案，一查便知。吉日良辰，一双精美的靴鞋

小京纪实
找寻大栅栏

装在标有"内联陞"字样的礼盒中,呈现堂前,主人试穿满意,一定夸奖送礼者懂事、聪明、会办事。

赵廷很得意这份顾客档案,名之曰"履中备载"。有了通天的"路引"还愁"财神爷"不频频光顾吗?岁月流逝,贵客日增,"履中备载"成了内联陞的传家宝。

1900年庚子事变,慈禧向洋人宣战,鼓动义和团攻打江米巷,八国联军趁势而入,烧杀劫掠,江米巷毁、京城毁!身处江米巷战火中的内联陞,自然在劫难逃。赵廷望着苦心经营的内联陞焚毁一空,既痛又恨,但他并未心灰意冷,仗着伙计们的齐心,老主顾们的支持,如凤凰涅槃的内联陞,又在灯市口西侧的奶子府重张。此地依旧繁华,东临赵廷学徒时的熟地东四牌楼,南接八面槽、王府井,南北街面冠盖如云,车骑似水,新老顾客不断。叫赵廷熬心的是,当年靠朝靴起家的朝靴如今没人要了:1911年武昌首义,清廷小皇帝逊位,开启民国,谁还穿着朝靴去逛故宫、过当官的瘾啊!好在赵廷心中有数,及时调整货品,顺时而进,稳住老产品,开发新产品。靠品种、款式、质量赢得口碑。例如,受顾客普遍欢迎的千层底小圆口礼服呢布鞋,特别标榜"千层底",真耶、假耶?店里有斩断的鞋底子为证,那底子层层密压,全是用新布好布打的袼褙,虽无"千层",却也十分厚实。鞋底子用麻线密集纳实,针脚每平方寸81针以上,纳好的底子要经过热水浸泡,热焖后,用铁锤砸平,使鞋底不起层、不变形、坚固耐穿,柔软舒适。就是汗脚穿上也风凉不存汗,鞋底不湿。民国时期,特别时兴戴一顶巴拿马草帽,穿一条派力司西裤,外罩一袭丝绸长衫,配一双内联陞礼服呢小圆口鞋,手舞文明棍,眼架金丝秀郎镜,充分显示时之儒雅,装扮令人欣羡,就是今人观之也不乏风流倜傥之赞。

好日子没过几年,1912年1月,孙中山在南京就任中华民国临时大总统,2月12日清帝退位,授袁世凯组织临时共和政府,孙中山27日派蔡元培一行到京,敦促袁世凯到南京就任临时大总统。29日晚袁唆使手下的曹锟部队在京城哗变,放火抢劫王府井、前门大街大栅栏繁华街市,要挟南京政府迁都北京。一场烧抢闹剧再创京城安定。内联陞再遭焚毁。老赵廷悲愤而亡,其子赵云书继承父业,在前门外廊坊头条重启内联陞,并在西口的北火扇胡同设立制鞋作坊,扩大生产车间。进入民国,内联陞的经营理念有了变化,兼及普通劳苦大众的脚下。廊坊头条离前门东西火车站很近,装卸货物的脚夫很多,脚下不利落,货物就没法扛上肩;街上拉洋车的"祥子们"整日拉着车奔跑,脚不离地,很费鞋……于是,内联陞研制了实纳帮双梁靸鞋,口紧膛大,跟脚抓地,耐穿耐磨,很受劳苦大众和打拳练武人士的欢迎。

三、老字号的坚持

1949年以后,内联陞迎来购销两旺的新时期,北京乃至全国各地的民众慕名来店选购各种布鞋,尤其是老年顾客更钟爱轻软舒适的小圆口布鞋,毛泽东、朱德、周恩来、郭沫若、邓小平等中央领导人也喜爱内联陞的布鞋,工余休闲,换上布鞋散步,身轻体畅,别有一番闲适心情。许多国际友人离开北京时,也不忘到内联陞定制一双布鞋,带回中国的念想,不忘北京的恬适。

1955年内联陞与老字号天成斋联营,成立"天成斋联记内联陞门市部"。1956年公私合营,大栅栏里的老美华鞋店和老九霞鞋店并入内联陞。1958年内联陞店面迁至大栅栏路南现址。"文化大革命"中,破四旧,内联陞改名"东方红鞋店"。旋即有人批判:"怎么能把红太阳踩在脚底下?"这可不得了,连忙改名为"长风鞋店"。又有人批判:"风花雪月完全是资产阶级的情调!"内联陞傻了,不知道自己该叫什么字号。好在"文化大革命"一结束,内联陞还叫内联陞,都叫了一百多年了,陈年佳酿,老产品出自老字号,老字号让人信服。

表戴亨得利

不知道为什么，中国这个四大发明的古国，却在计时器的发明上，长时间地停留在日晷和滴漏上，千年不变，无所创新，倒是在九龙治水、四时十二月、二十四节气上做足了文章，每年都由至高无上的天子，命令钦天监编造一本掌管人间万物、预测吉凶福祸的"皇历"，用它来规范民众每一天的行动坐卧、举止言谈。

明清时代，西洋的"自鸣钟"作为贡品进了紫禁城，渐次王公大臣权贵豪绅揣起了各色各样精美的怀表，八音和鸣，打点打刻，珐琅镶花，镀金嵌银。无形中怀表不仅修正了人们头脑中陈旧的计时观念，和看着"老阳儿"（读"laoyier"，指太阳）过日子的生活习惯，而且增添了一个物欲追求的新亮点。长时期，中国人把有没有钟表看作衡量地位高低、生活贫富的一个新标准。

说起洋表，北京人自然就说起"亨得利"，那是京城卖洋表的大买卖。光瞧那名字"亨得利"，就能猜出那是洋人开的洋买卖。其实"亨得利"这名儿似洋非洋，是地地道道的中国买卖，老板浙江定海人，叫王光祖。

王光祖是裁缝，在家乡开个小成衣铺，给人家裁裁剪剪做衣服。地方小，买卖小，没多大出息，王光祖想入非非，顺水游江飘到了花花世界的大上海，为一家洋行做衣服。洋行卖洋货，王光祖的眼界大开，瑞士"大罗马"手表要做广告。让王光祖找块白布，中间剪个圆洞，脑袋一钻,前后身印上"大罗马"表的图形,走街串巷,招摇过市,活脱一个人形"大罗马"。行人驻足,非要近前看个究竟,问个明白。洋行很满意,许诺给他广告跑腿费。事后他想,与其替人跑广告拿小钱,还不如自己直接从洋行批发钟表做代理挣钱多,而且还能熟悉扩大市场的销路。

1915年王光祖与应美康、庄涵皋三人合资,在他老家镇江开办了亨得利钟表店。民国初建,人们追求时新,有钱人以戴表为荣、送表为时尚,因而亨得利初战告捷,生意不错,王光祖不满足,他认为镇江虽是个繁华的水陆码头,但客户有限,信息不畅,终究比不过大上海。于是,1919年他又在上海广东路开办了上海亨得利钟表店,而且顺应时兴,增添了眼镜业务。为了增厚资本扩展业务,他又仿照外国洋行,吸纳股东,把商店改成亨得利钟表眼镜股份有限公司。随着业务的发展,从1923年至1948年,亨得利先后在天津、重庆、北京、南京、广州、杭州等几十个大中城市开设了六十多个分店,统一由上海总店发货,王光祖任总经理。

买卖兴旺了,免不了惹来嫉恨。有个法国人在上海开了个卖洋货的"亨达利",见亨得利顾客盈门,非说亨得利盗用了他的洋字号,告到上海法院。多亏有良知不媚外的法官主持公道,维护了亨得利的合法权益,让那个洋人碰了一鼻子灰。

从占领沿海码头到辐射内陆枢纽重镇,这是王光祖心中的一盘棋。古都北京是全国的政治、经济、文化中心,前门外是京城的第一繁华所在,因此,他把北京的第一家亨得利分店设在大栅栏西口的观音寺路北,安排他的大儿子坐店管理,他相继又在王府井路东、东安市场南边和西单北大街路西开设了三家分店。可见王光祖对北京亨得利的重视。其中,观音寺店是北京总店,王府井店的业务最好。

王光祖的智慧,来自他不苟安,眼睛向外看的开放思想和拿来主义。他仿学洋行的管理和经营谋略,看准市场需求,把握扩展时机,更严格地确保进货、选款、展销、服务、维修和拓展业务全过程的质量检验,讲究国外名表的高档次和新款式,始终把一般消费提升到豪华时尚的追求上,迎合了部分高消费的需求,保证了商店的持续营销成功。王光祖把企业的"得利"定在"亨"字上。应了通则畅,通畅则顺利的意思。中国人爱讲"万事亨通",要通顺就要讲谋略、讲秩序、讲拓展、讲市场占位和形象的推出。走进亨得利,窗明几净,富丽堂皇,晶莹的橱柜里陈放着一枚枚新款手表,木楼座钟叮咚鸣响,店员西服革履,彬彬有礼。后台的精修钟表手艺超群,往往使难修的手表起死回生。货全而新,技高而精,业熟而勤是亨得利成为全国钟表业魁首的三大法宝。

一个人的智慧,焕发了一代时尚,照亮了一个品牌,为繁华的大栅栏带来新靓。

济世同仁堂

老字号凭什么赢得顾客信赖?

四个大字:货真价实。

其他什么售后服务啊,态度和蔼呀,文明用语呀,等等,都不过是锦上添花。

老字号出名,是因为它有独到的名牌产品,俗称"招牌货"。比如,全聚德的烤鸭,东来顺的涮羊肉,月盛斋的烧羊肉,内联陞的千层底布鞋,盛锡福的帽子,同仁堂的丸散膏丹,鹤年堂的汤剂饮片……同样的商品,做法、卖法各有千秋。只有它货真价实,童叟无欺,博得顾客长久的信赖,才叫"老字号"。

北京有个同仁堂,都看见大堂里挂着的一副对子:

　　炮制虽繁必不敢省人工;
　　品味虽贵必不敢减物力。

黑底金字,明明白白。细一想又不明白:这是柜上,对后厂选料做药的要求,为什么掌柜的非要把它挂在前庭,亮给顾客观看呢?

为什么?

为了货真,让员工牢记,请顾客放心。

◀ 20世纪30年代的粮食店街

小小京纪实　找寻大栅栏

康熙八年（1669），浙江宁波人乐尊育，在北京前门外大栅栏路南创办了同仁堂，俗称"乐家老铺"，后来正名"同仁堂"：同修仁德，济世活人。

原来，乐家祖籍宁波，移居到北京后，几代人都是以走街串巷行医售药为生。别以为这个串胡同的行当简单，它要求行医不仅能当即准确断病，而且要熟悉药理，辨症施治，药到病除。当然，骗人的游医除外。真正的祖传行医，送医上门，很受一般民众欢迎。到了乐尊育这一代，靠医道有了些积蓄，他就在繁华的崇文门外开了一家药店："万金堂"。他本人又在太医院谋了个吏目的差使，从此接通了与皇宫大内的关系，有机会从太医院收集到大量验证过的古方和民间验方。开设同仁堂后，按方制药，皆有奇效。

乐尊育懂药性，知药理。他知道虽为药材，内里却庞杂难辨。唯真材实料，配伍对症才能除疾治病。同时，他更懂得世理，深知世道浇薄多变，唯顺应时势，趋利远祸，方能家业两全。商道、世道并行不悖，相辅相成。果然，他的后世攀上了皇差，雍正元年（1723）钦定同仁堂为御药房供奉御用药，并独办官药。这等于说，宫里用的生熟药材和配制的丸散膏丹中成药，统统由同仁堂一家包办，它成了天字第一号的大药铺，而且，这一办就历经八代清帝，一百八十八年！

为皇上办药虽是一件美差，却因关乎皇家一族老老少少、男男女女的生老病死，稍有差池，不是砍头，就是灭门。这养成了同仁堂用药处方不敢懈怠的严细作风，凝结出"炮制虽繁必不敢省人工；品味虽贵必不敢减物力"这两句话。高处不胜寒的处境，又迫使同仁堂不得不高悬"同修仁德"的宗旨，赢利之外，多做些扶危济贫的善事，回报社会，赚取社会的好评和支持。

同仁堂得天独厚，获得了我国中药宝库的丰厚资源和无人能比的崇高声誉。同时它也获得了精通药理药性、精于配伍制药的人才和经验。卖药，到底不同于卖鞋。它是性命攸关的"买卖"，老字号同仁堂的"货真价实"，更凸显了人道大于商道的至理。在商业利益与公众道德发生冲突时，同仁堂坚守了医德仁术，实际上也从长远保护了自己的商业利益，增添了老字号的光辉。

上图 20世纪70年代的同仁堂　下图 2009年的同仁堂 ▶

芬芳张一元

走进大栅栏东口，扑入眼帘的是路北高大的祥义号和瑞蚨祥，稍一进入，就会为路南雕梁画栋的张一元茶庄与同仁堂所吸引。四家百年老店面貌焕然一新，服务热情依旧，叫人满心高兴。然而饮水思源，退而思之，当年创业者筚路蓝缕何其艰辛，走过百年又何其不易？这百年，有天灾，有人祸，有战乱，有变革，曲曲折折，磕磕绊绊，一路走来，坚守初心，并非顺水顺风，一马平川。因而，追寻老店奋斗的既往是一门功课，它总能使我们从先人跋涉的路途中，捡拾几多有益的提醒，那是真身的体验，世事的磨炼，比真金还要宝贵的财富。这是大栅栏的厚重，老字号柜台背后的另一番人生教益。

这里且说张一元文记茶庄。

一、徽商张文卿

张一元茶庄的创办人是安徽歙县定潭村人张昌翼，字文卿，平素以字行。

歙县古称徽州，地处"吴头楚尾"的边缘地带，山高林密，地形多变，是个"八山一水一分田"的穷地方。尽管黄山风光甲天下，新安江水碧如蓝，但高山乱石青松流水好看不好吃，充不进肚皮。本来就人多地少，加之流民不断涌入，更加重了徽州人生存的危机。没办法，徽州人只有外流一条路。不成文的规定是年满十六岁的男丁就要离乡背井外出谋生。

清人《豆棚闲话》记载徽州的习俗是：

前世不修，生在徽州，
十三四岁，往外一丢。

丢出去干什么呢？做生意。徽州人只要有利可图，就无行不做。

绩溪民谣就流传：

有生意，就停留；没生意，去苏州，
跑来跑去到上海，托亲求友寻码头。

徽州人"勤于山伐，能寒暑，恶衣食"。经商意志坚强，又吃苦耐劳，被称作"徽骆驼""绩溪牛"。徽州人常年在外经商，靠着智慧和耐力，渐而形成集团规模，在全国与晋商、潮商形成三大行帮。根据历史记载，徽商萌生于东晋，成于唐宋，盛于明，衰于清，风行三百余年。经商成了徽州人的"第一等生业"，成人男子中，经商占70%，极盛的时候还要超过。徽商的活动范围遍及城乡，东抵淮南，西达滇、黔、川、陇，北至幽燕、辽东，南到闽、粤。徽商的足迹还远涉日本、暹罗、东南亚各国以及葡萄牙等地。

徽商在百业经营中，主要经营食盐、典当、茶叶、木材四大行业，还有布匹、绸缎、粮油、陶瓷、漆器、药材、徽菜、山杂、笔墨纸砚文房四宝等。

这里且说茶业。

徽州种植茶叶始自南朝，到了唐代已成为全国著名的产茶区。公元862年，歙州司马张途在《祁门县新修阊门溪记》一文中记载，当时祁门县山上遍植茶叶，百分之七八十的人靠茶业为生，每年二三月新茶上市，茶商云集。史料记载，元代歙县人毕仁十六岁便在庐州（合肥）开设茶叶店，充当坐贾。他父亲毕天祥每年运茶数百引（车），充当行商。坐贾与行商结合，自采自运自卖，省却中间盘剥，获得高额利润，知名于时。

明清是徽州茶商的鼎盛时期，清乾隆年间，徽商在北京开设了七家茶行，开设的茶庄在百家以上，同时在津、沪开设的茶庄也不下百家。徽商经营茶叶自成体系，分茶号、茶行、茶庄、茶栈等多种类型。"茶号"犹如现在的茶叶精制厂，他们从茶农手中收购毛茶，进行加工精制，做成各品茉莉花茶后运销。"茶行"类似牙行，代茶号进行销售，从中收取佣金。"茶庄"就是茶叶零售店，以经营内销茶为主，后期亦少量出售外销茶。"茶栈"一般设在外销口岸，如上海、广州等地，主要是向茶号贷放茶银，介绍茶号销售茶叶，从中收取手续费。徽州茶商多为婺源人、歙县人和绩溪人。当年京城茶商，歙县吴姓、张姓两大家族的人不少，称"吴茶""张茶"，如吴鼎和、吴德泰、吴裕泰、吴肇祥、张一元等。这些茶庄大多自采、自加工、自经销。

二、"张一元"问世

清光绪二十二年（1896），张文卿从老家歙县定潭村来到帝都北京，投亲靠友，先在崇文门外磁器口荣泰茶庄学徒，学习识茶、制茶、辨茶、储茶、售茶的基本知识，获得体验。他处处留心，苦学苦练，肯动脑筋，三年零一节学徒出师后，离开荣泰茶庄自己挑梁单干，本小力单，就选在崇文门外，繁华的花市大街路边摆了个茶摊，借以小打小闹，历练经营，积攒资金，以求一逞。靠着他的努力好学，不辞辛苦，光绪二十六年（1900）茶摊升堂入室，挂牌"张玉元"茶庄，实现了他初步的理想。何谓"玉元"呢？有人说"玉"有茶的意思，"元"是第一，张文卿有个志愿，想把茶庄办成京城老大。这是推测，不知张文卿当时是不是这个想法。

明清时崇文门是税关，车马商旅都要从崇文门纳税进城，人马辏集，花市的茶摊、茶馆、茶庄都是热门热灶，买卖很红火。但张文卿不知足，他想得更远。游逛京城，他看准了大栅栏这条商机无限的金街。这里是京城的中心，是来自全国乃至海外的各界人士必游之地。这里是吃喝玩乐的大本营，只有你想不到的，没有它办不到的。各种消费吸引着各种人，有意思的是，种种消费都离不开茶。茶馆自然是名副其实的以卖茶谋生；饭馆呢，以茶为引，茶饭混搭始终；戏园子本来就是从茶园转变的，茶房满场飞，以茶照顾客座；至于观音寺西邻的"八大胡同"烟花地，更是以茶为媒，茶流伴着人流走，日夜不断，恰是高档茶叶大宗销售、无处能比的所在。因此，不怕百年遇不着，就怕一刻想不到。张文卿凭着徽州人敏锐的眼光，一眼瞄准了大栅栏。他选对了。

光绪三十四年（1908）张文卿在前门外观音寺街（今大栅栏西街）路南，买了个一间门脸的铺面，不叫"张玉元"了，正名"张一元"茶庄。"玉元"作废，"一元"传世，何故呢？

北京人好望文生义，而京城偏有以人名取字号的店家，如"王麻子""王致和""马聚源"，等等。一时议论纷纷。有说张文卿生活放荡赔光了本钱，眼看就要流浪街头了，忽然从衣袋摸出仅有的一元钱，立即幡然悔悟，以一元钱为本儿，巧妙经营，日积月累，终于成就了叫响京城的张一元大茶庄。也有的说，张文卿谙熟京城市民不愿意储存茶叶的习惯，乐意现喝现买，保准香气十足，所以他推销一种一元钱一包的小包装，立刻受到京城市民的热烈欢迎，买上几包，随身携带，既方便又保鲜香。一元钱的小茶包，供不应求，一度收益大于批发，创出了"张一元"大名鼎鼎的字号。当然，"张一元"更体面的解释是取意"一元复始、万象更新"，暗喻"开市大吉、日进斗金"。

别看张一元茶庄只有一间门脸，从这里卖出的茶叶都是一等一的优良产品。张文卿心细，他留心顾客的购物心理，发现当时因为交通工具落后，南方产的明前新绿不能应季到京，北京人没有品尝好绿茶的口福。同样红茶、铁观音、普洱、砖茶等发酵、半发酵的茶品，也不对大多数北京人的胃口，难以接受。只有入口香郁的茉莉花茶，被京城各界人士所共同喜爱。北京干旱少雨，四季分明，茉莉花茶可以不分四季常年供应，而且花茶品质差别很大，可高可低，可粗可细，一香分九种，品质大不同，但可以一样清香。这就给茉莉花茶的采购、制作、保管、营销带来了很大的空间，预设了条条盈利商机。张文卿确定了主攻茉莉花茶的方向，精心研究花茶的品质，研制出汤清、味醇、耐喝、回香的茉莉花茶，受到京城各阶层市民的普遍欢迎，生意大进。心气高的张文卿，不久又在观音寺街路北买了一处三间门脸的店铺扩展营业。花茶飘香，叫动了京城购茶人，一时市面流传："吃饽饽去正明斋，喝花茶上张一元。"

1912年张文卿终于实现了梦想，在大栅栏中间路南开设了"张一元文记茶庄"。地点适中，人烟稠密，与瑞蚨祥、同仁堂等老字号比肩并列于大栅栏。开业以后，门庭若市，四九城的顾客盈门。请注意，在这里，张文卿把自己的"文"字"记"进张一元的字号中"张一元文记"。这是梦想成真的得意，也是继续拼搏的激励。如果仔细探查，这个"文"字背后，还潜藏着张文卿内心的一个缺憾。

徽商区别于晋商、潮商，他们特别重视读书，一向以"贾而好儒"和"商而兼士"被尊称为儒贾、贾儒，商士、士商。他们虽长年在外经商，却不忘回报家乡资财，修祠堂，办私塾，传承国学，重视对家乡人才的培养。在徽州，"十户之村，不废诵读"。因而，徽商在追逐利润的经营中不忘礼义，言谈举止不失士风。就连明嘉靖散文大家归有光为苏州徽商程白庵八十寿诞挥笔作序时，也热情地称赞程氏家族喜好读书，诗书酬答，称程白庵是"士而商"；又说程白庵言谈谨慎、好义乐善，喜欢以诗文歌赋结交文人士大夫，足见是"商而士"。归有光从不阿谀奉承他人，他是真的被程白庵的商人士风感动了。

徽商读书知礼，讲究商业道德，提倡以诚待人，以信接物，义利兼顾。以勤奋和吃苦耐劳而著称，在外经营，三年一归，新婚离别，习以为常。这是徽商本质的一面。徽商的"商而兼士""贾而好儒"的另一面则是，希求在商与官之间以"儒"和"士"为桥梁，搭上关系，求得照顾通融，"朝里有人好经商"。他们除以"急公议叙""捐纳"和"读书登第"种种手段作为谋得官位的途径外，还以重资结纳，求得部曹守令乃至太监、天子的庇护，享有官爵的特权。一些徽商本人不能跻身官僚行业，就督促子弟应试为官，自己也就成为官亲之商。

"商而兼士""贾而好儒"端正了徽商的人品道德，也赋予他们智慧谋略。张文卿年轻时出外打拼，误了读书上学，总以为憾，便起字"文卿"，意为文质彬彬的先生，自警示人。他又安排后代在家读书，不再经商，重走他小小年纪外出经商的老路。一个"文记"宣示了"张一元"以文经商的宗旨，补充了"一元复始、万象更新"的精神内涵。当然，更直白的是标明"张一元是我张文卿的买卖"。他经营的三个茶庄以大栅栏张一元文记为总店，其他为辅翼。茶庄开业后，由于店址优越、经营得法、质量上乘而声名远扬。

三、创新求发展

徽商三百年的经商，积累了丰厚有效的经验。徽州商人自小接受教育，相比于其他商帮要聪秀开明，因此能够在张弛万变、风云诡谲的商界权衡利弊，击败竞争对手。明正德、嘉靖间歙县商人程澧出浙江、到上海、走江苏、抵北京，一路走一路查，"万货之情可得而观"，把握住大江南北的行情，及时调整进出货的价格，四十年后他的买卖"加故业数倍"。所以《江南通志》说徽州商人"善识低昂时取予""以故贾之所入，视旁郡倍厚"。

张文卿在坚守所售茶叶的品质优良的同时，自然关注茶叶一进一出的价格起伏，前门外茶庄很多，光大栅栏270米短街，就有东鸿记茶庄、吴德泰茶庄、西鸿记茶庄和张一元文记茶庄四家，更不要说前门大街、珠市口和近邻的观音寺、廊坊头条、煤市街、粮食店了。如何在激烈竞争的市场中稳住张一元茶庄的领先地位，且常胜不败，是张文卿日夜必思的问题。他必须了解同行，了解顾客，随时把握住波动的行情。

为直接掌握住茶叶的产量、质量，减少中间环节，1925年张文卿亲自到福建开办茶场。他在福州郊外半山坡盖了几十间房，雇佣当地农工，按季节收购新摘的茶叶，选最好的茉莉花熏制，再依北方人的口味就地窨制、拼配，形成具有特色的小叶花茶。以汤清、味醇、耐喝、回香而赢得京城百姓的称颂。张文卿自己办茶厂不仅可以熏制品质优秀的茶叶，而且要比在北京从茶叶批发商手中进货价钱便宜得多。所以，同等级的茶叶张一元比别的茶庄低廉。张一元茶庄还经常派人到别的茶庄了解售价，掌握市场行情，时常买回别人销售的茶叶与自家同级茶叶比较，不断使自家茶叶质量、价格优于同行。

为了方便顾客，招徕大宗客户，张一元文记茶庄在当时还设有电话和函购业务的情况下，提出凡购买5斤以上茶叶者，可以派人送货上门。张一元文记茶庄买卖好，不忘宣传广告，不断扩展知名度。在京城，它是首家在门口支起高音喇叭转播商业电台的茶庄。那时收音机不普及，大街上能听到电台播放的戏曲、曲艺、流行歌曲等节目，是件很稀罕的事。张一元大喇叭一响，招来不少听众坐在路边入神地听京剧、相声，听彭素海西河大鼓"三下南唐"的连续广播。那时都是现场直播，一天一段，听众端着小茶壶，每日必到，成了大栅栏的一景。这些自然扩大了张一元的生意和影响。

1947年一场大火烧毁了大栅栏的张一元文记茶庄，张家无力再造，废墟空置多年。直到中华人民共和国成立后，1952年得以重建，张一元店与观音寺店合并，凤凰涅槃，再续新篇，1956年公私合营，老店再登新阶，花茶依旧飘香。

1992年以张一元老店为龙头，成立了"北京市张一元茶叶公司"，确定了"以品牌定位，以质量创效益，以服务促经营"的发展方针。茶庄上升为公司，这是张文卿怎么也梦想不到的。公司不仅可以直接从全国各名茶产地进货，而且还在福建闽东建立了张一元茶叶有限公司，拥有了自己的茶叶基地。在北京建造了设施完备的库房、加工车间，实现了加工、拼配全部机械化。

现在张一元茶叶公司供应的茶叶不仅有深受北京及北方人喜爱的各个档次的茉莉花茶、紧压茶、红茶、保健茶等，还有龙井、碧螺春等全国著名绿茶；以及便利顾客饮用的"张一元"袋装系列茶叶，达二百余种，集全国名优特茶于一店。"张一元"不仅赢得了顾客、争得了市场，而且获得了不断增长的经济效益。

四、再说"一元"

现代的张一元，已经成了著名的品牌，前程远大。

我还在追究张文卿当初为什么钟情那个"一元"。这个俗而又俗的"一块钱"里面，真的还有什么别的含义吗？可巧我儿媳的父母吴成铮和张吉萃二位，恰是吴鼎和、张一元两个家族的传人。说及徽商，他们有不少的说道。比如，清朝时歙县商人吴炳留给后代子孙的十二字遗言："存好心，行好事，说好话，亲好人。"又说自己活到老，学到老："厚之一字，一生学不尽，亦做不尽也。"徽商信奉"非诗书不能显亲，非勤俭不能治生"。徽商吴南坡坚守"人宁贸诈，吾宁取信"。大灾之年，粮食奇缺，徽商胡仁之"不为斗千钱所动，平价售粮"。其中还说到两个"一文钱"的故事。

故事一。乾隆年间，歙县棠樾有个少年叫鲍志道，他字诚一，号肯园。鲍姓在当地是望族，原本按他父亲的意思是要他刻苦读书，考取功名，走做官的道路，光宗耀祖。但他十一岁时，家道中落，志道只好弃学外出经商。

离开家门时无钱可带，母亲从箱底找出志道婴儿时的襁褓，将襁褓虎头帽上镶配的那枚"康熙通宝"铜钱拆下，交给小志道，说："儿啊，这是我们家唯一的一文铜钱了。你带上，咱家的兴旺就看它了！"

一句话、一文铜钱，小志道没齿不忘。一路乞讨走到江西鄱阳，他一面打工糊口，一面学习会计。会计学成后，也积了一点钱，就离开鄱阳，来到浙江金华，做些小生意，又经扬州转徙湖北，总也没有找到个合适的立足谋生之地。

20岁时，志道再次来到繁华的扬州。明清时期，盐是徽商经营的第一大产业，扬州的大盐商，徽州人占了一大半。碰巧，一位歙县籍的大盐商急需一名精于核算的经理，鲍志道抓住这个机会报名应聘。应聘的人很多，第一天，面试之后，大盐商叫伙计给每位应聘者一碗馄饨，说是犒劳。吃完后，大盐商让各位回去准备第二天考试。谁知，第二天盐商出了几道题，请应聘人回答：

1. 昨日你吃的馄饨有几只？
2. 有几种馅？
3. 每种馅各有几只？

应聘者被问得目瞪口呆，有的摇头苦笑，有的后悔不已。只有鲍志道心中有数。凭着他在世间十年从商的历练，当时就料到那碗馄饨不寻常，因而对那碗馄饨细细观察。结果他被同乡的大盐商聘用了。

天遂人愿，在扬州打理盐行生意为鲍志道提供了施展才智、建功立业的大舞台。他先是独立经营，由小而大，渐而跻身扬州大盐商行列，脱颖而出，成为翘楚。他为人正派，处事公允，主持正义，被同行选为盐务总商，一面应付官衙，一面调停同行盐商。殊为难得的是，他这个夹在中间做人的盐务总商，既能赢得清政府的赏识，又能博得扬州众盐商的一致拥护，鲍志道在这个盐务总商的位子上，一做就是二十年，声名显赫，如日中天。更难得的是，他虽然家财累万，家中却不专备车马，不办堂会，不设豪宴请客，勤俭持家治生。

人们常以"不值分文"摒弃某件物事，然而十一岁的鲍志道，就是怀揣着一文钱，离开家门，走进烟尘滚滚的人世间的。这一文钱带着妈妈的嘱托和希望，是他怀中不离不弃的保护神。一文钱买不来多少物品，却生成无穷无尽的精神力量，鼓舞、督促、鞭策鲍志道冲破人生的道道险关，胜中取胜。

张文卿也该听说过鲍志道这"一文钱"的故事吧。

故事二。有甲乙两个徽商，带着大包的银子，来到苏州做生意。离开古旧徽州地，走进繁华苏州城，俩人晕菜了，当晚各找一个妓女沉进温柔乡，一连数日，大包银子流水般地进了妓院老鸨的钱柜，俩人被打出了妓院。

身无分文，二人只能靠沿街乞讨度日。眼见到了年底，家家欢天喜地准备过年，他们却有家难回，无颜面对父老妻儿。愁苦中，甲从腰袋里摸出一文钱，

小京纪实
找寻大栅栏

看了看，使劲甩在地上，长叹一声："那么多银子都被我们挥霍完了，这一文钱又算什么呢！不如扔了寻个干净！"乙见一文钱，忽然灵机一动，赶忙捡起来说："别扔，这一文钱可是我们时来运转的一线生机啊。"他对甲说："你等着，我去去就来。"

过了不久，乙回来了，手里拿着竹片、稻草、旧纸、鸡鸭毛等乱七八糟的东西。甲奇怪地问："你这是干什么？"乙笑笑，拿出一小包面粉，和水调匀成糨糊，然后用草把竹片绑住，外蒙一层旧纸，在旧纸上再用糨糊遍粘鸡鸭毛。结果，一只活脱脱的小鸟便做了出来。甲不解地说："我们如此憋屈，你还有心思做这小玩意儿？"乙笑而不答，仍继续做各种形状的禽鸟，一晚上没睡居然做了二三百只。

第二天天亮，乙拉着甲带上昨晚做好的禽鸟来到游人众多的玄妙观前，找个空地，摆好各种禽鸟，立即招来很多妇女儿童围观。他们一见这些禽鸟做得惟妙惟肖，争着购买，不到半天，二三百只禽鸟全部卖光。每只鸟卖十几文，一下子就挣了四五千文钱。甲至此才叹服乙的心思灵巧,忙问："昨晚我扔的一文钱,你拿去做什么了？"乙说："竹片、稻草、旧纸、鸡鸭毛这些东西都是我在街上捡的。那一文钱，用来买面粉做浆糊了，这不正好用来粘鸡鸭毛吗？"从此，他俩加倍努力，采购各色纸张、杂鸡鸭毛，晚上做鸟、兽、人、花草等玩意儿，白天便各处兜售，两三个月下来，居然挣了三百万文。这时两人商议应该正规地去做生意了。于是在苏州布店最繁盛的阊门，开设了一家布店，匾额上大书"一文钱"三字，表示雪耻兴业，一文钱也可以创业起家。据说这家布店历经两百余年依旧昌盛不衰。

知耻近乎勇，不以善小而不为。一文钱也罢，一元钱也罢，虽然面值小，内含的精神却巨大，集腋成裘、聚沙成塔，它创造的业绩不可估量。回望徽商、晋商、潮商、浙商、港商、台商……中国商人在他们威武登台的那个时代，不光创造了耀眼的财富和光彩熠熠的老字号，还创造了丰厚的经营思想和管理经验，这些同样都是中国精神的结晶。

走进大栅栏"张一元"，品不尽老店那传世的芬芳。

上图 2009年的张一元茶庄　下图 2010年的煤市街永安茶庄 ▶

茶饮庆林春

北京人把"柴、米、油、盐、酱、醋、茶"叫作开门的七件事。这七个字的排列大有讲究,它道出了早先北京人过日子少不了的饮食要素。别以为把"茶"放在老七的末位就不重要,实际上北京人起床洗漱后的第一宗要事就是做开水,往壶里蓄好茶叶,美美地喝上一口香喷喷的茉莉花茶。这,为的是清口、润喉,也为了提神。有了这遍早茶,这一天浑身上下都透着舒坦。因此,喝茶、喝花茶是老北京人生活里少不了离不开的一件不大不小的要事;当然,它更是交友谈事少不了的一大必需,甚至端茶送客也成了不明言的礼数。

北京人祖祖辈辈爱喝茶,喝福建的花茶。不同档次的人喝不同档次的花茶,讲究大了,有钱人喝小叶双熏,开水一沏碧绿的芽叶根根站立,伴着几朵洁白的茉莉花游来荡去,有如仙境,茶韵浮起,立时满屋香气充盈,无形中托出了主人的高贵身份。一般人也就喝一般的花茶,不太讲究叶儿呀花的,只要香,经喝(就是耐喝)就成。只求香气浓郁,价格低廉。要是不求耐时,也可以喝高末,就是高等花茶滤剩下的茶末,一样高等清香,只是不耐时候,沏三遍就汤淡香无了。至于穷得叮当响,又买不起茶叶的人怎么办呢?他们也有法子,就是到饭馆戏园子里找跑堂的说尽好话,要点客人喝剩下、没法再用的茶叶渣子，回去再用水煮出色来，看着色儿（shaier）品那个味儿。

喝茶讲究的不光是茶叶，水更重要。上好的茶叶，用劣质的苦水一沏，全糟蹋了。北京古来缺水，尤其缺甜水。但凡哪儿打出一口甜水井来，人们必念念不忘，甚至于把它当作地名，如，甜水井、王府井……可哪儿的水好呢？北京有句老话"南城的茶叶北城的水"，北城的水指的是安定门外上龙寺一带，今天是安德路上龙小区。南城茶叶是指前门外、大栅栏、珠市口的茶叶名店鳞次栉比，比如，庆林春、张一元、森泰、永安等南北各路茶庄。这些茶庄大多是前店后厂，自采自做，各有风味。

这里只说说庆林春茶庄，因为在它身后藏着一段有趣的故事。

1900年六月，得到慈禧的默许，先遭打压后受纵容的义和团涌进北京城里，到处设坛大肆活动，冲教堂、烧洋货，捕杀教民和外国传教士，闹的满城居民惶恐不安，一些亲贵大臣也附和慈禧的意思，在家设坛。义和团愈加胆大。六月十六日夜，一伙团民在大栅栏里设坛，不顾一街商户的再三恳求，里应外合，以烧洋药为名，点火烧着了大栅栏里的老德记大药房。偏这夜狂风大作，风助火势，火借风威，不光大栅栏一条街两边商户瞬即烧光，就连廊坊头条、二条、三条、粮食店、珠宝市、前门大街的众多商户民居，乃至高大的前门楼子都被大火烧光，几千家店铺，无数百姓葬身火海。谁知祸不单行，第二年，八国联军中的印度兵盘踞正阳门城楼，烧火做饭，是无心还是有意，又把个雕梁画栋的正阳门城楼烧了个片瓦无存。

前门是国门，是大清国的脸面，再遭罪也不能不要"脸"哪！慈禧西狩回銮后，打肿脸充胖子，硬是到处凑钱把前门楼子、正阳门都修起来了。"国门"是修好了，可大清也完了。1912年，民国初立，定北京为首都，为了一改明清两代帝都皇城的封闭堵塞，1915年北洋政府的内务部总长兼北京市政督办朱启钤奉命施工打开紫禁城，拆除天安门前废弃多年的千步廊和前门瓮城，拓建南池子、南长街、府右街等南北通道。

京城这么大兴土木，必然带来大量商机。有个福建人叫郭庆安，他在修改正阳门工程中专管前门楼子的油漆彩画，自己就在前门外廊坊头条路北的劝业场开了个油漆店，自用自采，又做买卖又施工，肥水不流外人田。可两头忙不过来，他从家乡带来个徒弟叫林子训，负责看门打杂照顾门市营业。

前门楼子修饰一新，圆满竣工，油漆的买卖自然也淡下来了，这当儿，正赶上林子训三年零一节出师。他不能闲坐着，干等天上掉馅饼啊！人到难时出智慧，林子训想到家乡盛产茶叶，又看到北京人不管贫贱，一天离不开喝茶，加上大栅栏一带每天人来人往的川流不息，他就萌生了个挣钱的活道：就在出出进进的劝业场南门外，摆个茶摊，卖老家福建运来的花茶。

他熟悉老家出售的茶叶质好、价廉、味香；他也熟悉老北京人一天三遍茶，很有讲究。他在摊上卖的"茉莉高碎"不光口味香，耐沏，颜色正，而且价钱便宜，分成小包零卖，很受欢迎，生意很好。有了积蓄，他就不摆摊了，在劝业场里面租了半间门脸，开了个小茶庄，照样茶好价廉，小包零售，生意更好。此后，他瞄准了王府井的东安市场，他知道这是块生金的宝地。顾客中有达官贵人、平民百姓，也有东西方洋人和海外来京旅客，路子更宽了。林子训在东安市场西门买了两间铺房，一大一小，隔路照应，又很花了一番心思布置店房，墙上挂着唐宋诗词，桌上陈设着精美的福建漆器工艺品和茶器，静雅温馨，暗香浮动，吸引游客驻足小憩。

他坚持自采、自加工、自销。因为北京人不喜欢存茶叶，他就卖小包零售茉莉花茶，香气浓，新鲜；他善侍职工，工资高，吃得好，但要求严格，不许职工在操作间穿有香水味等异味的衣服，要干净，不能把异味带进茶加工车间；他精心制作不同档次的花茶，同样精选全国各地的优质绿茶，配备各地名茶达一百余种，货正、货全、货真价实是他营销的重要策略之一。他聪明努力，娴于管理，更难得的是，他饮水思源，不忘旧情。他为茶庄取名"庆林春"，就是用带他进京的师傅郭庆安中的"庆"，他的姓"林"，和一个取意蓬勃向上万物复苏的"春"字。

林子训发财了，不忘他淘得第一桶金的故地：前门大街。后来，他在前门离五牌楼不远的路东开了第三家庆林春，高台阶，大玻璃窗，很有气魄。再后来，前门大街全拆了，又重建。人们发现，新打造的五牌楼底下路西，庆林春宛在，虽门脸窄狭，却依然飘出芬芳的茉莉花香。

鼻烟天蕙斋

大栅栏街,长不过270米,宽不过9米,却寸土寸金。只要买卖对路就能扎个地方招财进宝,落地生钱,不愁交不起昂贵的租金,收不进丰厚的利润。因而,人们争着抢着在大栅栏南北街面谋取一席之地,就连东口铁栅栏下面,也有人戳了个小小的烟卷阁子,顾客不断,进项不小,理由很简单:抽烟卷很时兴,逛街买烟很方便。在我的记忆中,这个烟卷阁子一直在西口路北铁栅栏底下戳着,成了大栅栏西口必备的一景。

一、烟、抽烟、鼻烟

说到抽烟,那是京城流行的习俗、追逐的时尚。

北京人讲究礼尚往来,主客相见除了待茶、待饭之外,还有一宗就是待烟。我小时候在买卖家柜台里间待客的罗汉榻小桌上,总能见到摆着盖碗待茶,还有一个精致的小烟笸箩,盛着金黄的烟丝待客,旁边立着两只白铜的水烟袋和点火的纸媒子、打火的火镰等零碎。客人落座,不用张罗,就会自动地端起水烟袋,装烟打火,狠狠地吸上一口,喷云吐雾,嗖出一口痰,响亮地吐在桌下的高庄黄铜痰桶里。而后放下水烟袋,顺手端起盖碗长饮一口喷鼻儿香的茉莉花茶,这套程序完结了,才开口说事、谈买卖。

我很奇怪，这只待客的水烟袋，谁来了谁含在嘴里，没人忌讳，没人嫌脏，就连擦擦烟嘴的动作都没有。小伙计解释说，烟能消毒。后来，乌木杆的白铜锅烟袋替代了呼噜呼噜的水烟袋，洋火（火柴）替代了火镰，小烟笸箩还在，只是金黄的关东烟叶子顶替了细细的水烟丝。屋里充填了浓烈呛人的旱烟味。再往后，就是从外国漂洋过海流入京城的一包包香烟（北京人叫洋烟卷儿，软包装，所以论"包"，硬纸板精装的论"盒"），干净利落地扫除了小烟笸箩，添了个磕烟灰的宣德炉，烟味柔和，桌上也清爽多了。

洋烟卷儿顶替大烟袋小铜锅，洋人用的绝招就是白抽，分文不要。好不好，尝尝再说！当年，五牌楼底下摆长桌，放一桌子洋烟卷，免费，随便抽，也可以装两包走，没人拦你。等到你上了瘾，离不开了，对不起，掏钱。但不白掏，除了买烟，每包烟里还有张彩色的小洋画，什么"金陵十二钗""瓦岗寨三十六友""水浒传一百单八将""西湖二十四景"……名堂多了，只要您凑齐了一整套洋画，烟草公司还赠送您一只瑞士大英格儿手表。小报上时不时还真有获奖者眉开眼笑胳臂上套着"大英格儿"的照片，招引得烟客们成条成箱地抢购洋烟卷儿，到家就拆包凑洋画，却总也凑不全，独缺一张关键的人物，不是少了《红楼梦》里的晴雯，就是找不着《水浒传》里的鼓上蚤时迁，要不然独缺"西湖二十四景"里的"柳浪闻莺"……无形中，烟卷大销，银钱大赚。结果知情人士透漏，人家烟厂从来就没印全过洋画里的人，送"大英格儿"那是逗你玩儿呢！

洋人推销洋烟的另一种法子是，走上层路线。

洋人深知，中国人有个"上有所好，下必效之"的毛病，所以只要洋烟打动了真龙天子，那还发愁没市场吗？这里，我说的可不是后来时兴的烟卷儿，而是用鼻子闻的鼻烟儿。

那么，烟卷儿，不是也从嘴里抽，打鼻子里冒烟吗？这里的"鼻烟"不用嘴抽，而是用鼻子直接闻。这就要从根儿上说起。

早先中国有"烟"这个字，却没有"烟草"这个东西。

《说文》解释：烟，火气也，是指物体燃烧上升的气体。宋代陆游诗曰"小园烟草接邻家，桑柘阴阴一径斜"中的"烟草"，是描述草地雾气朦胧的景色，并非今日吸食的烟草。

烟草最早产于中南美洲。墨西哥贾帕思州倍伦克有一座神庙，建于公元432年，神庙石雕上镌刻着当地老人吸烟的情景。可见中美洲人大约早在1500多年前就知道吸烟了。1492年哥伦布到达西印度群岛海滨时，看到当地印第安人将干燥的烟叶卷成筒状，点燃后吸食带有刺激性烟雾，兴奋异常；哥伦布还看到有人将烟叶碾碎成粉，直接吸入鼻中，或者嚼烂烟叶，吞噬苦汁。他把这种叫作"tobacco"的烟叶和吸食烟草的嗜好带到了欧洲。欧洲的传教士随手把这一套嗜烟的玩意儿，千辛万苦、漂洋过海地带到了中国。

最早的记载是明万历三年（1575），烟草由南洋吕宋岛传入台湾、福建。1579年，意大利传教士利玛窦从澳门进入中国，把鼻烟率先带入广东，中国人由尝试而嗜好，于是吸烟人口大增。1637年，明崇祯帝严令禁烟，以斩首示众惩罚私种私售者。然而吸烟的人太多了，法不责众，禁烟很难。当时在辽东与后金（清）苦战的兵部尚书洪承畴就上奏说"辽东士卒，嗜此若命"，把嗜烟的士兵都杀了，谁去打仗？

据说，当年外国传教士把鼻烟这个稀罕物进贡给朝廷时，皇帝瞧着很纳闷，这种外表像药，闻着有烟味的东西，不知何用。经说明，才知道是用鼻子闻的"烟"。皇帝闻了闻，果然有一种特殊的烟味，闻闻很开窍，而且比抽水烟袋方便省事。皇帝还把鼻烟赏赐给皇亲国戚、文武大臣，渐而流行于富豪士绅，成为上层社会一时之高雅时尚。

鼻烟，一般为黑紫色硬团，依熏制的程度和掺入的药料另有黄、褐、绿诸颜色，嗅其味道，可分辨有酸、膻、糊、豆、甜五种混合味，酸味重的品质最好。当初鼻烟舶来时，用三角或六角形的玻璃瓶包装，大瓶装两斤，小瓶装半斤。玻璃瓶有素瓶，也有描着大金花、小金花、绿鸭等图案的，简称"素罐""绿鸭""大金花""小金花"。图案表示档次的高低，其中以大、小金花为上品，一两金花洋烟价值一两黄金。

最初闻鼻烟的手法是，先用拇指和食指掰下一块，摁碎后捻成面，直到捻出油性，而后左手攥拳，右手将鼻烟面捏一小撮，放在左拳虎口上，凑近鼻孔，左一吸右一吸，烟面尽入鼻腔，烟味入脑，通体舒坦，其味长久不去。

清顺治进士、诗文大家王士禛在《香祖笔记》中说：鼻烟者，云可明目，尤有辟疾之功。他的好友刘廷玑在《在园杂志》中也说鼻烟：以烟杂香物花露，研细末，嗅入鼻中，可以驱寒冷，治头眩，开鼻塞，毋烦烟火。鼻烟不用火燃，嗅闻方便，歇乏醒脑，且有疗效，自然受到上自帝王将相、下至贩夫走卒的欢迎，瞬即流行。

传说康熙朝，管库太监不小心把几十盆盛开的茉莉花放进烟库，致使鼻烟串味。康熙闻了不但不怪罪，反而夸奖这种串了茉莉花香的鼻烟味道好极了，传旨，以后就用茉莉花熏烟。于是太监们琢磨先把烟团碾碎，再把茉莉花放在烟面里，经过一定时间的熏制，烟味自然掺进茉莉花的清香，闻之清新醒脑，心旷神怡，与未熏的鼻烟味道大有不同。康熙欣然赐名为"御制露"。康熙名之为"露"，喻为天赐甘霖，可见那感觉是任何水烟、旱烟给不了的。

康熙把"御制露"赏赐给大臣们，大臣们自然又是谢恩又是赞扬。于是这种经过中国加工、可以随身携带的鼻烟，很快顶替了水烟袋，由宫廷延至王公大臣、官宦士绅，乃至五行八作各界人士。闻鼻烟的人多了，自然就有人去制作，鼻烟不仅用茉莉花熏了又熏，味道浓郁持久，而且别出心裁，适当调入名贵的中药，像麝香、冰片、薄荷等香中透凉，沁人心脾，精神爽快。

上等鼻烟，市场有份，呼唤明白人出来经营销售，新品上市，买卖自小而大，供需自少而多，先是占个柜台找家店铺代售，渐而独立经营，开设专卖鼻烟的店。

二、天蕙斋的梨园情结

道光年间，有个姓杨的满族人，眼见鼻烟已经成为旗人和社交场面离不开的嗜好，他瞅准了销售鼻烟是桩好买卖，也瞄准了大栅栏这块风水宝地，准备开个鼻烟店。万事俱备，无奈宝地很难见缝插针。放眼望去，大栅栏街北街南、店连铺铺挨店，哪有空隙，就连个信筒子都没处搁。老杨不急，每天在大栅栏转悠，终于打听到大栅栏东口路南，有个一间门脸的小铺闹家务，打算顶出去不做了。老杨闻讯立即盘了过来，修饰门脸，装设条柜、货架、蓝花瓷罐，备足了各档鼻烟、鼻烟壶等用具，鼻烟铺起名聚兴斋。斋是雅号，聚是兴的关键，聚住了人气，还发愁买卖不兴旺？虽是一间门脸儿，进深却有三间房。老杨安排得有里有面儿：头间作门面，柜台售货；

二间摆桌椅烟茶，招待旧雨新知；最后一间当然是掌柜的私密账房了。

商家有句俗话，"一步加三成"，意思是商铺的地段选得好，无形中营收就增加了三成利润。聚兴斋地处大栅栏东口，与前门大街、珠宝市、粮食店交汇，面对瑞蚨祥、祥义两个大绸缎庄，前后紧邻庆乐、中和两个大戏园子，是往来客商摩肩接踵的必经之地，加之它自制的鼻烟精细、味醇、档次多，京城鼻烟店稀缺，所以聚兴斋一开门就红遍京城，四面八方的客户，趋之若鹜。

后来，杨掌柜老了，把买卖传给了儿子杨远峰。老杨早有准备，把亲儿子不当少爷惯着，当徒弟使唤干活，该干什么干什么，绝不姑息。三年零一节期满，别的徒弟出师了，杨运峰不行，还得再干一期，为的是磨性子、长本事、非让他把买卖咂摸透了不可。因此，杨运峰对柜台后面的鼻烟制作和柜台前面的经营服务，不仅门儿清，心里有数，而且上手操作样样拿得起。杨运峰接手后，聚兴斋的营业更兴旺了。

光绪二十六年（1900），岁在庚子，慈禧纵容义和团进京，到处设坛"扶清灭洋"，6月16日在大栅栏庆乐园设坛的义和团，由大师兄带领，放火去烧街西口路北的老德记西药房，他吹牛说，只烧洋药房，他能止火，不扰四邻。结果大火爆燃，风助火势，火借风威，很快绵延四周，直烧了一天一夜，殃及整个大栅栏地邻近街巷的四千余商铺，就连前门箭楼和正阳门都深陷火海。聚兴斋鼻烟铺自然是小菜一碟，被烧得片瓦无存。

火烧旺地，灾后，大栅栏众商家没有气馁，纷纷聚资重建，有梦才有奔头。杨远峰有梦！守着一间门脸的房基地他有两个打算：一是将"聚兴斋"更名"天蕙斋"，从新打鼓另开张，彻底告别昨天，再创新天地。二是平地建起三层高台阶，把一间门脸儿连升三级，架在街面之上，这与西邻矮下路面一层台阶、处于倒下洼子的同仁堂乐家老药铺形成强烈反差，一个高高在上，一个稳守路下，却同样香气四溢，大名鼎鼎。

字号改了，天蕙斋鼻烟的质量不但没改，而且比聚兴斋那时更好。鼻烟的主要原材料是烟叶，秉承"选料要精，做工要细，品质要好"的原则，经过考察比较，天蕙斋选定山东兖州滋阳县出产的烟叶作原料。这种烟叶叶脉细，没有大梗子、味道浓且柔，最适于熏制鼻烟。杨远峰请师兄郝润田专门负责鼻烟的熏制。

每到烟叶收获季节，天蕙斋都派人去滋阳采购。运回来，经过挑选，把颜色好、味道浓、油性大的叶子经过烘烤、去茎、磨粉、发酵做成细面坯子，而后再把坯子运到福建长乐县陈通记和陈宜记兄弟俩开的两间铺子去熏头遍。因为那里的单片茉莉花（简称建花）味道正、浓、香得持久。用建花熏的鼻烟叫建烟，底味挂鼻子。头遍在长乐熏一个夏天，算是半成品，建烟运回后，还要用北京右安门外黄土岗一带专养的茉莉花再次熏制。在每年四五月间，天蕙斋把从福建运回的坯子摊开晒干后，把花掺进坯子，熏约七八个小时，再换鲜花，接着熏，好烟要熏五六遍。据说，天蕙斋的上等鼻烟香味柔和、持久，刺激性小，抹在鼻子上，先闻到的是花香，慢慢才品出烟的香味。

　　天蕙斋制作的鼻烟，依据制作的繁简和香度的浓淡分十个等级。20世纪30年代中期，不同等级的售价如下：

一级高万馨露，每两（当时十六两为一斤）二元五角六分；

二级万馨露，每两一元二角八分；

三级万鲜露，每两六角四分；

四级万蕊露，每两四角八分；

五级高万花露，每两三角二分；

六级万花露，每两二角四分；

七级御制露，每两一角九分二厘；

八级茉莉露，每两一角六分；

九级双花熏烟，每两一角二分八厘；

十级就是坯子了，每两八分钱。

　　民国初年，买一袋四十四斤的洋面，要花大洋二元四角，而买一两高万馨露鼻烟，则要用大洋二元五角六分，可见其昂贵。

　　北京人有句经验之谈："花茶越喝口味越高，鼻烟越闻等级越低。"

　　北京人爱喝茉莉花茶，一天也离不了。初次喝差一点的花茶也觉得不错，慢慢喝高一点的，就觉得比差的强多了，再不能回过头去喝差的。高品质的茉莉花茶不仅茶芽青嫩整齐，而且茶香浓郁、芳香味永，这是低档茶达不到的，所以，"花茶越喝口味越高"。而鼻烟恰恰相反，高档鼻烟反复熏制，香气大，烟劲小，不刺激。闻鼻烟上瘾的人，嗜好烟的劲头儿大，不在乎香不香，专买最便宜的十级坯子，有劲儿，又省钱，何乐而不为呢！

天蕙斋的顾客除了满足京城满汉各界各行人士外，外销蒙藏地区的量也很大。蒙藏地区的少数民族逐水草而居，终日骑马，游牧草原，闲暇之时，抽旱烟、水烟都不方便，也不安全。因此闻鼻烟随手就来，是最便当、最惬意的享受。鼻烟壶小巧精美系挂在腰带上，既是装饰，也便于随时取用，成了生活的必需，融入习俗，演化为接待来客的见面礼：

客人到访，主人左手从腰带取下烟壶，双手捧出，躬身请客人品尝。这时，客人赶忙躬身还礼，双手接过，打开烟壶盖，取一捏鼻烟，嗅入双鼻孔，含笑称赞，送还主人烟壶，结束见面礼。（鼻烟做了很好的媒介。不少地方至今依然。）小时候，我常揣着秀气的玻璃内画壶到天蕙斋，为同院的文大爷买十等烟坯子。站在三层高台阶上看大栅栏，仿佛凌驾云端俯视一条灿烂的银河，眼前的迷茫，耳边的喧闹，弃我而去，一股淡而渐浓的香气把我勾引进天蕙斋柜台前。

屋子不大，柜台后面的货架上整齐地排列着十个一尺来高的青花瓷罐。天蕙斋的伙计都有熟记顾客的本领，一位伙计微笑着接过钱，从身后货架最后一罐鼻烟中提出一勺土黄色的烟坯子，用犀牛角烟漏，轻稳地注入小烟壶，将满时，伙计在台面蓝毯上轻轻顿了顿小烟壶，接着注满，拧紧红红的玛瑙壶盖，微笑着递给我。这时，我总是坐在大柜台东侧榆木擦漆的双人凳上，仰视柜台西侧墙上悬挂的一面绣匾。

西墙镶着玻璃的真丝绣匾很亮眼。绣匾大约六尺半长、二尺多宽，素白缎衬底，一丛茂盛的兰花拔地而起，斜向泼洒花枝，上托"香妙心清"四个润畅的黑字，这是梨园书法圣手时慧宝老板连写带画的墨宝。赠匾人落款为杨小楼、梅兰芳、余叔岩等梨园翘楚。梨园人钟情天蕙斋，一腔情愿都写在这幅精美素雅的绣匾上，内中干系绝非一语道破。不过，"香妙心清"四个字却足以点透鼻烟和烟壶给这些艺术大家带来的愉悦心情。

20世纪20年代到50年代，那是一个京剧鼎盛时期，好角儿层出不穷，好戏连台竞演，大栅栏成了全北京的香饽饽，四九城的戏迷流连忘返，乐不思蜀，赶上连台好角唱对台戏，痴心者干脆在西河沿客栈包房，在煤市街馆子里摆宴，不回家了，专情看戏。这时候，天蕙斋忙了，热了，因为角儿和戏迷都得抽空儿来这儿买一天也离不开的鼻烟。就有好奇者，守在天蕙斋台阶下面，候着，静等名角儿、大佬的光临。只见一辆豪华的马车停下，车把式恭敬地打开车门，缓步走下一位衣着华丽的清癯老者，他撩起长袍拾阶而上，台步稳健，韵律十足。杨掌柜早已迎候门口，谦恭地拱手相迎，老者侧身一还礼："啊！谭鑫培，谭大老板！"大栅栏沸腾了！人们拥堵在天蕙斋门前，幸运地瞻仰到了"伶界大王"台下的风采，比见着大总统还高兴！

大栅栏附近有七家戏园子，许多京剧演员大多居家在大栅栏地区，闻鼻烟是他们共同的嗜好，鉴赏、收藏烟壶又是他们乐此不疲的雅好。当时的名角谭鑫培、杨月楼、俞振庭、杨小楼、余叔岩、高庆奎、马连良、谭小培、谭富英、王瑶卿、金少山、侯喜瑞、李多奎、李洪春、丁永利、李万春等都是天蕙斋的熟人熟客。同行相见，免不了见面要拉拉家常、聊聊戏，说点见闻，好在门市后面有间闲聊歇腿的小客厅。

据说李洪春（1898—1991）当年跟谭派老生刘春喜学艺的时候，成天去天蕙斋给老师买鼻烟，年深日久，路走熟了，就把天蕙斋当成另一个"家"。他出师后，只要没有演出，多半待在鼻烟铺。李洪春能戏多，戏路子宽而精，他曾和陈德霖、王瑶卿、王鸿寿、汪笑侬、杨小楼、尚和玉、梅兰芳、程砚秋、尚小云、荀慧生、高庆奎、马连良、周信芳、雷喜福、程继先、金仲仁、盖叫天、金少山、侯喜瑞、筱翠花等名家同台演出，配合默契，相得益彰。他是难得的"硬里子"，什么戏都能演，放哪儿哪儿成。在戏中他既有烘托主角、让主角唱得舒舒服服的本事，又有发挥专长演活配角的能耐，托出全戏"一棵菜"。

李洪春更是大江南北口服心服的"红生宗师"。早年，他伴随老师王鸿寿学习关羽戏（红生戏）五年，耳提面命，潜心琢磨，深得真传。传统的关羽戏，大多以嗓音高亢取胜，李洪春却根据本人嗓音的特点，用宽音、横音、低音来表现关羽的刚毅雄浑、不怒而威。他将关羽戏由王鸿寿的三十六出增加到四十余出；并参详武术刀法，创立了"关王十三刀"的刀式，又精心揣摩关羽的各种图像，设计了"关王四十八式"造型。舞台上，他扮关羽和关平、周仓二将，背靠青龙偃月刀，"四击头"亮相，骤然定式，有如庙堂神塑，威而美，帅而脆，撼动全场观众。

在唱法上，李洪春结合剧情，为关羽因戏设腔，抒发不同的情感。

他的关羽念白,以文武老生的庄重沉着为基调,掺入武生的刚毅、花脸的粗犷,巧妙地使用关羽的山西乡音,俏皮、亲切、色彩浓郁。在表演上,他注意在展示关羽神勇的同时,不忘挖掘关羽的感情脉络,游走于"神"与"人"的交汇,使观众感到既崇敬又亲切,在京剧史上较完整地完成了关羽艺术形象的塑造,传授了李万春、李少春、高盛麟等众多红生名家,被称为"红生宗师",名不虚也。

丁永利(1890—1948)是山东人,父亲丁连升是武生兼武净演员。丁永利自幼随父学艺,先后在义顺和、宝顺和等班社演武戏,还兼任后台管事。他博闻强记,见多识广,曾为杨小楼、俞振庭等配戏,深谙杨派、黄派武生艺术三昧,他对武生表演的特点拿捏得准,自己又演武生,有丰富的舞台经验,加之他对演出的剧目从剧本、配角到文武场及服装道具十分娴熟,自然是难得的武生教学权威。

李洪春和丁永利在天蕙斋的"常驻",使天蕙斋无形中成了演员问艺、师父课徒的"课堂",剧场演出调配的临时"指挥部"。就有三庆园开锣了,《空城计》还缺个老军,管事的飞奔天蕙斋找"洪爷"求救。"洪爷"立嘱:"庆乐园《女起解》刚下,赶紧请崇公道去三庆园'救场'!"于是,大栅栏熙熙攘攘的街上,从庆乐园跑出个没卸妆的"崇公道",冲进三庆园去当诸葛亮的老军。

有个青年武生演《挑滑车》的高宠总不对劲儿,自己演着别扭,别人看着也不舒服。他到天蕙斋请教丁永利老师,足足一个夏天,丁老师从头到尾,一招一式地给他剖析、讲解、示范,使他慢慢找到了感觉,唱念做打说到一块儿,登台亮相,"高王爷"活了,威风凛凛,煞气腾腾。丁永利点石成金。

天蕙斋有幸明师常驻,大栅栏有幸锣鼓常闻,京剧有幸就此生成!

天蕙斋的买卖越做越大,为方便内城顾客少跑道,除了大栅栏本部,还在西四牌楼和东四牌楼,特约西文美斋和东文美斋两个糕点铺代为销售。除了京城,天蕙斋的鼻烟还远销内蒙古、西安、东北、河南、上海等地。买卖好,招人仿效。这期间,北京也开了其他几家鼻烟铺,如打磨厂的德和(专做内蒙古的生意)、太平街的合丰,崇文门外巾帽胡同的公利和、公义和,等等。只是他们做的都是零星买卖,无法同天蕙斋相比。

20世纪30年代中期,杨远峰把天蕙斋鼻烟铺传给他的儿子杨庆寿经营。不久,抗日战争爆发,日寇占了北平,交通中断,天蕙斋无法再拿着烟坯子去福建熏头遍，工不到位，自然鼻烟的成色大大下降。不过买卖还能凑合着维持，已是明日黄花。

1949年中华人民共和国成立，地覆天翻，换了人间！市面上，风气大变，有谁还敢在大庭广众中掏出烟壶比画着让烟？公私合营后，所有行业不论新老大小，实行同类项合并，统一由党领导。天蕙斋无处栖身，又不能消失，因为还有草原的朋友惦记它。怎么办呢？照原样，把它退回糕点铺的小柜台上，小则小矣，聊胜于无。

如今我已年逾八旬，偶然心动，想起天蕙斋的三层高台阶，想起那一间门脸里藏着的故人、故事。我不甘心天蕙斋的失踪，终于在大栅栏中间路北的一个食品商场的门口，看到了它的影子，柜台不显眼处摆着几包外地生产的鼻烟。售货员说，她听说过天蕙斋，但不知道在哪儿。我知足，因为总还有人听说过……

三、壶小乾坤大，艺精岁月长

鼻烟式微，几近灭迹京城。鼻烟壶的运气却趁势飞扬，行情看涨，成为中外收藏者争相猎取的对象，这是谁也想不到的怪事。

何故呢？

当初洋烟入境，用的是玻璃瓶盛烟，比较大，没法日常携带使用，需要找个小盒、小瓶之类的分装。小盒装烟易撒，也不严密，跑味儿，不如小玻璃瓶好。王士禛在《香祖笔记》中记载，康熙年间鼻烟以玻璃为瓶贮之。瓶之形种种不一，颜色具红黄紫白黑绿诸色，白如水晶，红如火齐，极可爱玩，以象齿为匙，就象鼻之，远纳于瓶。

明末清初，闻烟成风，洋瓶稀少，有人就地取材，自制烟瓶，中国人素有"化"的本事。洋玩意儿到手，不但能仿得惟妙惟肖，而且能"化"他为我，彻底"中国化"。自制的烟瓶，有模有样有个性，使着方便，拿出漂亮，令人羡慕，纷纷自创。但叫"烟壶"不叫烟瓶。

那么明明是"瓶"，怎么一定叫"壶"呢？

这是历史的惯性。据考查，汉以前的"壶"没有"流"（壶嘴）进出一个口，哪儿进哪儿出。后来有了"流"，却空有样子不通气。

直到西晋时，才有了大口进小口流的"壶"，与"瓶"分家另过。所以如今叫"鼻烟壶"是复古，就像今天我们把身边的暖瓶，也叫暖壶一样，还有部队使用的叫军用水壶。

另有一说来自圣上。

"御制露"是康熙皇帝金口御封的，鼻烟身价大涨，御制的"露"就要有御制的"器"相配才成。康熙传旨："著养心殿造办处，议！"造办处承旨，揣摩圣心，议定有三：器型要小，烟质要保，修饰要好。紧跟着拟出：小可盈握，便于把玩；器型仿瓶，但不叫"瓶"，装的是"露"，曰"壶"。"壶"小乾坤大，皇上欢喜；材质可用琉璃（料器），加上千变万化的瓷，交景德镇制胎，返京后让宫廷如意馆的画师献艺，饰以花卉图文，再返景德镇烧制多种样品，听候圣裁。

龙书案上摆着一漆盘的"烟壶"，有琉璃、水晶、青花、斗彩、粉彩、釉里红……晶莹剔透，五彩缤纷，小巧玲珑，犹如天降繁花落御盘。皇上爱不释手，抚摸间猛然想起法国进贡的里摩日的画珐琅器皿很好，立即传旨让法国传教士邀请法国匠师来清宫传艺，制作铜胎画珐琅鼻烟壶，宫廷匠师聪明绝顶，乘机掌握了画珐琅技艺，进而造出富丽堂皇的瓷胎画珐琅烟壶。从此，就引出一段说不清道不明的"古月轩"之谜，至今迷雾团团，令人猜度不定。"古月轩"烟壶传世极少，真伪难辨。2000年天津拍场，一件古月轩玻璃胎画珐琅烟壶，拍得242万元，设若延至今日，其价还不翻到天上？

皇上喜爱烟壶的精致奇美，富于变化，亲自动手设计，督办制作，并把它赏赐给贵族、臣子、使节、欧商等。沙俄的钦差大臣朝拜康熙，献上彼得大帝敬送的珍贵礼物，康熙帝回赠每人一件由造办处制作的精美鼻烟壶，使臣们喜不自胜，奉为珍宝。中国制造的鼻烟壶流播海外，引得洋人兴趣大发，也激起了民间制作的热潮。

贵族绅士文人学子发现，烟壶随时掏出示人，具有表身份、露才华、挣面子、摆阔气的功效，策划工匠开发各种材料，如瓷器、琉璃、水晶、金银铜铁锡等金属、象牙、玉石、玛瑙、琥珀、碧玺、珍珠、珊瑚、漆器、骨料、木变石、青金石等材质，运用绘画、书法、烧瓷、施釉、青花、五彩、雕瓷、套料、巧作、内画、浮雕、阴刻、阳刻、套色、碾玉、冶犀、刻牙、雕竹、剔漆、套料、荡匏、镶金银、嵌螺钿、贴黄等技法，制作出新奇美妙而又不重样的鼻烟壶。小小烟壶大放异彩，被誉为"集中国传统工艺于一身的袖珍绝品"。

鼻烟壶有个由仿而创、由简而繁、由粗而精、由素而华的渐进过程，工艺无止境，精益求精，千变万化。造型大多仿照腰间的荷包为扁平小嘴状，也有像爆竹上下一般粗的筒状，还有动植物仿生状、随形如意状，等等。视容量，烟壶一般有大中小三类，其中以体轻壳薄的"满把抓"为上品，烟壶密封好，丢入池中"水上漂"。

烟壶的制作很精细，既要实用好用，又要美观耐看。比如烟壶的壶盖，它的造型、颜色、用料，既要与壶身搭配，又能锦上添花。固定在盖上的长把烟勺很重要，也有讲究。勺的材质多用象牙或竹，也有用金、银、铜、白玉、翡翠的。其头是个小匙，方便探"囊"取烟。

这里还有个故事。

说的是乾隆末年，有个地方小官来京城办事，盘缠少，找个小店等候。他不知道京官难见，等了十几天也没消息，盘缠很快用完了，只得挪到城外关厢找个小庙寄宿。多亏寺庙的主持是他的同乡，每天照顾他三顿斋饭。岂不知他是个瘾君子，一刻也离不开手里的玻璃烟壶。烟没了，只得用竹烟勺使劲地抠持烟壶内膛的剩余烟垢，在玻璃内腔划了好些道道。这事让老和尚看见了。老和尚找了根竹签用火烤弯，削了个尖，蘸上墨汁，探进烟壶，在朦胧的烟壶内壁画出山水林木，小船小人。外面一看，嗨，挺雅致的一幅"寒江垂钓"水墨画。就此，中国鼻烟壶的一绝，"内画壶"诞生！

烟壶的持财夸富，刺激了烟壶制造与使用的花样翻新、争强斗胜。由原来的单只彩绘发展到几只、几十只的配套成龙，如梅兰竹菊四君子、春夏秋冬四季、一天十二个时辰、一年十二个月、二十四节气，等等。赶上什么时候就掏出什么样的烟壶，应时当令，显着："大爷阔气有钱，谁比？"

烟壶讲究，闻烟的姿态也要讲究。早先是把烟磕在左拳虎口上，低头拿鼻子凑着闻，姿势粗放不雅。就有人研究出把烟面儿崴在一个小碟上，用拇指和食指捏起一小撮，就近鼻孔，有节奏地左一吸、右一吸，脸上显出洋洋自得的样子，绝佳者，还要在鼻孔两侧留下左一撇、右一撇两撇儿烟痕，潇洒对称，如蝴蝶展翅，招摇过市，让人一看就知道此公道行不浅！

由此，烟壶又多了个附件：烟碟。

晚清著名书画家、篆刻家赵之谦在他有关鼻烟、鼻烟壶的专著《勇庐闲诘》里说，当鼻烟壶逐步变成人们显富的一种手段的时候，需要有附加的精致的烟碟来点缀。从现存实物来看，烟碟的工艺及制作也很考究，不但取材多样，有玻璃、象牙、瓷、紫砂、玉、虬角、犀牛角等，形状也十分丰富，圆形、四方形、六边形、梅花形……有一些友人请他在烟碟上刻铭。由此可见，旧时的烟碟也步入了文人雅具之列。象齿为之，刻铭四围。出入怀袖，久则色变如蜡，或如琥珀，亦可爱也。

四百多年鼻烟、烟壶的历史流淌，酿进了京味文化的芬芳，浓浓淡淡，似有若无，如今，除了眼前白花花的银子，再也无人去追寻天蕙斋……

小时候，叔叔大爷们常把用残的、不喜欢的烟壶、烟碟给我当玩具，慢慢地竟集满了书桌的一个抽屉。做完作业，我总是随意取出几个，摆在桌灯下一一把玩，像游逛在一处处绮丽无比的风景中，猜度它的身世命运。此时，我常想，北京人真有福气，能够这么开眼，见到这么多宝贝。后来，这些宝贝随着更多更大的宝贝被红卫兵用铁榔头一个一个地砸碎了，连同一院子撕碎的古书古画扫进了历史的垃圾堆，扫尽人们的记忆。此后，我的梦中再无天蕙斋、再无鼻烟壶。

忽然想到北京人那句歇后语：老虎闻鼻烟——没那么八宗事儿。谁知道我说的是不是那八宗事儿呢？

玉器德源兴

前几年，大栅栏街临近的廊房二条修下水道。工人刨开路面，发现泥土中充填着大量零碎的青白石块，不知何物。消息传出，轰动京城，不少人扛着铁锹、洋镐，提着口袋蜂拥而至，抢着、争着，挤进并不宽敞的二条，人挨人，人挤人，见石料就抢，抢不着就乱刨，挥锹舞镐，秩序混乱。有关方面赶忙制止，可人群依旧拥在胡同口不肯离去。为嘛呢？知情人透露，那青白碎石原来是早年间胡同里玉器作坊丢弃的废玉料。如今，那不是白花花的"银子"吗？只这一刨，挖出了一段历史，耐人寻味；一位奇人，令人惊叹。

廊房二条东起前门大街珠宝市，西至煤市街，是明朝初年与廊坊头条、三条、四条（大栅栏）并排兴建的街市。别看二条街不宽，平均4米；路不长，285米，当年却以"玉器古玩街"名动京城。二条没有大栅栏终日的市声喧嚣，却街面整洁，铺面典雅，烘托出一街的玉润珠圆、宝气冲天，招惹得中外权贵士绅和他们的宝眷们，纷至沓来，买珠问玉，挥金如土。而中外的文玩收藏家们也频频光顾，意在探宝捡漏，蓄意领教店铺里经验丰富、慧眼识珠的铺掌们。

据说当年此街共有103家店铺，其中经营珠宝玉器的就有90余家。1919年有

◀ 上图 2010年的廊房二条　下图 2008年的廊房二条

个统计,二条南北街面加入商会的有金店1家,古玩店5家,首饰店11家,玉器店22家,占据街面80%以上。著名的字号有聚源楼金珠店、聚珍斋玉器铺、恒林斋玉石作坊、同义斋、宝权号、德源兴,等等。

一、美玉的追求

廊房二条成就京城"玉器古玩街"得益于东口的珠宝市。

本来明永乐建造北京城的时候,正阳门一线就是都城的南城垣,到头了,城外再无城池。后来迫于异族时常的袭扰,嘉靖三十一年(1552)明世宗朱厚熜乃命内阁首辅严嵩主修外城,以护卫内城。这样,前三门外的自由市场有了外城包着,买卖愈加兴旺。

玉石市场的形成,源自人们对美玉的追求。玉之美者,在珍宝骨董诸品中与众决然不同。它本乎天成,温润莹泽,缜密坚韧,吸纳日月山川之精华,凝聚人间美态之清格,自成一品。在中国传统文化中,玉是集审美与仁德于一身的文化载体,被阐发为君子以玉喻五德:

其一,玉温润而泽,谓之仁;

其二,玉廉而不刿,谓之义,自身清廉,不伤人肥己,这就是义;

其三,玉垂之如坠,不趾高气扬目中无人,谓之礼;

其四,玉缜密坚实,谓之智;

其五,玉色彩斑斓却心地透明,谓之信。

古人身上佩玉,就是随时自醒是不是具备了五德。孔子说:"夫昔者,君子比德于玉。"因而,玉文化,蕴含着中华民族精神。

然而璞玉虽美,却有待琢之。《礼记·学记》说"玉不琢,不成器",隐喻"人不学,不成才"。《诗经·卫风·淇奥》留下"如切如磋,如琢如磨"的哲理名句。以玉状人,延入生活伦理,遂有"守身如玉""玉汝于成""玉洁冰清""玉石俱焚""宁为玉碎不为瓦全""化干戈为玉帛""润泽以温""瑕不掩瑜"等信念。乾隆帝笃爱玉石玉器,故宫珍藏的三万余件玉器,有一半是乾隆朝收藏的,就连乾隆给儿子起名字也离不开玉,如永璜、永璋、永琮、永璇、永瑢、永瑆……传说故事、文学作品中有精卫衔石填海、女娲炼石补天,石猴出世大闹天宫,通灵宝玉漫说《石头记》,晁天王智劫生辰纲,等等。玉石的理想化、人格化演化出谦谦君子以佩玉自饰、自诩、自省。今日"君子"遍寻美玉，囤积居奇，鼓噪佩玉养生、彰显佩玉夸富、蓄意收玉搂钱种种，偷换了几千年玉文化的概念，美玉遭污，千年玉德黯然消逝。

　　大清开国，欣欣向荣，选购收藏珠宝玉石奢侈品的风气弥漫整个社会。因此，新疆、云南等地的珠宝玉石批发商聚集到五牌楼西侧，就地兜售料石和货样，玉石市场可以当面议价，也可以一手托两家，跑合拉纤。那时宽阔的前门大街两侧成了热闹的交易市场，但都是日出开市，日中闭市。午后清理街道，恢复如初。

　　但是，半日的交易难以满足日益发展的市场，就有人趁势在路边支摊设帐，做起全日的买卖。很快商摊跟进连绵成街，朝廷却熟视无睹，听之任之，商户得寸进尺拆摊建房，真的在前门大街宽广的路面两边抢占出东西两条长街：东侧挤出肉市、布巷子、果子市；西侧挤出珠宝市、粮食店。至此，珠宝市名正言顺登场，街内开满了金店、珠宝店、玉石作坊，用地不足，渐而延及廊坊头条、二条、三条，其中以廊坊二条最胜。民国四年（1915）二条万聚斋珠宝店铺掌马少泉发起各商铺捐款，把二条暴土扬场的土马路，率先修成石渣马路，平整干净的街道便利了贵客临门。

　　玉石珠宝买卖兴隆，开店设铺急于雇工，亲友相荐，近水楼台的京东八县的农户子弟纷纷进京学艺。不少回族子弟走进廊房二条，从扫地擦桌子伺候掌柜的做起，黎明即起，夜深而息，兢兢业业，渐渐他们发现玉石古玩这个行业，并非是只要吃苦勤练就可以把手艺学到手，有了饭辙。这是一个完全靠眼力、拼智慧、比知识、凭经验的"高危"行业。有人把玉器行称作"运气行"：成，卖一块古玉，就可以开张吃半年；败，走眼收一件高仿翠屏，须臾即可倾家荡产。玉器行养两种人，柜前的买卖人和柜后的手艺人。前者有眼力、有顾客；后者单凭绝妙的手艺吃饭。二者互为表里，谁也离不开谁。可买卖人主事，是掌柜的；匠人手艺再好，也要听铺掌的差遣。玉器珍贵，大到一人高的山子，小到戒指上的翠面，价格没有一定之规，全靠时气的流行和顾客的需求，完成这一交易链，就要看珠宝店铺掌们的智慧和运作了。

　　这碗饭香，有逗人馋虫的一面；这碗饭够不着，也有悬空画饼，让人犯怵的另一面。正午，望着二条半街晃动的人影，真想揪住那些穿大褂笑眯眯的铺掌们，问问他们肚子里到底藏着多少慧眼识真、转手一本万利的绝活呢？

　　二条铺掌们的绝活是时势造就，也唯有京师，才造得出这样特有的人尖子。

　　何谓时势？须知，北京是座建都八百多年的历史文化古城，文化积淀极深。

小京纪实　找寻大栅栏

与人才济济相媲美的是，朝野珍藏着数量浩大的文物典籍和珍宝，这些骨董宝物既是中华五千年文明传下来的精粹，又是寄存在朝廷内宫、侯门府邸和民间沃野中的财富。求索古今，古都北京的这样一笔丰厚的文化遗产举世罕见。然而1860年英法联军火烧圆明园和1900年八国联军涂炭北京两场浩劫，使古国之尊严与海量之珍藏，被扫荡殆尽！1937年北平沦陷，继而1966年京城大破"四旧"，故都的人与物再陷沉沦。人妖颠倒，是非颠倒，好坏颠倒，珍宝与糟粕颠倒，存世不多的珍宝再遭重创！

屡次浩劫虽使京城大量珍宝骨董毁弃，散佚海内外，却洗濯了人心，增强了有心人见真识珍的智慧和眼光。稀世珍宝不再仅是权贵手中的玩物，它巧妙地转身，撩起乱世的帷幕，练就真假对决、超然物外的识宝人。他们寻珍觅宝，巧妙交易，既擦洗掉珍宝的一层浮尘，又重新鉴定出其应有价值，使之走进公众的视野，其功昭然，其事玄奇，令人唱叹。比如，廊房二条德源兴珠宝店的铺掌铁宝亭，在当年，他的故事和传说就有如风中柳絮，纷纷扬扬。

二、铁宝亭与袁励准

铁宝亭，名广泰（一说广善），字宝亭，平素以字行。1894年出生在河北省三河县（今属廊坊市）大厂镇大马庄村。过去京城有"三河县出老妈儿（女佣）"的说法，很长一个时期，京城宅门、住家户雇用的保姆、女佣大多来自三河县。大厂镇距京四十八公里，且大路平趟，常有人上京打工谋事。

铁宝亭在家念了几年私塾，就跟随父亲进京学做玉石生意。最早，铁家在京城大细厂开店有个小门脸儿。庚子事变，京城大乱。铁家把小门脸儿关了，回家避乱。乱后，铁家来到前门外，在廊房二条开了德源兴珠宝店，还是一间门脸儿，前店门市，后院住人。小宝亭不离父亲左右，走街串巷，跟着看货，砍价杀价，捡漏拾宝。他最喜欢听叔叔大爷们聊天，说及一宝一物的传承故事，小宝亭俩眼发亮。他心灵，好琢磨。一颗钻石到手，总要对着光亮细看，用手掂一掂，再挑出几颗差不离儿的钻石比一比，心里定个数。日子久了，过手的钻石无数。他心思缜密如玉，练就只要一颗钻石到手，就能掂出克数，说出产地、成色，大体不差，令同行佩服。

父亲过世后，他接过德源兴的一间门脸儿，心思更沉稳，验货更认真，经营更细，品种也更多。由是买卖渐有起色，行里行外逐渐认可，只要是"铁巴儿"过过眼的珠宝，一保准没错儿！"巴儿"是回族对有威望的长者的尊称，类似汉民平日尊称的"爷"。"铁巴儿"犹如"铁爷"。

这位铁爷喜爱玉石，尤其是翡翠。平素对玉石的端详、剖解、辨纯、设计、琢磨、器型下了很大的功夫。看得多、见得广，做得多、见识长。

德源兴不仅经营和田玉、天山玛腊斯的碧玉，还经营红宝、蓝宝、星光红宝、星光蓝宝、珍珠、欧珀等高档珠宝，满足清代王府贵族、民国达官贵人、军阀、买办和外商的需求。其中，德源兴的翡翠，在京城享有盛誉，成了品牌，如翡翠戒指、祖母绿、猫眼石等品种齐全，工艺精湛，颇受中外客商青睐。德源兴有自己的玉石加工作坊，聘请技艺高超的匠人碾玉，琢磨玉器，常有绝品陡然惊世，爆出天价。

做玉石生意，首当从慧眼识宝开始。

一堆料石有大有小，外皮粗陋，奇形怪状。卖料人随手一一标价，有贵有贱，不明就里。人们围观，议论纷纷，莫衷一是。谁也说不出哪块石头里有翠，翠有多大，能不能成器？这真是考验人的艰难时刻。就有人赌定一块五千银圆的料石里"有戏"，交了钱，搬到切割机上"开窗"，只一刻，飞刀破皮，只见料石中一线湛蓝，清澈明心。众人一片欢呼！买石人浑身颤抖，高喊："切下去！切下去！"飞刀直下，顷刻料石分为两半，仍只是那可怜的"一线湛蓝"，再无新意。买石者颓然委地。

铁宝亭断不了隔三岔五地转市场。一次，他看上了一块料石，心有所悟，多年历练，看得多了，揣摩得深了，擦磨出他一双隔皮看瓤的慧眼。他围着玉料端详了两圈，用手摸了摸，便出一万大洋高价买下。交钱后，他请人"开窗"。飞刀才一破皮，即显翠绿无限。众人大惊失色，铁巴儿赶忙喊停。剥除料石褶皱的外皮，这竟是一块一等一的纯净大翡翠！年老的玉匠惊呼，从没有见过这么大、这么纯的上等翠！经过他和三位工匠日夜构思，又用了八年的时间精雕细刻，终于雕出一块长方玉玺、一块方玉玺和一棵蝈蝈白菜，计三大件；又将边角玉料，随形立意，雕出松树、美人、玉壶、玉碗等若干小件，同样玲珑剔透，

小京纪实
找寻大栅栏

巧夺天工。后来仅三大件就被美国人用130万大洋买走，他也因此有了"铁百万""翡翠大王"的称号。

铁宝亭个子高，腿长、胳臂长，脑袋小、眼睛小，都说他长得像老辈相声演员高德明。高德明台上一站，台下鸦雀无声，那叫警人；陡然使个包袱能炸响全场。但他却没有铁宝亭那神龙见首不见尾的神气劲儿。铁宝亭财聚数百万，结交权贵名流无数，海外亦有众多"粉丝"拥趸，却长年穿件蓝布大褂，足蹬布鞋布袜，戴顶小帽头，走在街上没有人能认出他就是中国赫赫有名的"翡翠大王""铁百万"。有一年，翡翠大王带着白玉大磊、白玉炉子、翡翠瓶、芙蓉石达摩、白玉梅瓶等玉器珍品，去日本名古屋参加"泛亚"博览会。日本记者闻讯早早赶到机场，想拍张"中国的翡翠大王"的玉照，次日见报。结果机场上人都走光了，记者也没找到翡翠大王。他太像"苦力"了，一身粗布缭衣，夹个布包坦坦然然地从记者身边走过，谁信他会是中国腰缠万贯的"大王"？

熟知他为人的清末翰林袁励准的夫人说，铁宝亭是"外貌似穷相，内藏万贯金"。

袁励准是铁宝亭的稳定客户，也是相知的老朋友。在北京的古玩界袁励准有很高的威信。有人遇事不决，总是请袁教授来把把脉，他条分缕析的讲解，总能让人信服。

说到这儿，就要腾出笔墨，说说这位民国闻人和他的家人，那是一个时代留下来的影子。

袁励准（1876—1935），字珏生，号中舟，别署恐高寒斋主，河北宛平（北京）人，祖籍江苏武进（今常州）。清光绪戊戌科进士，授翰林院编修，会试同考官。擢南书房行走，先后为光绪、宣统两任帝师，光绪帝亲赐"恐高寒斋"（取高处不胜寒之意）。历任京师大学堂（今北京大学）总务长、京师高等实业学堂校长等，民初任清史馆编纂。20世纪30年代，任辅仁大学美术专修科主任，主教山水。后为清华大学教授。

袁励准是清末民初著名学者，书画名家和收藏家，诗文书画俱佳，名噪京城，其书法行楷学米芾、褚遂良，画学宋代马远，有《恐高寒斋诗集》《中舟墨录》等著作传世。故宫、颐和园留有袁励准墨迹，中国国家博物馆则藏其文物及书画作品。

袁世凯久慕袁励准人品才学,曾拜访袁励准并攀亲认本家。袁世凯任大总统后,几次敦请袁励准出山,均被婉拒。袁励准晚年以卖字画和教学为生。清逊帝溥仪移居天津后,常邀老师袁励准前来小住,并帮其处理一些事务。

中南海新华门原是乾隆为香妃建的宝月楼。民国初立,袁世凯以中南海为总统府,内务总长朱启钤将宝月楼改建为中南海正门,内置大影壁,面对西长安街,起名"新华门"。因袁励准是两帝业师,且才学书法服众,袁世凯敦请袁励准为新华门题写匾额,袁励准推辞再三,最终于1914年春写就,雕为蓝底金字的匾额悬于大门正中。仰观"新华门"三个字,气韵中和,仪态万方,与改建后的宝月楼浑然一体,辉耀至今。事后,袁世凯派人送上五百银圆润资,袁励准当着来者的面对家里人说:"这笔钱存入银号,不得动用分文。"

袁励准生于仕宦之家。祖父袁绩懋,道光丁未科进士,授翰林院编修、刑部主事;祖母左锡璇,女词人,有诗书画传世;父亲袁学昌,光绪五年举人,任安徽全椒知县、湖南提法史;母亲曾懿是京城名中医、诗人,著有《古欢室医书三种》《古欢室诗词集》。袁学昌与曾懿共生六子,袁励准为次子。

袁励准家族子侄晚辈,亦不乏才俊之士。其子袁行健是卓有成就的电子专家。侄女袁晓园(袁行洁),是著名文字学家,全国政协委员;侄子袁行霈,北京大学中文系教授、中央文史馆馆长、民盟中央副主席;侄女袁静(袁行庄),现代著名作家,长篇小说《新儿女英雄传》作者之一;袁励准另一侄女袁行恕的女儿就是台湾著名作家琼瑶。

袁家忠厚传家,诗书继世,风骨依然,掩卷思之,颇多感奋。回过头来接着说铁宝亭与袁励准夫妇的一段故事。

三、翠镯美艳,退也有赚

那一天,铁宝亭得了一块上好的翠料,晶莹明丽,颜色多变,十分罕见。他翻过来掉过去地端详,想着该怎么依顺翠料的颜色变化,雕出几件不一般的翠件呢?有了想法,他指导工匠小心切割,雕出几件上好翠活,光泽娇媚,灵动异常。其中一对蓝绿瑞翠镯,格外勾人心魄。这对通体翠绿的玉镯上,缠绕着红绿蓝三道霞光,走势如虹,飘然物外。铁宝亭见翠镯无数,从没见过这样瑰丽多变、透出一股神异之光的翠镯，终日把玩在手，不忍放下。他把它作为镇店神器，招财进宝。

　　说来也巧，这天铁宝亭刚把三瑞翠镯放进玻璃柜，老朋友袁励准教授夫妇迈步进门。袁夫人眼尖，一眼锁定柜中翠镯。铁宝亭知道藏不住，赶忙取出交给袁夫人。袁夫人颇晓玉器，戴入双臂，莹莹发光。玉臂呈翠，分外妖娆，袁夫人爱不脱手。袁教授会意，询问铁老板可否割爱？这下，铁巴儿慌了神了。他没有思想准备，只得顺情搭话："既然夫人喜欢，那就拿去戴吧，我看也挺般配。至于钱不钱的好说。"袁夫人抚摸着腕上的翠镯，嫣然一笑："好说？亲兄弟还得明算账呢，更何况您这是生意。"铁巴儿忙说："您眼力真好，这确实是件好东西。咱们不是外人，您要是喜欢就算三千大洋吧。"袁教授听罢眉头一皱，可袁夫人二话不说，爽快成交，三千块大洋的支票递给铁老板，一双三瑞翠镯随着袁夫人"飞"进袁府。铁宝亭这个悔呀，好几天缓不过神来。他明白做买卖有赔有赚，再稀世的珍宝也有出手的时候，不然吃谁喝谁呀？可必须物有所值，不能亏了宝贝的身价。这副稀世罕见的翠镯卖得太亏了！他觉得对不起翠镯，对不起工匠，更对不起自己用的这份苦心。好比自己含辛茹苦养大的闺女，嫁错了人家，覆水难收，悔呀！

　　三瑞翠镯分量不大，却压得铁宝亭的心生疼。那三色瑞光老在他眼前晃悠，睁眼合眼全是它！那天去后海办事，路过袁教授家门，猛然想起翠镯，身不由己步入袁府。宾主落座、让茶，有顷，袁教授似乎是漫不经心地问："铁老板，那天您承让的翠镯，花里胡哨的，是上等翠吗？我不懂眼，您别见笑。"铁宝亭听罢心中一震。他知道袁教授收藏骨董，精于金石、书画，疏于玉器，便赶忙接过话茬儿，详详细细地讲解这副三瑞翠镯不仅纯属上等翡翠，而且光彩丰富，是稀有之物，再三叮嘱教授要好好收藏，作为传世之物。没想到袁教授听罢却不以为然："这副三色光缠绕的翠镯确实少见，回来细看，让我想起东安市场卖的工艺玻璃彩球，同样五光十色，晶莹美丽，那模样也不输此物，请问到底该怎么区分这不是彩色光学玻璃呢？"凭商人的直觉，顾客动摇了，已对购买的翠镯失去了信心。铁宝亭心中暗喜，未再做解释，赶忙缓下声调，用商量的口吻征求意见："倘若呢，您二位吃不太准，那您能否割爱，再匀给我。自然啦，咱们是朋友，我不能忍心让您二位跑到二条白受这趟累，这样吧，我出五千大洋把这副翠镯带回去？"

袁教授夫妇大吃一惊，原想原价原物退回翠镯，不伤和气。不想铁老板竟以高价收回！才不到一个月呀，坐在家里就白得两千元？想到铁宝亭平素为人的仗义、做生意的公道和交朋友的坦诚，袁教授夫妇高高兴兴地接过铁老板递过来的五千大洋的支票，把翠镯完璧归赵，交给铁宝亭。那一阵，袁教授心中有点酸，说不上是谢意还是歉意。这天晚上，铁宝亭回到铺子里，叫伙计去户部街路东月盛斋打一小锅浓浓的酱牛肉汤，就着从前门大街正阳楼买回的烧饼，摆上那副三瑞翠镯，美美地吃上了一顿。

人们说，铁老板的买卖，管退管换，退也有赚。他时常把上好的东西卖出去，过段日子，再以高价买回来。这次，不是就干赔了两千大洋吗，怎么还有赚？别忙，还有下文。

没过多久，铁宝亭的老主顾、号称"西北王"的大军阀马步芳派夫人进京，来到二条德源兴，嘱托铁宝亭办几件上等翠件，说是送给蒋夫人宋美龄的寿礼。她屏退了随从等人，对老友悄声说："此事非比寻常，非常重要！务必请铁老板把镇店之宝请出来，帮这个忙。"

铁宝亭深谙事理，想起一件往事。

清室退位后，溥仪依旧滞留后宫，过着奢靡的生活。钱不够花，民国政府又不能按时拨款，溥仪就不断把宫中珍藏的国宝，押进外国银行换钱花。一批绝世国宝，因为还不起钱，押成死当，日本财团闻讯，火速派人前来收购，打算全部赎出运往日本。经过公荐，铁宝亭作为外国银行请来的首席验宝人。在银行密室里，铁宝亭面对这批价值连城的国宝，痛哭流涕。他感到责任重大，必须把这批国宝尽快抢救出去，留在中国。可这是一笔天大的巨款，以个人之资是无论如何也办不到的。时间紧迫，他忙召集在京各大铺掌们核计分头出资，尽量减少损失。后来多亏西北大军阀马福祥、马鸿逵父子出头调动西北的力量，才把这批国宝中的绝优者抢救回来。

铁宝亭是穆斯林，他做生意与同是穆斯林的将领如白崇禧、马鸿逵、马步芳等有交易，也有交情。穆斯林笃信真诚，他们信赖德源兴货真价实；铁宝亭也实心实意地为他们选货办事。

什么是实心实意？

清廷退位，旗民断了钱粮，甭管官位大小，全靠卖骨董家当过日子。铁宝亭上门收购，绝不乘人之危蓄意压价，而是按质论价，公平交易，借以周济卖主。

他很看重京城里那些有学问的老翰林，和官场上败下阵来的有学问的官僚士大夫。对于那些进入民国，日子过得"麻绳儿蘸水——紧上加紧"的公子王孙，深表同情，绝不因为人家穷了就压价贱买欺侮人家，所以他人缘极好。有些王府里的镇府之宝，原先可能是光绪或慈禧赏赐的珍宝，源源不断地流进了他的保险柜。这不是巧取豪夺，是铁宝亭宅心仁厚赢得的信任。

不负老友之托，铁宝亭亮出镇店之宝，拿出那副三瑞翠镯。马夫人一见倾心，立即戴在手腕上，左看右看，舍不得摘下来了。结果，铁宝亭以一万五千块大洋让出，马夫人爽快收进。接着她又从柜里挑选了十来件上等翠钻，随即开出现金支票。走前，马夫人一再表示，马将军一定会对铁巴儿另有回赠。

铁宝亭卖货有个习惯，要看顾客配不配享有这件珍宝，光有钱没修养的暴发户，给多少钱他也不卖，怕玷污了珍宝。

三瑞翠镯有了理想的归处，铁宝亭一颗心落了地。行内人评述，清末至民国，有三副绝世翠镯：一副是慈禧太后腕上戴的；一副是李鸿章孝敬母亲的寿礼；还有一副就是宋美龄腕上戴的这副。前两副翠镯已经不知所踪，只有宋美龄的翠镯仍然为世人所瞩目。

另有一说，在宋美龄与蒋介石1927年12月的婚礼上，青帮大佬杜月笙以一对翡翠手镯相赠。他以四万银圆从铁宝亭那儿买来的这对手镯，成为宋美龄的一生珍藏。在宋美龄百岁诞辰晚会上，这对翠镯也在。

四、守身如玉的铁宝亭

铁宝亭发了财，终归没忘自己是庄稼人出身。铁宝亭壮年那阵儿，总要约同琉璃厂韵古斋经理韩少慈一起回老家，帮助在家务农的哥哥收麦子。他们是三河县出了名的大财主，却不忘庄稼活，难得！可发了大财的财主就有人惦记，就有人憋坏招，更何况对这位"铁百万"呢，歹人惦记得眼红！

那是日本军占领北平的1937年。铁宝亭的儿子娶媳妇，亲家是廊房二条德源斋掌柜的，号称"鼻烟壶大王"的杨永福。杨掌柜也是穆斯林，正可谓门当户对。喜事儿安排在铁宝亭老家三河县大马庄，亲友祝贺喜宴连桌，足足热闹了一天。晚上正当小两口要入洞房了，猛然枪声大作，院子里冲进来一帮土匪，把新媳妇和铁宝亭的侄媳妇裹挟而去，从此再无消息。俩家人急急慌慌，没着没落，铁宝亭却不闻不问，照旧回到二条做生意。杨掌柜惦记闺女，几次急得火上房似地找铁宝亭拿主意。铁宝亭对他说："土匪绑票是冲着我的钱来的。放心，只要有钱，人，他们是绝不敢伤。急也没用。他们想钱，比我们还急呢。再者说，我上哪儿找他们去呀！听信儿吧！"果然，三天以后，徒弟早起下板儿（开门营业），发现一张纸条。铁宝亭看了看，甩手把纸条给扔到火炉子里。没过两天，又来了一张纸条，铁宝亭照旧给烧了。二条的铺掌们都纳了闷儿了，人命关天，这是多揪心的事儿，你铁巴儿怎么那么沉得住气呀？

铁宝亭解释说；"他们第一次跟我要三十万，我给不起，就没理这茬儿。第二次，降到了二十万，我还是给不起。这帮人是蹬鼻子上脸，你这次惯出毛病来，让他们吃出甜头儿，下次说不定哪家就得跟着倒霉，先别理他。"说得大家无言以对。

又过了几天，铺子里来了一个三十来岁的黑脸汉子，进门朝椅子上一坐，虎着黑脸对铁宝亭说；"老爷子，您可真沉得住气，服了您啦！照直说吧,您那两小媳妇是我们绑走的，您指条道吧，我该怎么办呢？"铁宝亭微微一笑，慢条斯理地说："你们张口跟我要那么多钱，我实在没地方弄去，那俩人你们瞧着办吧！"噎得来人没话说。他知道这位铁巴巴（爷爷）脾气耿直，一向说一不二，为了钱，只好认怂，语气缓和了许多。他对铁宝亭说："我们哥儿几个也是穷，家里实在揭不开锅了，绑了您家的孩子，就想弄俩钱儿花。孩子们好着呢，您就放心吧！"铁宝亭向来人说："得，听你这么说，就看在咱们都是庄户人的面子上"，他伸出来俩两手指晃了晃说："钱多了没有，就这个数儿！"来人一听，铁巴巴松了口，立马儿应承下来，与铁宝亭商定了人钱交换的时间和地点。

第二天一早，铁宝亭就背着一个面口袋到了杨村，来到约会的地方，见到了昨天的那个黑脸汉子。他把面口袋往地上一墩说："两万块钱都在里边儿，你点点吧！"那个人笑了笑答道："谁不知您铁巴巴说到做到呀，不用点，您请回吧，那俩孩子就在后头路边儿等您呐！"铁宝亭回头一看，路边果然站着那两个小媳妇儿，见到亲人，扑了过来，哭得和泪人儿一样。

回到家里，大伙儿见她们平安无事，大大松了一口气。有人很后怕，对铁宝亭说："铁巴巴，您这胆子可真大，土匪要是借机把您绑走了可怎么办呀！"

铁宝亭说："土匪早就摸透了我的底细，知道我平日把钱看得紧，除了我，家里人谁也不知道我的钱放在哪儿。绑走了我，他们没地方要钱去！再者说'盗亦有道'土匪有土匪的规矩，我是送钱赎人的，他们要是绑了我，就叫不仗义，会让江湖上的人瞧不起！"

铁宝亭心有定力，眼里不揉沙子，遇事沉稳练达，言行举止规范，绝非一日之功，那是从小一点一滴地培养起来的。他在德源兴学徒时，父亲管教特别严。有一次父亲外出，他闲着没事与几个伙计玩纸牌，仿着京东民间的赌博"斗梭儿烟"，消磨时间。父亲回来见了，上去就是两耳光，让他当众罚站，申斥他："一辈子有多少时间让你荒废呀！"这下，他凿凿实实记住了。

一块美玉之所以白璧无瑕，是因为琢除了它的杂质，守住了清白。时间就是一把无情的刻刀，成不成器，全看自己。他守身如玉，一辈子不沾烟酒、不听戏看电影、不下馆子打茶围，更不赌钱逛窑子。唯一的嗜好就是与玉结伴，相看两不厌。偶有闲暇，就从柜中选出得意的美玉，把玩不已。玉石给了他快乐与充实，玉石之外，岂有他哉！他不允许种种秽气玷污了玉石的清纯。因而他不追求享受，不讲究吃穿。德源兴后厨经常到前门里户部街路东的月盛斋，去买牛肉汤，用汤熬菜，徒弟掌柜一起吃。平时，铁宝亭就是一身蓝布大褂，布鞋布袜，每天早晨从手帕口住家，到崇文门外花市的青山居去打听玉石的行市，总是走着去走着回，腰里揣两个烧饼作早点。后来上海的市场活跃了，他每年到上海做生意，自带一罐炸酱，找个便宜的小旅馆，自己起火做饭。他生活清苦，却宽厚待人。店里伙计有个为难着窄的事，比如婚丧嫁娶，得病吃药，需要用钱，他都一力承担，不让伙计分心。教门里有事他更是责无旁贷，尽力而为。

他关注回民子弟的教育事业，多年来他赞助了四所小学、两所中学。在崇文门外花市皂君庙的旧址上，他出资修建了穆德回民小学（今东花市回民小学），之后又买下了花市大街38号院的十多间房，辟为学校东跨院。穆德回民小学校门口，摆着两只铁狮子，那是皂君庙的旧物。北京人有句歇后语："皂君庙的狮子——铁对儿。""铁对儿"的意思是铁打的交情，拆不散。

1947年，铁宝亭应朋友之约，携带一批珍贵的翡翠珠宝古玩，由天津乘"万里"号特快客轮去上海。途中轮船遇险沉没，铁宝亭等人幸好被解放军搭救，命虽保全，货物尽失，沉入大海。

1948年年底，辽沈战役大捷，平津战役展开。铁宝亭念及自己岁数大了，一生风险无数，祈求有个安稳的晚年，遂与家属离开北平，经上海去了台湾。

回首既往，自光绪二十八年（1902）到1948年，德源兴在北京廊房二条开设了54年，铁宝亭经营德源兴39年。他在54岁时迁往台北，1965年在台北去世。

铁宝亭不是完人。"翡翠大王"一生鉴宝无数，深得达官贵人、太太小姐青睐，有"无铁不买"的信誉。但他在真假混杂、莫衷一是的古玩界，也有走眼失手的时候。

一次他用七条黄金买下一颗"猫儿眼"，自信满满。"猫儿眼"是一种珍贵的宝石，在阳光照耀下，能像猫的眼睛一样改变颜色，令人莫名奇妙。从前，北京大宅门里的姑奶奶姨太太们，都喜欢收藏一颗猫儿眼，遇人拿出来夸富显份，借以抬高身价。

一天在上海同行聚会快要散伙时，铁宝亭叫住了大家，从怀里掏出一枚蚕豆大小的猫儿眼，交给同行们验看，众口一词，都认为是一颗少见的精品，赞不绝口。顷刻，铁宝亭收回猫儿眼，板起脸说："我告诉你们，这是个假的！我这回'打了眼'，吃了'充货'了。"大家听罢一惊。经铁宝亭指点，人们在太阳底下重新转着看，才在一个特定的角度发现了三条极细的线，做假的痕迹时隐时现，众人不由得倒吸了一口凉气。

一般生意人遇到这种难辨真假的贵重假货，不会对任何人说，闷在肚子里，此后伺机找个冤大头卖出去了事。铁宝亭不是这样的人，德源兴把"德"看作买卖"兴"旺的"源"，钱可失，德不可缺！铁宝亭抄起一把铁榔头斩钉截铁地说："这玩意能'充'（骗）了我，还有什么人不能（充）？非砸了它不可！"说完就朝那"猫儿眼"砸去！

据说那只"猫儿眼"是日本人仿造的，不知采用什么工艺，仿得惟妙惟肖。但，假的毕竟会被慧眼识破。铁宝亭砸碎了七条黄金换来的"猫儿眼"，却守住了做人的底线：不欺世、不盗名。在欲望充溢的大栅栏，他心境明澈，留给人们一个识玉、断玉、爱玉、守身如玉的形象。

酱香六必居

人有人名，店有店号。这既是标榜自我、区别其他的符号，也是寄托希望、昭示主张的宣传。所以，做买卖的很重视给自己的商店起个响亮、吉祥、能带来好运的"字号"。

过去在京城谋生的商家，特别珍惜买卖的字号，因为它是脸面，是信誉，是吸引顾客的招牌。商家立足社会，获得红利的一切行动都要注进"字号"这几个墨写的大字里，更何况这个"字号"，还要请书法纯熟、有社会影响的名家，郑重其事地题写匾名，高悬店门正中呢！

"字号"高悬：出，以示买者；入，以警卖者，用以追求"字号"的诚信传世，账房的日进斗金。牌匾越陈越亮，"老字号"就是踏破时间长河、冲破商海狂涛、不沉的"巡洋舰"。

北京的"老字号"不是今天才有的，它的历史同北京城一样悠悠久远。老字号是伴随着政治稳定、经济发展、市场繁荣、老百姓丰衣足食而产生的。五味调和，缺一不可。但一个商号能做到长命百岁很不容易，这就要靠自身坚持不懈的努力和客观环境的许可了。天遂人愿，宏愿方成；人违天意，无

◀ 上图 2010年的六必居　下图 2008年的延寿街通洪小铺

力回天。

打开《析津志辑佚》，我们可以追查到当年元大都的老字号有：

> 崇义楼、县角楼、揽雾楼、遇仙楼，以上具在南城，酒楼也。今多废。

不过，这些酒楼所在的"南城"是指正阳门以里的棋盘街一带，不是今日的前三门以南。考察今天北京的老字号，元明两代的，几乎很难寻到。有人说了，那前门外粮食店的六必居酱园，不就是明朝的老买卖吗？它那块有名的黑底金字大匾还是明嘉靖首辅严嵩写的呢！

已故民俗专家叶祖孚老人曾著文《揭开六必居之谜》。他说，1965年的一天下午，原人民日报社社长、北京市委书记邓拓曾到六必居支店六珍号，通过原六必居酱园经理山西人贺永昌，借走了六必居陈年老账和大量房契，进行考证。史料证明，六必居不是创业于明嘉靖九年（1530），而是创建于清康熙十九年到五十九年（1680—1720）这四十年间。雍正六年（1728）账上记载这家最早的店名是源升号。直到乾隆六年（1741），账本上才第一次出现六必居的字号。它既然创业于清初，就不可能请明代首辅严嵩题字了。

但是关于权相严嵩给六必居写匾的传说由来已久，或许，这是早年店家的一种攀古借名、自我哄抬的炒作。说法挺多。不过，把这些传说罗列起来，一一拆析，却颇有意思。

说法一：

严嵩进京未做官时，常到前门外粮食店的一家小酒店喝酒，店主知他文章好、书法好，就请他给小店起个名字，并题写匾额。严嵩知道小店只有东伙六人，就敛神挥毫写下了"六心居"三个大字。东家眼明，赶忙提出："六个人六个心眼，还能把买卖做好？"严嵩一笑，随即大笔一挥，把"心"字改成了"必"字。六心居成了六必居。因为那时严嵩还没有身份，也就没有提名落款。

说法二：

严嵩当朝，气焰万丈。他的字好，只给嘉靖皇帝写青词。朝臣都求不来，更何况小买卖铺了。六必居掌柜的有主意。严府的管家常到六必居喝酒，日子长了也就熟了。掌柜的为了脸上贴金，提升小铺子的身价，就托管家求严嵩给小店题字，高帽戴了一大摞，严府管家洋洋得意，借着酒劲儿允了。回到府里，管家只好央求女仆恳求严夫人。夫人脸热，应也不是，回也不是，就装着练字，只写"六必居"三个字。晚饭后，严嵩看夫人写字很高兴，边纠正，边示范，也照写了"六必居"三个字，自然没有提名落款。第二天，管家把字送到六必居，掌柜的如获至宝，重金答谢，又请匠人刻了一块墨底金匾，高悬店内，到处宣扬，惹得门庭若市。可来的人若不是专门求见的，概不外示。这么一来，反倒激起了人们争看金匾的好奇。

新中国成立前，我在珠市口上小学，老师讲了这个故事。出于好奇，我跑到六必居看金匾。掌柜的挺和气，叫我进到柜台后面，抬头往上看，他顺手拉开房顶上的电灯。只见在微明的灯光中，一块硕大的黑漆大匾上嵌着金里透红的"六必居"三个大字。雄劲刚正，气势磅礴。无大气魄、大腕力断难成此大字。不管此匾是不是严嵩写的，它都是京城古匾的珍品。据说民国初年六必居邻居失火殃及本店，大伙抢搬财物，唯有一个店伙舍命抢出金匾，受到店主的表彰"高其俸"，并聘为"终身伙友"。此匾愈加珍贵。

说法三：

据说六必居开业时，本来是个酒馆，酿造的酒香醇可口，远近闻名。一问，才知道老板酿酒有规矩："黍稻必齐，曲蘖必实，湛之必洁，陶瓷必良，火候必得，水泉必香。"这"六必"从用料、配方、洗涤、器皿、火候、取水六个方面，明确了在酿造过程中每个环节的质量要求，这样酿出的酒自然好。于是起名"六必居"，向社会公示本店的酒货真价实，赢得顾客的信任。

说法四：

原来，六必居是山西临汾西杜村赵存仁、赵存义、赵存礼三兄弟合开的小油盐店。北京有句俗话："开门七件事：柴、米、油、盐、酱、醋、茶。"这七宗物品是每天开门过日子离不开的东西。六必居除了不卖茶叶，其他六样都有，所以起名六必居。起初六必居也卖酒、卖青菜。不过店里不做酒，卖的酒是从崇文门外花市以南的天顺等酒馆趸进来的，只是趸入后进行了再加工。他们先把趸来的酒放在老缸里封藏，经过三伏天，过半年再卖，酒味去掉了暴气，自然醇厚清香，大不同于入缸前的酒味，此名"伏酒"。还有一种"蒸酒"，味道也很醇香，很受顾客欢迎。这两种酒高达69度，比一般市面卖的酒酒精含量高，劲头足，吸引很多住在内城的顾客纷纷提着酒壶到六必居去打酒。

有的人看六必居的酒卖得好，就作假，欺骗顾客。为防假冒，六必居有主意，它给买酒的顾客准备了一张小票，注明何时售出，维护了店家声誉。后来，六必居开始做酱菜，照旧地精采细做，讲究酱菜的色、香、味、形。每样小菜都做得色泽鲜亮，酱味浓郁，脆嫩清香，咸甜适度，解腻助食。确保产品的质量，当然离不开它严密有序的经营管理。值得一提的是用人，旨在选用精明强干的山西人、河北人，而不用"三爷"，即少爷、姑爷和舅爷。因为这类人，成事不足败事有余，往往成为企业破败的内患。六必居以精美可口的各色酱菜和它宝贵的经验，名满京城、蜚声海外。最可贵的是其历经五百年，守住了老字号光辉的坚持。

中国国家博物馆研究员宋兆麟先生，搜集了大量文书、契约等物证，提出六必居确实创建于明朝中叶，三易其主而未改其名。

第一段，明朝中叶的郭姓六必居。

庚子（1900年）之变，店铺及文书档案尽被火焚。民国十一年（1922）六必居申请补照。由当时北京油酒醋盐行商会发的补契，留存至今。补契上写明："商号原于前明嘉靖九年（1530）倒得前门外粮食店街路西六必居郭姓营业壹座"。

第二段，明末清初，现存有一份卖房契约说明，当时郭姓独家经营六必居力不从心，吸收了赵、原两姓人家入股。

第三段，1832年以后，赵姓出资四千两白银，将郭、原两姓的股份买断。从此至1954年公私合营的122年间，六必居一直由赵姓一家经营。

六必居做的酱菜好吃，这与它精选原料产地、制作精良、严格管理分不开。

先说精选原料产地。

腌菜的主料是酱。做酱，必用黄豆。老六必居只用河北丰润县马驹桥和通州永乐店的黄豆。那里的黄豆，色黄、皮薄、含油率高，做出来的黄酱味道醇香。再如做甜面酱的白面，必用京西涞水的一等小麦，磨成面，用重箩筛成细面，涞水的小麦黏性大，做出的甜面酱细腻不散。

传统的甜酱萝卜、甜酱黄瓜、甜酱甘螺、甜酱黑菜、甜酱包瓜、甜姜牙、甜酱八宝菜、甜酱什香菜、甜酱瓜和白糖蒜，所有原料都讲究固定的产地，甚至是由固定的人家常年提供。比如白糖蒜，蒜头选用长辛店范祥家种的"白皮六瓣"，每一头的重量在一两左右。要求夏至前三天起蒜，带泥，保持新鲜脆嫩。腌制时，一斤大蒜半斤白糖，不能有差。再如甜酱瓜，老圆瓜选自小红门一带，六七成熟就摘，这时候瓜子刚长出来，嫩得几乎看不见。五成熟的时候瓜肉薄，八成熟时瓜皮就厚了，腌制出来都不好吃。必须六七成熟、清晨摘下，赶在中午以前送到。货到后立即用清水洗净，按一斤瓜一斤盐的比例放入盐水中，浸泡36小时后投入酱料。腌制过两天两夜后把酱瓜捞出来，放在太阳底下晾，好天气晾一天，中间翻动一次；不好的天气要晾两天，翻两次。再入甜面酱缸继续腌制。

再说制作精良。

无论什么酱，从开始发酵到制作完成，全由手工操作，做到一丝不苟。比如踩坯，要根据气温的变化，不能少于十天，也不能多于十五天。入缸以后，要按指定的时间打耙，保证一定的耙数，务必把浊气放尽。根据发酵时间和温度的高低，每星期打一次，每次打八耙。入伏后，每天要打七次，每次打十耙。出了伏，逐渐递减打耙的次数。待到酱快好的时候，每天只打三次，每次十耙。这样的工艺制作出来的酱，色泽鲜亮，口味醇鲜，有点发甜，是当年老北京最著名的"伏酱"。

最讲究的铺淋酱油，是将制好的黄酱，放在锡拉铺上晒，收取酱中淌出的油液，再放入适量甘草、桂皮和冰糖等调味料加工提炼，纯粮食、配料制作，与现在的"化学配方"酱油有本质的区别。当年东来顺涮羊肉的小料风味独特，铺淋酱油起到了至关重要的作用。味道鲜美异常，可是，这样的制作耗时费力产量低，难以适应市场量大快供的需要，现在这种制作工艺已经不怎么用了。

北京四季分明，一年能吃到时新鲜菜的季节和品种很少，平时居家待客离不开咸菜、酱菜、粉条、豆腐一类的易保存食品。脆嫩清香、酱味浓郁、咸甜适度的酱菜是餐桌的上等菜，广受民众欢迎。铺淋酱油等多种费时费力的优等酱菜自然也被朝廷选用，被定为御用品。据说，为方便六必居送货，清朝宫廷还赐了一顶红缨帽和一件马褂。这衣帽一直保存到1966年，也毁于这一年。

2009年大栅栏西街上的老北京天海餐厅

豫菜厚德福

　　逛大栅栏，留心南北街面，像同仁堂、瑞蚨祥、内联陞、张一元这样的百年老店并不稀罕。稀罕的是堂堂大栅栏，怎么见不到一处百年老饭馆的踪影呢？

　　我收住脚步，纳罕了。

　　京城八百多年，辽金元明清，五朝帝都，加上民国的第一个首善之区，那是何等繁华，何等荣耀？这繁华与荣耀必然升腾起口腹的追求、舌尖上的比拼。于是水陆杂陈、南北佳肴、官府珍馐、满汉全席等，后脚跟着前脚地涌进帝都：帝后进膳需要珍摄世间极品，官绅交结少不了觥筹交错，年节喜庆讲究鱼肉盛宴，就是小民糊口也要有稀有干。及至开口吃喝谁不记挂家乡的美味，思念儿时妈妈亲手调制的香甜？那里，品尝的是美味，传送的是真情。

　　于是，京城召唤来全国各地菜系的名厨好手，塞北江南、大漠水乡，人才济济，各显身手，亮出绝招，一时京城一地汇集齐中华餐饮的精粹，"八大楼""八大居"之类的馆子开遍内外城，而大餐之外的"小吃"更是精益求精，做得可人可口，妙不可云。前门外，不同风格、不同档次的新老饭馆争奇斗艳，日日笙歌，顾客盈门。

　　我就不信，在寸土寸金的大栅栏街面上，竟找不出来一处名传遐迩的老饭馆？

回过头，去查寻并不遥远的记录，我终于在1948年前的大栅栏街北的中段，发现离庆乐戏园不远，有处厚德福饭庄。翻检1926年北京《晨报》，还刊有专访"厚德福"的文章：

> 京中豫菜馆著名者为大栅栏"厚德福"。菜以瓦块鱼、鱿鱼卷、鱿鱼丝、拆骨肉、核桃腰子、酥鱼、酥海带、风干鸡等为最佳，其面食因系自制，特细致。所制月饼有枣泥、豆沙、玫瑰、火腿，味极佳，且能致远，与南方茶店所制者，迥不相同。

追其缘由，文中披露扬州因盐务设在那里，官商聚集而精于美食，创制出大名鼎鼎的"淮扬菜"；豫中则因朝廷治理黄河的衙门设在开封，于是"鱼类汴中河工关系，亦精研饮食。遂有汴梁之名，而汴中陆多水少，且离海远，故以海菜为珍品，加以烹调"。

提起厚德福饭庄，今人知之不多。但在百余年前，那是北京四九城叫得响的首家豫菜馆，红火得很：袁大总统念恋家乡味道，频频光顾；军政首脑有意巴结上峰，连连宴请；文人绅士三五小聚，诗酒往还；大栅栏游客如云，听戏购物，不舍口福……如此这般，把个隐匿于闹市陋巷的厚德福，闹腾得生意兴隆，一席难求。囿于店面局促，招待不周，经高人指点，很快在民国新政推行试点的先农坛北门城南游园里开设了敞亮的分店。继而再经高人指路，走出京门，把厚德福分店开到青岛、济南、沈阳、哈尔滨、南京、重庆、香港、天津、上海、西安、台湾等地，一店多身，连锁经营，一时无二。

令人想不到的是，成就厚德福饭庄这一番大事业的开创者，不是富商大贾，也不是权重人家，竟曾是一个忍饥挨饿沿街乞讨的叫花子。

一、杞人忧饥

他叫陈连堂，字莲堂，河南开封杞县双楼村人。

"杞"这个地方很古老，它是殷商开国贤相、帝王的老师、中国烹饪的鼻祖伊尹的故乡。周武王灭商后，把夏禹的后裔封到杞地（河南开封杞县），建立杞国，"杞人"就是对杞国人的称呼。杞县地处黄河中下游，水患不断，杞人整天看着

老天爷的脸色过日子，忧心忡忡，乃有"杞人忧天"这个古老的传说广泛流传。

《列子》《山海经》《淮南子》《路史》《史记》等古籍中均有记载。《列子·天瑞》记有：

> 杞国有人忧天地崩坠，身亡所寄，废寝食者。又有忧彼之所忧者，因往晓之，曰："天，积气耳，无处无气。若屈伸呼吸，终日在天中行止，奈何忧崩坠乎？"
>
> 其人曰："天果积气，日、月、星宿，不当坠邪？"
>
> 晓之者曰："日、月、星宿，亦积气中之有光耀者，只使坠，亦不能有所中伤。"
>
> 其人曰："奈地坏何？"
>
> 晓之者曰："地，积块耳，充塞四虚，无处无块。若躇步跐蹈？终日在地上行止，奈何忧其坏？"
>
> 其人舍然大喜，晓之者亦舍然大喜。

"杞人忧天"由传说演化为成语，意在讥讽无端的苦恼、多余的忧虑。然而对于年幼的杞人陈连堂来说，他忧的不只是天塌地陷，洪水横流；更紧迫的是眼前心如刀绞般的饥饿。他多么渴求一样饥饿难耐的爹妈，能为他讨得一口活命的稀粥啊。然而，羸弱的爹妈挂着打狗棒，再也无力拖着小连堂沿街要饭，只得把他送到并不宽裕的姑姑家活命。

连堂虽小，也知道看人脸色吃饭：捡柴拾粪多了，姑姑有笑容，他就可以多吃几口；捡柴拾粪少了，姑姑的脸拉长了，他赶忙放下碗筷，背起粪筐，走进夜色。村东口有片柳林，一条车道往东是县城，往西是开封府。时常有赶路的过客在这里抽袋烟、歇歇脚，东拉西扯说会儿闲话。小连堂喜欢来这里支楞起耳朵听他们胡扯，知道了不少新鲜事，比如，他知道了当今万岁爷光绪皇上住的地方叫北京，那里有一圈套一圈的城墙，有个大城门楼子九丈九，叫前门。前门外到处是饭馆，只要肯卖力气，就有饭吃，不再挨饿……时间长了，"上京城"的念想就像块大石头，压在他心口上，喘不过气来。终于有一天，他壮着胆子跟姑姑说，我要去北京要饭。姑姑看了看他，心里掂量，半大小伙子了，能干活了，走了可惜；可留得住人留得住心吗？就准了。临走时还给他贴了几个菜饼子。小连堂重又拾起爸爸留下的打狗棍，拿上姑姑给的要饭筐，包上菜饼子，一路要饭，直奔京城。

挨过饿的人都能吃苦、能受累、能忍耐、能知足，能有奔头。

陈连堂一进京就找到大前门，在粮食店路西的一家小饭铺打杂。看着一街两巷的花花绿绿，端着漂浮油星的"折箩"（剩菜剩饭），他知足、满意，再也不挨饿了。每天他劈柴生火，洗菜刷碗，手不拾闲，只知道埋头干活，不偷懒、不凑合，样样干得干净利落。掌柜的看着喜欢，不时地让他打打下手，动动锅铲。他一心学手艺，脑子又好琢磨，只几年的工夫就把掌柜的看家本事学到手了。粮食店路大小饭馆多，闲下来他常向同行的师傅请教，见人就学，见事就问，诚恳、厚道，同行都喜欢他，乐意教他。有个河南老师傅曾经在开封大饭馆子里掌灶，做得一手精到的开封菜。十几年前他随官员进京，做了家厨。官员升迁外放，他没去，被粮食店的大饭馆请来献艺。陈连堂闻听哪肯放过？时时过来问安请教。既是乡亲，又是同行，加之他久有学好家乡菜的心愿，而老师傅京城遇乡邻，又见他懂事能干、孝敬长辈，就把一生积累的豫菜手艺一样一样地传给了陈连堂。连堂不辱师教，既得了豫菜的真传，又加进自己在京城学厨的心得，摆上桌的菜品色香味俱佳，飘逸出一股淡淡的乡情，格外诱人。

豫菜，就是以开封菜系为主调的河南菜。它起源于四千多年前的夏朝，经历周秦汉唐不断充实、洗练而成熟，到了北宋已达鼎盛。开封，作为北宋国都东京汴梁城，长达168年，人口逾百万，货物集八方，南来北往，东进西出，延及海外，是当时久负盛名的国际大都会。宋人孟元老在《东京梦华录》中这样描绘：

> 举目则青楼画阁、绣户珠帘，雕车竞驻于天街，宝马争驰于御路，……按管调弦于茶坊酒肆，八荒争凑，万国咸通。集四海之珍奇，皆归市易；会寰区之异味，悉在庖厨。

如此盛景，在张择端的《清明上河图》中，也有栩栩如生的再现。可以说，当时汴京的饮食文化，已在中国饮食文化史上竖起了一座丰碑。那时走在东京汴梁城街市，随处可见正店（酒楼）、食店、拍户、脚店、南食、北食、川饭、胡饼、分茶、素馔这样的地方风味食品；城内的民坊不再封闭自守，而是开门迎市，夜禁也取消了，午夜犹闻市声。当时在汴梁城，大型酒楼有72家，规模宏大，每店均可容纳千人以上宴饮，菜品丰富、厨艺纯熟，各有风味呈现。

听了老师傅的讲述，陈连堂对豫菜充满憧憬，萌生跃跃欲试的冲动。他有个梦，希冀在京城有个自己的饭庄，能在灶前重燃汴梁的炽热。

一次大栅栏同仁堂的管事约几个朋友到粮食店吃饭，老师傅有意让陈连堂掌勺。只见木盆里一尾鲜活的黄河锦鲤，瞬即变幻成一盘甜酸可口的鲤鱼焙面，龙须面像一床洁白的棉被，覆盖在酣睡的鲤鱼身上，此时在空中氤氲的是鱼面双香交织出的一股柔和的美味。食者都说吃遍京城鱼宴，少见此等不咸不淡不苦不辣的适口鲜美。管事的爱惜陈连堂的手艺，把他举荐给乐掌柜，让他进同仁堂当了后厨的掌灶。陈连堂发现，药食本来同源，汤饮也自同义，有许多相通的地方。比如食材与药材，烹饪与炮制，食味与药效，等等。陈连堂按季节选食材精心调配餐饮，试着恢复河南菜肴，受到同仁堂同仁的赞许，也博得应约来店就餐的王祖同翰林的赞许。后来，乐掌柜见王翰林如此喜爱陈连堂的厨艺，干脆就把他推举到王家司厨。

王祖同（1861—1919），字认庵，号肖庭，老家是河南郸城县虎头岗麦仁店。光绪十五年（1889）进士，次年任翰林院编修。此后出京屡任云南道、福州道、京畿道的监察御史。他为官清正、刚直不阿。鼎新后曾任民国政府议员等职，后退归郑州。

王祖同喜好陈连堂烹调家乡菜的好手艺，也赏识他淳朴好学的性格。闲时，他常溜到灶边看他烹调操作，有意无意地跟他说起河南老乡、被誉为"中华厨祖"伊尹的故事。

二、厨祖伊尹

故事很古很老，像是一段迷幻的传奇。

说是距今四千多年前的夏朝，伊水流域有一个很小的国家叫有莘国。一天，有个女奴在采桑时，听到桑林中有婴儿啼哭，她循声找去，发现在一棵老桑树的树洞中有个婴儿，便把婴儿抱出来，交给有莘国的国君。国君很奇怪，派人去调查。原来，婴儿的母亲住在伊水上游，怀孕后的一天晚上，梦到一个神仙对她说："看见舂米的石臼出水，就赶紧向东走，切莫回头！"第二天，她看到石臼真的出水了，便马上通知邻居们离开家园。可是，当她向东走出一段路后，忍不住回头望了一眼，发现原来居住的村落正被滔天洪水吞没。由于她违背了神的告诫，瞬间化作一棵中空的桑树，婴儿就诞生在空桑树中。婴儿出生在伊水边，故姓伊，后来他当了商朝的首相（尹），故名尹。还有说伊尹名挚。

此外有一种说法更贴近事实。

夏王对奴隶管治很严，有莘国的奴隶只能给国君耕田、采桑养蚕，不准聚会，更不准私自通婚。伊尹的父母都是奴隶，在劳动中产生了爱情。怀孕后，伊尹的母亲躲到空桑树中分娩。伊尹降生后，伊母弃儿东走，行至洛沟，失血而亡。桑树林中的婴儿被其他奴隶发现，献给国君，国君将他寄养在会屠宰、懂厨艺的庖人之家，起名挚，又名阿衡。他从小跟着养父生活在灶旁，耳濡目染，掌握了烹饪技术，又在有莘国受到了良好的教育，对为人处世治国安邦常有独到的见解，显露出超群的才华，名传遐迩。《孟子·万章》中就记载："伊尹耕于有莘之野，而乐尧舜之道焉。"

当时夏桀昏庸，残暴无道，成汤准备灭夏，便派使节到有莘国求贤，遭到拒绝。成汤不甘心，又想出一个办法——向有莘国国君的女儿求婚。

《墨子·尚贤》中记载：伊尹为有莘氏女师仆。师仆就是在贵族家担任家庭教师的奴仆。当时，阿衡在有莘国国君的女儿身边当家庭教师，同时还是她的"高级营养师"。因此，国君的女儿对他很依赖，更离不开他做的那一手美食佳肴。有莘国国君高兴地答应了成汤求婚嫁女的请求，这样，阿衡作为陪嫁的奴隶，背着鼎、抱着砧板也跟着被送给了成汤。

成汤如愿以偿，还尝到了阿衡特意给他做的一道"鹄羹"，美味入口，无以名状。成汤兴起，特地在宗庙召见阿衡，意在一试究竟，却装作一副不经意的样子，说：

"咱们说点儿什么呢？你起个头儿。"

阿衡明白这是驾前"面试"，故意转了个弯儿，秉告成汤说：

"我只知道怎么样能做出天下最好吃的美味。"

这就是《吕氏春秋·本味篇》中著名的"说汤以至味"，讲的是美味，隐喻的却是成汤如何选贤任能、成就王位。

阿衡说，烹调美味要先知晓原料的自然属性，比如"水居者腥，肉玃者臊，草食者膻。臭恶犹美，皆有所以"。"凡味之本，水最为始"，他认为最好的水应该取自"三危之露，昆仑之井，沮江之丘"，还有"白山之水"以及冀州之原的"涌泉"。

阿衡认为，烹饪用火要适度，不得违背规矩，"五味三材，九沸九变，火为之纪，时疾时徐。灭腥去臊除膻，必以其胜，无失其理。调味之事异常微妙，要用心体会，调和之事，必以甘酸苦辛咸，先后多少，其齐甚微，皆有自起"。

在烹饪过程中，鼎（锅）中的变化精妙而细微，难以用语言表达，更应悉心领悟，"鼎中之变，精妙微纤，口弗能言，志弗能喻。若射御之微，阴阳之化，四时之数"。

阿衡还提出，美味之品应该达到这样的境界，"久而不弊，熟而不烂，甘而不浓，酸而不酷，咸而不减，辛而不烈，淡而不薄，肥而不肺（腻）"。这也正是我们常说的"肥而不腻"一词的出处。

阿衡对成汤说的这番话，大致是讲，要想做出美味，需要哪些原料、如何调味、如何掌握火候等。他说，通过文火和急火的调节，可以灭腥、去臊、除膻，且不会改变食物的本质。调味品离不开酸甜苦辣咸五味，如何调和要根据食用者的口味。至于锅中的变化，由于过于精妙细微，一般人是说不清楚的。如果要精益求精，还要考虑阴阳的转化和季节的影响。做出来的食物，应该达到这样的境界：久放不坏、熟而不烂、辛而不烈、肥而不腻……随后，他又列举了不少珍贵的食材。

阿衡用烹小鲜暗喻治大国的道理说服了成汤，使之心悦诚服，拜阿衡为尹（首相），由厨入相，史称伊尹。《孟子》说："汤之于伊尹，学焉而后臣之，故不劳而王。"

成汤照着伊尹的意图去做，开始找时机起兵伐桀。经过十一次战争，先后灭掉了十几个小国和部落，使夏桀孤立。后又利用有缗氏的反叛，一举灭夏于鸣条之野，用武力建立商朝。伊尹当了商朝初期的三代相国，辅佐过五位君王，为商王朝六百年的统治奠定了稳固的基础，成为我国历史上第一位有思想有作为的贤相。他打破了国王永定的传统，开启了中国历代王朝异姓改朝换代的因循之路，史称"商汤革命"。

毛泽东早年读书时，就对伊尹很崇敬，将其认作效法的榜样。1913年10月3日，他在读书笔记《讲堂录》中三次提到伊尹。毛泽东写道：伊尹道德、学问、经济、事功俱全，可法。伊尹生专制之代，其心实大公也。尹识力大，气势雄，故能抉破五六百年君臣之义，首倡革命。

商汤在伊尹的辅佐下，实施德政，对百姓减轻征敛，鼓励生产、安抚民心，对外扩大统治区域，着力于以德怀远，乃至黄河上游，氐、羌部落都来纳贡归服。伊尹以"眷求一德"的核心思想，规劝商朝的统治者重视道德培养，"居上克明，居下克中，与人不求备，检身若不及"，指出"德无常师，主善为师"。以德治国，奠定了商朝六百年的基业。

伊尹的"五味调和"及"火候论"，至今仍是中国烹饪遵循的基础理论。因而伊尹被历代尊为中国烹饪之圣。钱锺书先生在《吃饭》一文中说：伊尹是中国第一个哲学家厨师，在他眼里，整个人世间好比是做菜的厨房。他能从世人须臾离不开的厨艺中，辨色识味，省悟治国安邦处事理家的大道理，如老子所说"治大国如烹小鲜"，可谓人中至圣。如今在中国香港、台湾地区和新加坡等地的中餐同行们，都信奉伊尹为中国的"厨祖""烹调之圣"。

遥远的伊尹通过王祖同的传递，给陈连堂发来探寻饮食王国的邀请。自此，五味调和、质味适中成了陈连堂检测每道菜肴的尺子，他的目光从餐桌延伸到河湖大地，投得更远了。面对灶前的火焰，他分辨颜色，揣摩温度，适时投料翻炒，一招一式精细到位，出盘果断。王翰林惊喜地发现，陈连堂把握出菜的火候已然脱掉了"欠"与"过"简单的两极，而是五颜六色、千变万化，以水、火为导引，烹调出味味有别的鲜美菜肴。王翰林心中暗喜。

一天朝罢，午饭后，王翰林告知陈连堂自己奉命外放，要到云南做监察御史，问连堂愿不愿意同去。连堂知道，云南地处西南边疆，路途遥远，且是瘴疠之地，瘟疫流行，征途险恶，去则冒险，留则平安。陈连堂没有犹豫，毅然决定随王御史南下。他自有想法，一来主仆相处多年，十分融洽，且随时聆听翰林的教诲，受益匪浅，不忍遽尔离分；二来云南四季如春，民族众多，烹饪之事一定丰富多彩，别有风味、各有专精，正可广采博收，借鉴吸纳，岂不一举多得！王翰林获知连堂随行也异常高兴，远行千里日日能有家乡美味相伴，岂不乐哉快哉。结束外放返京后，王御史给了陈连堂一笔赏银，叮嘱他，时不我待，回去成家，回来立业，早日实现开店的梦想。

陈连堂回到老家杞县双楼村置了一块闲地，盖了几间瓦房，算是在放下打狗棍的地方，堂堂正正地安了自己的家。他又托人说媒娶了一房贤惠的媳妇，屋里有了女人，才给家室带来温暖。村里人闻听纷纷赶来贺喜。

然而时局颓唐，没有令人喜兴的气氛。庚子劫后，京城满目疮痍。慈禧回銮，望着烧光了的前门"楼子"，在光秃秃的底座上，棚匠临时支把起来一个彩绸"牌楼"，单调乏味，不由得黯然神伤。面对危难的时局，她不得不接受自己曾经痛恨的"维新"，改弦更张，做点"新政"的样子。

三、隐于闹市

陈连堂回到京城，整日盘算着开饭馆的事，为圆梦，更为了糊口。一天他在哈德门（崇文门）外的一个茶馆，碰见一位拉房纤的掮客，听说大栅栏街里有个饭馆经营不善，准备出兑。好地方！他跑去看了看，铺位憋在街面的小胡同里，不理想；可地段绝好，在大栅栏中间路北，正是繁华节点。他想事在人为，只要做得好，不愁没顾客。他赶忙让中间人说合儿，对方一口价，要四百两银子。陈连堂手里只有二百两银子，中间人热心，找来开煤窑的许惠丰出二百两，算是俩人合办，赚钱对半分。

有了地方，陈连堂又找来同乡的苑二爷帮他管账和料理杂务，剩下就是招聘前堂后厨、置办前后堂的家伙事儿，等等。而当下开业最最重要的还有一宗事，就是饭馆起个什么大号才好呢？他想起王翰林，想起伊尹，想起那个烹小鲜的厨祖怎么以德治国的故事，德在国兴，德失国亡，开饭馆又怎么能缺德呢？他记着王翰林多次给他讲的《易经》里的那句老话名言："天行健，君子以自强不息；地势坤，君子以厚德载物。"他对德有了新的领悟：这个"德"讲的是道德的德，不是那个获得钱财的"得"。开饭馆虽比不得治国兴邦，但福气财气来自菜品招人、服务暖人，来自食座的长盛不衰，而要得到这一切，必须由一个忠诚敬业、诚信待人的"德性"管着，积德才能修好，修好才能得人，得人才能积财。如古书《国语·晋语六》所说："唯厚德者能受多福。"那就起名"厚德福"吧。

一块不太大的黑漆金匾高悬门首，京城首家豫菜馆开张了。

这一年是光绪二十八年（1902）"庚乱"过后的第二年，大栅栏刚刚清理完火焚后的瓦砾堆，初露新容。

民国时期著名作家梁实秋既是厚德福的东家又是食座儿，他记忆尤深，多年后还能回忆起：

北平前门外大栅栏中间路北有一个窄窄的小胡同，走进去不远就走到底，迎面是一家军衣庄，靠右手是一座小门儿，上面高悬一面扎着红绸的黑底金字招牌"厚德福饭庄"。看起来真是很不起眼，局促在一个小巷底。没去过的人还是不易找到。找到之后看那门口里面黑咕隆咚的，还是有些不敢进去。里面楼上楼下各有两三个雅座，另外三五个散座。那座楼梯又陡又窄，险且难攀。可是客人一进二门，柜台后面的账房范先生就会扯着大嗓门儿高喊："看座儿！"他的嗓门之大是有名的，常有客人一进门就先开口：您别喊，我带着孩子呢，孩子害怕。

四、别有滋味

很长一段时间里，京城大饭馆是鲁菜当家。尝惯了咸鲜香脆的山东口味，再来领教河南稍带酸甜不咸不淡的豫菜，慢慢咂摸，总觉着平和中别有一番滋味。这滋味出自陈连堂的心思、手艺和经验。他熟悉豫菜，却不生拉硬拽，而是瞄准京城各路食客的口味与时尚，移而化之，择优录取。比如厨房里司空见惯的鸡蛋，除了平时的摊、炒、蒸、甩等常用做法外，他竟把鸡蛋摇身一"烤"，成了厚德福独有的当家菜——"三鲜铁锅蛋"。这道菜器型奇特，烹调别致，口味醇香，逗人馋虫，几乎每客必点，就连当年鲁迅先生来厚德福宴请胡风夫妇，也必点这个菜。

其实铁锅蛋来自开封民间，原是一道极普通的"涨蛋"，已有百余年历史。最早是把蛋液等配料、佐料打在瓷碗里上火烤，使之涨熟。但瓷碗易破裂，后改用铜碗内挂锡胆，外加铜盖来烤。过去人们常用锡镴制作酒壶、酒碗、香炉、蜡扦等用具，街头偶见专卖锡镴用品的锡镴铺。

有一次，袁世凯来厚德福吃饭，很喜欢这道菜，但对烤蛋用的铜碗内挂锡，觉得不好，告知用锡具烹饪有损健康。于是陈连堂赶忙找大厨们合计怎么改造烤具。没过多久，生铁铸就的带盖的小铁锅替代了铜锅锡胆。按照制作要求，设计出的铁锅口大底小，瘦高，厚实保温，试了试，烤出的鸡蛋品相金黄，且更香醇。"铁锅蛋"就此定名。

"铁锅蛋"是一道民间招牌豫菜。做时先将特制的铁锅盖放在火上烧红，同时将鸡蛋打入铁锅内，搅匀，再放入火腿丁、荸荠丁、豌豆、虾子、海米、味精、料酒和盐水等佐料。再将铁锅放在小火上炖煮，微开后将化开的大油注入蛋浆中，用勺慢慢搅动，防止蛋浆扒锅。待蛋浆涨至锅口，八成熟时，用火钩挂住烧红的铁锅盖盖在铁锅上，上烤下烧，利用盖子高温使蛋浆凝结成红黄薄壳，香气四溢。有顷，一道鲜嫩软香、色泽红黄、油润明亮、味道鲜美的三鲜铁锅蛋即可端上餐桌，吃的时候再佐以姜末和香醋，那味道不输蟹黄，鲜美回味无穷。

梁实秋说："厚德福的铁锅蛋是烧烤的，所以别致……这道菜的妙处在于铁锅保温，上了桌还有咕咕响的滚沸声，这道理同于所谓的'铁板烧'，而保温之久犹过之。"

还有一客"瓦块鲤鱼"，是豫菜的经典。黄河盛产锦鲤，河南人就地取材，选用肉厚的黄河鲤鱼，只取中段，去皮切片，刀工讲究，不仅要切得鱼片厚薄适中，还不能把鱼刺切得过碎。片好的鱼片外裹蛋白粉芡，温油入锅，炸黄，然后淋上用藕粉、冰糖做成的糖醋汁，再趁热泼洒一勺热油，浇在炸好的鱼块上，最后撒上姜末，即可上桌。炸黄了的鱼块微卷呈瓦块状，覆以黏稠透明的糖醋汁，品来酸甜、焦脆、嫩滑。事先，服务人员还征询食客："是否要宽汤？"如要，则端上一碗糖醋汁和一缕煮熟的龙须面，请客人拌着吃。

厚德福的"两做鱼"也十分著名。点菜后，伙计端上木盆，清水中跳跃着一条一尺多长的黄河鲤鱼，客人认可后，伙计当众把鲤鱼掷地摔死。后厨竖切鱼身，一半斜着纵横切，连而不断，裹芡粉，用热猪油炸至金黄，鱼肉一块块裂开，撒上花椒盐上桌，食之清香润口，考验的是厨师刀工和用火使油的功夫。另一半鱼身是蒸得嫩熟后，浇以酱汁即可。酱汁宜稠而不粘，咸而不甜，撒姜末，不用别的佐料。两做鱼看似简单，却着实考验厨师功力。

有一次袁世凯帅府来人订座，说是袁大帅来吃饭。厚德福有个规矩，凡是客人要吃鱼，必须先把活鱼拿给客人看，再征询一下怎么做。为了保险起见，这种活儿通常是由掌勺的厨师亲自出马。但听说今天来的是袁大帅，厨师们都犯难了。当时袁世凯驻守高丽，威风八面，谁听了都打怵，更何况要脸对脸地伺候他呢？万一出了错，可不得了。陈连堂见大伙儿犯难就说："我来吧！"他仗着自己在同仁堂、王祖同家当过厨子，见过世面，也接触过不少大大小小的官员，知道该怎么说话、怎么应酬，更何况自己是厚德福的掌柜的，"我不出头谁出头"？责无旁贷，大伙就等着瞧掌柜的怎么伺候袁大帅了。于是，陈连堂新剃了头，把又黑又长的辫子一盘，系上白围裙，端着木盆里面一条欢蹦乱跳的大鲤鱼，进得餐厅雅座，高声问道："大帅！这鱼咱今儿个咋吃啊？"袁世凯爱听奉承话，尤其是在京城能听到熟稔的家乡话，吃到家乡美味，高兴不已，吃得很尽兴。临走，袁大帅赏给陈连堂不少银子。这样，厚德福的"两做鱼"也就名闻京城了。

不久，袁世凯当上了北洋大臣，兼政务大臣和练兵大臣，他手下的将领段祺瑞、曹锟、张勋，等等，宴请他都首选厚德福，必点"两做鱼"这道菜。一时间，上行下效，大小官员纷至沓来，趋之若鹜，厚德福成为达官显贵与经纪人聚会之处，豫菜美味风靡京城。

豫菜讲究刀工，"切必整齐，片必均匀，解必过半，斩而不乱"，坚守传统厨艺。就是一把厨刀，也能使出"前切、后剁、中间片，刀背砸泥、把儿捣蒜"的多种功能。厚德福有一道名菜"炸核桃腰"。看着美，吃着香，很见刀工，令人观之欣喜，食之不忘。做法是，先把新鲜嫩滑的猪腰子破刀切片，而后裁成长方形的小块，再在表面纵横打十字花刀，划出纹路，猪腰子软滑溜手，用刀片切不易。然后将腰块下油锅炸制，油要热而不沸，腰块炸至金黄，卷成圆形，刀口绽开，成核桃状，故名"核桃腰"。炸到金黄的核桃腰要趁热蘸着花椒盐吃，脆嫩利爽，满口椒香，别具一番香脆，几乎每客必点。

厚德福光有几道像铁锅蛋、两做鱼、炸核桃腰这样的名菜撑不起大饭馆的架子。陈连堂通盘考虑，把豫菜中盛行于洛阳、开封等地的宫廷菜、官府菜、市肆菜和农家菜，加以收集整理，依据不同食客的口味和需求，适度改良，赋予历史文化的包装，满足了京城官宦士人讲排场、好面子、精美味的追求。

五、洛阳水席

零打碎敲终不能成为宴席、荣登大雅之堂。于是陈连堂很花了一番心思，搜寻盛唐时的宫廷宴席，半是承袭，半是研制，渐而成形，恢复了盛唐武则天时期的皇家御宴：洛阳水席。

洛阳是武后时的帝都。这道水席流行中原地区已有一千多年的历史。水席以烩为基本烹饪技法，关节要点在五味的调和上。走菜讲究吃一道菜撤换一道餐具，前后口味不冲，有如行云流水，故名"水席"。水席以酸辣口为主，食材广博,口味中和,层次分明,制作精细。全席二十四道菜(含四大件热菜)、八凉菜,每件为一道主菜跟三道中件,最后有一碗送客蛋汤。

可惜这道洛阳御宴水席没有传下来,厚德福也没有留下完整的记载。所幸,有道被誉为洛阳水席头菜的牡丹燕菜流传至今,细剥就里,可见一斑。

牡丹燕菜原名洛阳燕菜。因为这个"燕菜"不是指通常说的用燕窝做的菜,而是取材极普通的白萝卜,所以也被称作素燕菜或假燕菜。但是,假作真时假胜真,此菜取料虽然普通,制作起来却要求精细繁复,不厌其烦。它先以精细的刀工把白萝卜切成火柴棍般的细丝,而后浸泡、空干,再拌上优质绿豆粉芡上笼屉稍蒸,后即入凉水中撕散,码上盐味再蒸,使其形状颇似燕窝丝。此时再配以蟹柳、海参、火腿、笋丝等物上笼屉蒸透,然后以清汤加盐、味精、胡椒粉、香油浇入,一道以假胜真的"燕菜"既成,那味道醇鲜适口,赛过真品。1973年周恩来总理陪加拿大总理品尝这道菜,看见洛阳名厨王胡子将雕刻的牡丹花点缀其上,戏言道:"洛阳牡丹甲天下,菜中生花了。"自此,易名"牡丹燕菜"。

陈连堂还不断革新菜品的材料、口味、造型,取典故命名。比如:有道菜叫"杜甫茅屋鸡",显然用的是河南籍大诗人杜甫的名诗《茅屋为秋风所破歌》;"司马怀府鸡",则影射三国的司马懿,因为司马懿是河南怀府人;"鹿邑试量狗肉"则来自王莽追刘秀的传说;"包府玉带鸡"寄托了人们对开封府包拯包青天清正廉明的景慕。以菜喻古,发人联想,菜品有了说道。陈连堂虽然胸少文墨,但不忘家乡历史厚重,不忘豫菜烹调有方,更不忘指点他发迹的东家梁咸熙、梁实秋父子。

六、梁家襄助

北京是明清帝都,几百年来它像一块强力的磁石吸引着天下英才聚拢于此。精英们居京,固然要为朝廷黾勉谋事效忠帝王,但在闲暇之时,也少不了走街串巷访古书、淘古玩,陶冶性情,增补学问;此外还要遍访京师饭庄小馆,寻求不同风味的珍馐佳肴,这不只是为了满足口腹之欲,更是要从食之味中咂摸出学问,品尝出境界,体悟到人生世道的脉动。况且,饮宴之席岂能独坐?正可借三五知己聚会之机,或谈天说地,指点江山,倾吐心迹;或畅谈心得,交流学问,相得益彰。文士用膳岂在吃?品味意永,境界无边,妙不尽言。

从广东调任京城的四品官梁芝山,就是这么一位在公务之余留心美食、不舍滋味的官员。奇的是,他的这种嗜好父传子(梁咸熙),子传孙(梁实秋),因因相袭,且一代甚于一代。梁家这嗜好不仅仅精研美味,而且扩延及业者,结友陈连堂,帮助厚德福成就一番大业,留下文人美食家与厨师经营者结谊的一段佳话。

梁实秋的长女梁文茜律师回忆说:"那时我家是一个有几十口人的封建大家庭。我的祖父梁咸熙,字绩三,生于1887年,毕业于京师同文馆(英文第一班),后在京师警察厅供职,他和我的先祖、他的父亲梁芝山老先生一样,也是个很讲究吃的人,虽然当时家里有高厨掌灶,但他依然常到外面的饭庄或小馆去寻找他喜欢吃的东西。他自号'饱蠹楼主'。在他的影响下,小时候我常随祖父坐着洋车(人力车)去品尝京城各家的美味。我的父亲梁实秋先生也是很重吃的。在他的《雅舍谈吃》中就写了许多他亲身经历的餐饮之事,也多次谈到了厚德福饭庄、店中轶闻和店内的名菜、名点。"

梁实秋挥毫写道:厚德福酒楼开业之际,正逢帝制瓦崩,民国初建,在袁世凯当国之时,他喜欢用河南菜待客,久而久之,一些官宦也投其所好,竞相效仿,使得厚德福声名鹊起,生意日盛。原有那不大的小二楼接待不了接踵而来的食客,但因风水关系老址绝不迁移,而且不装修,一副古老简陋的样子数十年不变。

那时候,梁咸熙常来厚德福吃饭,口味对心思,尤喜陈连堂的实诚厚朴和一把烹调的好手艺。陈连堂敬重梁咸熙的学问与为人,每遇疑难,总能从梁先生的指教中得以破解。一次交谈时,梁咸熙对陈连堂说:"厚德福在大栅栏商街别看憋在短巷里,可地段极好:前临救火会,安全有保障;背靠庆乐园,常有名角演出,客人可以一面喝酒、一面白听戏;加上河南菜在北京已经得到认可,这些优势固然可贵,可到底是憋在短巷里,回旋没余地,客人来多了没地方坐,别人家开饭馆发愁不上座,你们反而发愁客人多,没法儿接待。难道你们就不想改改辙?"

这话点到陈连堂心坎上了。他何尝不想换个大点的地方,能多挣些钱,只是为难着窄的事情太多,他应对不了。事赶凑巧,这天有人要办喜事,来厚德福订了十桌海参席,陈连堂应了下来。不承想紧跟着又有一家店铺开张,要订八桌海参席,也要这个日子。陈连堂为难了,应下来吧摆不开,不应吧买卖吹了,还会得罪临时来的老主顾……陈连堂没办法,眼瞅着到手的二十多两银子飞了,只好婉辞。

这天梁咸熙来吃饭,他赶忙迎出来,急切地说明原委。其实,梁咸熙也一直在为陈连堂操心,他想了个两全其美的办法,正好说给陈连堂听:"买卖兴隆,客人多了,招呼不开是好事。办法是,你带几位伙计和徒弟再另开一家厚德福分号,不就结了吗!可有一宗,你不能抽出这里的资金,而且要留下几位前堂后厨的骨干,不能影响大栅栏柜上的生意。这样,合伙的许惠丰东家才不担心。同时你还要和许东家当面说清楚,厚德福的字号是你们两家共创的,今后两家都可以用。"

另开分号是条活路,可再开一家分店谈何容易?首先是选址,开买卖讲究地利,北京人说"一步三分利",到哪儿找又豁亮又上座,又招人气的地界呢?紧跟着,一笔不菲的开办资金又从哪出呢?这两件事整天在陈连堂脑子里转,他茫然无措。这天,梁咸熙约他到东城大取灯胡同的梁宅谈话。梁咸熙开门见山,告诉陈连堂,天坛对面的先农坛要改成城南公园,筹建一个游艺园,里面有戏院、电影院、杂耍场、保龄球、射击场等供市民娱乐。游艺园只收两毛钱门票,就可以进去随便听、随便玩,梅兰芳、余叔岩、孟小冬等名角都答应出演,到时候京城百姓都会涌到那里凑热闹,人山人海,那场面,可不得了!

梁咸熙接着说,他打听到在这个游艺园里预设了两个餐厅的位置,一个是中餐、一个是西餐。问陈要是有意,他可以想办法去联络。陈连堂听了自然高兴,可这些年钱没少挣,花的也不少,哪儿去筹备这笔不菲的开办费呢?梁咸熙早想好了,答应找亲友协助,帮他解决部分开办的资金。正是在梁咸熙的策划和帮助下,厚德福在城南游园兴建了第一家分店,梁家也成了厚德福的股东。这个厚德福分店位于城南游园戏园与电影院之间。每日从早到晚,游人如织,加之豫菜厚德福的名声在外,两处厚德福生意好得不得了。开分店,足见梁咸熙的谋划高明,与陈连堂的经营有道。自此以后,无论是时局有变,还是业务起伏,陈连堂总是诚恳地请梁氏父子及时点拨指路,自己言听计从,戮力而为,厚德福渐而在青岛、沈阳、哈尔滨、长春、天津、上海、西安、重庆、昆明、兰州、香港等地开设分店,顺应了时势的变化,在拓展市场的经营中取得成功。厚德福成为当时饮食业一个明晃晃的品牌,创造了一个私企饭庄连锁国内各地的奇迹。

为适应连锁店的经营管理，厚德福建立了一套与之相适应的规矩。它规定，凡厚德福的职员，不论资方或劳方，经理或伙计，每人必须入股，人人都是股东，都要对饭庄负责；同时规定厚德福不录用其他饭庄人员；烹调技术人员与管理人员由饭庄自行培养，相互调用，总号可调到分号，分号的亦可调到总号工作。

厚德福还规定，该饭庄的酒席交款单可在内部使用，即北京厚德福开出的交款单，可到厚德福全国各地分号进餐，然后按地区间货币比值折算，以求招徕生意，开拓财源。这种方法不仅活跃了厚德福的业务，亦使该饭庄的交款单成了馈赠亲朋好友的礼品，厚德福的经营也因此而别开生面。

这些规定的制定与实行，使厚德福上上下下、北京与各地，利益与共，苦乐同当，保证了厚德福职工队伍的稳定，有利于饭庄菜品和服务的提高，这些无不灌注了陈连堂与梁氏父子的心血。

七、返璞归真

厚德福始自清末，历经民国、"日伪"、光复、内战和1949年后的中国，百年艰辛，百年起伏。陈连堂伴着他手创的厚德福，几多辛苦，几多欢乐，仿佛季节的五时（春、半夏、夏、秋、冬）菜肴的五味，没有一帆风顺，也不可能一路阳关。陈连堂想得开，传说他常把要饭的篮子挂在墙上，忆苦思甜，不忘初路初心。到了晚年，看着开遍各地的厚德福，看着同辈后生梯次的传接，他心如止水。

他的次孙陈希贤在《百年饭庄——厚德福后人忆旧》一书中，述说了陈连堂的晚年生活。

那是在香港创办了厚德福分号以后，陈连堂已然七十岁，同仁尊称他"连翁总经理"。为表敬意，各地厚德福分号送他一份"零钱"，这可是一笔可观的年金。这年，他带着同仁们的尊敬回到他起家创业的北京。在他心中，北京镌刻着他最珍贵、最难以忘怀的日日夜夜。他要去找寻恍然如昨的日子。

早年，陈连堂从老家双楼村来到北京创办厚德福的时候，在崇文门外花市大街下宝庆胡同五号，租下院里的一个小房间，安置全家老小。后来房东出售，他就把房子买了下来，有了自己在北京的家——下宝庆胡同五号院。

小京纪实 ——— 找寻大栅栏

从香港回到北京，陈连堂没有买豪宅大院，仍然住在下宝庆胡同五号院。这是一所简陋的小四合院。院里正房一明两暗，共三间，东西厢房各一间，南屋三间，另有厨厕。他信奉"勿谋良田、勿营华屋"，在花市一带，他先后买了近百间房屋，没有像模像样的。他在这里一住就是几十年，发了大财也没有离开，这是他的热土，最后终老也难离这块热土。

这位在全国各地有十余家饭庄的"连翁总经理"，在下宝庆五号的生活十分俭朴。陈希贤回忆说，陈连堂白天就侍弄院里的几株石榴、夹竹桃，剪剪枝叶，施点肥。那时家里烧煤，煤末子舍不得花钱请人摇成煤球，他就自己掺上点黄土，加水、拌匀，然后在院里砖地上摊开、拍严实、拍平，再切成小方块，晾干。

陈连堂给家里的人立下规矩，谁也不许占饭庄的便宜，在饭庄只准吃大锅饭，谁招待亲朋好友谁自己掏钱。他自己也是这样节俭。家里小孩多，家人饭后的剩饼、剩窝头，他都收集起来，烧一壶开水，把昨天剩窝头一泡，就当成自己的早点。他还把多余的热水，倒在一个铜脸盆里，供大伙轮流洗脸。有时候他也喝点酒，喝客人剩下来的残酒。那时散客的酒嗉子口小底大，烫酒时不会倒翻，喝时倒在另一个酒盅里，所以壶里的残酒还是干净的。他的下酒菜常常是到案子边上捡些黄瓜头，拌拌就吃了。

陈连堂晚年生活的四合院成了家庭作坊。陈希贤描述说，南屋三间租给一家发夹工场，在院里设置了两个火炉，一台钢剪，一台鼓风炉，一台是热轧机，干起活来让人心烦，水蒸气直冒，人闻了难受。另外两间厢房租给一家拉洋车的，屋前挂了不少内胎外胎、座椅垫子、维修用的水盆，晚上再加一辆洋车。而陈连堂住在院子西北角一间小屋，外面停着自己的一口棺材，每年他都上回漆，这是他的心爱之物，没事常走到跟前摩挲忘返。这个小院乱成这个样子，他却习以为常。

1954年，陈连堂在北京逝世，享年八十四岁。此前，大部分厚德福分号已先后停业了。在他死后一年，也就是1955年，他在上海的最后一家厚德福分号也停业，至此，陈连堂和他的厚德福完结了他们的历史，却没有走出人们的记忆。

梁实秋晚年在台湾回忆往事，曾经就自己家族与厚德福之渊源写下这样一段文字：

> 我家不是富有之家，只是略有恒产，衣食无缺。北平厚德福饭庄不是我家产业，在此不妨略加解释。我父亲是厚德福老主顾，和厚德福的掌柜陈连堂先生自然有了友谊，陈连堂开封人，不但手艺好，而且为人正直。只是旧式商人重于保守，不事扩张，厚德福乃长久局限在小巷中狭隘的局面，家父力劝扩展，连堂先生心为之动，适城南游艺园方在筹设，家父代为奔走接洽，厚德福分号乃在城南游艺园中成立，生意鼎盛。从此家父借着代筹，陆续在沈阳、哈尔滨、青岛、西安、上海、香港等地设立连锁分店，家父与我亦分别小量投资几处成为股东。经过两次动乱，一切经营尽付流水，这就是我家和厚德福关系之始末。

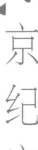

门框小吃街

门框胡同在大栅栏中间，路北，南北向，对面是同仁堂夹道。胡同长约165米，宽约3米。别看胡同小，不起眼，当年说起北京繁华的商业街面，有口皆碑：

东四西单鼓楼前，王府井前门大栅栏；
诸般热闹都带过，难忘门框小吃全。

一、"门框"何来？

门框胡同，北起廊房头条，南抵大栅栏，中间与廊坊二条、三条贯通，要是从头条劝业场的后门穿出，可以到达熙熙攘攘的西河沿。不知道当初辟出这条南北小胡同，是规划廊房四条胡同时有意为之，还是歪打正着无意留下，反正，这条小胡同太会挑地方了，不但成了逛大栅栏、鲜鱼口的捷径，而且财运亨通，一街两巷的小买卖样样好。

上图 2008年的门框胡同　下图 2009年门框胡同的卤煮火烧 ▶

小小京纪实

找寻大栅栏

不知何时，有好事的买卖人感念老天爷保佑，年年发财，想在胡同里修座小庙，留住财神爷常驻，祈求日进斗金。无奈胡同太小太窄，无处安厝，抬头一望，计上心来。何不把财神爷供在半空，让他老人家天天看着我们发财呢？于是从房山运来两竖一横的青石板，就在胡同当间儿架上，又请廊坊三条小器作的工匠雕刻了一尊文财神比干丞相，拿到广安门外五显财神庙开光后，放进打造好的楠木神龛，固定在半空过街楼上。廊房头条的谦祥益绸缎庄立马送来彩缎，给神龛披红挂彩，把一座玲珑的财神庙打扮得精彩纷呈。消息散开，当即引来内外城的信众跪拜，日夜无休地供奉香火。不料事与愿违，一股北风袭来，催动旺盛的香火，顿时烈焰飞腾，把个精致的小财神庙烧了个灰飞烟灭，比干老丞相驾着五彩祥云"上天言好事"去了，再也无缘"回宫降吉祥"。空留下两竖一横青石板"门框"，当不当正不正，卡在胡同中间，令后人莫名其妙。这倒成全了这条没工夫起名的小胡同，有名曰：门框胡同。

我一直记得在20世纪40年代，"门框"下面靠东墙有辆破洋车，车簸箕里坐着个黑黢黢瘦骨伶仃的汉子，想必是破车的主人。他头戴破草帽，低着头，哼哼唧唧，只要一有人经过，他便捡起身边的半头砖，狠命地砸瘦骨嶙峋的胸口，接着不歇气地咳嗽、哽咽，大大地吐出一口粉红的血！见者不忍，忙将零钱投进他身边的洋铁桶里。我小，常和伙伴在这一带打闹，过来过去总能看见他表演这一幕。暗想，这么瘦，他有多少血好吐得呢？后来，北平围城，兵荒马乱，门框下，再也见不到那辆破车和那个时时吐血却也不死的拉车人。这倒成了我记忆中的一帧定格：门框、破洋车、吐血人。

说起门框胡同的真正出名，那是卖小吃厨师的良苦用心，将其打造成北京城一条精品小吃组合街。

二、小吃不小

老北京的小吃品种繁多、口味纯正。粗略算来，北京的小吃就有豆汁儿、豆腐浆、豆腐脑、老豆腐、杏儿茶、茶汤、油炒面、面茶、粳米粥、大麦粥、腊八粥、莲子粥、轧饸饹、拨鱼儿、刀削面、豆面丸子炸豆泡、卤煮小肠、炒肝、包子、灌肠、爆肚、杂碎汤、羊霜肠、馄饨、馅饼、烧卖、褡裢火烧、烧饼果子、煎饼果子、门钉火烧、吊炉烧饼、螺丝转、焦圈、薄脆、糖耳朵、糖麻花、蜜麻花、姜丝儿排叉儿、桂花元宵、小枣切糕、年糕、扒糕、炸糕、炸三角、盆儿糕、蜂糕、豆渣糕、甑儿糕、糊涂糕、粽子、驴打滚、瞪眼食、凉粉、面鱼儿、豌豆黄、芸豆卷、江米藕、艾窝窝、果子干、玻璃粉、酸梅汤、雪花酪、冰碗、刨冰、冰激凌、奶酪、奶豆腐、奶点心、烤白薯、炸白薯干、糖葫芦，等等，约有几百种，那真是说不胜说，数不胜数。

北京人对北京的小吃本来情有独钟。几乎每天必吃，离不开、忘不了。

早点是油条豆浆豆腐脑，炒肝包子粳米粥；晚上是硬面饽饽、肥卤鸡、羊头肉。隔三岔五还要来碗卤煮火烧、饶俩炸糕。逢年过节，更有应时的春饼、粽子、月饼、元宵，一样不落，不吃还不行。

阔别京城的海外老北京人，几十年的梦里，最惦记的是能喝上一口烫心的热豆汁儿，尝尝天兴居的炒肝，还是不是早年那个味儿？

那么，问题来了，回过头追问，何谓"小吃"呢？

《现代汉语词典》解释有三：

（1）饭馆中分量少而价钱低的菜；

（2）饮食业中出售的年糕、粽子、元宵、油茶等食品的总称；

（3）西餐中的冷盘。

这些解释虽兼顾几个方面，却未切中"小吃"的"要害"。

在我的意识中，小吃是相对于正餐、大餐讲的。对于有闲者，它是随意品尝的"零嘴儿""闲白儿"，不管饿不饿，吃的是兴趣、爱好，是换换口味儿；尝的是一种心灵上的满足，精神上的松弛。俗称"口头（读代）福"。

而对于劳苦大众来说，它是花费不多、有滋有味，又能填饱肚子的"上品"，可谓经济、实惠、解馋、管饱。

因此，北京的小吃养育了北京人，它是北京长久以来，多民族和谐共处、文化相融结出的果实。

"小吃"不小，大有文章！

老北京的小吃早先是走着卖的，挑着挑儿，推着车儿，走街串巷，边走边吆喝。后来渐渐分成了摆摊待客和走街串巷两种。也有二者兼顾的，平时推车挑担，到处叫卖；到时候赶庙会、到厂甸挤个地方摆摊。反正"小吃"这买卖夜夜不得安，终年不得闲。再后来，买卖站稳脚跟儿了，就找个合适的地方，开门设店常年待客。

那么，有没有一个地方，集小吃之大成、保四时之风采、终年不散呢？

有。早年的天桥是常年开放的小摊集市，而门框胡同则属于精品小吃组合，占尽大栅栏的天时地利人和，咫尺之间方便取舍，小店相邻尝尽美味。

北京的小吃分回教门、大教门（汉民）两路。回教门的小吃干净、讲究、品种多。世俗流传："回民师傅两把刀，一把切牛肉，一把切年糕。"这"两把刀"在门框胡同里都有精彩的表演。

民国年间，门框胡同南口路东，依次有复顺斋酱牛肉、年糕王、豌豆黄宛、油酥火烧刘、馅饼陆、爆肚杨、厨子杨（卖年糕、炒饼、汤圆）、年糕杨、豆腐脑白、爆肚冯、奶酪魏、康家老豆腐、炒火烧沙、包子杨、同义馆涮羊肉、瑞宾楼（原名祥瑞）褡裢火烧、德兴斋的烧羊肉、白汤杂碎和俊王爷烧饼等。

三、酱牛肉

从大栅栏走进门框胡同，路东有家一楼一底的二层小楼，那是康熙年间开业的复顺斋酱牛肉。掌柜的姓刘，专做清真食品，以酱牛肉名冠京城。当时复顺斋的酱牛肉与月盛斋的烧羊肉、天福号的酱肘子并称为北京"酱肉三绝"。

1945年北平光复，好莱坞的电影大举进入中国，大栅栏的戏园子白天加开电影场。因为台小园子小，门框胡同路西的同乐园专演电影。看完《人猿泰山》正赶上复顺斋刘家老铺的酱牛肉出锅。那肉香弥漫，顺着鼻孔径直钻到胃里，逗得馋虫蠕动，食指捏钱。不管饿不饿，总要就着热火新鲜，买上一套烧饼夹酱牛肉，忙不迭地咬上一口，顿时酥脆浓香充满口腔，肉香、面香、芝麻香化入一个"酱"字，混为一谈。"此味只应天上有，哪想飘落在人间？"一位西服革履的"眼镜"先生，摇头晃脑地嚼着、哼着。这时我发现茶叶铺的掌柜的、令人仰视的菊坛名宿、穿着制服的中学生、东城闺房打扮入时的小姐、刚下火车提着牛皮行李箱的游客、左顾右盼莫名其妙的美国水兵，乃至刚拉完座擦着汗的洋车夫和街面来回溜达的巡警等，都手捧一物，大快朵颐地咀嚼，写满一脸的得意。真的，直到今天，我都一直在追寻复顺斋那烧饼夹肉的浓香，只是"梦里寻他千百度"，它却不在"灯火阑珊处"。

据说，复顺斋的传人还在，是不是刘姓嫡传就不知道了。传人介绍，复顺斋一味酱牛肉传承三百多年而浓香不散，自有它的道理：一是选料精。只用内蒙古六岁草牛的前腿、腹肋、胸口、腱子等部位的精肉。二是佐料正。煮肉用的丁香、砂仁、豆蔻、白芷、肉桂等佐料，主要从对门同仁堂或从产地采购。三是操作严。经过在烧开了的水里"紧肉"，再用旺火煮、文火炖，持续十二小时，边煮边兑老汤，而后文火煨，翻两次锅。酱制好的牛肉再刷上一层汤汁，冷却后方为成品。北京人能开口就吃到传承三百多年、依旧浓香的酱牛肉，福气！

四、褡裢火烧

门框胡同还有一客介于小吃与主餐之间的美味：褡裢火烧。有人作了首打油诗，唱到：

> 门框胡同瑞宾楼，褡裢火烧属珍馐；
> 外焦里嫩味道美，百吃不厌赞不休。

说起这褡裢火烧的由来，要追寻到光绪二年（1876）。顺义有一对姚春宣夫妇，来到京城，在东华门外的王府井路边摆了个小饭摊。卖什么呢？老两口动心思，捉摸出一道介乎饺子、包子、水煎包、锅贴、馅饼之间的"五不像"吃食。怎么做呢？先和面，擀成面皮，切成五寸长、三寸宽的面皮，而后把调好的虾肉、海参丁、精肉馅包裹其间，合拢两边面皮，保留上下通气不封口，放进平铛用油煎箅至两面金黄，香气四溢。盛入盘中，一排排并联，整齐美观。吃的人都说好，花钱不多，解馋管饱。吃的人越来越多，劝说老两口搬进新开张的东安市场，郑重其事地开个有模有样的饭馆，专卖这玩意儿。老两口本来就有这心思，也积攒了不少钱，便搬进市场，开了饭馆，请高人起名叫"瑞明楼"，顺带把卖的吃食起名叫"褡裢火烧"。

过去人们出远门，把随身携带的物品放在包袱皮里，四个角儿一系，成了包袱挎在肩膀上走路。东西少包袱小好办，要是东西多了，包袱太大，就吃（读"迟"）累（受罪的意思）了。后来有聪明人淘汰了"包袱"，找来一块结实的厚布，前后缝成两个口袋，分别装物品，中间空着搭在肩膀上，似背似扛，又轻松又得劲，起名叫"捎马子"，又叫"褡裢"。另外，从前北京人把烤制的面食统称"火烧"（也可专指一种发面火烧）。瑞明楼的馅活形似褡裢，就有了"褡裢火烧"的正式命名。老两口又针对不同顾客的口味，调制了不同食材的馅料，可荤可素，可猪牛羊可海鲜，一形多样，般般鲜美。为佐主食，又配制了可口的酸辣汤，稀干搭配，五味调和，吃的人更多了，买卖越做越好。不料想，瑞明楼传到第二代就泄劲了，一口香的褡裢火烧变味了，食座不来了，买卖随后就倒闭了。

店里的老伙计郝家瑞和罗虎祥是跟着老掌柜一起创业的厨师，两人带着一手制作褡裢火烧的好手艺，从新打鼓另开张。来到前门外，他们在门框胡同靠北路西，各取本名的一个字，开了一座"祥瑞饭馆"，专卖褡裢火烧，香味依旧，热情依旧，加上前门外的游人川流不息，"到门框胡同吃褡裢火烧"成了逛大栅栏的"套餐"，赶上饭口，顾客抢不上座，干看着人家吃得满嘴流油，自己饥肠辘辘。后来祥瑞饭馆起了两层小楼，改名"瑞宾楼"，依旧是供应食客吃不够的褡裢火烧加酸辣汤。这一地点，这一吃食，一直延续到现在，成了门框胡同唯一没动地儿的纪念物。

五、爆肚冯

过去的小吃有两个原则，一个是破费不多，一个是解馋管饱。吃小吃的顾客主要是平头百姓，包括一些劳苦大众。天桥、后海、东西大庙的庙会，乃至年根儿底下的厂甸、白云观庙会，小吃摊都占很大比重，也是百姓逛庙会掏钱必经的项目。时代变化，小吃本小利微经不起折腾，老厨师离世带走了厨艺诀窍，后世就再也尝不到馋人的那一口了。然而，就有坚定的传承者，变着法地把小吃的独门绝技传下来，奉献给今朝。比如，爆肚冯。

◀ 2008年的廊房二条爆肚冯小吃店

爆肚的"肚"读上声，是指内脏的胃，平时叫肚子。爆肚是爆羊的胃，后来加上牛的胃。这里的"爆"是用滚开的白水快速汆烫成熟的意思。京城回汉居民都很喜欢吃牛羊肉，而且很会吃，吃得细致讲究。除了羊牛的肥瘦肉以外，排骨、腔骨、头、蹄、尾、内脏，没有不可以吃的地方，而且烹调的手段多样，蒸、煮、炒、爆、烤、涮，手段不同，部位不同，均可做出绝妙的好菜。比如牛羊的肚子，因为是反刍动物，所以牛羊的肚子体大、部位多，肉的薄厚、质地不同，吃起来口感和味道也不一样。细分有"羊四牛九"的说法。羊的肚子叫"散丹"，细分为肚仁、散丹、肚领、蘑菇头四个部分；牛的肚子叫"百叶"，细分有肚丝、肚板、食信、蘑菇、葫芦、肚仁、厚头、百叶、百叶尖九个部位。选用牛羊肚子必须是头天宰杀的牛羊，取回来用清水反复漂洗干净（不能图省事用火碱水煮，那样肉的鲜香味就没了），保持新鲜。汆烫要快，以秒计算，时间长就老了，嚼不动了。肚领比肚仁还嫩，几个肚子才出一盘肚领，最要讲究"爆"的技术，三四秒钟即得。

清代杨米人在《都门竹枝词》中描写吃爆肚的感受：

入汤顷刻便微温，佐料齐全酒一樽；
齿钝未能都嚼烂，囫囵下咽果生吞。

高明的厨师创制了"爆肚"，还研制了佐料，以辅味佐原味，既能领受牛羊肉的清香，又能享受芝麻酱、酱豆腐、口蘑汁、香菜等二十几位佐料的混合香，使爆肚在清真馆里独领一门，广受中外食客的偏爱。特别是到了秋天，红叶满山，小风一吹，人们必然要领略一顿鲜美的爆肚。应时当令，习以为常，爆肚甚至成为难忘难舍的"北京味道"。当然，"爆肚"的魅力，更来自一代代锲而不舍的高明厨师，像"爆肚冯"。

第一代创制"爆肚冯"的叫冯立山，山东陵县人。光绪年间，他来到北京，在地安门（俗称后门）与鼓楼之间的后门桥边，挑挑儿专卖爆肚。这个地点可不得了，元代这里临近什刹海大码头，是繁华的大市场；明清两代这里离紫禁城近便，是亲贵重臣首选的宜居家宅；清朝时，朝廷的步兵统领衙门就位于后门桥边的帽儿胡同，所以往来此地的多是见过世面的人士，见过"满汉全席"的大有人在。冯立山的爆肚干净、味正，散发着浓浓的羊肉纯香，加上老冯淳朴热情的待客，很快，爆肚冯就成了后门桥边的"热点"，得到在旗官民的首肯。

到了第二代冯金河,他细分肚子部位,爆汆时,分别把握不同火候,又改进了佐料,令食者赞叹不已,赠之美誉"爆肚冯"。民国初年,爆肚冯迁到前门外廊房二条,与烫面饺马等五家组成了一个小吃店,被称为"小六国饭店"。1935年,爆肚冯搬到门框胡同北头营业,直到1956年公私合营,第三代传人冯广聚转业当了工人。名响九城的"爆肚冯"就此歇菜,多少老辈人来到前门外遍寻不着,多少后来人不知人间竟有此美味。改革开放的春风,给京城小吃注入了新的生命,冯广聚宝刀不老,重新在廊房二条恢复了"爆肚冯",那制作,那口味,那老字号的金字牌匾,唤起的不光是老一代人的记忆,还有新一代人追着品尝的美味。

六、羊头马

胡同里的小吃店,大多是一间小门脸,以货招人,没有字号,吃者认可的是"小吃"的口味和卖主的手艺,不在乎多大的门脸和多响亮的字号。比如爆肚,谁做的都有,品尝一番,还是冯家的好,而且资格也老,多年不变,就认准了他,直呼"爆肚冯"。冯家也认可,"爆肚冯"既是食客朴实的赞誉,也是自家守业的提醒。因而在京城有不少买卖的字号不是挂在门楣上,而是挂在消费者的口头上,比如年糕王、豌豆黄宛、油酥火烧刘、馅饼陆、豆腐脑白、奶酪魏、包子杨、俊王烧饼,等等。食客的嘴是试金石,一尝便知真假。

可是也有一家小吃连个门面也没有,每天定时定点推车来到门框胡同,人们却早已守候多时,只不大工夫,"小吃"就销售一空,晚来者叹息而归,只好等明天早点来。什么"小吃"这么招人待见,叫人割舍不下呢?

答曰:老马家的"白水羊头",简称"羊头马"。

北京人喜食羊肉,有悠久的传统。五朝帝都中有辽、金、元、清四朝起自蒙古和东北草原,属马背民族,牛羊肉是他们的主食。历久民族的习俗交融下,北京人习惯了吃羊肉。吃法多以爆烤涮为主,具体到羊头,则嫌其寡肉、多皮、齿骨难剥,且有污秽之物,令人无从下口,类似鸡肋,食之无味,弃之可惜。如何处置羊头,成了检测北京人智慧的一道考题。

北京人聪明,依样画葫芦。对羊头的解法有三,一曰酱闷。色重、料大、浓香,如酱牛肉。二曰白汤。加盐、佐料,去除膻气,肉香混入料香,如砂锅居之煮白肉。

三曰白水。什么佐料都不加,清水、原味,少有案例可循。讲究的是功夫、火候、创新。这是北京人对弃之可惜的羊头的新智慧:只求本真的原香和精细的拆解。类似的有被当作"酸泔水"丢弃一旁的豆汁儿。缓缓加温、加热、扬汤止沸,煮出酸香微甘的豆汁儿,成了鉴别纯正北京人的试剂,那滋味难舍难离,啜饮不休。

早年,因为夏日不易保存羊头,白水羊头是冬令小吃。不过汤锅(屠宰场)立个规矩,立秋这天,不管天气冷热,卖羊头肉的必须出摊叫卖,以取得冬季供货的信任。

入夜,北风呼啸,一竹筐,一马灯,一声悠远的吆喝:"羊——头肉——嘞——"夜半不眠的人们,就着杀口的烧刀子,拈一片薄薄的羊头肉,蘸上调制的盐花儿入口,霎时清香回味,睡意顿消……

清人雪印轩主在《燕京小食杂咏》中写道:

> 十月燕京冷朔风,羊头上市味无穷;
> 盐花撒得如雪飞,薄薄切成如纸同。

"羊头马"始于清道光年间,已有一百五十多年的历史。到了第六代马玉昆时,开始定点设摊儿,做法、配料都有不断的改进。说"白水",就是用清水煮羊头,一点作料也不搁,要的是煮出来的羊头独有的那股本身的清香气。然后趁热把不要的部位剔除,等晾凉了再切成薄得透光的肉片。表面撒上精心配制的香盐,就可以吃了。"羊头马"的椒盐很有讲究,把大盐和丁香、花椒等作料炒黄后,碾得精细,装入一个牛角里(牛角里放东西不易受潮跑味)。

当年,羊头马卖羊头有个"规矩":每天只卖二十个,多了不卖。上午煮得了,下午推着一个独轮小车出门,腰间挎着一个牛角,白帽白褂一尘不染。甫吆喝,老主顾们一准踩着钟点在门框胡同老地方等他。他家住南横街,从南横街推到门框胡同与廊房三条交汇处,四点来钟,二十个羊头准能卖完。"羊头马"的绝活儿是刀工,一把一尺多长的片刀,片出的每一片肉刀刀带皮。顾客指哪儿切哪儿,那刀在他手上游刃有余,切得飞快,切出的肉薄如纸片,放在瓷盘上,能透见瓷盘上的青花。

民俗学家金受申先生在《老北京的生活》一书中写道:

> 北京的白水羊头肉为京市一绝,切得奇薄如纸,撒以椒盐屑面,

用以咀嚼、掺酒，为无上妙品。清真教人卖羊头肉的只有一处，地在廊坊三条第一楼后门裕兴酒楼门首，人为马姓。自煮自卖，货物干净，椒盐中加五香料，特别香洁。

如今，马玉昆的儿子马国义接过了羊头马的嫡传真功，珍存了这一京门小吃。

马国义回忆说，"白水羊头"以他的太高祖马纪元为家庭经营"第一人"，后经高祖马启承、曾高祖马熙、太祖父马重义、祖父马元凤到他父亲马玉昆。从道光年间创业起历经咸丰、同治、光绪、宣统、民国，传到马玉昆，经历了六代人、一百七十余年。其制作工艺、作料配制上都有独特之处，更以其选料精、涮洗干净、刀工细腻、大刀薄片、味道醇厚、口感奇佳，而名满京华。

祖父马元凤把买卖交给马玉昆之时，马玉昆才16岁。他是马氏家族历代经营的佼佼者。他把历代挑筐沿街叫卖改为推独轮车、定点经营，地点就在前门廊坊三条裕兴酒楼门首。前几代人用的刀片比较短小，片肉时一刀走不到头。他把刀片加宽加大，永远自己磨刀，还练就了片羊头肉退皮的绝技。把一块整羊脸子放在墩子上，羊头肉片下来后，墩子上留下一张羊脸皮。后来，马国义在王府井经营时，梁实秋的女儿梁文茜女士和梁实秋的外孙女去品尝，点名要退皮的羊头肉，伙计说没有，外孙女就说："那你就不是羊头马，因为这是羊头马的绝活！"由于从公私合营到马国义重操旧业，中间已经有四十多年没有经营了，真正知道的、懂行的人也很少了。马国义听到后马上出来问清了情况，才知道她是梁实秋的外孙女。马国义马上笑着问道："您要多少，请稍等，我给您送过去。"跟着，他给她片完羊头肉，一个碟子放着刚片好的羊头肉，另一个碟子放着片完肉退下的羊脸皮。当马国义端着两个碟子向她走去时发现，那里还坐着一位老夫人。她向马国义介绍说，这位是她的母亲，也就是梁实秋的女儿梁文茜女士，当时的政协委员。老太太看到他送来的退皮羊头肉就说，这才是羊头马的东西呢！老太太很高兴，邀请马国义一起合了影。老太太激动地告诉他，她小的时候总跟着她的父亲吃马家的羊头肉，这么多年了没想到还是原来的味道，真好！

据当年居住大栅栏附近的老人说，每天老马的车子四周都有好多人围着，专看老马飞刀片肉、抖角撒盐的功夫。老马卖羊头肉还有一绝，椒盐撒完，二十个羊头的肉，也一准卖完。所以留下了那句歇后语："卖羊头肉的回家——不过细盐（戏言）。"用现在的话说，就是，不过话，没工夫搭理你。

第二编
找 乐

老戏园子

电影大观楼

万有劝业场

八大胡同絮语

上图 京剧名旦，前排：程砚秋；后排左起：尚小云、梅兰芳、荀慧生 ▶
下图 京剧名角，前排左起：谭富英、马连良；后排左起：裘盛戎、张君秋 ▶

第二编 找 乐

引 子

活在京城,一求温饱,是谓物欲;二求愉悦,是谓心欲,或曰情欲。当然温饱是基础,衣食不愁才有找乐的雅兴。然而乐也有度,有俗有雅,有善有恶,乐极亦可生悲。过去有个贬义词叫"声色狗(犬)马",指的是权贵身心空虚,无聊度日,寻找刺激的糜烂生活。声,指靡靡之音;色,指烟花美女,而后寄情玩狗、赛马。四个字概括得挺准,纵观京城历朝覆灭前夕,莫不沉沦于声色狗马,这种"找乐"几乎是"找死"的前奏。看看今天身边的大小贪腐和沉湎酒色的无赖们,不也是耽于声色追逐狗马之徒吗!

唐人白居易《悲哉行》中,讥刺当朝一针见血:

"平封还酒债,堆金选蛾眉;

声色狗马外,其余一无知。"

《聊斋志异之续黄粱》说得更直白:

"声色狗马,昼夜荒淫,国计民生,罔存念虑。"

如此这般,不知改悔,君之国焉有不亡之理?

◀ 上图 20世纪60年代侯宝林、郭全宝说相声　下图 1940年,关学曾演唱北京琴书

小京纪实

找寻大栅栏

　　大明腐败沉沦，1644年吴三桂请后金兵入关，明亡清立。多尔衮为了"防腐"、稳住好不容易到手的江山，杜绝"声色狗马"入内，把妓院、戏园和汉人一道轰出内城，赶到前门外，大栅栏很快演化成"找乐"的天堂，戏园、茶肆、饭馆、妓院，种种享乐，无奇不有；灯红酒绿，纸醉金迷，映红了前门外半拉天。而珠市口以南的天桥又是一番"穷开心"的别样光景。桥头儿穷汉市买卖苦力，杂耍儿场子平地抠饼，说相声，变戏法，耍大刀，卖大力丸，摔跤过汗，赛活驴过独木桥，蹦蹦戏《花为媒》……穷人饿着肚子也找乐，麻醉自己，一笑解千愁嘛。

　　可见找乐是人之本性，只不过情趣、内容、手段不同罢了。找乐，并没有把京城百姓拽进泥沼，反而智慧升华，经验结晶，推陈出新，创造出朵朵新活的艺术之花，展示了大栅栏脱俗入雅的另一新生面，固守不去的戏曲文化，发出新枝、新芽，结出京剧的果实。从徽班进京，徽、汉合流，到昆、徽、汉、梆四下锅，大栅栏的老戏园子成了京剧诞生的摇篮。西口的大观楼竟成了中国电影的诞生地，依次排演出一部电影发展的活历史。廊坊头条的劝业场率先在京城摆开"劝人勉力，振兴实业，提倡国货"的展台，激发国民自立、自强、自信，重树国威；而大栅栏西南的"八大胡同"演绎的则是欲望的恣肆与信念的坚守如何纠缠而难解难分。"找乐"的背后，该有多少愁苦与辛酸？

老戏园子

京剧，一度被称为"国剧""国粹"。此言不虚。当年梅兰芳率团出访日本、美国、苏联时，轰动世界，他被美国沙摩那大学和南加利福尼亚大学分别授以文学博士。京剧写意的表演形式和丰富的内容，在世界舞台上独树一帜。专家有个说法，它可以与德国的布莱希特、俄国的斯坦尼斯拉夫斯基并列为世界戏剧三大表演体系。当然，这仅是个说法而已，不必自诩，但起码说明京剧艺术深厚的根底和独特的风格。

新中国成立后，每凡隆重出访，或者迎接贵宾，安排晚会总是派出《秋江》《三岔口》《闹天宫》《雁荡山》等折子戏打头阵。锣鼓齐鸣，花团锦簇，惹得外宾目不暇给，啧啧称赞。直到今天，电视晚会仍忘不了"唱脸谱""打出手"，让一台扎着靠旗的"穆桂英"们，舞之蹈之，哄抬气氛。甚至，巴黎街头的"中国年"，也少不了京剧小演员的跑圆场。凯旋门下，一街光影交错的花花绿绿，令法国人高兴极了。

如今重用京剧，仿佛是看中它五颜六色的服装、千奇百怪的脸谱和紧张火爆的开打，却慢待了它的"唱、念、做"，尤其是疏离了戏曲演员的刻苦求艺和独立创新求变的精神。实践中少了"爱戏如命"的执着和敢唱"对台戏"的拼争。只养不放，成了仿制流派的"摆饰"，似是而非，丢了真神。

我不由得想起当年前门外鳞次栉比的戏园子，家家锣鼓齐鸣，"角儿"们使出浑身解数招揽听众。唱老戏的讲究"味儿浓"，如陈年老酿；创新戏的讲究"味儿鲜"，似五月仙桃。这样，梅兰芳也排演起时装戏《一缕麻》，马连良更向山西梆子学习，上演了《串龙珠》。一时京城舞台争奇斗艳，花满枝头。竞争，不光是适应票房的需求，更为演员挖掘潜质、大显身手创造了难得的机遇。

说到机遇，想必大伙儿都知道京剧的诞生契机是乾隆帝庆寿，四大徽班进京。

太平盛世，自然歌舞升平。偏巧乾隆五十五年（1790）九月二十一日，志满意得的万岁爷要过八十大寿，一时朝野轰动，竞献厚礼。朝廷命浙江盐务大臣筹办庆典大会，福建总督伍拉纳特胸有成竹地叫他儿子亲自率领安徽三庆徽戏班进京供奉。

原来，明中期，昆山的魏良辅改革了昆腔，突出了南曲的轻柔婉折的曲调，辅以婀娜多姿的舞段、离情幽怨的故事，很适应宫廷君臣后妃的胃口。一些文人投其所好，编写情爱缠绵的本子，赚得帝后的欢心，昆曲渐渐脱离了民众，坠入靡靡委顿之音。而世间花部蓬勃兴起，徽腔、汉调、梆子、高腔进入民间戏台。高亢嘹亮的唱腔，丰富多彩的表演，追应时事的剧目，很容易地赢得了民众，甚至渗进官宦士绅的赏乐中。三庆徽班凭着十七岁旦角高朗亭勾魂摄魄的表演，清新爽朗，一炮走红。自此，四喜、春台、和春等十几家徽班相继进京，落户在前门外韩家潭一带，留下"人不辞路，虎不辞山，唱戏的离不开韩家潭"的说道。

十几家徽班进京，面临激烈的竞争。好在中国戏曲既有程式严格的一面，又有任其自由发挥的表演空间。所以四大徽班进京比试，扬长避短，别开生面，各自赢得了一拨钟情的观众。观众总结出：看戏要看"三庆的轴子（连台本戏），四喜的曲子（唱腔悠扬），和春的把子（开打火爆），春台的孩子（小演员活泼可爱）"。随着时间流逝，舞台换演，经过几代演员的探索、磨炼，终于实践出以西皮、二黄为主要声腔，以"唱念做打"四功和"手眼身法步"五法为表演基础的京剧艺术。

京剧的艺术魅力，首先是由一代代杰出的表演艺术家创造的。因此，在京剧艺术发展史上，标榜京剧艺术精华的是演员，以及他们创建的流派，并不是作家和导演，所以京剧史上有"同光名伶十三绝""老生三鼎甲""四大名旦""四大须生""四小名旦"之说。如此，舞台就是锻造杰出演员的沙场；观众就是指导演员成长的老师；戏园子，正是观众与演员共同培育剧目硕果，推进京剧发展、进步的园地。戏园子的社会作用不可小视。

北京是京剧的发源地，老戏园子承载过京剧两百年发生、发展的历史。一座老戏园子就是一部书：在这里，艺人们忘不了炸雷般的"碰头彩"；观众记着"义务戏"的名角硬整、戏码精彩！北京的老戏园子，曾经是城市不可或缺的一道风景、老百姓生活里少不了的一部分。这些戏园子，绝大多数聚集在南城的前门大街左右，眼下论资格、排辈数，要属大栅栏对面的广和楼最老、最典型，故事也最多。因此说大栅栏的戏园子之前，要从有"东广"（指广和楼，"西广"是广德楼）说起。

一、细说广和楼

前门五牌楼东面，有条街叫肉市，当年是外城集中卖肉的小市场。后来肉市不见了，演变成饭馆一条街，出了名扬全球的烤鸭店全聚德，和历史最早、对京剧做出巨大贡献的老戏园子——广和楼！瞧瞧，肉市这条不足一里地的短街，竟然高峰迭起，秀美无限，除了享口福、大快朵颐的饭馆；还有饱眼福、大长精神的戏园子！

当年形容肉市繁盛的竹枝词说：

> 高楼一带酒帘挑，笋鸭肥猪需现烧；
> 日下繁华推肉市，果然夜夜似元宵。

清人杨掌生1842年写的《梦华琐簿》里说：

> 余道光壬辰（1832）北来卸妆，所见唯茶楼尚存，即今前门外肉市广和楼也。对门小巷通大街，上榜曰茶楼口。或讹呼茶楼也。

这个小巷俗称"小三条"，牌坊原是木质的，上书"广和楼"，下为"富连成社"四个字，左右小红牌柱联，为"广厦一间尽罗名士""和平万岁同享自由"，很有些维新的气息。后改铁质，左右书"吉祥新戏""风雨无阻"。上面铁艺镂空聚宝盆嵌"广和楼"三个字。这是憋在胡同里的广和楼，伸出脖子探向前门大街的唯一办法。

1945年8月抗战胜利后，绵延近三百年的广和楼一片瓦砾，空空荡荡，与南边全聚德灯红火亮的兴盛景象相比，倍觉凄冷。眼福让位给口福，到底还是眼争不过嘴！当时我住在北布巷子的柜上，离广和楼只几步的路。放了学就跑到这里，背着书包爬上瓦砾堆顶，一边听着前门大街的吵闹，一边猜想当年广和楼日夜两场的盛况。日子长了，街口有个挎篮卖花生瓜子的老者，看出了我的心思，一五一十地跟我说起了广和楼的故事。

明朝那时候，前门大街是黄土垫道、净水泼街的"天街"：皇上出宫祭天、出巡的大道。街很宽，没有现在肉市和珠宝市这两溜南北的店房，路边有树。天桥一带还有辽金时候留下的水道，荷红柳绿，画舫轻摇，风景美着呢！有个管盐务的查老爷就在路东空地辟了花园，盖了戏楼。城里头住腻了，他就出城到自己的花园听戏、赏花、散散心。

清初，顺治帝把汉人都轰到外城了，前门大街成了闹市，摆摊卖东西的挤满了街边。查家看有机可乘，就把花园改成了对外营业的"茶园"。这一招砸得真准！查楼着实地成了京城的亮点，踏青、会友、听戏、议事……纷纷攘攘走进了查楼茶园，前门外更热闹了。

明灭清兴，查楼茶园照样地"风雨无阻"、准演"吉祥新戏"。康熙曾到此看过戏，并赐台联：

日月灯，江海油，风雷鼓板，天地间一番戏场；尧舜旦，文武末，莽操丑净，古今来许多角色。

据说，进门过道上有座小楼，就是康熙爷歇脚的私密地。康熙二十八年（1689），适逢佟皇后丧葬期间，孔尚任的《长生殿》在此演出，因触犯禁忌而掀起了一场风波。这是一次堂会性质的演出，观剧者最后受到革职和革去国学生籍的处分。康熙年间，它遭了回禄，不过火烧旺地，很快开工重建，改名广和楼茶园。

为什么戏园子非要叫"茶园""茶楼"呢？

就是因为那时候，当权的、念书的都以为戏曲比不得"四书五经"、《资治通鉴》，是扯闲篇儿、茶余饭后解闷儿的"玩意儿"，不能和正统的经史子集相比，不拿正眼瞧它。所以到茶园叫"听戏"，而不叫"看戏"。人是隔着茶桌脸对脸坐着，一只耳朵对着舞台，扭过头才能看见舞台上的表演。侧着身对坐表示重在喝茶、说话儿，不拿眼皮夹你唱戏的，听戏不过是捎带手儿的事儿。后来，戏曲凭着演员的艺术魅力，到底征服了观众，听戏的只得把座儿搬正了，面对舞台，喝茶退为次位。

同治光绪时期，京剧兴起，广和茶园地点好，来看戏的人多，查家就扩大了舞台和池子，全场能容八九百人，在京城里数一数二。光绪二十六年，广和楼又着了把大火，重建后，查家无心经营，就把园子倒给了白薯王家——王静斋，又叫王杰。

兴许，王家是靠种白薯，或是卖白薯发的财，落了个"白薯王家"的称号？详情不得而知。反正大伙儿都这么叫。从前，北京人有个习惯，常常把职业加在姓的前面，以示区别。比如，爆肚满、风筝李、弹弓张、黄土马、马桶许，等等。以后叫白了，就成了买卖的"字号"。

如今老戏园子见不到了。拿广和楼当个例子，描摹一下当年的老戏园子什么样，很有意思。这里面有不少学问呢。

老者接着说，比起现在的剧场，老戏园子的设备很简陋。

戏台坐东朝西，是方的，三面见观众。台的四周立着四根大柱子。台前的两根柱子上，挂着一对黑底儿金字的木刻抱联：

学君臣、学父子、学夫妇、学朋友，汇千古忠孝节义、重重演出，漫道逢场作戏；

或富贵、或贫贱、或喜怒、或哀乐，将一时离合悲欢、细细看来，管教拍案惊奇。

这副别致的楹联，虽然有点封建说教的味道，可一语道破了天地大舞台、舞台小天地的社会含义，说得很爽快。据说，这副对联是咸丰年间二甲进士陆润庠写的。

戏台后面的两根柱子中间，是一面不太厚的木板墙，叫"龙虎板"，一板隔出前后台。木墙两头挖出"出将""入相"两个上下场门，门上挂着红缎绣花门帘，光板木墙上画着龙啊，虎的，当个不变的背景，中间高悬一块横批"盛世元音"，不大惹人注意。后来有人注意到这块很有想象空间的衬地，就在整个木墙上覆盖一面红缎绣花单片，行话叫作"门帘大帐"。因为后来有了布景，就把大帐叫作"守旧"了。

"守旧"不旧，它大处落墨的写意风格与京剧的表演风格，既贴切，又相得益彰。往往起到先声夺人的效果。梅兰芳钟情绘画，他的守旧是鲜丽无比的大牡丹花；而马连良锐意革新，很珍重民族艺术的古朴苍劲，所以他用武梁祠的汉化像石图案作"守旧"和桌椅披，古意盎然，恰与"马派"的文雅潇洒丝丝相扣。

听戏的看的是前台，看不见后台。可您别忘了，一台戏，前台出将入相，有来有去，跟后台的规矩礼法、调度有方有着极大的关系。

这里就说说大家见不到的广和楼的后台。

后台最要紧的地方，是靠东墙正当中供着的梨园界祖师爷老郎神神龛。

神龛用檀香木雕成个小小"宫殿",里面小红木椅子上端坐着头戴九龙珍珠冠、身穿黄缎子衮龙袍的唐明皇李隆基的塑像。条案桌上摆着白铜五供、长明灯。晨昏两遍香。传说当年唐玄宗李隆基雅好戏曲,在宫里的梨园,调教三千乐工演奏乐舞,他亲自执檀板、击节指挥,被戏呼"李三郎""老郎神"。因此,后来从事戏曲的人就自称梨园行、梨园子弟,尊唐明皇为祖师爷,并把演员出场亮相的台口,也就是执板击鼓的鼓佬座位的正前方叫"九龙口",意思是皇上坐的地方。早年间,乐队坐在舞台贴近龙虎板的正后方,不在下场门。

传说,李隆基高兴了也常常登台扮演些插科打诨的小角色,只是他不勾脸,鼻子上扣一块精巧的白玉,掩盖君王的威严。这就形成后来鼻子上画着"豆腐块"的丑角。过去,在梨园界,"生旦净末丑"中,丑行受尊重。演出前,丑角坐在衣箱上率先开笔勾脸,他动了笔,其他行当才能化妆扮戏。

神龛还有个专门用场,就是每逢戏班演三国"关老爷"(关羽)戏时,演员先请"老爷祃",在神龛前上香磕头,而后把"老爷祃"庄重地揣进绿靠心口处。从此,该演员就如同关羽附体,正襟危坐,排除杂念,只等上场亮相。戏罢,再上香磕头,于佛龛前焚化"老爷祃"。梨园界对关羽戏,怀有特别敬畏的心理,体现在脸谱、髯口、行头、盔头、大刀、旗号、程式、场面各个方面都有一套特定的安排。后台也流传着许多演员因不敬、关公显圣惩罚的故事。

神龛右边是大衣箱(内放带水袖的服装,如蟒、开氅、官衣、褶子等),左边是二衣箱(内放不带水袖的靠、铠、箭衣、抱衣等)、盔头箱(内放盔头、巾子、髯口、翎子、甩发等)、靴包箱(靴子、彩鞋、城门、旗子、龙形、虎形等)、把子箱(各种刀枪兵器等)等。上场门把口,有一张铺红毡子的桌子。桌上立着水牌,内镶几排象牙牌,写着当日的戏码,一望便知。桌子两边放椅子,是专给班主和大管事预备的,为的是"把场",检查服装道具,掌控演员上场的"尺寸",处理意外事故,如同现在的舞台监督。后台墙上还挂着《戏班规矩及惩罚条例》,犯了规矩的演员,立惩不贷。这真是"只见前台笑,不见后台哭"。又有谁知道,多少生离死别的真实故事不是在前台,而是在后台上演的啊!

说完了后台,再说前面的戏台。舞台凸进观众席中,台的三面用一尺来高的花栏杆围着,每个小柱子头上都雕着狮子头,很有生气。

戏台台口上面横着一根铁杠，名叫"轴棍"，是演武戏用的。比如《盗银壶》《时迁盗甲》《水擒花蝴蝶》等，剧中武丑（武生）在轴棍上表演双飞燕、倒挂腊等上下翻越的技巧，结合剧情表示飞檐走壁。

戏台下正面的观众席叫"池子"，两边叫"两廊"。池子里的长条茶桌对着舞台直摆，两边放着可坐三四个人的长板凳。观众面对南北两廊。演出中，茶房提着大铜壶，托着手巾把儿，大声吆喝着，在池子里走马灯似地穿来穿去。场子里烟雾腾腾，观众旁若无人地大声谈笑、高声喊人，乱哄哄吵成一片。好在台上的演员习惯了，该怎么唱就怎么唱，一出完了再换一出，谁也不影响谁。要是演员能用一段唱把全场的噪音压住，来个"满堂好"，那非有响遏行云的真功夫不可。当时有人这样描写戏园子：

> 偶然茶话，人海杂遝；诸伶登场，各奏尔能；钲鼓喧阗，叫好之声往往如万鸦竞噪矣！

戏台左右两边横摆长条大板凳，叫"小池子"。这儿离台近，又不吵，听得清楚，看得明白，一般都叫专门听戏的行家占了。

那时候，戏园子南北墙不是砖砌的，而是用大方格纸窗户连起来的，寒碜极了。地面是碎砖头铺的，坑洼不平。南北墙根用砖砌的座位，有点像过去体育场的观众看台，挺高，你得跳起来够着坐。给一个大子儿小费，"看座的"递给你一个蓝布垫子，坐上去不凉不硌，往大墙上一靠，美着哪！快散戏的时候，看座的再把垫子收回去。

广和楼二楼的地板是用木板拼接的，净是窟窿。一扫地，台上台下灰土飞扬。楼上正面叫"散座"，与楼下的池子一样。两边叫"官座"，后来叫"包厢"。一个包厢可以容纳十一二个人。包厢里前排放长凳，后排放高凳，座上都铺着蓝布垫儿，比池子舒服多了。

和台帘大帐一字排开、面对观众的座位，叫"倒官座"，也叫"倒观座"。这里看观众清楚，看舞台只能斜看演员的背影。这个地方票价最低，没什么人爱。大半拿来应付人情客票，支应前后台的亲友。

1914年广和楼把长凳换成面对舞台的长椅，椅背后钉有十几公分带框的长板，放茶杯、瓜子用。1920年，广和楼开始加演夜场。但那时实行男女分座：楼上女座，楼下男座。白天不卖女座。一家人听戏，只能晚上去，而且要分两处坐。1932年以后，才允许男女混座。

小京纪实

找寻大栅栏

早年间进广和楼茶园听戏，不买票，只收茶钱。观众一进门，看座的赶忙热情地招呼"先找座儿"，再顺手铺上蓝布垫，很快沏上一壶"香片"，最后递给您一张只有两个火柴盒大小的戏单儿（戏报、节目单），按人头收取茶钱。

那时候的戏单是一张很薄的黄表纸纸条儿，上面印着用木头戳儿盖的当天剧目，每张戏单，一个大子儿。讲究一点的是用毛笔把剧目抄写在大红纸上，是小戏单两倍大，字也清楚像样。这是后台的人每天写几十张拿到前台卖给有头有脸的客人的，每张也不过两个大子儿。这两种戏单只登剧目，不登谁演谁。听戏的人一看便知，有来到去，大体不差。

过去，戏园子没有海报广告，全靠"实物"展示。广和楼门口有个小夹道，当天演什么戏，就把戏里有代表性的道具（行话叫"砌末"）摆在门口，像《女起解》的"鱼枷"，《艳阳楼》的"石锁"，《连环套》的"双钩"，等等，观众一望便知。这可真给一般听戏的出了考题：你要不是行家，都不知道今儿晚上唱什么戏！后来为了照顾大多数，时兴了"水牌"，就是在红漆木板上，用毛笔蘸大白粉写上演员、剧目，戳在剧院门口。那种考验观众、别致的"砌末"展览，也就不见了。

光绪二十九年（1903），叶春善等人开创了培养京剧人才的"喜连升"科班（后改名"喜连成""富连成"，亦称"富社"）。1906年喜连成的第一科学生开始在广和楼登台献艺。二十年来，"富社"在杰出艺术家、教育家肖长华等老师的辛勤培育下，培养了包括梅兰芳、周信芳艺术大师在内的"喜、连、富、盛、世、元、韵"七科、七百多位演员，和一大批优秀的乐师与舞台工作人员。其中雷喜福、侯喜瑞、马连良、于连泉、谭富英、马富禄、叶盛兰、裘盛戎、李世芳、毛世来、袁世海、谭元寿等著名演员，薪火相传，对京剧的发展做出了宝贵的贡献。

回望富连成办学的成功，原因很多，其中有一条，就是班主从一开始就明确，对每个学生负责，为他们尽可能地铺就一条成才的道路。学员从一入学，就要熟读、背诵《科班训词》：

> 传于我辈门人，诸生须当静听：
> 自古人生一世，须有一技之能。
> 我辈既务斯业，便当专心用功。
> 以后名扬四海，根据即在年轻。
> 何况尔诸小子，都非蠢笨愚蒙，

> 而且所授功课，又非勉强而行。
> 此刻不务正业，将来老大无成。
> 若听外人煽惑，终究荒废一生。
> 尔等父母兄弟，谁不盼尔成名？
> 况值讲求自立，正是寰宇竞争。
> 至于交结朋友，亦在五伦之中，
> 皆因尔等年幼，哪知世路难生。
> 交友稍不慎重，狐群狗党相迎，
> 渐渐吃喝嫖赌，以至无恶不生：
> 文的嗓音一坏，武的功夫一扔，
> 彼时若呼朋友，一个也不应声。
> 自己名誉失败，方觉惭愧难容。
> 若到那般时候，后悔也是不成。
> 并有忠言几句，门人务必遵行。
> 说破其中利害，望尔日日上蒸。

"训词"通俗明白，朗朗上口，谆谆嘱告融进了老师对学生的殷切期望，十分感人。追寻他们艺术实践的起点，都是从广和楼的舞台上开始的。

梅兰芳先生回忆他的舞台生活时说：

> 我第一次出台是十一岁，光绪甲辰年（1904）七月七日。广和楼贴演《天河配》，我在戏里串演《长生殿》里的织女……过了三年，我正式搭班喜连成。

京剧名丑马富禄家境困苦。九岁时，他拎着小篮到广和楼门口叫卖花生瓜子。那清脆的嗓音、憨厚的表情，一下子吸引住了带学生演出的叶春善和肖长华。他们把这个天资聪慧的孩子领进了喜连成。马富禄初学老旦，与马连良合演的《焚绵山》《天雷报》，红极一时；后来，他又偷学了丑角戏，与武生泰斗杨小楼合演的《连环套》，轰动菊坛。广和楼锤炼出一代代京剧名伶；一代代京剧名伶又以他们的妙绝艺术，充实了广和楼古老的舞台，为后人留下梨园动人的华彩。

"日伪"期间，广和楼卖不上座，加上房屋破败，无力维修，逐渐沦为存货的堆房。"白薯王"死后，其长子王善堂继续经营，他心灰意懒，就以922000元"伪币"把园子卖给了日语翻译李文轩。李文轩将广和楼拆毁，想重新修建，但未来得及重建，日本便投降了，一场梦飘然而去，空留下一片瓦砾、一蓬青蒿，昔日风华荡然无存。

小京纪实

找寻大栅栏

老者讲完了，怅然地望着残破的大门，喟叹："广和楼，完喽！"

广和楼，完了吗？没完。中华人民共和国成立后，国家重建了这座古老的剧场，舞台由前凸形，改为画框形；安装了先进的灯光设备和舒适的座椅，楼上楼下还开辟了两个宽敞的观众休息厅。古老的广和楼又容光焕发了十几年。京剧、昆曲、梆子、评戏都在这儿演。

20世纪50年代，江苏昆剧院的周传瑛、王传淞等名家在此演出昆曲名剧《十五贯》。据说，开始看戏的人并不太多。一夜，周恩来总理悄悄来到剧场观看，给予很高评价。一时轰动，各单位纷纷组织观看，学习讨论，对照检查有没有戏里"过于执"这样不顾人民死活的官僚主义。全国各大剧种也纷纷移植上演，几乎成了运动。消沉的昆曲一炮而红，《十五贯》拍成电影，广为放映。人们说："一出《十五贯》，救活了一个古老的剧种！"这正是：周总理私访《十五贯》，抓典型痛击老官僚。广和楼又立了一功。那时，广和楼晚上演戏，白天还演电影。

然而，天有不测风云。一场惊天动地的"文化大革命"正滚地而来。内中炮轰的靶心就是由吴晗编剧，马连良、裘盛戎演出的《海瑞罢官》。

一出戏，使吴、马命悬一线，共和国濒临艰险。

雷暴前夕，却格外平静。

至今，我还记得60年代那个初夏的夜晚，在一片"京剧革命"的狂潮中，广和剧场稀奇地贴演了一场传统戏，人们争先恐后又惴惴不安地走进剧场。那天贴演的是三出折子戏，开场的一出武打戏，忘了。中间是张君秋、高宝贤的《打渔杀家》，大轴是裘盛戎、王晓临的《赤桑镇》。很特别，剧团换下马连良和李多奎两位名家，让两位青年演员陪着张、裘两位名家唱这两出经典戏，既有以老带青的意思，也表明京剧后继有人。可见在那个风雨满危楼的时刻，这个编排费了多大的心思。所以，演出时，前台后台、台上台下，都弥漫着一种不安和惜别的情绪。演出前，裘盛戎先生知道我要录音，很高兴，特别叮嘱有关人员帮我安排，嘱咐我"好好录"！兴许是太紧张了，高、王两位都没有发挥出应有的水平，而张、裘二位则神完气足地收了场，令人尤觉老演员的弥足珍贵、难以替代。想不到的是，这场惜别的演出，真的成了空谷足音。从此，我惜别了裘盛戎，惜别了那个并不排场，却是与老北京一脉相传的广和楼。

返回头来再说大栅栏的戏园子。大栅栏街繁华，店铺争着抢着占好地方，戏园子也不落后，见缝插针，隔三岔五就是一家，不怕没生意，就怕没好角儿。

清人崇彝所著《道咸以来朝野杂记》记载：

> 戏园，当年内城禁止，唯正阳门外最盛。属于大栅栏内者五处：曰庆乐、曰庆和、曰广德、曰三庆、曰同乐轩。

其实，大栅栏附近还有粮食店路西的中和园，煤市街南口路北的文明茶园（后改名华北戏院），西珠市口路南的开明戏院，和前门大街路东肉市的广和楼及鲜鱼口里面的华乐戏院。20世纪40年代，这十家戏园子除了"庆和园"毁于庚子战火无力复原，后经同仁堂乐家作中介人，被瑞蚨祥老板孟觐侯以万金购得，改建成西鸿记茶庄以外，其他九家都还热热闹闹的唱着。考察大栅栏几家园子的历史，大都建于乾隆末年至清末。旧景如何，不得而知。但从清末许多文人笔记的记载里，尚可端详一二。

李慈铭《越缦堂菊话》记同治三年七月间：

> 十六日，下午诣三庆园听戏。客座踏肩，甚不可耐。
>
> 二十三日辛酉，晴。出城诣广德楼，谐陈莲峰、殷实畴听戏，擦肩踏臂，嘈杂不堪。

杨掌生《梦华琐簿》记：

> 余曾以盛夏，赴广德楼听春台，热甚……凭栏下瞰，万人海中，殷殷阗阗笑语，所蒸如釜中气，腾腾上触。

想想吧，就是在这一座座简陋的舞台上，京剧走过两百年，由昆、梆、徽、汉"四下锅"的杂唱，渐而升华出西皮二黄为主的板腔。演唱丰富多彩，表演细腻生动，化他为我，兼收并蓄，独成一家。演员善变，观众善择，就是这些舞台和一代代乐此不疲的观众，托出了千锤百炼的京剧，老戏园子功不可没。大栅栏戏园子多，戏班也多。渐渐地戏班、演员习惯了，就相对固定在一个戏园子演出。

二、广德楼

在大栅栏西口路北，建于嘉庆中叶，舞台坐东朝西，有楼，与广和楼相似，木结构舞台设备简陋，台上横额写着"和平以广德音是茂"，暗藏"广德"二字。舞台柱联分别是"忠义昭千古，试看一片丹心，当振今世""霓裳咏同日，共听九天余韵，久在行云"。台下观众拥挤，如同蒸包子、煮饺子，挤热难耐，内中却不乏文人墨客、官宦士绅的频频光顾。为何？京剧夺人之魅力也。

当年名角云集，程长庚、余三胜、梅巧玲、汪桂芬都曾在此演出。1909年，法国百代公司曾在此拍过杨小楼的《金钱豹》和何佩亭的《火判》黑白无声电影。20年代，剧院为东家俞振亭创办的斌庆社占用，出过李万春等名角。曾遭火焚，新中国成立后重建，改名"前门小剧场"，演点曲艺节目，惨淡经营，早失去了当年与"东广"（广和楼）争锋时"西广"的盛誉。但它比东广幸运，依然还在，坚持着京城老戏园子的地位。

光绪三十四年（1908），喜连成进驻广德楼演出，场场爆满。宣统二年（1910），喜连成科班的"元元旦"（高喜玉）、"小百岁"（耿喜斌）、侯喜瑞等人曾在此轮番演出《双铃记》，轰动一时。

有个故事就发生在对门马思远开的茶馆（今大观楼影院）。改为富连成以后，搬到肉市的广和楼定时演出。我曾在广德楼看过连台本戏《八仙得道》，其灯光布景，出奇制胜。印象深的是一个女演员扮演大肚子汉钟离，很特别。还有天桥赛活驴关德俊加入，扮演张果老的坐骑——黑毛驴，爬山过桥，招人一乐。这里改名"前门小剧场"后，划拨给北京曲艺团专演曲艺，实行计时收费，每小时2分钱，拣着样儿地听，很随意。1952年，魏喜奎等艺人采用京城鼓曲牌子的演唱形式，演出了老舍先生创作的《柳树井》，创立了北京曲剧这一颇具京味的新颖剧种。1957年，魏喜奎主演的曲剧《杨乃武与小白菜》大获成功。一天晚上，周恩来总理轻车简从，进大栅栏，步入广德楼坐在后排观看了《杨乃武与小白菜》，给予好评。此剧后来拍成彩色电影。曲剧成型、发展，广德楼是起点。

三、三庆园与庆乐园

在大栅栏中间路南，根据《梦华琐簿》记载："今日的三庆园，乾隆年间宴乐居也，其地昔甚广大。"说明，这儿在乾隆年间是饭馆，地方很大，改为戏园不会晚于嘉庆二十一年，那时精忠庙的碑上已经有"三庆园"的名号了。一次演出《拿火龙》，引来了真的火龙，烧了个干干净净，复建后又赶上1900年义和团放火焚毁。后由天津人骆九莲筹资改建，改建后的三庆园就没那么大的地方了。舞台柱联，大额横匾是"霓裳三叠"，小额横匾上场门是"翔凤"，下场门是"起云"。两个竖的柱联分别是：

  假象写真情，邪正忠奸，试看循环之理
  今时传古事，衣冠粉黛，共贻色相于斯

  鞭辟入里，这可以当作看戏的提示。三庆园与徽班的"三庆班"是重名，有交集无关系。谭鑫培、路三宝、贾洪林、余玉琴等名角曾在此演出。因为地方不大，舞台受限制，演不了大型的武戏。民国以后，梆子班刘喜奎时常在此演出，盛况空前。后来一直由尚小云主持的荣春社在此演出，红极一时。我在这里观赏了尚小云先生的《汾河湾》《教子》《汉明妃》以及《摩登伽女》《青城十九侠》等剧，深为他那爽健明亮的艺术风格所倾倒。他的子嗣尚长春、尚长麟、尚长荣和荣社的杨荣环、景荣庆、方荣翔、李荣威等均是促使京剧发扬光大的中坚。这让人不能不感念尚小云先生的苦心栽培，和那个简陋的三庆园。

  一次闲谈，李万春先生曾对笔者说过一段三庆园的往事。

  有一年寒冬腊月，大雪溜溜下了一天一夜，足有一尺多厚。这天晚上，**谭鑫培**大老板在三庆园贴演《碰碑》。天寒地冻，路上罕见人迹，"还会有人来听戏吗？"谭大老板出家门时心里直嘀咕。不承想，一进园子，和外面的冰天雪地满不一样：园子里热气腾腾，人声鼎沸。谭大老板为满坑满谷的观众震惊了。他很感动，立即通知管事的："今儿来的都是我的知音！演完《碰碑》，叫观众别走，我再加一场《卖马》！"说完这段往事，李万春先生很有感触地说："角儿（音觉儿）是观众捧红的，心气儿相通；离开观众，我们什么也不是！"多么恳切的话语，道理那么直白。

  我小时候听李先生的戏，是在大栅栏东口路北的庆乐园。这个园子建于宣统年间，临近瑞蚨祥、祥聚公，地点不错，舞台池子的条件也好。杨小楼、余玉琴、王凤卿、贯大元、杨宝忠、刘砚芳等都曾在此演出。后来，杨韵谱首创的梆子坤班奎德社活跃了庆乐，舞台上出现了女花脸、女武生、女丑，演出了《茶花女》《血海深仇》等新戏，别开生面，名噪一时。可贵的是，当年李桂云等老演员锲而不舍，坚持把纯熟的表演艺术，传承至今，为京城珍存了河北梆子这一古老剧种。

1939年，李万春创办鸣春社。为了锻炼演员、招徕观众，在庆乐园演出了连台本戏《济公传》，戏中大量采用上海彩头班的手段，如机关布景、空中飞人、戏里带电影等，炫人耳目。后来又约请南北名角办"武生大会"、排演"四四铁公鸡"。这些奇巧、火爆的编排，虽然打破了中规中矩的京剧模式，惹来不少议论，却也历练出了李庆春、李桐春、吴鸣申、郝鸣超、王鸣仲、于鸣奎等一批优秀演员。在革新京剧的探索中，他们的经验不无启迪之处。

无疑，在20世纪30年代到50年代，李万春、李少春双子星座，争强斗胜，强化了京剧生行的内涵，拓展了戏路。李万春先生晚年，曾与笔者谈及他塑造关羽、孙悟空艺术形象的心得，以及向马连良学艺的情况，字字珠玑，精彩纷呈，极为宝贵。很可惜，这些经验之谈，没能留下，都随他而去了。后来三庆园无戏可唱，做过仓库、职工食堂，此后淹没在千篇一律的商场里，难觅其踪迹。在我的印象中，迎门高瘦的牌楼、带尿臊味道的甬道，台上斑斓的歌舞和炸雷般的喊好声，挥之不去。

四、同乐轩

同乐轩在大栅栏中段路北的门框胡同南口路西，建于清中期，1860年毁于大火，1900年再次被焚。重建于1909年，因为圆明园里有个"同乐园"所以它只能叫"同乐轩"。也对，轩者，车也，也就是个停车的地方，园子不大，台也小，演不了大戏、武戏。齐如山在《京剧之变迁》里说："在光绪初年（1875），门框胡同同乐，鲜鱼口天乐，还只演杂耍，不演正戏，后来也就都成戏馆子了。"别看园子小，谭鑫培、刘鸿升都来演过，那是何等气派？1906年，叶春善两年前组建的喜连成小科班，在此首演白天，是喜连成进戏园子之始。后来同乐轩改成电影院，生意不错。有段时间演完电影加点魔术、流行歌曲，也算"两下锅"。现在它是京城唯一的全景电影院，但已歇业。

有件事我一直记着。那是1947年秋天的一个晚上，我和家人正在看美国电影《隐身人》，突然有人喊："打倒蒋介石！""中国共产党万岁！"接着往空中扔了一把传单。沉默片刻，场灯亮了，只见人们惊愕地坐着，谁也不敢左顾右盼，不一会，纷纷逃出了影院。跑进灯火通明的大栅栏，我倏然省悟，国民党垮台的日子真的不远了。

五、中和园

中和园位于粮食店路北，紧邻大栅栏东口。最早建于清中期，1900年毁于大火，1904年重建，谭鑫培在此演出，梅兰芳的伯父梅雨田操琴。20年代再遇火焚，后由北京钱庄票号业的富商出资兴建。园子类似广德楼，规模不大。1928年中和卖给程砚秋的总管梁德桂后重新改建。程砚秋长期在此演出。尚小云的重庆社和他创办的荣春社都在这里演出过。

1931年9月18日夜，为赈济辽西大水举办义演，梅兰芳大师在中和园演出梅派名剧《宇宙锋》，张学良将军及部下将领、英国公使出席观看。演出中间，副官匆忙来到张学良身边耳语，张学良神色突变，匆匆退场。当时梅兰芳也察觉台下观众忽然走了不少，不知何故？第二天才得知，是夜日寇袭击沈阳北大营，发生了震惊中外的"九一八"事变。

1946年秋天，笔者在中和园花了一个下午连一个晚上，第一次看完了成本大套的《群英会·借东风·华容道》，第一次亲见了马连良、肖长华、叶盛兰的精彩演出。这才知道，那段脍炙人口的"学天书，玄妙法，犹如反掌"是怎么唱的。为此，我的书包被老师没收，回家挨了顿打。值！

"文化大革命"时期，中和园被当作北京京剧团的团部，许多曾在此献艺、赢得观众赞赏的老演员被关在这里的"牛棚"里，交代"问题"。章诒和在《伶人往事》中说：

> 1966年12月13日中午，剧团食堂开饭了，大家排队。马连良问站在他前面的张君秋："今儿吃什么呀？今儿吃什么呀？"
> 张君秋说："吃面条，挺好的，您来三两吧。"
> 马连良说："今儿家里会给我送来点儿虾米熬白菜，我倒想吃米饭。"但此时只能吃面条，他买了一碗。之后，便摔倒在地。拐棍、面条、饭碗都扔了出去。据说马连良致命的一摔和演戏一样，极像《清风亭》里的张元秀：先扔了拐棍，再扔了盛着面条的碗，一个跟头跌翻在地，似一片秋冬的黄叶，飘飘然、悠悠然坠落。人送到了阜外医院，他的一个女儿在那

里当护士。1966年12月16日，马连良遽然长逝。

一代名伶马连良，在那个人妖颠倒的年代，倒在了他熟悉的戏院的舞台下，偏巧是在他曾风光无限的中和。至此：一阵风，留下了千古绝唱！

六、华北戏院

另一曲悲歌发生在1967年严冬，杰出的评剧艺术家李再雯（小白玉霜）不甘凌辱、愤然自尽，年仅45岁。她和新凤霞的退出舞台，终结了评剧一个有望中兴的时代。至今，印象颇深的是在建国初期，我时常陪母亲到西珠市口路北的华北戏院看小白玉霜一个接着一个的新戏。那时候，乌云散尽，"解放区的天是晴朗的天"，人心欢愉，评戏舞台一扫旧风，率先演出紧跟形势的现代戏，其中小白玉霜最积极。她演唱的《小女婿》可以说是家喻户晓，妇孺皆知。她低回婉转的唱腔，如泣如诉，打动人心。她塑造的秦香莲，几乎无可争议地最让人同情、理解和认可；她创立的"新白派"演唱艺术，使年轻而又通俗的评剧提升到了一个高雅层次。她是第一个演现代戏的老演员，第一个当选为政协委员的评剧演员，第一个自愿赴朝慰问的名演员，第一个受到毛主席接见的著名演员，也是唯一殉难"文化大革命"的评剧表演艺术家。现在，华北戏院拆了，被它的老邻居扩建成全新的"丰泽园饭庄"。路过此地，我眼前常闪动她素雅的形象，耳边响起她低回淳美的唱腔，如泣如诉……

华北戏院原名文明茶园，是1907年在天和园旧址新建的。这时北京有了电灯、电话、银行、警察、自来水、人力车、番菜馆、洋旅馆、西服店……应种种"文明"，就添了个文明茶园。看看它舞台的柱联就知道它有多时兴："强弱本俄顷，愿同胞爱国正宗，此日漫谈天下事""古今无常理，结团结文明进步，他年都是戏中人"。文明茶园讲文明，第一个开放夜场，第一个开放女子可以进场看戏。谭鑫培多次在此演出。1917年，谭鑫培逝世前一个月，他与陈德霖合演《南天门》，当演到曹福（谭鑫培饰演）走雪山时，神色陡变，由陈德霖扶进后台休息。一个月后，步兵统领江朝宗强迫谭鑫培到那家花园出堂会演《洪羊洞》，谭不得已，勉强抱病演唱，气息奄奄，归家即撒手人寰。

七、开明大戏院

开明大戏院坐落在西珠市口路南，中日合资，是一座全新的西洋剧场，为洋式二层楼；门脸为椭圆形，舞台台口为半圆形，介于西方镜框式舞台和中国传统正方形舞台之间，也可以说是中西结合，舞台使用了黑绒大幕。建成后只演电影，后来加演文明戏（话剧）。20世纪20年代后，京剧名角梅兰芳、杨小楼、余叔岩、孟小冬等经常在开明戏院演出，盛极一时。40年代初，评戏皇后白玉霜在此演出。

1922年9月17日的开幕式十分隆重，这天特请梅兰芳演出《贵妃醉酒》，之前有龚云甫、肖长华的《钓金龟》，王凤卿的《让成都》，郝寿臣、李寿山的《闹江州》，可谓难得的好。演员、戏码都很硬整，一炮而红，开明大戏院轰动京城，成为梅兰芳最喜欢的剧场之一。

开明大戏院是由我国最早留洋的建筑家沈理源设计的。他设计的西式建筑还有此前完工的王府井真光电影院（今中国儿童剧院）和廊坊头条的劝业场等。

开明自然开明。如，它一扫戏园子旧习，实行门口售票、订票制度，取消茶房带座看完戏再给钱的旧例；推行男女同座，不必男女分席；演出中间"休息十分钟"缓解演员与观众的疲劳。推崇名角儿的艺术价值，重视演员劳动，包银比较高。门口高搭彩牌楼，张灯结彩宣传演员新秀，坤伶新艳秋。夏季开放屋顶花园，著名曲艺名家借凉风习习各展风采，杂耍也登高雅堂……开明给京城的老戏园子注入新风，也使古老的京剧纳入新式舞台，表演又上新台阶。

1949年秋天，开明迎来了新中国成立后梅兰芳来京的首次公演，连演三天。头天的打头戏是《宇宙锋》。票价不菲，我排了一宿的队，才买到楼下最后一排的票。渴望的激情有如接近沸点的滚水，在观众中游动，就在梅兰芳扮演的赵艳蓉出台的一刻，全场灯光大亮，一声天崩地裂的"好哇！"震得全场晃动，有如火山迸发，岩浆滚流。我只觉得浑身发烫，眼前模糊，说不上是梅兰芳的艺术感染了观众，还是观众已然忘情眼前的舞台。戏没看好，激动的情绪怎么也控制不住。直到以后才抓机会看了梅先生的《醉酒》《别姬》和《挂帅》等几出戏。想了，就翻翻手头他那部《舞台生活四十年》。

开明戏院后来改名"民主剧场"，后修两广路时，为拓宽街道被全部拆除。依稀记得当年炎夏，开明楼顶开放"屋顶花园"，演出曲艺杂耍：汤金城的口技、高德明的相声，曹宝禄的连珠快书，王佩臣的"醋溜大鼓"，快手刘的古典戏法，"架冬瓜"叶德霖的滑稽大鼓《拴娃娃》……凉风习习，灯火阑珊，时而飘来楼下的锣鼓声。扶栏远眺，星星点点，北京城好像悬在夜空中。

八、第一舞台

第一舞台位于前门外西珠市口路北，建于1914年，是京剧名武生杨小楼、名旦姚佩秋与商人集资兴建的。梅兰芳在《舞台生活四十年》中回忆："这里的一切建筑、灯光完全模仿上海三马路大舞台的形式。""在民国初年的北京，这应该算是首屈一指最新式的一个戏馆子了。"叫第一舞台，当时的确名副其实，概括起来有五个第一：第一个具有三层楼观众座的戏园子；第一个实行环形折叠式排椅的戏园子；第一个改方形舞台为椭圆形舞台的戏园子；第一个没有台柱子的戏园子；第一个采用大幕和实行人工旋转舞台的戏园子。剧场建成后，众多名角争相在此登台献艺，许多义务戏也在此演出。可惜，1937年的一场大火里，第一舞台付之一炬。

九、华乐戏院

鲜鱼口离我家不远，路南的华乐戏院我常去。除了近便，还因为那里常演合作戏，名角云集，戏码硬整。

听老人讲，此处原来是一个叫天乐园的清茶馆，可喝茶聊天，谈事会友。后来，下午添了评书杂耍。民国初年，万子和、吴明泉等人集资，把天乐园改建成剧场，舞台为画框半圆形，观众席是单人联椅，很舒服，能容千名观众，改名华乐戏院。京城名角轮流在此演出。1931年，富连成科班一度在此演夜场。1937年，富连成退出广和楼长期在此演出。1943年，长春堂药厂失火，殃及一弄之隔的华乐，连同富社正演出连台本戏《乾坤斗法》的道具、布景全部烧毁，损失惨重。两年后，剧院重建，靠着万子和的经营，上座率始终不衰。新中国成立后，剧场重修，更名大众剧场。

新中国成立初期，忘了是为什么，有一次演义务戏，多年不上的老演员都粉墨登场，轰动京津。记得第一出是马德成的《火烧百凉楼》；

华乐大戏院

老北京戏园子

第二出是尚和玉的《锤镇四平山》；大轴是郝寿臣、肖长华、谭小培、华慧麟的《法门寺》。记得马老、尚老均已年过八旬，仍然勒头、扎靠、勾脸、登靴，唱念做打，一丝不苟，尚老上下场都有人搀扶，到了台上，口念"恨天无把，恨地无环"，瞠目发力活现李元霸的神威，台下掌声如雷。郝、肖、谭、华的《法门寺》旗鼓相当，各显功力，却又凸显"一棵菜"的精神。那是展示老一辈艺术家艺能、艺德的演出，如醇酿味永，令人钦羡。把一出戏演得这么完美，几不可遇。余生也晚，侥幸与当年盛名于世的老前辈，有这么一面的台缘。

今日信步前门外，已然找不到任何一家老戏园子了。毕竟时代不同了。老资格的广和楼旧址久已空绝了京剧锣鼓声，听候处理。粮食店的中和戏院面目全非地守在路边，比不过它的老街坊"六必居"百年不倒。走进大栅栏，路北的庆乐戏院门口站着两个青年人，热情地招呼过路游人，进去不是听戏，而是尝尝东来顺正宗的涮羊肉。迈步走进熟悉的庆乐夹道，不见了演员的剧照和演出的水牌，只见甬道两侧摆满了货摊，售货员操着不同乡音兜售廉价的旅游纪念品。里面则是更大更嘈杂的货场，借问昔日剧场今何在？答以"不知道"。

路南的三庆园虽然早已没入一溜杂货商场，杳无踪影。但近年有关部门还是克服种种困难把它恢复了。只是今日难以呼唤旧日的风采，缺失能唱几百出戏的演员和懂戏的观众群体，是不是还能振兴京剧的辉煌？

走进门框胡同，路西的同乐立体影院被杂物堆得水泄不通。只有老资格的广德楼还在原址原地蹲守着，它的对面大观楼新立了一尊顶戴花翎的任庆泰半身像，说明这是中国第一个拍电影的人和京城中第一座电影院，人们好奇地看看，走了，并不在意。

如今，京城新建的长安大戏院和梅兰芳大剧院专演京剧，设备规模国际一流。天安门西侧的国家大剧院也时常演出京剧，条件和观众都提升为国家顶级，至高尊贵。现在的演员简直太幸福了，演出时，只在衣领别个不显眼的小小麦克，播放出的洪亮声音，就足可以覆盖整个天安门广场！此时，我突感惊讶，不解当年名净金少山在鲜鱼口华乐戏院唱《锁五龙》时，只一句闷帘导板"大吼一声绑帐外"，怎么就能震得剧场茶碗落地，乃至前门楼子直晃荡呢？

二百年的京剧走出了大栅栏短街，在辉煌的长安街畔，它正融进五颜六色的华丽光彩当中。

◀ 1951年大栅栏地区的"拉洋片"

电影大观楼

大栅栏西口，路南36号，有座大观楼影城。

高高的青砖门脸，红砖镶饰，清末民初风格。顶端有座楼阁，宝瓶围栏，加了点洋气。居高临下，俯视对面老资格的广德楼和瑞蚨祥西鸿记，右侧街坊是油漆彩画的老字号内联陞。如今大栅栏长高了，张一元、同仁堂、内联陞、大观楼，不仅雕梁画栋，而且门脸拔高，一个赛一个。站在街中，须仰面而视，才知谁是谁。

大观楼的门楣镌刻着启功先生题写的"大观楼"三个隽秀的金字。拾阶而上，迎面的门洞不大，走进去黑黢黢，有台一百多年的法国手摇电影放映机，还有老电影明星的照片、海报，一组老式放电影的人像塑像，引人驻足，发人回想，像个小博物馆。

老北京人可能还记着，大观楼是全国第一家电影院。

在这里，中国电影从无到有，由默片到有声，由黑白到彩色，由方幕到宽幕，再到立体、三维，乃至今天的数字、3D……大观楼亦步亦趋，样样有份，最难得的是，一座电影院见证了中国电影发展的百年史。

大栅栏有幸，拥有了大观楼；大观楼有幸，拥有了电影百年；今人有幸，可以走进大观楼，细细揣摩先贤的心路和创业履历，期望未来。

一、任庆泰本来是个木匠

电影的事，是好事者在大栅栏挑的头。大观楼没有忘记这位挑头的人。近年重新装修的时候，在门口东侧特意摆了他的半身像，胖乎乎，身着朝服，项戴朝珠，顶戴花翎，面含微笑，是位清朝的四品官，他安然稳坐，扫视过路如织的游人，游人扭过头也在茫然地瞧着他。

他是谁？

他就是被誉为"中国电影之父"的任庆泰（1850——1932），一个从关外来北京寻梦圆梦的人。这是繁华的大栅栏街面唯一的一尊纪念人像，那么显眼，却那么孤独。

任庆泰，字觐风，号觐丰。其名，盼好运，否极泰来，脱贫致富；其字，前者追风，后者追富。似乎他舍不得这个"觐"字，梦里等着好运临头，能觐见皇帝太后。结果神奇，竟一一应验！这是后话。

他的老根儿在山东省有着"人间仙境"美誉的蓬莱。无奈蓬莱的神仙不眷顾，村里的亲友无衣食，一家人活不下去，只得跨海闯关东。才过长城外，就把脚步停在了离奉天（沈阳）不远的法库县四台子村。法库县有条辽河，是阴山和长白山的交汇处，占据"三山一水六分田"的优越地势。那时候朝廷在长城外顺着城墙走向，在辽宁、内蒙古修了一条壕沟，种上密集的柳树，俗称"柳条边"。顺治年间在柳条边这道绿色屏障西段设十二边门，法库即其一门。这样，当年的守军边塞，日后成为多民族聚居的通商闹市。

任庆泰出身贫寒，侥幸念了几年书，而后就跟人学手艺当木匠。他从小有心胸，看得远。他觉得在卖力气的行当中，木匠以木为材，可以造屋架桥，雕凿万物，小到婴儿摇篮，大到万里航船，手艺最高超，市场最广阔，所以早早立下学木匠的志向，非他不可！过去，木匠因做的活儿不同，分大木匠、细木匠两种。大木匠做大活，侧重建房盖屋，上梁支柱，打造柁木檩件；细木匠做细活，雕凿门窗、佛龛、厅堂外饰的油漆彩画，都是细活儿。当年齐白石就是学的细木匠，擅长油漆彩画，最终步入画坛。任庆泰跟着师父学艺，不惜力，特别用心。任庆泰在掌握了木工的基本技巧以后，也特别苦钻细木匠的活路，有个性，有品位，在法库小有名气。

同治四年五月(1865年5月19日)，清廷最后一个提刀上马阵前杀敌的蒙古王爷僧格林沁，在山东曹州府高楼寨同捻军作战中被杀（一说自刎），大清顿失臂膀，举朝大恸，慈禧洒泪亲祭，同治皇帝传旨厚葬，赐谥号"忠"，配享太庙。次年，

亲王的灵柩运回他的属地法库县四家子蒙古族乡公主陵村旗陵安葬。官方有司衙门选派能工巧匠，为僧格林沁修建宏大的陵园和阔绰的阴宅。天赐良机，但良机只属于有准备的人。招募工匠时，任庆泰被选中，幸运之路的大门从此在他面前轰然打开。在宏大繁忙的施工现场，任庆泰勤勉做活儿，同时留心观察从北京来的木匠师傅怎么做活儿。他们个个身手不凡，怀有独门绝技。特别是领班师傅金福堂，刀工精致，技艺纯熟，大凡经他过手的作品都另有新意，不同凡响。看到金师傅的作品，任庆泰茅塞顿开，惊叹世间竟有如此精美的手艺！他多么渴望拜金福堂为师，学到这些雕刻的绝活呀。他试探了几次，金福堂师傅好像没这人没这事，理都没理这个法库的年轻人。

任庆泰并不在意，铁了心地要拜金福堂为师。秋天，关外冷得早，金师傅染上痢疾，卧床不起。任庆泰看在眼里，急在心头。四处请医，多方求药，忙前忙后，睡不安席、衣不解带地伺候金师傅，终于在法库县丁家房请到了一位名医，经其对症下药，治好了金师傅的痢疾。患病期间，金师傅眼见任庆泰昼夜守护、煎汤熬药、洗衣端饭，深为感动。病愈后，金福堂师傅主动收下任庆泰这个关外徒弟，言传身教，把自己的技艺和经验，毫无保留地传给任庆泰。任庆泰有如大旱逢甘霖，点滴入心，悉数收进，技艺大大提高。他不仅学到了金福堂师傅的雕刻技艺，还与金福堂师傅结下了心碰心的师徒情谊。僧王陵墓竣工，金福堂师傅即将回京。告别时，金师傅把得心应手的几把刀具连同一本图谱，留给了徒弟任庆泰，是念想，更是激励。俗话说，师傅领进门，修行在个人。任庆泰不负师恩，更加苦钻苦练。因他思路开阔，手艺精湛，很快脱颖而出，成为法库一带颇有名气的细做木匠。

法库县魏家楼村有个于子扬，是当地有名的大财主。人在北京长住，花了大把银子，捐了个"四品顶戴花翎"的虚衔。为炫耀既富且贵，光宗耀祖，于子扬要在法库老家魏家楼村重新扩建一所豪华的大宅院。任庆泰名闻乡里，被聘为细木雕刻匠。他尽情施展技艺，打造的格扇、屏风、花窗、佛龛等，异常精美，人见人夸；他在门窗檐柱上雕刻的什锦花卉、行云流水、亭台楼阁、山林人物、诗词歌赋等，无不形神俱佳、呼之欲出，深得于子扬一家人的激赏。于子扬久居京城，识多见广，他与任庆泰交谈，发现他不是久居人下的工匠，活计又做得那么好，便把他带到京城，住在自家府中，负责监修自己的住宅，还引荐他到颐和园等处参加装饰工程。

◀ 1952年的大观楼电影院

二、任庆泰率先开了丰泰照相馆

一次，于子扬到上海办事，发现一个洋人手中有一台奇妙的德国"照相机"，说是对着人只要一"照"，就能留住人像，真真的，比画的还真、还像。这在当年，对于只能靠笔墨五彩留下影像的中国来说，确实是个闻所未闻的"新鲜海儿"。于子扬好奇心盛，他又有的是钱，便从洋人那里把这洋玩意儿买到手。回到北京，于子扬就找来心灵手巧的任庆泰，和他一起琢磨。任庆泰拿过照相机摆弄了几天，就摸清了照相机大概是怎么回事。他又顺藤摸瓜，帮于子扬买回一些照相的附属器材，凑了个全套。经过一番试验，两人终于把照相技术拿下来了。于子扬是场面上的忙人，哪有工夫到处给人照相，鼓捣这个玩意儿，就把照相机全套器材送给了任庆泰。

这里补充一点有关照相的知识。

1839年，法国的舞台美工达盖尔（L. J. M. Daguerre，1789—1851）首先发明了照相技术。1868年，美国发明了"赛璐珞"，美国的古德温利用这一发明进行照相感光材料的研制。1871年又发明了用溴化银涂在玻璃片上，感光后做成底片，再去印相，得到质量较好的照片。技术的成熟同时推动了照相机的发展。

清同治九年（1870）前后，于子扬派任庆泰去奉天（今沈阳）自己开的照相馆当伙计。为了探寻照相的奥秘，任庆泰又到上海一家外国人开设的照相馆里，应着做镜框儿，实际是去偷学照相技术。清同治十三年（1874），他又自费去日本继续深造照相业务。明治维新后的日本，资本主义经济有了生机勃勃的发展。任庆泰深受启发，认定照相业必定会在中国有可观的前景。

任庆泰有了全套照相设备，掌握了拍照、显影、定影、印相等全过程技术后，就想开个照相馆，把这个新鲜玩意儿推向北京市场。他料定会有很多有钱的阔主儿，像于子扬一样对它感兴趣，拍个照片挂在客厅，吓人一跳！

北京的文人见到相片，委实一惊，不由得写诗赞道：

鬼工拍照妙入神，玉貌传来竟逼真；
技巧不须凭彩笔，霎时现出镜中人。

有需要就有市场，就能拿去卖钱。1892年，经亲友们帮助，任庆泰在和平门外、临近琉璃厂的土地祠（今西城区实验幼儿园），开设了京城较早的照相馆，确是第一个中国人自己开的照相馆。起什么名字呢？他从自己的字与名中各选一个字，名为"丰泰"，看着吉祥，叫着响亮。

任庆泰不但会照相，还会做生意、打广告。谁都知道，物以稀为贵，当时照张相片价格不菲。以四寸片为例，照一张是六角钱。在当时，拿着六角钱去饭馆，可以叫一斤黄酒，一客狮子头，外加一碗上好的鸡丝汤面。若是一家人要照一张十二寸的"全家福"的话，需大洋四元。而当年，两元钱就能置办一桌很好的酒席：四冷荤，四热炒，四大碗外加一大件，十个人是吃不完的。价格太高，一般人家没那闲钱买回一张"纸"。

任庆泰比谁都明白，照相不比买棒子面，人人有份儿。来照相的都是些有钱没处花的阔主儿，你得给他们出主意，这钱该怎么花，勾他们的兴趣。比如照相馆可以派技师带着照相机到府里选景拍摄"全家福"；照相馆备有全套戏装和化妆师傅，满足戏迷们穿上扮上、票一出戏的渴望。为打广告，他在照相馆门旁墙面开了一个大玻璃橱窗，摆上京剧名角的剧照和摩登美女的大照片，惹得过路人围观不去。那时候，马路上哪有过这么好看的风景啊？消息传进大宅门，老爷夫人小姐少爷都想一展玉貌尊容，留个光彩，纷纷来到"丰泰"，请任庆泰亮亮手艺。任庆泰本来就有广泛的交往能力，这一下生意兴隆，名声大扬。社会贤达、贵戚、商贾、富绅、梨园名伶、红粉佳人等都到丰泰留下玉照，一时风靡内外城。

消息传进王府，醇亲王奕譞、恭亲王奕䜣、庆亲王奕劻等皇亲贵胄，都把任庆泰找到府里，由着性儿地拍照，兴趣有增无已。记得，爱新觉罗·溥任（金友之老师）先生曾和笔者说过，他爷爷（第一代醇亲王爱新觉罗·奕譞）和他父亲（爱新觉罗·载沣）都很喜欢照相，经常找人到府里照相，收存有两大箱子的相片。有时还选些合意的相片，带进宫里，给皇上（大伯光绪帝、大哥宣统帝）和太后（慈禧）看，借以传递亲情。"文化大革命"抄家时，两箱子相片被抄走。后来有个出版社印了一本很厚的帝后照片集，发现很多相片是府里的，庆幸没被销毁。

慈禧太后看到王爷家人的相片很是喜欢。她是个自尊心同爱美心都很强的女人，特别注意自己的神态、面容、服饰以及示人的印象。因而，她特别在意每张自己留给后人相片上的姿态和成像的质量，几近苛求。以前在宫廷给她照相的，除了德龄、裕龄，还有少数几个洋人，她从未听说过市面上还有中国人开的照相馆，便想看看任庆泰是怎么个人，是怎么拍照的。

任庆泰奉旨入宫觐见皇太后，对于他、对于朝廷都是件旷古未有的奇闻。任庆泰不敢丝毫懈怠，千方百计设法拜见李公公，请教礼法和注意事项，而后小心准备。如，他事先揣摩老佛爷坐在相机前，会是一种什么样的心态，御座周围的环境该怎么样布置，等等，心里大概有个数。他日常拍摄名人无数，经验丰富，相机他驾轻就熟，完成这件"定乾坤"的大事，"一战成功"是有把握的。进宫面见太后礼拜如仪。拍摄时他言语恭谨，声调柔顺，既服从慈禧意愿，又有点稍加专业的点拨，所照出的相片都使慈禧见了"凤心大悦"。后来慈禧又有几回召唤任庆泰进宫拍照，他都是遵照慈禧的懿旨办的，皇太后很满意。一回生两回熟，慈禧很喜欢任庆泰的恭顺有礼、说话谦和。王爷们也顺情说好话，夸他照相的手艺好。慈禧一高兴，便赏赐任庆泰四品顶戴花翎的虚衔，这在当时北京和全国都是从未有过的事情。有了皇封御赐，任庆泰和他的"丰泰照相馆"，商上加官，愈加飞黄腾达。

任庆泰得意不忘旧情。到北京后，他经常去看望金福堂师傅，师徒俩情谊日益深厚。这期间，于子扬出了个错儿。他买了匹走马，不想是件赃物，摊上了官司。于家一筹莫展，愁苦难当。任庆泰知悉后，赶忙请金福堂师傅帮忙。金师傅曾在府台衙门当过差，略知司法业务。经金福堂师傅四处奔走、上下斡旋，不久便了结了这场官司，于子扬全家感激金福堂，更感激故旧任庆泰的难中相帮。

三、任庆泰率先拍电影

任庆泰的丰泰照相馆在土地祠开张的四年后，1895年12月28日，法国卢米埃尔兄弟在巴黎卡普辛路14号咖啡馆把会活动的影像，放映成功。人们惊喜异常，振臂欢呼一个叫作"电影"的新时代来临了！电影这个"怪物"闯进了人们的生活，打破了因循保守、拘谨呆板的"过日子"，使人们能坐在电影院里，眼观六路耳听八方，放眼世界。这一下，个人的境遇、社会的秩序都因此而发生改变。

资本家讲究好东西不能光拿在手里瞎比画，必须挤进市场去推销、赚钱。1896年，卢米埃尔兄弟雇了二十个助手前往世界五大洲放电影，叫人们知道，电影既能看着好玩儿，又能卖票赚钱，拥有艺术和商品双重价值。西方商人不漏空，眼尖腿快，率先把电影传入中国。

　　1903年，从德国留学回来的林祝三，带着电影放映机和影片回国，租借北京前门外鲜鱼口的天乐茶园（后来的华乐戏院、大众剧场）放映电影。都是些《洋人大笑》《火车进站》一类的无声短片。国人花几枚铜板走进漆黑的屋子，一束强光投在挂在半空的白布上，顿时显出一个洋人大脑袋，捋着胡子张口大笑。观众惊惧莫名，也不自觉地跟着张开嘴，欲说欲笑，却都不敢。霎时天光大亮，银幕上的洋胡子隐去，一场电影散场。国人说："才不过撒泡尿的工夫，几大枚就没了！"

　　任庆泰最关心洋玩意儿，什么洋药片儿、洋汽水、洋饭菜的，他都想拿到北京城，让老少爷儿们尝尝鲜，自然他为的是有钱可挣。一听说电影的事，他就按捺不住心中的冲动，《洋人大笑》《火车进站》一类的短片，他看了个够，心想相片动起来不就是电影嘛，自己开了照相馆的头儿，就该责无旁贷地继续走下去。拍电影，拍中国电影，开电影院。他跃跃欲试，志在必得。

　　他托人打听，终于在东交民巷德国人开的祁罗孚洋行里，买了一台法国产的手摇摄影机和14盘电影胶片。回来他按照洋人的指点，同几个心灵的伙计一起琢磨试验，逐渐把拍摄、冲洗、显影、定影、剪接、放映的技术都拿下来了。底下考虑的就是该把镜头对着谁，拍什么电影了。

　　其实，他心里早有盘算。那年秋天，在观音寺东口路北的惠丰堂，为"内廷供奉""伶界大王"谭鑫培六十大寿暖寿。任庆泰作为京城名流应邀参加寿宴。那年谭老板实际才五十九岁，长任庆泰三岁。中国人有"过九不过十"、不过满寿的习俗，以示年年有余，福寿绵长。那年头条件所限，"人生七十古来稀"。六十一甲子，活六七十岁是很可观的长寿了。当年，谭鑫培的声誉如雷贯耳，他的戏迷从宫里的慈禧到街上的走卒，超越东西南北，超越贫富贵贱，人人都喜好，张口必说谭，乃有"满城争说'叫天儿'"（谭鑫培的父亲谭志道是演员，嗓音嘹亮高亢，有如盛夏树上鸣叫的昆虫"叫天儿"，故被称"谭叫天"。谭鑫培超越乃父，曾以"小叫天"登台）的奇观。梨园界更是"无腔（生）不学谭"，以师从谭门自诩。一句"店主东带过了黄骠马"风靡北京城的街头巷尾。

　　暖寿那天，贵宾如云，轿车塞路，色彩缤纷的寿幛把惠丰堂的天井围了个密不透风。席间谭大老板非常高兴，满面红光，嗓子痛快，即席为众人唱了一段《定军山》里的"西皮二六"，他以五虎上将老黄忠不服老自况，声腔响遏行云：

师爷说话言太差，不由黄忠怒气发。
一十三岁习弓马，威名镇守在长沙。
自从归顺皇叔爷的驾，匹马单刀取过了巫峡……

任庆泰心潮澎湃，眼含热泪。一位身着黄靠的皓然老将，在他眼前屹然挺立，无比高大。他想想自己、想想北京城，望着谭鑫培矍铄的身形，猛然省悟："这不就是中国吗？"古老、雄劲，身经百战，不是垂垂老矣，无精打采，而是老而弥坚，信心百倍。顿时，他眼前一亮："我何不将《定军山》拍成电影呢？给后人留下京剧，留下谭鑫培，留下'一战成功'！"

四、中国第一部电影：谭鑫培的《定军山》

眼下执机拍电影，既无前例可循，更无明白人可问，一切都由任庆泰亲自筹划、指挥，徒弟刘仲伦执机摄影，拍摄场地就安排在土地祠丰泰照相馆中间的大院子里，主角当然是老当益壮的伶界大王谭鑫培了。借助正厅门外廊子的两根圆柱，挂上一块白色布幔，算是天幕。幕后的正厅是谭老板化妆、候场、休息的地方，那架被称作"活动箱子"的摄影机，摆在前院的后墙根儿，文武场面安排在下场门。刘仲伦推着机器试着走位跟镜头，不时抬头看看老天爷给脸不给脸，走了几遍，大体安排就绪，还是一身一脑袋汗。到底是"大姑娘坐轿子——头一回"呀。

考虑到那时的胶片只有二百尺一卷，放映时间很短，不可能把《定军山》从头到尾拍完，只能选取谭老板在戏中的几个漂亮的功架走势。谭老板同意，反正一切都是实验，只要能把谭鑫培"老黄忠"的精气神拍出来就行。

拍摄那天，天清气朗，光线充足，大家都挺紧张，很兴奋。只听任庆泰一声"开始"，伴着一阵儿紧密的锣鼓点儿，谭鑫培踱步出台，稳重亮相。只见他头戴金黄扎巾，清癯的面庞戴三绺白髯口，身披金黄靠甲，背插四杆金龙靠旗。站定念引子，自报家门，一招一式，拨云见日，气宇轩昂，只看得众人勾魂摄魄，忘乎所以，忙得执机刘仲伦紧摇紧赶，只摇了一忽儿，一盘胶卷就完了。任庆泰连忙喊停，换胶卷。跟包的赶忙端过小茶壶，给谭老爷子"饮（读印）场"。谭老板纳闷儿，撩起髯口说：

"怎么这么快？我这儿还没伸开腰呢。"

剪断截说，因受天气和技术的影响，哩哩啦啦在三天里，用了三卷胶片600英尺，拍完了"请缨""舞刀"和"交锋"三个片段。按当时的放映速度大约能放映20分钟左右。随后，片子拿到任庆泰刚盘下来的大栅栏西口路南的大亨轩茶园（后来的大观楼影院）放映。观者如潮，怎么也看不够谭大老板那飞扬潇洒的神态。相比《洋人大笑》《火车进站》那些西洋短片，观众透过京剧好看的行头、把子、做派、开打等手段，领悟到一种熟悉的美，一种不同于舞台的想象，一种快慰的满足。任庆泰慨叹：外国影片，"尺寸甚短，除滑稽片外，仅有戏法与外洋风景"，而"现在，我们有自己的影片了"。

1906年至1909年，在丰泰照相馆的院子里，任庆泰又相继拍摄了谭鑫培的《长坂坡》，京剧名家俞菊笙、朱文英演出的《青石山》《艳阳楼》，许德义的《收关胜》，俞振庭的《白水滩》《金钱豹》等武戏。10年前，1895年法国人在巴黎咖啡馆发明电影，10年后，1905年，任庆泰拍摄了中国第一部影片《定军山》。

福兮祸所伏，祸兮福所倚。这句盖世的真理，在四年后1909年的丰泰照相馆应验了。一场无情大火，吞没了丰泰照相馆的一切，房屋、设备和所有任庆泰辛辛苦苦拍摄的影片！我们永远地失去了中国电影的发轫之作，谭鑫培的《定军山》，以致无根无据，被人质疑。任庆泰的丰泰照相馆也从此销声匿迹，代之而起的是他1902年盘下的大亨轩茶园，1907年改名大观楼影戏园，1913年改名大观楼电影院。也就在这一年，西风最劲的上海滩接过北京拍电影的接力棒，由郑正秋编导了中国第一部故事短片《难夫难妻》，标定了上海作为中国电影重镇的历史地位。

五、百年大观楼的往事

大观楼，一座百余年老楼，背后可说的故事还真是"洋洋大观"，说的都是北京城的人和事。

刨根儿问底，大观楼到底建于清末哪年哪月，说不清楚了，有据可查的，是最早回民马思远开的一个茶馆，俗称"马思远茶园"。后来茶园出了一桩血案，轰动京城。买卖易主，东家渴求"万事亨通"，改名"大亨轩茶戏园"。

过去大栅栏里有五六家茶园，喝茶听戏，只收茶座钱，听戏是白饶。京剧日渐成熟，魅力夺人，来喝茶的就以听戏为主了。大亨轩茶园在大栅栏西口，紧临煤市街、观音寺，热闹非常，茶客多，听戏的更多。齐如山在他写的《京剧之变迁》一书中说：

> 大栅栏，大观楼地基，以前为大亨轩，亦常演戏。旦角曹福寿（先唱老生，后改旦脚）常演于此，极能叫座。按地棍马子衡，在大亨轩打死人成讼一案，乃极出名之案，即系捧曹福寿之故。

说明听戏的开始由关注"生"角转向"旦"角了，而且捧角的竟捧出了命案。

审美转移，由生而旦。爱看旦角不为错，错在心术不正，下流痞子，起哄架秧子，无理取闹，搅乱公共秩序。地痞恶棍马子衡闯进大亨轩，说是来捧角儿，却不好好喝茶听戏，无事生非，耍胳臂根儿，找茬打架。结果行凶打死了人。宛平县（当时北京为顺天府管辖，前门大街东为大兴县，西为宛平县）来人拘捕了马子衡。大亨轩遭了血光之灾，背时背气，人们议论纷纷，自然又勾起了当年轰动京城的"马思远开茶馆"的血案。当年赵玉儿谋害亲夫，刑部大堂判处凌迟，刑前在前门大街骑木驴游街，轰动京城。当时的四喜班抓住这个热点新闻，及时把它编成京戏，戏名《马思远》，又叫《双铃记》《海慧寺》，持续扩大了社会轰动效应，盛演不衰。后来富连成的肖长华先生，给几拨学生重排了这出戏，分两天演出，戏中的海慧寺和尚诵经和刑部大堂大审，场面新颖别致，每演必满，成为富连成的看家戏。

这出戏故事曲折，人物鲜明，给每个演员提供了充分的发挥余地，特别是筱翠花（于连泉）扮演的主角犯妇赵玉儿，妖冶淫荡，泼辣狠毒。在她一手拿槌、一手拿钉子钉进亲夫、马思远茶馆的茶房王龙江脑袋里那一刻，脸色凶狠，目含杀气，逼得全场观众瘫坐，倒吸一口凉气。

多少年后，当时扮演奸夫贾明的马富禄还记忆犹新。

马富禄说，她右手拿着一个槌子，左手拿着一枚钉子，只听得"当、当、当"三锤锣刚完，只见筱翠花刹那间飞速一个"窜子"穿过去，落下半个屁股坐在板凳上，两只踩跷的小脚高举着，回身一个凝神注视："他，他，他他他，究竟死了没有？"那才叫绝活儿，那才叫功夫！再说公堂那场戏，当她走进公堂时，那般若无其事，那般满不在乎，从骨头里散出轻浮淫荡。当堂上说"看来，不上刑你是不会招供的"，命衙役将捯子戴上她的十指，她依旧露出不屑一顾的神情，而当"惊堂木"一响，一声"用刑"，只见筱翠花一双眼珠立即往中间一"对"，脸色大变，露出了痛彻骨髓的表情！那个迅速，那个准确，那个舞台气氛，那火候到家，无人能达到啊！说起筱翠花的扮相、眼神、功夫都是无与伦比的，足可承当第五名旦。

任庆泰接手大观楼影戏园，不是为演戏，是想开一个专放电影的园子。当时中国没影片，大观楼放映的第一部影片是西洋默片《麻疯女》。国人好奇，观看很踊跃，场场爆满。1905年任庆泰完成了谭鑫培主演的《定军山》，把影片拿到自己经营的大观楼影戏园放映，中国第一部电影就此诞生，大观楼影院因此成为中国电影的诞生地，任庆泰也成为中国电影的第一人。

大观楼除了是"中国电影诞生地"，还在我国电影史上创下了多项先例：率先将观众围桌对坐、侧视舞台，改成面对舞台、横排座椅；20世纪30年代，率先将男女分座改为男女同座；1931年，率先放映了由民众影片公司拍摄的、我国第一部有声电影《歌女红牡丹》；40年代，率先购买法国百代公司35毫米固定座机放映电影；1948年，率先公映由上海艺华影片公司出品的中国第一部彩色京剧艺术片、梅兰芳主演的《生死恨》；60年代，率先放映宽银幕立体声电影；1962年首映由陈强、韩非主演的第一部国产彩色宽银幕立体声故事片《魔术师的奇遇》，影片连放4年，观众达400万人次，创下新纪录。

1976年4月30日，一场大火把大观楼烧成一堆瓦砾。此后荒废十年，无人问津。1987年才被人拾起，重建为大银幕电影院。

2005年，有关部门纪念中国电影百年，确认大观楼为中国电影诞生地，任庆泰为"中国电影之父"。

2010年，政府出资五百多万元，翻新改造大观楼为时髦新颖的"影城"。

六、为什么要记住任庆泰

丰泰毁了，《定军山》烧了，人们并没有忘记任庆泰。1920年，任庆泰欣逢七十大寿佳期，乡亲故旧在任庆泰法库老家为他祝寿。东北首脑张作霖、吴俊升、孙烈臣等都送来贺联，大总统徐世昌派员送来一块亲题"寿比南山"的匾额。寿庆还印制了《大实业家任觐风先生事迹》纪念册。

一生面对国弱民穷的时局，任庆泰舍弃空谈，没有抱怨，而是脚踏实地地做实事、办实业，身体力行地倡导实业救国。他在北京等地先后投资开办过西药房、木器店、汽水厂、番菜馆、木炭场、绸缎庄等。同时，任庆泰不忘家乡的子弟，从根本抓起，兴办教育事业。1890年，任庆泰为家乡四台子村创办了一所含初、高两级的小学校，捐献数十亩土地作为校田。乡里记住他的恩惠，刻了块石碑，立在校园。碑文写道：

> 任觐风先生，心地光明，天性慷慨。于清光绪中叶，独立出资，设立一塾。桑梓子弟，贫而读书，樵牧儿童，须来科制。复捐字田，并请公准，改塾为学堂。男女分两校，建制学舍，购置校园……

1932年，任庆泰病逝京城，享年82岁。

20世纪曙光初现，古老的中国在亚洲率先由帝制走向共和。这是中华民族几千年来的一次光辉转身。跪伏皇帝千余年的中国人从此站起来了，开始睁开眼睛看世界，思考中国向何处去，如何富起来、强起来。无数先驱为此不惜抛头颅、洒热血，劈开一条光明大道，为亿万劳苦大众谋求自由、平等、幸福。

在先驱者的行列里，任庆泰属另一路，他来自关外，原本是到北京寻梦的木匠。他在京城敏锐地抓到西风东渐的风向，不是一过了之，而是闻"风"而动，率先引进西方的照相、电影、西药、汽水、番菜等"洋玩意儿"，为大栅栏注入一股新鲜的洋气，让国人在大栅栏品尝到西洋的味道。尽管1900年6月16日义和团在大栅栏拿他开刀，一把火点着了1898年开业的"老德记西药房"，渐而风助火势，酿成烧毁前门楼子的连天大火，他也不悔，依旧不弃洋玩意儿，果断地在1905年拍出中国第一部电影《定军山》。历史证明，多少年来，我们不缺光说不练的"假把式"、起哄架秧子的"大忽悠"，缺的是像任庆泰这样有眼光、有智慧、有能力的实业家，更缺俯首帖耳真心为民办实事、办好事的人民公仆。

走进大栅栏，走进百年大观楼，面对先驱者任庆泰，我们又该怎么想、怎么做呢？

修葺一新的劝业场北门 ▶

万有劝业场

我是前门大街的孩子，生在那儿，长在那儿，在那儿度过童年。第一口"奶"是父亲从粮食店饭馆求来的稀米汤。第一口"粮食"是从东珠市口路北大和恒粮店排队领来的混合面。第一个小学是珠市口教堂——汇文二小。第一堂课是日本女老师领读日语字母。除了这些，我最喜欢的"游乐场"，不是中山公园，而是天桥，还有一个就是廊坊头条那座灯火辉煌的劝业场了。

说到劝业场，有件往事记忆尤深。

1945年秋天，日本投降了，国民党接收北平，不少日伪时期的"黑狗子"，照旧在前门大街耀武扬威当警察。一天下午，邻居赵二大爷拉着车在珠市口路边等座，不想被一个叫黑三儿的伪警察暴打，还抄走了他洋车的坐垫。我们下学，看得真真的。几个小伙伴合计晚上教训教训黑三儿。天黑了，我们带上自己做的弹弓和一小袋石子儿约好在五牌楼根儿底下聚齐，只等黑三儿从西河沿把口的小饭馆吃完饭一出来，就一起"射击"。西河沿邻近火车站，旅馆多，行人多，人车混杂乱哄哄。过了一会儿，黑三露头了，他歪戴帽，剔着牙，走上街面，只听一声"打"，我们一起"开火"！小石子如流蝗，打得他抱头怪叫。我们飞快地冲进劝业场后门，四散。黑三尾随进入，却闹不清哪来的人，谁打的他。

商场的店户常年受他敲诈，都恨他，没人理他。黑三只得悻悻地走了。我们替赵二大爷出了一口恶气。劝业场保护了我们。

那时候，劝业场是我们常来的游戏场。那漂亮的西式洋楼是我们梦境里的"天堂"。从狭小寒冷的家，自由自在地走进有暖气、有电灯的楼房，不用花钱打票，没有恶汉阻拦，铁栅栏的电梯自由上下，水磨石的地面走不扬尘，宽大的楼梯移步换景，五花八门的小商店琳琅满目。这多像一本本五颜六色的课本，为我们打开一扇扇知识的门窗：画像馆、刺绣坊、照相馆、台球室、乒乓球室、眼镜店、礼品店、服装店、理发馆、镶牙馆、茶叶店、文具店、书店……虽然门脸不大，却门廊整洁，陈设精致，客客气气，迎进送出，绝没有天桥那样土里土气、喧闹低俗。老实说，劝业场为我的童年展开了另一个世界，许多知识都是从这里开的头。我时常登上二楼或三楼，俯瞰天井里的店铺和游人，放飞想象的白鸽，一任它在时空中穿越。

一、"灯街"里的西洋楼

在廊房的四条街道中，头条颇为气派。从珠宝市一进西口，路北就是铁罩棚大理石墙面的谦祥益绸缎庄，依次连接的是中西合璧装饰门脸的金店、珠宝店。路南的景色却全然不同，一拉溜儿的灯笼店个个是老门脸，一副老气横秋的样子。唯有花枝招展的各式灯笼探出屋檐，支满半条街，招徕过客。一街两市，风格迥异，却合二为一，使廊房头条别有一番情趣。

廊房头条还有一个别名，叫"灯街""灯笼街"。明初永乐迁都北京城后，每逢正月十五上元节，皇帝为表示与民同乐，就在午门广场和东华门外灯市口举行盛大的灯节游乐活动，一连几天有文娱表演和商贸采购，为春节的结束再掀一个高潮。"正月十五闹花灯"是历朝历代的传统节日。到了清朝，坐镇紫禁城的人，为了稳住刚刚到手的政权，施行满汉分居内外城的政策，把闹花灯的灯节也赶出内城，安排在正阳门外的廊房头条。近人夏仁虎所著《旧京琐记》里说："灯市旧集于东、西四牌楼，后始移于廊房头条。"

闹花灯寄托了黎民百姓追求光明、企盼团圆的美好愿望，也催动了花灯的精美制作。民间自做，花样百出；工坊制作，精益求精。宫灯、圆纱灯和龙灯成为花灯的代表作。人们把传统的绘画、书法与灯笼制作工艺巧妙地结合，创制了一

小京纪实

找寻大栅栏

种"花灯文化",把民族节日打扮得五光十色、灿烂辉煌。廊房头条有几十家灯铺,其中文盛斋、秀美斋、秀珍斋做的灯笼还被送到宫里,装点紫禁城。

劝业场在廊坊头条当间儿路北。它的一左一右是两座青砖灰瓦的小楼,一座是宝恒祥金店,一座是三阳金店。不过劝业场并不与两座金店的门脸看齐,而是从街面缩进一头,让出一片小广场,供拉座的洋车停放。常有卖花、买烟卷、卖茶叶的小商贩逡巡其间兜揽生意。

劝业场外观是四层楼房,地下一层,共五层,看着并不虎势。大门外面加个西洋柱式门罩,宽大厚重,既能遮风避雨,又探出身子掩护大门,美观实用。抬头观瞧,二层、三层外墙立面有壁柱、窗套和阳台等西洋古典装饰,楼檐上作女儿墙,都用水刷石制作。劝业场建筑的结构采用当时尚属先进技术的钢筋混凝土砖混结构,加钢层架。从水泥高台阶进入大门,有个很小的门厅,两侧是敦实的楼梯,往里走,纵深六十多米串联起三个大厅。由南往北依次是长方形、圆形和长八角形,作为集中商业区,各种商店围绕大厅布置。二三层作周围跑马廊,形成宽大的共享空间,所以安排各式商店的面积较小,但装饰简洁,各有特色。顶层设有巨大的玻璃天窗,供营业厅采光。整体建筑显示设计者吸收了当时流行于欧洲中部的"新艺术运动"的精神,在传统巴洛克艺术风格的基础上,做了因地制宜的创新,是当年京城西洋建筑的代表作。

民国年间,北京城出现了几座西洋古典建筑,标新立异,十分突兀,为京城灰蒙蒙的街道平添了几分亮色和活力。它不是像协和医院、陆军总部、沙滩的北京大学那样的中西合璧式,而是和东交民巷里的西洋楼一样。印象较深、又能进去一看究竟的,一个是廊房头条的劝业场,一个是东华门的真光电影院(今儿童艺术剧院),还有一个是东珠市口路南常去听戏的开明戏院(修两广路时拆掉)。后来一打听,这三座西洋建筑的设计,全出于一人之手。他叫沈理源,是我国最早留洋学建筑的建筑师。我很好奇,总希望追寻到每一位对北京做出贡献的人的踪迹。

沈理源(1889—1949)是浙江杭州人,他在上海南洋中学毕业后,考取了官费留学生,1909年派往意大利,在罗马奈波利工科大学攻读水利和建筑专业。1915年回国后在天津任建筑师,长达30年,为天津设计的房屋有天津浙江兴业银行、天津盐业银行、天津新华信托银行等商业建筑和私人宅邸百余处。此外,他还为北京设计了真光电影院,清华大学的电气馆、体育馆、图书馆、机械馆、航空试验馆和教工住宅,北京大学沙滩图书馆,开明戏院等。初到京城,他与人合作设计了廊房头条复建的劝业场。去到杭州他的家乡,我们还能看到他设计的、至今依然很漂亮的杭州浙江兴业银行。

有人说建筑是凝固的诗。沈理源先生留下的"诗"行,矗立在天津海河边上的金融街,吟诵在京城繁华的街市。他作为一个阅历丰富的建筑人,在设计、教学、著述、经营等方面,都卓有成绩。他还是我国第一本《西洋建筑史》的编译者。今天,当我们游走京城,浏览那些异国建筑师为北京设计的风采千端的异样建筑时,倍加思念和崇敬沈理源先生留给我们的"作品"和他的勤勉敬业精神。尤信古老而又时新的北京城,融合了多少中外仁人志士的心血和劳作。

二、"新政"催生劝业场

应该说,建筑又是凝固的历史。

在沈理源等人设计复建的劝业场背后,隐藏着一段可贵的信息。那是叶赫那拉氏经历了"庚子之变"、狼狈逃回紫禁城后痛定思痛的一点反思。正所谓"不经一事,不长一智"。八国联军毁了北京,也毁了慈禧颐指气使、作威作福的生活。摄于外强洋枪洋炮杀人不眨眼的恐惧,迫于朝内大臣推行新政的殷殷奏陈,她也觉得不能老是在德和园听戏打发日子了,便找来几位近臣商议适应国际潮流,办点"新政"的事。当然,新政不能搅了"奉天承运"的皇权,不能夺了八旗军民的"铁杆庄稼"。"新政"只要不掀动大清朝的根基,可以修铁路、开工厂、通电话、请各国大使夫人来颐和园聊聊天什么的。

当年她的宠臣湖广总督张之洞,曾多次上书朝廷提倡洋务,他主张"中学为体,西学为用",师洋人之技,增强国力。对外国的劝工场和商品陈列所很感兴趣。1902年9月,他给高松如等人写信说,人家外国的大都会,都设有劝工场及商品陈列所,把各行各业各种货物陈列其中,标明价格,让人随意挑选。好货就卖得快,次货就卖不出去,有了比较和竞争就能产生激励作用。他认为,设立博览赛珍等会所,以劝工商实业者,洵属法良意美……亟应酌量仿办,以开风气。

宠臣的话言之有理,听着顺心;然而家臣的话,通着血脉,听着更舒心、更放心。

小京纪实

找寻大栅栏

庚子前后，慈禧特别倚重乾隆的曾孙庆亲王奕劻，放心地把内政外交经济军事全交他操持决断。本来奕劻家事早已没落，但他不甘心沉沦，巧用文墨小技，设法与慈禧的弟弟桂祥攀上了儿女亲家，投机取巧，被送达天庭。按说，奕劻能力不高，学问不行，但他却在从辛酉政变到辛亥革命的这激荡变动的五十几年中，步步高升，敛财无数，临了还被封为大清王朝最后一个"世袭罔替"的铁帽子王。功过相悖，赏罚失据，这是何故呢？无他，奕劻侍候慈禧几十年，深深悟出"荣辱忽焉，皆在圣意"。"圣意"就是一切。揣摩圣心圣意是一门无时不做的功课！因而奕劻能在惊涛骇浪中，一帆风顺；尽管与那桐、袁世凯开着买官卖官公司，肆意贪墨，劣迹昭彰，依然能稳坐钓鱼船。

奕劻独霸朝纲，他的大儿子载振自然也受到慈禧的眷顾而身价百倍，显贵非常。1902年，载振被慈禧委以专使，赴英国参加英皇爱德华七世的加冕典礼，顺访法比美日四国。1903年，载振又奉旨去日本考察大阪第五届劝业博览会。载振出国亲见外国的政治经济和民众生活种种状况，有所感触，乃上书奏请恩准成立商部，引领新政诸事。他年轻，又是爱新觉罗家族的嫡系子孙，慈禧指望他为新政多有建树，就准了，任命他为商部尚书。一个不满三十岁的少王爷就成了中国第一任商业部长，成就了载振人生的光辉顶点，这是他的幸；然而这个在王府长大的纨绔子弟终究不是办事的衙役，在天津被段芝贵送去的歌妓杨翠喜迷倒，经御史赵启霖弹劾而丢官罢职，终结了此生只一年的部长生活。

甲午一战自诩泱泱大国的大清帝国被蕞尔小国的日本战败，震撼朝野，发人深思。国人不得不把目光投向东方，思索明治维新给日本带来的变化。百闻不如一见，朝廷于1905年颁布了《出洋赛会通行简章》，鼓励商人出洋参赛，同时在国内让各省开设商品陈列所，促进商业发展。1906年5月，清王朝商部就为设立劝工场一事，发文到全国各地商会。

"劝业"一词，出自《史记·货殖列传》"各劝其业，乐其事"，这里的"劝"是指努力行动，与"勤"有相通的意思，二者均偏重于"力行"，与后来"劝学""劝农"的劝说、动员的意思不尽相同。近代日本，政府设"劝业寮"，金融有"劝业银行"，展销有"劝业博览会"，更看重力行。他们将汉语中"劝"的努力行动与劝说鼓励的词义相融合，更富有实践性。

走在最前面的是湖广总督张之洞。1902年，他率先在武汉创建两湖劝业场；1907年袁世凯在天津建立劝业会场。这些都是会展式的。1909年成都有了劝业场，1917年上海建了劝业场，1927年济南建了劝业场。到1928年2月，商人高星桥、载振等人集资创建了规模较大的天津劝业场。

三、三次火烧未悔新政初衷

京师劝工陈列所是光绪三十三年（1907）五月建成的，时人称"新屋工峻，焕然壮观"，说明建了新屋，是在室内展销。农工商部选派郎中魏振全面负责，全国各地踊跃将当地产品送来参展。到了八月间，陈列所开放，一眼看遍全国名优产品，这是从来没有的事。京城百姓闻讯纷纷前来参观。

京师劝工陈列所堪称当时北京地区最大型的综合商场，场内按展室陈设全国各地寄赠或寄展的产品，供商人市民品评比较，并办理代客买卖、订货事宜，以期促进工业改良、商业进步。此外还有一层，晚清以后，京师的八旗子弟、无业游民和外地流民难以管理处置，"民生日蹙，失业日多"，已成为"首善之区"严重的社会问题。办劝工陈列所，正好为"消纳流民""指导就业"，改变中国传统职业人才培养，提供一种新的渠道。

开业时，陈列所热闹非凡，货品琳琅满目，观众人如潮涌。因场地有限，为了控制人数，官方采用购票方式，控制参观人数。陈列所还建立了穿制服的护卫，维持秩序。同时还组织京城学生志愿者，统一着装，每天发给津贴，为展会各项活动服务。陈列所门前安排鼓号队，洋号洋鼓吹吹打打渲染气氛。不仅北京地区媒体纷纷报道，全国各报刊也将其登上头版头条。

孰料好景不长，京师劝工陈列所展出才八个月，一场大火就把新建的陈列所烧得只剩下后房一小部分了，所有展品烧毁大半，余下部分只好暂时转移到广安门内大街与牛街交叉路口的东北角，现北京市回民学校西院、当时工艺局西的闲房子里存放起来。

人们无不惊诧，这场无情的大火到底是怎么烧起来的呢？

向有"灯笼街"之称的廊房头条，有二十几家灯铺，前店后厂，产销一体。胡同东头路南有一家万源灯铺，天擦黑的时候，掌柜的吩咐小伙计把悬挂在门面上的灯笼都点上，张灯结彩以迎贵客。小伙计姓陈，那时候生活取火用火镰组合，

小京纪实

找寻大栅栏

包括火镰、火石和火绒（艾绒）三大件。小陈左手把火绒垫在火石底下露出点头儿，右手用火镰的钢刀猛击左手的火石，击打出的火花瞬即点燃火绒，再将火绒的暗火吹成明火，点着小拇指粗的棍儿香，而后一一点亮灯笼里的蜡烛，悬挂街面，就齐活了。

点完灯，小伙计把火绒摁灭，顺手撂在做灯笼的案子上。这时门外刮来一阵风，又将没灭尽的火绒吹着了。风一吹掉下台面，正好点燃地面上刚糊好的纸灯笼。小伙计慌了神了，拔腿就往外跑。这一跑不得了，满地的扎好、没扎好的灯笼，以及制作灯笼的材料没人管了。油纸、竹条、木框、鳔胶、颜料、纱筒，等等，都是易燃材料，沾火就着，霎时，大火充满屋子，火苗乱窜，呼呼作响。铺里的人逃到路边跺脚捶胸，干着急，没办法。想找水，身边又没水，连个水缸也没有，说话间，这火就上房子了。风助火势，火借风威，只一刻，飞腾的烈焰就点着了万源灯铺隔壁的首善第一楼。原来，万源灯铺房顶有个烟囱，直对首善第一楼二层木栏杆。灯铺的火从烟囱里窜出，就势把首善第一楼烧了。

廊坊头条起火了，前门外所有的民间消防"水会"纷纷赶来，最有名的大栅栏同善水局也来了，可是火大水车小，犹如杯水车薪，无济于事。等到京师警局消防队赶到，火势已经难以控制了。正巧那天晚上刮东南风，在首善第一楼斜对面，北面偏西，正是刚开业不久的京师劝工陈列所。茶楼的火苗有如火龙，窜出窗户驾着东南风直奔陈列所，瞬即大火包身，它也着了起来。眼看大火弥天，威力有增无减。临近的金店、煤铺、纸店也都陷入火海。大火惊动了东交民巷，许多大使馆都派来兵丁，怎奈人多水少设备不足，眼睁睁看着大火蔓延。怎么办？只有拆房制造隔离区。于是铁锹、大镐、钉耙、钩镰枪都派上用场，使馆来的兵丁也有活干了。伴着大火的呼呼吼叫，在墙倒屋塌的轰隆声中，终于拆出四面的隔离带，控制了火势。夜间十一时左右，大火渐渐小了。十二时左右，消防人员才撤离现场。

据当时统计，这次大火共烧毁廊坊头条、廊坊二条房屋二百多间，万源灯铺、首善第一茶楼、天聚兴金店、开泰金店、德源古玩铺、公和永煤铺、利盛器作坊、聚雅纸画店和京师劝工陈列所等共十多家店铺，拆毁房屋十间，有一名巡警和一名德国兵摔伤，所幸没有人员死亡。大火燃烧时，清政府本部三堂、农工商部正堂、京师提督左右堂、内外城巡警厅丞，各区巡官等都纷纷到了现场。据事后统计，火灾造成的损失约在四万元，损失最为严重的就是京师陈列所。有消息说，陈列所在德国投保十万元，后来受损失的商家多次找农工商部要求设法抚恤，结果也不了了之。

廊坊头条大火后，京城各处又连续发生多起火警，隆福寺、西直门内、崇文门外、宣武门内火警不断，京城居民人心惶惶。慈禧太后召见军机大臣张之洞，对他责问，令他查明原因，撂下一句不痛不痒的话：要格外小心。

四、七次改名也没守住提倡国货

火烧了，"新政"不能停，事情还要做。

1912年，民国初立，陈列所改名"商品陈列所"，陈列的是国货。1920年，陈列所又遭火焚，烧得一塌糊涂。政府无力重建，只得把陈列所抵押给军阀魏连芳，由他开设的同德银号投资复建，改名"北京劝业场"。"劝业场"的意思依旧是"劝人勉力，振兴实业，提倡国货"。不料1926年，劝业场再次失火，烧毁店铺81家，房屋142间，仅剩下一个建筑框架，所幸政府依靠投保的8万元火险，才得以复建。1928年，陈列所改名"工商部国货陈列馆"，迁到正阳门箭楼上展出。

1936年，劝业场正式划归北平市政府，恢复原名"北京劝业场"。政府规定，私人可以在场内租地摆摊，但只许卖国货，不许卖洋货。书法家魏长青（昌平人）就曾在此开办过"萃文阁"店铺（后来迁到琉璃厂东口），以经营图章篆刻为主。魏长青技艺超群，能在四寸见方的黑盒上写下一千二百余字的兰亭序和跋。1949年9月30日，中国人民政治协商会议第一届全体会议通过了在北京天安门广场建立人民英雄纪念碑的决议。1955年11月，毛泽东、周恩来题写了题词和碑文。政府邀请魏长青先生参与在碑心石上镌刻纪念碑碑文。碑心石采自青岛浮山大金顶一带，重达百吨，是中国建筑史上少有的完整的花岗岩。

毛泽东的题词写了两幅，都是写在16开大小的办公纸上，每个字两寸见方。魏长青先生为了笔势连贯，突出整幅的气韵，不赞同分别选字进行拼接。他选定其中的一幅，用老方法将每个字放大到两米多。为了考察放大的效果，人们又通过照相缩小，对比原稿，竟然分毫不差，魏的样稿终被采用。镌刻中，魏长青先生亲自主刀。他发现花岗岩的碑心石十分坚硬，很容易断碎，稍凿即崩，不好操刀。正在大家一筹莫展之时，魏长青先生提出用胶皮覆盖石面，于有字迹处掏空，然后以高压喷枪，喷射金刚砂替代传统的直接雕凿。他的建议被采纳，结果"喷射"出来的字迹，字口清晰，边缘光滑，碑面没有损伤。大功告成后，魏长青先生不要丝毫报酬。1958年4月22日，人民英雄纪念碑落成，同年5月1日举行了隆重揭幕仪式。1961年，人民英雄纪念碑被中华人民共和国国务院公布为第一批全国重点文物保护单位之一。从劝业场走出的魏常青先生，功绩在焉。

当年劝业场共有四层楼，一楼卖日用百货和文具用品，如鞋袜、毛巾、书籍、胡琴、大正琴（一种案上弹拨的按键乐器）等物品。这里书摊出售的书籍，既不是经典古籍，也不是流行的文艺小说，而是《论说精华》《尺牍大全》一类的实用参考书。据说，有的读者在这里的文具摊上还买过清末皇室书画家溥佐（庸斋）画的书签，在长约四寸、宽约两寸的书签上，溥佐用精细的工笔画，画出骏马的各种形态，栩栩如生，每枚只售一角五分。足见当时画家生活的窘迫。

二楼出售古玩、玉器、珠宝、字画和特种工艺品。首饰摊琳琅满目，花样繁多，真假难辨。工艺品中有一种制作精美的带鞘刀剑，长不过五六寸，却具体而微，十分逼真，钢刃锋利，招人喜爱。苏绣中的双面绣《猫蝶图》堪称一绝。二楼西侧楼梯旁的画像馆门口，挂着电影明星胡蝶、袁美云等人的大幅炭笔画像，这是肖像画家王美沅、贾墨林等人的杰作。那时很时兴把老太爷的画像高悬厅堂条案上方。

三楼有几家照相馆、理发馆、镶牙馆、广告社，还有几家药店和弹子房、乒乓球社等，每到夜里灯火辉煌，笑语不绝，不少公子阔少来这里打球，消磨时光。

四楼是个小型剧场，名叫"新罗天"，由善于经营的西单新新大戏院经理万子和管理。小剧场不大，有五百个座儿，经常演出评剧、曲艺等小型节目。著名评剧演员芙蓉花、鸿巧兰、筱鸣钟和鼓界大王刘宝全、相声名家张寿臣都曾在这里登台献演。"新罗天"也演出话剧、皮影等，上海电影明星韩兰根曾在此演出过果戈理的《钦差大臣》，大受欢迎。

抗日战争爆发后，北平沦陷，劝业场江河日下，只有一楼的日用百货在支撑门面，三楼以上改做库房了。

1949年以后，劝业场迎来新的发展局面，场内吃、穿、用、玩俱全，共有二十二个行业、一百八十多个货摊。劝业场采取产销结合，厂店挂钩，薄利多销，种类繁多，也可代购代销。1956年，劝业场实行公私合营，主要经营珠宝玉器、金属器皿、丝织品、刺绣、棉麻织品及土特产品等，同时出售日用百货、皮货、五金电器等。1975年，北京劝业场又由百货改为"新新服装店"，三层楼分别出售男女时装、童装和纺织品等。营业面积四千多平方米，一度以款式新颖、品种齐全闻名全市，成为当时北京市最大的服装商店。那是一个由单调的灰蓝服装转向多色彩、多款式、追求个性的年代。大栅栏路北连续开设了妇女时装商店等好几家服装店，以款式新、货品全、浏览方便的优势，一下夺走了劝业场的顾客。大栅栏再次显示了名街的地利效应。新新服装店被冷落了，后来索性开成了一家宾馆，名字仍是"新新"。

"新新宾馆"新在何处呢？

一是场内的格局变了，原来的商场被切分出许多小房间住人；二是商场的外观被广告牌等物遮盖，破烂不堪。这个改变很大胆也很失败。很少有人愿意住进这个小鸽笼式的客房，后来宾馆也黄了，成了一座废楼。劝业场往日的荣华被疾驰的岁月冲洗殆尽。它失去了自己的功能和容颜，退出了人们的记忆。偶尔有不识者路过，会发出一句："怎么还不拆呀？"

20世纪60年代，我从珠市口搬到菜市口，又迁到安定门外青年湖，离前门大街远了，但心还留在那里。一有空，我就骑着车，顺着鼓楼、地安门经天安门往南直行，关切前门大街渐行渐远的变化，不断追寻儿时的记忆，那是多么五光十色、充满情趣的年景啊！如今，街市全被抹平，搭起乏味的"景片"，暴露出苍白的想象力，希图彻底扫除历史的点滴陈迹。我只觉得无望。

其实历经劫波，相关部门也在回心转意，先是复建了被拆除的永定门，继而复建了被拆平的前门大街。新景焕然，比人们梦想的还洁净整齐，像一幅建筑图纸，一刀切断了岁月成长的生态，凸显了今人的价值取向。近年又花了很多钱，请了三位世界著名建筑师设计、复建了新概念的"北京坊"，好在不仅维修了劝业场、廊房头条金店等原有建筑，而且添枝加叶勾画出一隅中西相融、朝气蓬勃的"北京坊"，令故人欣慰，今人遐想，后人不知从何说起。

我观劝业场，思绪从当年的百日维新、实施新政，延伸到今天的改革开放，乃至伟大复兴的"中国梦"，画面缤纷灵动，撞人心扉。定格后，记忆中的大前门、天安门比过去更威武、更华彩。对劝业场来说，昨天已模糊，明天正在等待今天的回答。

八大胡同絮语

1937年冬天,我出生在大栅栏临近的湿井胡同,那可是京城少有、日夜不消停的繁华所在。四周围饭馆多、戏园子多、会馆旅馆多,再一个就是妓院、暗门子多。街坊邻居有厨子、戏子、茶房、窑姐儿、说相声的、修自行车的、算卦的、卖野药的、说媒拉纤儿的、打把式卖艺的……我的童年就是在这样一个五颜六色、乌七八糟的闹市中度过的。家里穷,难得一块立锥之地,学不了孟母三迁,活该住地无可选择。

当年北京的胡同比现在多,多得多:"有名的三千六,无名的赛牛毛。"要是随意打听条胡同,千里挑一,未必能说出来。然而,只要一提"八大胡同",仿佛打了鸡血似的精神,谁都知道,一准是指大栅栏西南的那一片烟花柳巷,歪七扭八的大小胡同。那里排布着各色各样的淫窟,那里情欲恣肆,抽大烟、耍大钱,醉生梦死,是个吃人不吐骨头的肮脏地、摧残妇女的大火坑。它绝不似大栅栏那样人流如织、生意兴隆,却又与它相连相通,构成京师外城一个奇特的社会生态圈儿。那是构筑"前门外"繁荣的因果之一,京味文化里的另一绺,对"八大胡同"绝非一语"龌龊之地"便可弃之不顾,不予理睬。

说到"八",京城人好用"八"字排列同类拔尖儿的事物。名菜馆有"八大楼""八大居",点菜要点"八大碗",吃饽饽要挑"京八件",祭神上

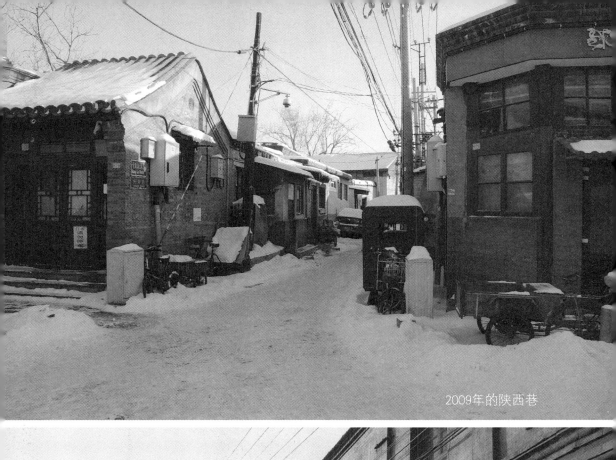

2009年的陕西巷

2008年的韩家胡同

2008年的陕西巷25号

供要插"八仙人",买衣料要去"八大祥",看京剧武戏要看"八大拿",逛天桥去看"八大怪",算命问卜首先要批"八字",就是秋季登高也要去西山"八大处",早年间还有"燕京八景"……"八"字在北京人嘴里是"发",心中是"福"。所谓"八"字不离口,福气天天有。

那么,众口传说的"八大胡同"到底是指哪八条胡同呢?

说法不一,一般是指大栅栏西南的铁树斜街以西、南新华街以东、西珠市口以北的陕西巷、百顺胡同、石头胡同、韩家潭、王广福斜街、胭脂胡同、外廊营、皮条营等八条胡同。清末还流传一首打油诗:

　　八大胡同自古名,陕西百顺石头城;
　　韩家潭畔弦歌杂,王广斜街灯火明。
　　万福寺前车辐辏,二条营外路纵横;
　　貂裘豪客知多少,簇簇胭脂坡上行。

那么"八大胡同"从什么时候起成了京师的烟花柳巷呢?

刨根儿问底儿,这就要从清初辅佐顺治小皇帝的摄政王多尔衮亲王说起。

一、"旗民分治"的后果

一个凭着十三副遗甲起兵的满族八旗,击溃了明朝大军,又借助吴三桂的"请托",踏进山海关,长驱直捣京城,赶跑了只当了几天大顺皇帝的李自成,结束了煌煌大明276年的统治。

新朝初立,坐镇武英殿的多尔衮亲王该怎么想呢?

深宫夜半,高墙广庭,树影婆娑,魅影憧憧。多尔衮稳坐龙书案后,面前晃动着三个魅影:

一个是打了多年交道的崇祯皇帝朱由检,眼瞅着他魔怔似地力图挽救垂亡的大明,却耗尽精神,走投无路,被逼上宫后的煤山,披发跣足自挂山坡的一棵歪脖树上。

第二个魅影是"迎闯王不纳粮"的李自成,天机人气把这支生气勃勃却也戾气十足的农民军,被朱由检最亲近的太监从广安门放进京师,犹如洪水猛兽张开血盆大嘴肆意地吞吃豪门大户。不足百天的大顺王朝,就像一阵风似地被刮出历史的天空,闯王李自成魂断九宫山。

小京纪实

找寻大栅栏

多尔衮看到灯光下的第三个魅影是他自己。

他自欣慰，实现了父亲努尔哈赤称帝立国的梦想；他警惧，几十万跟他进京的八旗官兵，会不会覆没在汉人的海洋中？生死一念，进退一线，全在这讳莫如深的宫殿里！他不敢细想。当东华门外升起一片早霞的时候，他疲惫不堪，一身冷汗，还在苦苦地思索。魅影累身不去，一直缠绕着他，渐而萌生出一个最简单的办法：把自己相信的人留在身边，把自己不相信的人排除在外，这样就安稳了。

顺治五年（1648），朝廷严命，京师实行"旗民分治，满汉分居"，把"自己人"——军民一体的正镶黄白蓝红八旗兵留在内城，分驻内城八个城区，拱卫紫禁城，守住顺治小皇帝安然无恙。把"其他人"——汉回官民一律迁到前三门外，有城墙护城河挡着，使之"不得擅自越制"。另外，接受前朝声色导致腐化的教训，明喻内城"永行禁止开设戏馆"，就是外城开设的戏馆也"概行禁止夜唱"。

金元明三朝，北京作为帝都，统治民族虽然也有过针对不同民族、职业的人群施行不同的政治待遇，但是并没有施行人为的分居分制。比如元代，一切以蒙古族优先，其次是色目人，再次是汉人，南人垫底。按职业又把人群分为十等：一官、二吏、三僧、四道、五医、六工、七匠、八倡、九丐、十儒。蒙古统治者最看不起的是读书人，认为是比妓女、乞丐都不如的贱人，但也没有令其分开居住。

清初的满汉分居政策无形中割断了北京城居民居住的历史延续，导致内"满城"、外"汉城"的两个人为区域。这个满汉分居，政治上形成崇满抑汉，塑造了"东富西贵（内城），南贫北贱（外城）"的品相；经济上激发了外城商业、手工业的迅速发达；文化上，外城星光闪闪，人才济济，传统治学、诗文和民间演艺空前繁盛，绽放出"宣南文化"的浩然气象，促就了京剧的诞生，传入了照相、电影、西装西餐等西洋文化，在国际上形成以大栅栏为代表的"前门外"文化景观。这一格局，滋养了"京味文化"的形成与发展，陶冶了北京人知书达理、谦逊豁达的性格。而隔阂与隔阂的冲破，又给北京文化注入了宽容与忍耐、倔强与奋争的特质。留心观察，这个特质在北京文化的种种形态中都有所显现。

就说京剧吧。北京的历代统治者都爱听戏，宫里有太监组成的戏班子，昆曲、高腔、梆子、京剧听了个全，粉戏玩笑戏听了个够，时不时还请民间的好角进宫"供奉"。京城百姓呢，不分旗汉，更是四时八节离不开戏。可想听戏，却不那么方便，住外城的好说，就在跟前儿，抬腿就到；要是住在内城的，对不起，一律出前门，到大栅栏戏园子听去。那时候晚场戏码多，大轴武戏唱完了，已经是午夜了，前门闸楼早关门了，您得找个旅馆打尖住店，赶第二天一早开城门才能进城回家。然而，种种不便并不能拖住戏迷们的脚步，戏园子里照样锣鼓喧天，门对门的对台戏照样唱得欢，城里人恨不得在家门口修个戏园子，白天黑夜泡在里边，听个没完没了。

乾隆五十五年（1790），为祝贺乾隆帝八十岁大寿，扬州的大盐商知道皇上的心思，调请以高朗亭为首的三庆徽班进京演出，博得好评。此后四喜、春台、和春等徽班也陆续进京，演出受到欢迎，连演连满，京师舞台焕然一新。可是戏班的大队人马往哪儿安营扎寨呢？内城，甭想！只能住在外地人来京常驻的大栅栏西南的韩家潭、百顺胡同、陕西巷一带的胡同里。这里离大栅栏的戏园子近，临近的同行又多，商量个事近便快当。因而，这一带就成了戏班倡优的聚集地，留下"人不辞路，虎不辞山，唱戏的离不开百顺韩家潭"的说法。

此后，娼妓的生意也从明以前的内城，挪到这一带开门营业了。一个由古老的"倡优"变身为近代"娼妓"的溪流，淌入前门外的"八大胡同"，波澜不惊，处处留痕。

二、古老的倡优，"下贱的玩物"

春秋时，"倡优"一词是乐人和伎人的合称，一个靠音乐的"乐"，一个靠演技的"伎"，好比今天舞台上的乐队与演员。齐国贤相管仲在《管子·小匡》中留有"倡优侏儒在前，而贤大夫在后"的记述。据颜师古的解释"倡，乐人也；优，谐戏者也"，说明"倡优"是音乐歌舞杂技滑稽戏的演员。他们的表演常常用于祭祀和宫廷演礼，与侏儒并列显示倡优的身份不高，不过是行礼的点缀，取乐的工具。就连汉代司马迁也在他著名的《报任安书》中辩解说：

> 仆之先，非有剖符丹书之功，文史星历，近乎卜祝之间，固主上所戏弄，倡优所畜，流俗之所轻也。

到了唐代，元稹在《诲侄等书》也一再澄清：

小京纪实

找寻大栅栏

> 吾生长京城，朋从不少，然而未尝识倡优之门，不曾於喧哗纵观。

可见倡优是如何低下，正人君子无论如何是不能与之登门为伍的。这个情景在明代人所写的《东周列国志》第七十八回中，有具体描写：

> 黎弥传齐侯之命，倡优侏儒二十余人，异服涂面，装女扮男，分为二队，拥至鲁侯面前。

异服涂面，装女扮男，说明都是男演员，是"倡伎"不是"娼妓"，是表演不是侍宿。

到了清朝，把平民区分为良贱两类，《清史稿·食货志一》记载：

> 且必区其良贱，如四民（士农工商）为良，奴仆及倡优为贱。

倡优的身份仍然与奴仆一样低下，不是"良民"，属于"贱民"。就连民间也一直把演员看作是取乐的玩物，流传"鹌鹑、戏子、猴"的说法，毫不尊重"戏子"的人格和艺术。但是此时的"玩物"还只是保持在欣赏快慰的层面上，而未见情色快慰的供求。

慈禧酷爱京剧，时常传唤谭鑫培、杨小楼、王瑶卿等人进宫唱戏，她懂戏，会欣赏，听高兴了："赏！"瞧出毛病了："罚！"幸亏她是懂戏的"行家"，在她眼里"戏子"才像个人似地有了价值（如同对臣子一样，赏赐银子、黄马褂），京剧也才堂而皇之地登临大雅。进了"富连成"科班的孩子，尽管要像蹲几年大狱似地苦熬受罪，终究也还有个在舞台上出头露脸之日。这是艺人们用艺术挣脱"玩物"的努力，却挣不脱世俗的沉沦，台上风花雪月，台下雨雪冰霜。

早在明代，士大夫阶层就有蓄养家班，癖好狎优的恶习。清代禁止官吏士大夫嫖娼，但不禁狎妓，而进京的徽班弟子全是男孩子，就连戏里的二八妙龄少女，也是由男孩子扮演的，名曰"男旦"（乾旦）。扮演男旦的演员必须体态婀娜，面目姣好，言语轻曼，甚至化了妆，一举一动比俊俏的女孩还魅力四射。

他们住在师傅家，吃住学戏排练，都在这个院子里。师傅的寓所是家，是排练场，是剧团的驻地，也是接待"客人"的场所。师傅们往往学着文人的风雅，自起堂号用以明志。譬如，梅巧玲寓名"景和堂"，程长庚寓处"四箴堂",谭鑫培堂名"英秀堂"。梅兰芳最初学艺是在朱霭云的"云和堂"等,这些寓所都坐落在八大胡同。

关于当时的情景,徐珂的《清稗类钞》记述甚详:

> 伶人所居曰下处,悬牌于门曰某某堂,并悬一灯。客入其门,门房之仆起而侍立,有所问,垂手低声,厥状至谨。

"下处"本有"在下住处"的谦意,不意后来竟成了三等妓院的代称。

清代沿用明治,禁止官员嫖妓:律凡文武官吏宿娼者杖八十,媒合人减一等。"监生生员狎妓赌博者,问发为民,褫革制以应得之罪。"因而官僚士大夫不敢狎妓,就把色眯眯的贼眼瞄上了男旦。卖艺也卖身的"男妓",古时有"兔子"、"小唱"("小娼")、"小手"等隐蔽叫法。后来有人编了个文词儿,称作"像姑",就是"像姑娘"的意思。太俗了,拽文做"相公",自称"堂名中人",寓处就称"相公堂子"或"下处"。据史书记载,八大胡同的男妓,从嘉道年间就很兴盛了。不过那时期的"相公"重色,不重艺。同光以后,被誉为京剧"三鼎甲"的程长庚、余三胜、张二奎三位,以不同的艺术风格和表演特色,筑起了京剧的第一高峰,众目仰视,崇尚有加,浸染得童伶相公也不能光靠搔首摆尾、扭捏媚人了,也得在舞台上下点功夫,争当主角,讲究色艺俱佳了。

演的有意撩拨,看的用意勾引,台上台下目光如炬,两下对烧,约会乃成。

《梦华琐簿》记曰:

> 戏园分楼上、楼下。楼上最近临戏台者,左右各以屏风隔为三四间,曰官座,豪客所聚集也。官座以下场门第二座为最贵……

为什么贵呢?上下其手,距离最短,便于勾引。当年,开戏之前,戏园有"站条子"(也叫"站台")的旧习。主要男旦涂脂抹粉,扮好戏装,站立台口供"老斗"(嫖客)们品头论足。一旦在台上看到相识的老斗,他们就会眉飞色舞,扭捏作态,还会走下台来近前侍候。当时在演出安排上,流行主要男旦"压轴儿"(倒数第二的剧目),之后的"大轴儿"(送客的大武戏)将散之际,男旦换装完毕与老斗登车,去附近酒楼或下处销魂去了。

据华胥大夫在道光八年所作《金台残泪记》的记述,当时出了名相公的堂所,分布可比八大胡同广多了:

王桂官居粉坊街，又居果子巷。陈银官当居东草厂，魏婉卿当居西珠市口。今则尽在樱桃斜街、胭脂胡同、玉皇庙、韩家潭、石头胡同、朱茅胡同、李铁拐斜街、李纱帽胡同、陕西巷、百顺胡同、王广福斜街。每当华月照天，银筝拥夜，家有愁春，巷无闲火，门外青骢呜咽，正城头画角将阑矣。当有倦客侵晨经过此地，但闻莺千燕万，学语东风不觉，泪随清歌并落。嗟乎！是亦销魂之桥，迷香之洞耶？

那时去妓院闲逛，叫"打茶围"，去相公堂子闲侃，也叫"打茶围"，可见相似。《清稗类钞》中记载：

　　客饮于旗亭，召伶侑酒曰"叫条子"。伶之应召曰"赶条子"。光绪中叶例赏为京钱10千。就其中先付2400文，曰：车资。8000则后付。伶至，向客点头，就案，取酒壶偏向坐客斟酒。斟毕，乃依老斗坐（彼中互称其狎客曰：老斗）。唱一曲以侑酒。亦有不唱者，猜拳饮酒，亦为老斗代之。

　　老斗饮于下处，曰"吃酒"。酒可恣饮，无熟肴。陈于案者皆碟，所盛为水果干果糖食冷荤之类。饮毕，啜双弓米（粥的拆写）以充饥。

相公堂子，腐蚀了年轻演员，干扰了京剧的健康发展，也败坏了社会风气，因此一些社会良知不断批判这种丑恶现象，尤其是京剧界的正义之士，更是义愤填膺，要求时政采取果断措施，制止相公堂子的丑行。著名京剧演员田际云（艺名"响九霄"），于民国元年（1912）四月十五日递呈于北京外城巡警总厅，请禁韩家潭一带相公寓，以重人道。经总厅批准，于同月二十日发布告示，文曰：

　　外城巡警总厅为出示严禁事：照得韩家潭、外廊营等处诸堂寓，往往有以戏为名，引诱良家幼子，饰其色相，授以声歌。其初由墨客骚人偶作文会宴游之地，沿流既久，遂为纳污藏垢之场。积习相仍，酿成一京师特别之风俗，玷污全国，贻笑外邦。名曰"像姑"，实乖人道。须知改良社会，戏曲之鼓吹有功；操业优伶，于国民之资格无损。若必以媚人为生活，效私倡之行为，则人格之卑，乃达极点。现当共和民国初立之际，旧染污俗，允宜咸与维

2008年的韩家胡同21号

2008年的朱茅胡同9号聚宝茶室旧址

新。本厅有整齐风俗、保障人权之责，断不容此种颓风尚现于首善国都之地。为此出示严禁，仰即痛改前非，各谋正业，尊重完全之人格，同为高尚之国民。自示之后，如再阳奉阴违，典买幼龄子弟，私开堂寓者，国律具在，本厅不能为尔等宽也。切切特示，右谕通知。

这一举措，效果如何不得而知，另一股污浊却就势流入八大胡同。

早在乾隆二十一年（1756），北京内城禁止开设妓院，因此，内城的妓院迁移到前门外大栅栏一带。此地紧靠内城，又是外地进京的咽喉，原本就喧嚣繁华，况且相公堂子早为八大胡同的风月场垫了底、定了性。

时人蒋芷侪曾记：

> 八大胡同名称最久，当时皆相公下处，豪客辄于此取乐。庚子拳乱后，南妓麇集，相公失权，于是八大胡同又为妓女所享有。

清末光绪、宣统之际，妓院的兴盛，已然超过相公堂子。这里有四个原因，一是1900年八国联军的兽性需求；二是为应付沉重的庚子赔款负担，清廷也要千方百计地增加税收；三是前门火车站的建成，中外游人剧增；四是战乱频繁，灾祸不断，城乡百姓无以为生，"逼良为娼"成了一条活命的出路。这些因素都促使北京娼妓业的骤然膨胀。民国初年，妓院彻底盖过了相公堂子，红灯闪耀，白灯暗淡，院子压过了堂子。八大胡同以妓院多、档次高，名扬中外。"逛大栅栏，听大戏，住八大胡同"，仿佛成了一时之盛。

三、远远走来的娼妓，却并未远离

饮食男女，人之大欲存焉。历代如此，中外皆然。因为性欲是天性，是人的本能，既不能斩草除根，又不能泛滥成灾。对此，孔夫子言之凿凿："饮食男女，人之大欲存焉。""饮食"当然是活命的必需，不吃喝人就死了；而"男女"则是繁衍的必然，不交配人就绝种了。这样的"人之大欲"世代存之，理所当然。

有大欲，必有常求；有所求，必有所供。很早以前，就有人从"人之大欲"中发现了生财的门道。公元前7世纪中期，时值春秋时期。齐国宰相管仲为了辅佐齐桓公称霸诸侯，就开设了中国最早的官营妓院，借以聚敛财富。《战国策·东周策》中说"齐桓公宫中七市，女闾七百，国人非之"，讲的就是宫里开办市场招商引资，同时开妓院，吸引客商。闾，巷口的门。女闾，就是妓女居住的馆所，也就是后来的妓院。明朝谢肇淛在《五杂俎》中说得直截了当：

> 管子之治齐，为女闾七百，征其夜合之资，以佐军国。

开妓院一举多得：一是缓和了社会上旷夫和工商市民的性饥渴。因为皇宫贵族、士大夫以及富豪乡绅均蓄养大量美女，造成社会上男女的比例失调。设立官妓，正好在一定程度上解决了部分人的性渴求，减少犯罪。二来保护了良家妇女不受性骚扰。三来通过税收增加了政府的财政收入。"俗性多淫，置女市收男子钱以入官"（《魏书·龟兹传》）。四是有利于社会安定。此外，管仲还利用妓女的美色，实施"胭粉计"，吸引网罗人才；再者，实施"美人计"，把妓女送给敌人，怀柔对方，恰如孙子所说，"不战而屈人之兵"。

管仲不愧是能相，他利用人性的短板，开设官妓谋取资财，打破常规，信手拈来，操作简便，立竿见影，很快被各诸侯国效仿，一时官妓大兴。汉武帝时，又建立"营妓"。"至汉武帝始置营妓，以待军士之无妻者"（《汉武外史》）。营妓就是为军队官兵提供性服务的。不过，对"营妓"还有另一种解释，这个"营"不是"军营"，而是"乐营"，营妓当是音乐歌舞之"艺妓"。这就把侍宿的娼妓与演艺的乐妓（艺妓）混为一谈了，不知是"此营"，还是"彼营"。不过，如今在日本，艺妓依然是只演艺而不留宿的。

官妓的来源有四，一是女奴隶，二是适龄女犯和罪犯的女眷，三是战争的俘虏和家属，四是无以为生的穷苦百姓。她们的境遇无比屈辱悲惨，没有丝毫的人权，完全是为朝廷挣钱的机器，这可算是人类历史中的一大恶行。官妓之外，也有私妓流行，也算一种谋生的手段。相比官妓自由的多，也有一定市场。

隋朝时，隋炀帝设立教坊，广纳歌舞艺人，这是培训、演出、管理三位一体的文艺机构，是宫廷专属的御用"歌舞团"，专供皇帝纵情声色。唐朝沿袭了隋朝的教坊制度，唐玄宗兴趣更浓，随意扩大教坊机构，教坊艺人一度达到11409人。他又创建了"梨园"，自己粉墨登场，击鼓握板指挥乐队，情绪高涨，日日笙歌，夜夜欢宴，耽于声色享乐，终致安史之乱爆发，击碎了盛唐的美梦。

宫廷奢靡，官宦亦如是。宋以后，官宦士大夫和商贾富豪盛行在家中招歌妓养戏班，明里歌舞燕乐，实里姬妾成群，世风流布，以耻为荣。然而这种"小班"的格局，成为高等妓院的模板，为高等嫖客（官宦、政客、富商、文士）提供种种服务，延续到1949年被取缔前。

今天走进陕西巷依然可以看见镌刻"清吟小班"的庭院，以及改做旅店的一等妓院"上林仙馆"的旧址。"清吟小班"为四等妓院之首，名字清妙高雅，待客主要是说说唱唱、吃吃喝喝，逢场作戏，不留宿。室内家具贵重，壁挂名人字画，陈设富丽堂皇，这里的妓女不仅要年轻貌美，身材苗条而且要擅长琴棋书画、吟诗作对，言谈举止不输名门闺秀，一颦一笑足以对权贵富商名流士绅勾魂摄魄。这里的小姐虽款款大方，却矜持自敛，一切由跟妈料理，常使嫖客猴急难耐、抓耳挠腮。只待嫖客花够了银子，耗够了日子，小姐认可了，妓院的老鸨子才和嫖客商量"开怀"的价码和条件。走进韩家潭胡同，路北有家"庆元春"，就是当年著名的清吟小班。

"茶室"次于清吟小班，属二等妓院。室内的装饰、陈设也很好。尽可以击板高歌，谈诗论画。小醉微醺，即可共度良宵。至今由朱茅胡同留下的聚宝茶室、朱家胡同的临春楼及福顺茶舍来看，仍可约略推测出当年茶室的精致。至于茶室的姑娘，其擅画精唱之艺，虽不及小班艺女素质之高，但仍不乏年轻貌美、识文尚艺之质。她们待客没有小班姑娘的矜持，却知情达理，善解人意。而三等"下处"，确实比小班、茶室等而下之。室内陈设简单，桌椅床铺而已。接客的烟花女子相对年龄较大，貌质平平。至于四等的"窑子"，房屋简陋狭小，室内仅有简桌铺炕，而来者多为店员、鳏夫、一般游客。

在八大胡同中，一等"小班"多在百顺、胭脂、韩家潭、陕西巷；二等"茶室"集中在石头胡同；三等"下处"多在王广福斜街、朱家胡同、李纱帽胡同等处。

这个地区除了公开营业的妓院之外，还有无照的暗娼和游娼。1949年，据北京市公安局调查，暗娼有17家，分布在延寿寺、施家胡同、掌扇胡同、虎坊桥等12条胡同。所以说，在清末民初大栅栏这一带就有三十多条的胡同中存有妓院。

游娼是在旅店游动的妓女。民国时期，大栅栏地区有110家规模不同的旅店，如惠中、撷英、国民、光明、春华、留香、远东等著名的大饭店；中美、林春、中西、庆安、玉华、云龙等中等旅馆；还有杨柳春、悦来、永裕、华北、新丰、金顺、大同、大兴、大生等小客店。在这些大大小小的旅馆、饭店里，有百余名游妓穿梭其间，招揽顾客。

前门大街以珠市口为界，北部繁华规整，南部就江河日下了。梨园界有好佬不"南"下（不去珠市口以南的戏园子）的说法。而同是前门大街的南部延长线两侧，却没什么"老字号"。就连妓院也是等而下之。民国时期，在"八大胡同"以南的天桥地区，妓院都是三等以下的"下处""窑子""野鸡窝子"和"暗门子"，如大森里、莲花间、四圣庙、花枝胡同、赵锥子胡同、金鱼池大街、蒲黄榆的黄花楼。这里地属南城贫贱地区，嫖客层次低，大多为卖苦力的，成分比较复杂。另外，小观胡同（今前门外好景胡同）、西兴隆街、磁器口新生巷、培乐园、西南门外黄土坑等，都曾是四等妓院的聚集地。在朝阳门外的东三里、神路街等进城要道，也有不少妓院。

由此看来,北京城不少地方都有妓院,然而集中连片,含有各个档次、聚集了京城名妓的，唯有前门外的八大胡同。这里演绎的绝不仅仅是烟花柳巷的日常琐屑。透过层层脂粉香雾，人的命运、家的聚散、国的安危，仿佛都与这风月无边的场所有着丝丝缕缕的联系，留下几多众说纷纭的故事。比如，明代的苏三、陈圆圆，清末的小凤仙、赛金花……

四、且说京城"四大名妓"

玉堂春

苏三的故事《玉堂春》唱了二百多年，仍是京剧舞台盛演不衰的名剧。当年"梅、尚、程、荀"四大名旦都以自己的理解和演唱，扮演过红衣罪裙的苏三，他们的声腔、风格虽然不同，却同样把苏三演绎得楚楚动人、哀哀可怜，催人泪下。大师的技艺固然难以企及，而苏三悲苦的命运，恰恰揭示了旧社会中国妇女被封建社会"黑咕隆咚的枯井压在最底层"的悲剧。

据说，苏三实有其人。原名周玉洁，又叫顾立春，明正德年间人，是山西省大同府周家庄或河南省归德府永城或河北省广平府曲周县人。两个名字、三个籍贯不确定，说明到处都有"苏三"。她五岁时，父母双亡，孤苦无依，被拐卖到北京前门外的苏淮妓院，遂改姓苏，排在两位姐姐之后，起名"苏三"，"玉堂春"是她的花名。苏三天生丽质，聪慧好学，琴棋书画样样精通。大明礼部尚书王琼退养金陵，留下三公子王景隆（王金龙）在京结算银两。公子年少，春情勃勃，逛花街、探花班，花心结识玉堂春。三万两床头金流水般淌净，被老鸨赶出妓院。苏三倾尽房中金银器皿赠王，嘱其奋发图强，博取功名。王痛改前非，苦读诗书，果然高中榜首。老鸨见苏三痴心等王不接客，便将她卖予山西商人沈洪，带回山西洪洞县。沈妻与邻居有染，欲设计毒死苏三，不想误害沈洪。沈妻贿赂县令，将苏三定成死罪。恰八府巡按王景隆莅临太原，调审苏三一案，乃有苏三起解，三堂会审，判明冤狱，坏人得报、情人团圆的大结局。京剧从头演到尾叫《玉堂春》，时间太长，拖沓不精彩。一般常从《女起解》演起，至《三堂会审》止。也有带《监会》的，没多大意思。苏三和王景隆传奇般的爱情故事，被明代小说家冯梦龙写成《玉堂春落难逢夫》，收入《警世通言》第廿四回。随即，京剧和许多地方戏曲编有《苏三起解》《玉堂春》等戏广为演出。但戏的结局不同，有的以夫妻团圆喜剧结尾；有的以夫妻夜半观月，王景隆把苏三推入池中淹死苏三的悲剧收尾。看来，人们并没有放过妓女出身的苏三。"妓女"是耻辱的象征，再善良、再智慧、再有才华也走不进世俗的厅堂，如怒沉百宝箱的杜十娘，血溅桃花扇的李香君……

　　如今走进胭脂胡同，人们会指着那个叫"莳花馆"的三进四合院说，这就是玉堂春与王景隆相会的地方。莳花馆恐怕是八大胡同中现存最老的一家妓院。胭脂胡同原名胭脂巷，当年这里有家出售胭脂粉化妆品的店铺，专为烟花女服务，因而得名。胭脂胡同是八大胡同中最短的一条，长一百米，今存不到一半，尽管很短却也有十多家一等妓院。其中最知名的当然是莳花馆，明朝时叫苏家大院，如今莳花馆旧址是百顺胡同居委会。

陈圆圆

　　小时候，我在粮食店中和戏院看尚小云荣春社演出的《铁冠图》（又名《吴三桂请清兵》），很同情在煤山（景山）上吊的崇祯皇帝。他被闯王包围，走投无路，在宫里杀了皇后，又杀女儿，而后一路狂奔，鞋掉了，光着脚；王冠脱落了，披头散发。他说是对不起大明王朝的列祖列宗，最后以发盖面，愧对先人，自缢谢罪。看这出戏，我最恨的是吃里爬外、请清兵入关的吴三桂！不就是为了一个当过妓女的小妾陈圆圆吗？"冲天一怒为红颜"，太没起色了。

　　那时候，在我家周围，妓院、暗门子不少，常见倚门卖笑、浪言拉客的窑姐。她们抹粉强笑，丑陋又可怜。但我不反感，她们为了活命，没有钱，又没有力气抢劫，只好出卖肉体，屈辱地活在世上。吃饱了没处撒野的嫖客则是乘人之危，玩弄女性，像狼一样瞪着贪婪的大眼，满胡同里搜寻。吴三桂不也就是一个贪婪的嫖客吗？那时候有部电影叫《弱者，你的名字是女人》，我觉得很对，妓女就是弱者。陈圆圆也是弱者，但她是一个美丽的弱者，一个杰出的弋阳腔女演员。她虽然没进过八大胡同，但因惊世的美貌和卓绝的演艺，却被权势当作奇货可居的妓女，屡屡交换、改变用场，完全失掉了美的纯真，堕入一般玩物，任凭权贵信手揉搓，乃至因此而屠戮杀伐，改朝换代。

陈圆圆是怎样因其美，而导致权贵致其恶的呢？

陈圆圆，原姓邢，名沅，字圆圆，又字畹芳。她生于明熹宗天启三年（1623）四月三日，江苏武进（今常州）人。父亲是个走街串巷的货郎，母亲早亡，她被寄养在姨父家，遂改姓陈，居住在苏州桃花坞。

她自幼冰雪聪明，美丽非常，艳惊乡里。这年荒旱，岁谷不登，贪利忘义的姨夫将圆圆卖给苏州的戏班子。小圆圆进梨园如鱼得水，她的聪慧才情得到极大的发挥。当时全国盛行弋阳腔（源于南戏的高腔）。她初登歌台，光彩袭人。圆圆扮演《西厢记》中的红娘，人丽如花，似云出岫，莺声呖呖，六马仰秣，台下看客皆为之所夺，敛声凝气，目不转睛。邹枢称她：演《西厢》，扮贴旦、红娘脚色，体态倾靡，说白便巧，曲尽萧寺当年情绪。陈圆圆"容辞闲雅，额秀颐丰"，有名士大家风度，每一登场，明艳出众，独冠当时，观者为之魂断。陆次云评定她"声甲天下之声，色甲天下之色"。她与董小宛等同为"秦淮八艳"之一。冒襄（辟疆）鉴美识真，称"其人澹而韵，盈盈冉冉，衣椒茧，时背顾湘裙，真如孤鸾之在烟雾"。他观看陈圆圆演出的弋阳腔《红梅记》，为其演技所迷醉：是曰演弋腔《红梅》，以燕俗之剧，咿呀啁哳之调，乃出之陈姬身口，如云出岫，如珠大盘，令人欲仙欲死（《影梅庵忆语》）。这是什么境界？

诚然，陈圆圆作为梨园女妓，难以摆脱以色事人的命运。圆圆也有自己的情感，当年曾属意于吴江邹枢，"常在予家演剧，留连不去"（《十美词纪》）。然而她不能自主。后来，江阴贡修龄的儿子贡若甫看上了她，用重金赎陈圆圆为妾。圆圆不为正妻所容。贡若甫的父亲贡修龄见到圆圆后，大吃一惊，说："此贵人！""纵之去，不责赎金。"（《天香阁随笔》）

奇妙的是，相传陈圆圆还与江南才子冒襄（辟疆）有过一段情缘。冒辟疆是元太祖成吉思汗第九个儿子镇南王妥欢帖木儿的嫡传后裔，元朝亡后，这支子孙流落江淮，定居在苏北如皋东陈镇，自取汉姓"冒"。据冒辟疆的词友陈维崧（字其年）在《妇人集》中记载，崇祯十四年（1641）春天，冒襄省亲衡岳，道经苏州，经同乡许直推荐，慕名前去阊门外的横塘寓所寻访梨园名伶陈圆圆。两人一见钟情，彻夜尽欢，令冒公子自谓"欲仙欲死"，当面与圆圆订下了嫁娶之约，并约来年择日迎娶。当年八月，冒襄移舟苏州再会圆圆，时圆圆遭豪家劫夺，侥幸逃脱虎口，更生归嫁冒襄之意，并冒兵火之险赶到冒襄家所栖船上，拜见冒襄之母。冒陈二人情意缱绻，月下盟誓。冒辟疆曾说："妇人以资质为主，色次之，碌碌双鬟，难其选也。慧心纨质，淡秀天然，平生所见，则独有圆圆尔。"

据冒襄《影梅庵忆语》载，冒襄与陈圆圆私订盟约在崇祯十四年秋，此后冒襄因家事牵累，未能赴圆圆约会。其间，圆圆屡次寄书冒襄，促其践约，冒襄皆不及回复。崇祯十五年仲春，冒襄至苏州会圆圆，不意圆圆已于十日前被劫入京。至于劫夺圆圆之人，为崇祯帝田妃之父田宏遇。

陈圆圆入京，被田弘遇献给崇祯帝。其时崇祯内忧外患缠身，无心顾恋红粉，乃将圆圆退回田府，成为田家戏班子的演员。田弘遇因贵妃去世，日渐失势，为了巩固自己的地位以及在乱世中找到靠山，蓄意结交当时声望甚隆且握有重兵的吴三桂。田弘遇盛邀吴三桂赴其家宴，"出群姬调丝竹，皆殊秀。一淡妆者，统诸美而先众音，情艳意娇"。这位淡妆丽质的歌姬，正是陈圆圆。吴三桂惊诧于陈圆圆的美艳，"不觉其神移心荡也"（陆次云《圆圆传》）。田弘遇遂应三桂之请，置办丰厚的妆奁，将圆圆送到吴府。李自成农民军攻占北京后，圆圆被李自成的大将刘宗敏所夺。吴三桂因父亲被闯王所絷，本欲投降农民军，当得知圆圆遭劫后，怒发冲冠，说："大丈夫不能保一女子，何面目见人耶！"（刘健《庭闻录》）于是，愤而降清。

《明史·流寇传》称：初，三桂奉诏入援至山海关，京师陷，犹豫不进。自成劫其父襄，作书招之，三桂欲降，至滦州，闻爱姬陈沅被刘宗敏掠去，愤甚，疾归山海，袭破贼将。自成怒，亲部贼十余万，执吴襄于军，东攻山海关，以别将从一片石越关外。三桂惧，乞降于我。在吴三桂所部和清军的连续夹击下，李自成农民军遭受重创，仓皇逃离北京，尽弃所掠辎重、妇女于道。吴三桂在兵火中找到了陈圆圆，军营团圆。此后，陈圆圆一直跟随吴三桂辗转征战。吴三桂平定云南后，圆圆进入了吴三桂的平西王府，一度"宠冠后宫"（《十美词纪》）。

小小京纪实 —— 找寻大栅栏

吴三桂独霸云南后，阴怀异志，穷奢极侈，歌舞征逐。他构建园林安阜园，"采买吴伶之年十五者，共四十人为一队"（《甲申朝事小纪》），"园囿声伎之盛，僭侈逾禁中"（王澐《漫游纪略》）。陈圆圆因年老色衰，加之与吴三桂正妻不谐，且吴三桂另有宠姬数人，于是日渐失宠，遂辞宫入道，法号"寂静"。每日"布衣蔬食，礼佛以毕此生"（《天香阁随笔》）。一代佳美，圆圆无双，她亲见崇祯、李自成、多尔衮三个王朝男人的权欲张狂，又献身冒辟疆、吴三桂、刘宗敏三个强势男人，人间寒暑彻透心中。顿悟，空即是色，色即是空。待豪华落尽，白茫茫大地，风止云停，一切归于"寂静"。康熙三十四年（1695）五月十六日，陈圆圆去世，享年七十二岁。

圆圆去了，人们还在追恋她的惊天之美。据说，有画像石存世。陈圆圆画像碑最早立于昆明莲花池老铁路旁，后来一度消失。1982年，文物工作者在昆明市消防器材厂一个车间里找到了失落的画像碑，并由五华区文化馆存放于东寺街西寺塔的文化园内。我到昆明，没有刻意去找寻这块画像石，因为那美非亲眼得见是想象不出来的。更何况，绘画雕刻的工匠也未必见过圆圆，即便见了圆圆的美，也一定画不出、刻不出来。或者文学、诗歌有办法，塑造一个想象中的陈圆圆，让人们在其中游弋。当年吴梅曾仿白居易《琵琶行》《长恨歌》，做《圆圆曲》，传颂至今。

吴梅村《圆圆曲》：

鼎湖当日弃人间，破敌收京下玉关。
恸哭六军俱缟素，冲冠一怒为红颜。
红颜流落非吾恋，逆贼天亡自荒宴。
电扫黄巾定黑山，哭罢君亲再相见。
相见初经田窦家，侯门歌舞出如花。
许将戚里空侯伎，等取将军油壁车。
家本姑苏浣花里，圆圆小字娇罗绮。
梦向夫差苑里游，宫娥拥入君王起。
前身合是采莲人，门前一片横塘水。
横塘双桨去如飞，何处豪家强载归。
此际岂知非薄命，此时唯有泪沾衣。
薰天意气连宫掖，明眸皓齿无人惜。
夺归永巷闭良家，教就新声倾坐客。

坐客飞觞红日暮，一曲哀弦向谁诉？
白皙通侯最少年，拣取花枝屡回顾。
早携娇鸟出樊笼，待得银河几时渡？
恨杀军书抵死催，苦留后约将人误。
相约恩深相见难，一朝蚁贼满长安。
可怜思妇楼头柳，认作天边粉絮看。
遍索绿珠围内第，强呼绛树出雕阑。
若非壮士全师胜，争得蛾眉匹马还？
蛾眉马上传呼进，云鬟不整惊魂定。
蜡炬迎来在战场，啼妆满面残红印。
专征箫鼓向秦川，金牛道上车千乘。
斜谷云深起画楼，散关月落开妆镜。
传来消息满江乡，乌桕红经十度霜。
教曲伎师怜尚在，浣纱女伴忆同行。
旧巢共是衔泥燕，飞上枝头变凤凰。
长向尊前悲老大，有人夫婿擅侯王。
当时只受声名累，贵戚名豪竞延致。
一斛明珠万斛愁，关山漂泊腰肢细。
错怨狂风扬落花，无边春色来天地。
尝闻倾国与倾城，翻使周郎受重名。
妻子岂应关大计，英雄无奈是多情。
全家白骨成灰土，一代红妆照汗青。
君不见馆娃初起鸳鸯宿，越女如花看不足。
香径尘生鸟自啼，屧（屐）廊人去苔空绿。
换羽移宫万里愁，珠歌翠舞古梁州。
为君别唱吴宫曲，汉水东南日夜流！

小凤仙

陕西巷，在大栅栏西南，北起铁树斜街，南通珠市口西大街，全长389米，宽5.7米。说是"巷"却路面较宽，是大明永乐年间修造北京城时，陕西民工居住并堆放木料的地方，因而成街得名。清乾隆五十五年（1790）四大徽班进京，有名的

小京纪实 找寻大栅栏

四喜班就住在陕西巷。当年的陕西巷很热闹,有酒楼、澡堂、药店、书茶馆、鸦片馆等,游人如织,城里"两院一堂"(国会、参议院和京师大学堂)中的新贵旧贵,就时常光顾巷里的清吟小班,恣情享乐,议论国是,把忘忧乡当成议事堂。

如今从铁树斜街走进陕西巷北口,依然可以辨认出旧时的商店、戏院、妓院、茶社的建筑轮廓。路东有座二层灰砖楼十分惹眼。门楣上方砖匾镌刻"上林仙馆"四个大字。原来这是一家专供妓院的药店,店内只卖"两药一纸"。两药是"春药"(用于催情)和麝香(用于止孕),一纸是"冥纸",妓女事后用来擦身,而后焚化祈福。后来药店改为一等妓院。据说,这里就是江南名妓小凤仙坐科"云吉班"的旧址。她与云南都督蔡锷将军相识、相爱,助其逃离京城的故事,就发生在这里。与它临近的榆树巷1号,是座坐东朝西的二层楼,中西合璧,铁栏木檐,很精美,只是住户杂乱,年深日久,已然破败不堪了。老街坊说,这里是京城名妓赛金花第二次返京,重开南班"怡红院"的旧址。

当年八大胡同的妓院有"北班""南班"之分。北班妓女来自河北、山西、京郊等地,待客直爽、热情,文化不高;南班妓女大多来自江浙,待客温柔、妩媚,且有才气。明代散曲名家陈大声写了首《嘲北地娼妓曲》对照南班,把北班的妓女做了个酣畅的嘲讽:

> 门前一阵骡车过,灰扬。哪里有踏花归去马蹄香?
> 棉袄棉裤棉裙子,膀胀。哪里有春风初试薄罗裳?
> 生葱生蒜生韭菜,腌臢。哪里有夜深私语口脂香!
> 开口便唱哀家的,不正腔。哪里有春风一曲杜韦娘?
> 举杯定吃烧刀子,难当。哪里有兰陵美酒郁金香?
> 头上松髻高尺二,蛮娘。哪里有高髻云鬟官样妆?
> 行云行雨在何方?土炕!哪里有鸳鸯夜宿销金帐?
> 五钱一两等头昂,便忘。那里有嫁得刘郎胜阮郎?

上图 2008年的榆树巷1号小凤仙住所旧址 下图 民国初年的妓女 ▶

小京纪实

找寻大栅栏

陈大声居南京，时来北京，得出结论：北地胭脂不及南朝金粉。清末民初，南妓以压倒优势，占领了八大胡同的头二等妓院，北妓不敌降级，流落他处。今日所云京城"四大名妓"：苏三、陈圆圆、小凤仙和赛金花，无一北方姑娘，均南班翘楚也。

1981年，由谢铁骊导演的彩色故事片《知音》在全国上映，一曲含情脉脉的《知音》，挑起了人们久已失落的温柔，默默地注视着银幕上京城名妓小凤仙（张瑜饰演）和云南督军蔡锷（王心刚饰演）的悲壮恋情。走出影院，不少人才恍然大悟，原来还有这样正义在胸的护国将军，还有这样有见识的侠义妓女。人们开始寻觅小凤仙的故事。这是一部真真切切给京城妓女"平反"的电影。原来妓女也是人，也有爱恨情仇，也能挺身匡正义，慷慨报国恩。那么妓女是怎样生成的呢？难道其天生就是"下流坯子"呢？

小凤仙，原名朱筱凤，1900年8月生在杭州。父亲朱承海是满族八旗武官，被解职后生活困窘。父亲死后，因其生母是偏房，备受大母虐待，不得已乃和生母离开朱家单过。不久母亲病逝，一位姓张的奶妈收养了她，改叫张凤云。

那时，张奶妈带着她正在浙江巡抚曾蕴家帮佣。1911年10月武昌起义爆发，浙江的革命党人炮轰巡抚衙门，张奶妈带着她逃亡上海，让她跟着一位姓胡的艺人学戏，到南京卖唱，艺名"小凤仙"。

1913年七八月间，国民党在南京发动反对袁世凯的"二次革命"，北洋军阀冯国璋、张勋等部攻打南京。小凤仙跟着胡老板逃回上海，胡将她卖给风流文人曾孟朴家当奴婢，后来曾孟朴又把她带到北平，"转让"给陕西巷云吉班卖唱。小凤仙自幼聪颖，识文断字，会拉二胡，会弹琵琶，会唱京剧，会写歌词，很快便以"色艺俱佳"脱颖而出。

民国初年，局势动荡，人心惶惶。袁世凯当了总统还想称帝，举国痛斥。云南督军蔡锷是梁启超的学生，年轻有为，雄踞一方。他坚决反对袁氏称帝开历史倒车。袁设法将他诱进京城软禁，希冀把他拉进自己的阵营。蔡佯装放荡，整日价随袁党出入八大胡同，花天酒地。不期在云吉班遇见小凤仙，一来二去，二人表明心迹，蔡锷为小凤仙题词："不信美人终薄命，古来侠女出风尘。""此地之凤毛麟角，其人如仙露明珠。"从这首嵌入凤仙名讳的题联，我们不难看出小凤仙的侠女形象在蔡锷心中的分量。

红烛高烧，冬夜永长。一次弹唱，小凤仙轻调丝弦，悠然起唱：

你须计出万全,力把渠魁殄灭!若推不倒老袁啊?休说你自愧生旋,就是侬也羞见先生面,要相见,到黄泉。

两情真真,整日厮守,麻痹视听。一次借出游之机,小凤仙掩护锷从前门火车站登车,经天津逃往日本。蔡锷回到云南首举义旗讨袁,全国响应。袁做了八十三天皇帝梦,惊惧而死。1916年11月8日,蔡锷患喉癌死于日本,终年34岁。北京方面在中央公园公祭共和将军蔡锷。小凤仙亲题挽词:"不幸周郎竟短命,早知李靖是英雄!"

后来,小凤仙和东北军一个旅长结婚,回到沈阳。1949年,她又与大她五岁的锅炉工李振海结婚,改名张洗非。1951年,梅兰芳率团去朝鲜慰问志愿军归来,在沈阳演出,住在省政府交际处。小凤仙托继女给梅先生送去一信,梅兰芳接见了她,很客气地听她诉说,允诺帮她联系工作。在梅先生和省交际处的帮助下,小凤仙被安排到省政府幼儿园工作。1954年春天,小凤仙因病去世,终年54岁。1998年,李振海的子女们才知道她们的继母张洗非原来就是小凤仙。

1982年有位教授路过长沙,拜谒蔡锷墓,赋诗一首:

南天剑起一麾雄,湘水麓山唱大风。
十万万人今共拜,知音岂独小桃红。

诗虽如此大气,却难为一个妓女能在危急时刻挺身而出,拨转历史船头,何言其微小,又有谁能?历史关头,往往就需那么一点。

赛金花

住在八大胡同、比小凤仙更有故事、更有争议的女人,当然是赛金花。然而,赛金花自始至终是个谜。这个谜的成因,在于当时情景没人看见;在于赛金花那张能言善辩的嘴,说得天花乱坠;也在于时之文人墨客的信笔由之。于是,赛金花就成了雾中花、镜中月,朦朦胧胧,恍恍惚惚,越发勾人好奇,急于一探究竟。

1933年冬天,北大教授刘半农和他的学生商鸿逵,经古琴专家郑颖荪介绍,采访赛金花,并依据她的口述,开始写作。1934年,刘半农去西北考察方言,不幸染病去世,商鸿逵秉承老师遗志,遵照胡适先生"可以将赛金花的谈话照实写出,不需夸张渲染,留下一个谈话记录就是了"的指示,写成《赛金花本事》并出版。

1935年4月,以洪钧、赛金花为主角的长篇小说《孽海花》的作者曾朴去世。1936年4月,日寇侵华行动提速,夏衍顺应国防文学的需要,创作话剧《赛金花》,

小京纪实

找寻大栅栏

刊登在《文学》杂志上。上海以强大阵营隆重上演，轰动一时。这期间，沦落天桥居仁里、久已沉寂的赛金花，经北京《实报》联合《晨报》《庸报》《大公报》《北京晚报》等报记者的采访，重又走进社会，出现在名流宴会的酒席上，听她讲述往事。

早在1932年12月，西安易俗社带着由剧作家范紫东创作的秦腔《颐和园》，来京公演。京剧名家尚小云代表在上海的梅兰芳前来接待，并观看演出。他回忆说："记得那天是在东安市场吉祥戏院演出《颐和园》开演前，第三号包厢出现了一位妇女，全场立刻为之轰动，原来赛金花（剧中主人公赛金花的原型）本人也来看戏了，在八国联军骚扰北京时，赛金花利用她与联军将领瓦德西的关系，对于保护人民的安全，有过很大贡献。可她到吉祥园去看人们在舞台上表现她的事迹的时候，她已经将近六十岁了。生活贫困，落得无人照管的困境了。当时有人在看戏中间问赛金花，戏里演的是不是实情？赛金花笑了笑说：'那是内容的事，戏的表演是对我的鼓励和表扬，其实我是没有那么大的力量的。'"报载：真赛金花对假赛金花表演各节，大体认为满意。

日益紧张的局势，赛金花的重现，使人们自然想起庚子年的奇耻大辱，往事升腾，议论纷纷。有人说，在1900年八国联军祸害北京城的时候，是她，这位女扮男装的"赛二爷"，说服了联军总司令瓦德西，放下滴血的屠刀，签了合约，救了北京城的老百姓……

赛金花是清末名妓，她的成名不在于色美风流，而是庚子年间她的一段奇遇。纵观赛金花的一生，少女时代，流落青楼；青春时代，贵为使节夫人；少妇时代，周旋八国联军主帅，拯北京民众于锋镝之屠杀；中年时代，重又两次适人，终无好果；晚年时代，衣食无着，困苦无依。

赛金花到底是个怎样的人呢？今天重谈她的一生会有什么意义吗？

赛金花（1864—1936），闺名赵灵飞，本名彩云，晚年又名曹梦兰，本是安徽黟县龙江乡郑村人。太平天国军起，她父亲只身逃到苏州，与潘氏女婚配，生下小彩云。家境不济，小彩云到游船上做"清倌"，服侍喝花酒的客人。为了遮脸儿，改姓傅（希冀富贵）。她聪明伶俐，又善解人意，结识了不少贵客，其中就有时任内阁学士、礼部侍郎的歙县籍状元洪钧。那年，48岁的洪钧母亲去世，丁忧在家，有钱有势，闲暇遣性，经常呼朋唤友在花船上吃喝斗牌，尤爱花船上15岁的傅彩云。他每次与友斗牌取乐，总忘不了叫上彩云随侍左右。友人劝他收房,洪钧以为自己年纪过大,有些踟蹰不定,终究耐不住贪花心切,洪钧还是花钱将傅彩云买来做了二姨太,起了个名字叫"梦鸾"。起初,彩云的祖母嫌是个偏房,执意不肯,洪钧再三托人说合,满足了赵家提出的所有条件,这才敲定了这场"老少配"。赛金花在其书中回忆:

> 婚礼也很庄重,坐的是绿呢大轿,前面打着洪状元的纱灯,仪仗甚多,好不气派!洪先生名钧,号文卿,祖籍也是徽州。三十岁中的状元。正太太比他长两岁,南京王家的小姐。还有一个姨太太是扬州人。有一个少爷是正太太生的。少奶奶是陆家的小姐(陆润庠之女)。一家人都很和蔼,正太太待人尤好。我过去,他们都很喜欢我,都称呼我新太太。

光绪十二年(1886),洪钧奉命出使德意志帝国、俄罗斯帝国、荷兰王国和奥匈帝国四国,原配王夫人因年纪大,不能舟楫劳顿,难以远行,洪钧乃以傅彩云充任公使夫人随行。在德国等地,赛金花学了点德语、英语,并凭借自己的伶俐和美貌获得了德国上层人士的青睐。这是傅彩云一生中最光彩的一段,也是她此后顶着"状元娘子"和"公使夫人"的桂冠,招摇京津沪三地的最大本钱。因而,这就要说说与她相差三十多岁、给她带来幸与不幸的夫君,同治七年的状元洪钧了。脱开他与赛金花的关系不提,洪钧也是一位中国早年颇有见识的外交家。

洪钧,号陶士,字文卿,吴县(今江苏苏州)人,生于道光十九年(1839)。年幼时,家境贫寒,父亲要他弃学经商,他不从,哀求继续求学,父亲见状只好作罢。咸丰七年(1857),十八岁的洪钧考入县学。同治三年(1864),他在江苏省城江宁(今南京)参加乡试,迈开科举路上的第一步。

乡试,三年一科,例在秋八月举行,称"秋闱"。初九、十二、十五各一场。考前一天点名领卷入场,后一天交卷出场。考生皆须穿戴单层衣、帽、裤、袜、鞋,砚台不许过厚,笔管镂空,带进的糕饼饽饽等食物都要切开。考生入场,仔细搜查,若夹带片纸只字,一经查出,先在考场前枷号一个月,再问罪发落。搜查完,考生各按卷号进入狭窄的单间号房。号房,高约六尺,深四尺,宽三尺。东西两面砖墙离地一至二尺之间,墙面砌有上下两道砖缝,备有木板两块,可以平放蜷身休息;也可以上下错开伏案写字。《儒林外史》第二回,写周进到省城贡院看见的"号板",就是此物。吃饭、睡觉、写卷,全靠这两块移动的号板。

每考完一场,考官便开始评卷。发榜日期,小省是九月初五,中省是九月初十,大省是九月十五。江苏是大省,九月十五发榜,二十五岁的洪钧成了举人。

同治七年（1868），洪钧进京，在京师礼部贡院参加会试，考期是三月初九、十二、十五日三天。会试的科场规则，与乡试略同。四月十五日，在礼部门外放榜，时值杏花开放，故名"杏榜"。二十九岁的洪钧成了贡士。

贡士在四月二十一日进宫，在保和殿参加殿试，这是天子试英才。二十二、二十三两天，读卷官评卷，上奏皇帝，裁定名次。这年，同治帝年仅十二岁，两宫皇太后垂帘听政，最后钦定洪钧为一甲第一名，是为状元及第。

按惯例，洪钧被授予翰林院修撰，掌修国史，俗称"太史"。状元例授修撰，故状元又称"殿撰"。同治九年，洪钧提督湖北学政，同治十三年（1874），洪钧任职期满回京。这年十二月初五，年仅十九岁的同治帝载淳一命呜呼。当天，年方四岁的载湉进宫继承帝位，年号"光绪"。慈禧太后依旧垂帘听政。

光绪元年至光绪七年（1875—1881），洪钧做了三件事，没离开"学、写"两个字。一是先后出任顺天府、陕西、山东的乡试正考官，提督江西学政；二是参加《穆宗毅皇帝实录》的修纂及功臣馆纂修；三是充任传讲学士和侍读学士，在春坊太子宫任职。任职期满，回家省墓，朝廷给了他三个月的假。假满回京，于光绪九年（1883）三月升任詹事府詹事，掌理东窗事务。过了四个月，即光绪九年七月，洪钧升任内阁学士，兼礼部侍郎。

这年八月，黄河山东段决口，有个叫游百川的大臣奉命去察看灾情，回来上奏开通马颊、徒骇两河，分泄黄河水势。洪钧力言不可，说马颊、徒骇两河泥沙杂糅，引黄河水入有溃堤之忧。黄河，宜合不宜分，可以再筑一道黄河大堤，他力荐潘骏文治河。潘骏文是原江南河道总督潘锡恩之子，谙习河务，任山东按察使时犯法免官。朝中诸臣尽知潘骏文的才干，但除了洪钧，无人敢荐举他。潘骏文被起用，上任后尽力治河，堵住了决口。洪钧有识人之智、无私举荐之功。

就在黄河决口的八月，法国迫使越南阮氏王朝签订《顺化条约》，取得了对越南的"保护权"，伺机侵华。面对法国的威胁，以左宗棠、曾纪泽为代表的主战派力主援越抗法，而以奕䜣、李鸿章为首的主和派力陈不可轻开战端。法军不断挑衅，进攻驻防越南山西的清军，于光绪十年（1884）三月把战火烧到了中国边陲。洪钧站在主战派一边，上书条陈御敌机宜，推举云贵总督岑毓英指挥中越边界的抗法战事。

七月，法国海军中将孤拔率舰侵入福建闽江口。八月，法军进攻马尾军港，对中国开战。洪钧的密友、福建会办大臣张佩纶失职，他荐举的岑毓英也接连失利。一些人弹劾洪钧荐人不当。洪钧上书，说老母在堂，请开缺终养，朝廷诏准。洪钧回到了吴县城内北张家巷的故居。次年，老母病亡，洪钧在家服丧期间，喝花酒，结识了妓女傅彩云，即赛金花。

年龄的悬殊且不必说，服丧期间纳妾是违背封建礼教的，幸好当时无人干预。光绪十二年（1886），洪钧服满进京，重任内阁学士兼礼部侍郎。次年，奉命出使德意志帝国、俄罗斯帝国、荷兰王国、奥匈帝国四国。洪钧携梦鸾（赛金花）及随员、仆人从北京乘船到天津，走海路到上海，下榻天后宫。过了中秋节，由水路赴欧，十一月抵达柏林，下榻中国使馆。那是一座三层楼的建筑，原是一个公爵的别墅，中国租了下来，作为使馆。

洪钧身兼四国出使大臣，往返于四国，来去匆匆。抵德不久，赴圣彼得堡，参谒沙皇。年终，自俄还德，处理积牍。光绪十四年（1888）正月十七赴奥地利，参拜奥皇，呈递国书，遍访奥各部大臣，各国驻奥使节。事还未完，德皇去世，驰回柏林吊唁。礼毕，准备出使荷兰，忽闻朝鲜遣使来欧，很可能去了俄国。朝鲜是中国的属国，俄国久有野心，处心积虑地想把朝鲜划入它的势力范围。若俄国的阴谋得逞，对中国极为不利。故洪钧决定暂缓赴荷，改去俄国，注视着俄、朝双方谈判的动向。当他看到俄朝两国签订朝鲜"归俄保护"的明文时，便电告清廷，说沙俄愿守太平，朝鲜现在无虞。清廷放松了对朝鲜问题的警觉。

置身列强之间，洪钧真切地感受到列强之间尖锐的矛盾。他上书朝廷，说德国正在扩军备战，矛头指向俄国；俄国联合法国对付德国；德国联络意大利对抗法国，利用奥地利牵制俄国。他分析说，俄德一旦开战，俄胜十居四，德胜十居六。作为中国，应作局外观，利用列强间的矛盾，致力于自强。1914年第一次世界大战果然爆发了，验证了洪钧早年的预见。

其实，洪钧对沙皇俄国的侵略野性早有感觉。中俄虽是近邻，但沙俄对中国一直怀有侵占的野心，侵略活动日益加剧。他提醒朝廷，俄国正在筹建西伯利亚铁路，计划十年内完工。一旦完成，对中国的威胁将极为严重。俄国肆意侵吞中国领土，中俄边界争端持久不下。洪钧花重金从俄国购得一份《中俄界图》，呈报朝廷参考。由于不懂外语，划错了国境线，沙俄乘机搅事，意欲抢占我国领土。

洪钧受多年儒家文化浸染，看不惯西方的生活方式。他讨厌西服，连鞋袜也须是中式的才肯穿。他带了两名中国厨师，烹制中国饭菜。有些西方人想给他照张相留念，他执意不肯。他还强迫属员为梦鸾站班，谁不乐意就把他赶走。

这段新奇而平淡的域外生活，给年轻的赛金花留下深刻的印象，有人传说她在外国日日笙歌，夜夜舞场。她在《赛金花本事》中辩解道：

> 有人说，我在欧洲常常到各跳舞场里去，那却是一派胡诌。要想一想，我是个缠脚女子，走动起来是如何的不方便，而且我在欧洲就连洋装也没有穿过，叫我怎么跳得起？休说到跳舞场，便是使馆里遇着请客，按照外国规矩，钦差夫人应该出来奉陪，可是我只出来打个招呼，同他们握握手，就退回去。洪先生是最反对外国礼节的，常说他们野蛮，不可仿习。
>
> 德皇同皇后，我都见过几次，觐见时，我穿中服行西礼，鞠躬或握手，有时候也吻吻手。时候常是在晚间，那时宫里还没有电灯，全点蜡烛。有名的俾斯麦宰相，我也见过，是一位精神矍铄的老翁，长长的胡子，讲起话来声音极洪亮。
>
> 洪先生在欧洲整整三年，这三年中的生活，除去办公务以外，差不多全是研究学问。他最懒于应酬，闷倦时便独自一个人到动物园去散步，回来又伏案看起书来，他的身体羸弱多病，也就是因他用心过度所致。洪先生不懂洋文，连一句洋话也不会说。参考外国书籍，是一个比国人给作翻译；常常见他到各国书馆里去替洪先生寻找材料。他名叫根亚，有个中国姓是金，我们都称呼他金先生。

不过，洪钧也并非一概拒绝西方文化。西方电报用3码，中国用4码，费时费钱。洪钧将中国电报码创以干支替代，化繁为简，也成3码电，岁省巨万。梦鸾在柏林生了个女孩，取名德官。

洪钧还购买了划水车、小火轮献给慈禧。慈禧把它们放置在颐和园里。光绪十七年（1891）洪钧任职期满，回到北京。

回京后，洪钧升为兵部左侍郎，入值负责外交事务的总理各国事务衙门。他刚上任，便碰上了帕米尔问题。

帕米尔是中国西北疆域的组成部分，英、俄都在觊觎这块战略要地。光绪十年（1884），中俄签订了《中俄续勘喀什噶尔界约》，确定了两国在帕米尔地区的边界走向，帕米尔西北部被划入俄国版图，乌孜别里山口以南有一块中间地带。为了加强国防，清廷于光绪十八年在帕米尔增兵设卡。俄国却对中国的正当行动横加指责。总理各国事务衙门官员在俄国的压力下，主张妥协。洪钧也持这种论调，在奏折中不同意增兵设卡。

这年夏天，俄国公然违背《中俄续勘喀什噶尔界约》，入侵帕米尔，强占了萨雷勒岭以西两万多平方公里的中国领土。清廷不得不采取强硬方针。洪钧的态度也有了一些转变，但他反对用兵，力主通过外交途径和平解决。交涉毫无结果。

北京城内，一些官员上书弹劾洪钧办事软弱，还说他献给朝廷的《中俄界图》的帕米尔部分有误，有利于俄国。总理各国事务衙门答复说，洪钧献此图仅是为了参考，不是以此图来确定中俄边界。但对洪钧的指责并未平息。

洪钧因此忧郁成疾，一病不起，于光绪十九年（1893）八月病逝，享年五十四岁。而此时梦鸾芳龄二十一岁，正是青春年少的好年华。洪钧给她留下五万元抚恤金，事后全被他的堂弟洪銮私吞了。

洪钧死后，梦鸾从水路扶柩南归，到吴县接官亭，将灵柩和女儿德官（19岁死）交给洪家人，只身回了娘家，改名梦兰。她到底是妓女出身，状元府岂肯容她？不久，洪钧的儿子洪洛也病死了。次年正月里，梦兰生了一个遗腹子，活了大约11个月也夭折了。

梦兰脱离了洪家，只得在上海重张艳帜。她本来就聪慧，加上年纪轻轻，顶着"状元娘子""公使夫人"的双重桂冠，又有了出使欧洲的历练，在上海妓女界不仅出人头地，而且身价陡增了。

在上海她用名曹梦兰，接了两个姑娘，人很漂亮。为了撑门户，搭帮了天津人孙作舟，人称孙三爷，是个京剧票友，与孙菊仙沾点亲。上海的妓院也分等级，一等班叫"书寓"，类似北京的"清吟小班"；二等班叫"长三"，如同北京的"茶室"；三等班叫"幺二"，如同北京的"下处"；四等班叫"花烟馆"，就是北京的"窑子"。后来有人告发她有伤风化，她便随同孙三爷到了天津，在江岔胡同租房开班，接了五个南方姑娘，起名"金花班"，用名"赛金花"，生意红火。在这里，赛金花交好了京城的户部尚书杨立山（蒙古族，因反对朝廷向外国宣战，被慈禧斩首。死后无人敢收尸，京剧艺人姜妙香毅然买棺装殓）和恩晓峰（满族，曾任浙江、江西巡抚），赛金花听从他们的建议，回到京城，住在李铁拐斜街的鸿升店。

赛金花在《赛金花本事》里回忆说：

> 这时如韩家潭、陕西巷、猪毛胡同、百顺胡同、石头胡同等地方，住

的差不多全是妓女、像姑（相公），这一带非常繁华。京里在从前是没有南班子的，还算由我开的头。我在京里这么一住，工夫不久，又经诸位挚好一替吹嘘，几乎没有不知道"赛金花"的了。每天店门前的车轿，总是拥挤不堪，把走的路都快塞满了。有些官职大的老爷们，觉着这样来去太不方便，便邀我去他们府里。这一来，我越发忙了，夜间在家里陪客见客，一直闹到半夜，白天还要到各府里去应酬。像庄王府、庆王府我都是常去的，尤其是庄王府，只有我一个人能去，旁的妓女皆不许进入，"赛二爷"的称呼，也是从这时才有的。因为杨立山给我介绍了他一好友，名叫卢玉舫，人极有趣，见我几次面，就想着同我拜把兄弟，我竭力地推辞，说不敢高攀，他偏是不允，便换了盟单，磕了头。他行大，我行二，从此人们就都称呼我"赛二爷"。

然而好景不长，1900年8月14日八国联军攻破北京城。8月15日清晨，慈禧太后拖着光绪帝，扔下北京城的百姓和紫禁城，仓皇西逃。联军进京，像饿疯了的野狗，闯进装满食物的瓷器店，疯狂地烧杀劫掠。由于当时德军还在海上，打进北京的七国联军，总计18000多人，其中日军8000多，俄军4000多，英军3000多，美军2000多，法军800多，奥军58人，意军53人。北京城守兵有15万之多，还有30多万"刀枪不入"的义和团，何其"雄壮"唬人？然而联军仅用五个多小时，就把"固若金汤"的北京城攻破了。这期间，因为天津义和团闹得厉害，赛金花决定逃往北京，兵荒马乱，战火纷飞，好不容易深一脚浅一脚地逃到北京，这时洋兵已然破城。赛金花在京城东躲西藏，还是惦记熟悉的南城。

她在书中说：

> 到南城，房子很不容易找，就暂住在李铁拐斜街一家熟识下处的门房里。这时南城的洋兵很多，最无纪律，整日价在外边吃酒寻乐，胡作非为。有一天晚上，听见外面一阵咯噔噔的皮鞋响声，一直往里院去了，工夫不大，又走出来，站在我们房前敲门，我怎敢给开呀？他们见不开门，就用脚猛踹，我看这情形不好，不开门是不行，便忙着答了声，把洋蜡点着，开开门让他们进来。原来是几个德国的小军官，他们的举动先是很不礼貌；后来见我能说德国话，又向

他们问德国的某官某先生，他们不知我有多大来历，便对我显出了很恭敬的样子。坐了一会儿，他们要走，对我说，回去一定报告元帅，明天派人来接，请在家等候，千万不要躲开。

翌晨，果然派了两个护兵，套着一辆轿车来接我。到了他们兵营里，见着他们元帅瓦德西——我同瓦以前可并不认识——他问我，到过德国吗？我说，小时同洪钦差去过。又问，洪钦差是你什么人？这时候我却撒了一句谎说，是我的姊丈。他一听，喜欢极了。我们越谈越高兴，很觉投缘，当下就留我一同吃饭。吃饭时，我乘便就把我怎样从上海到的天津，因闹义和团又逃来北京，途中狼狈情形及到京后生活的困难，对他诉说了一遍。他听了很表同情，只见他同僚的军官低声叽里咕噜的不知说了些什么，随着便拿出来两套夹衣服，都是青缎绣花的；又取出一个小箱子，里面装着一千块钱，都是现洋，对我说，东西很少，请先拿去用吧。我正在这穷愁交错的时候，遇到这样优待，心里着实感激，忙着谢了谢，便收下。

一直待到天黑，我要回家了，瓦德西很舍不得叫走，千叮咛，万嘱咐，希望我能常常来他营里，又亲自把我送出来多远，我俩才握手而别。从此以后，差不多每天都派人来接我，到他营里一待就是多半天，很少有间断的日子。

八国联军分区占领了北京城。德国兵在京城人生地不熟，船上带来的粮食快吃光了，抢来的粮食不够吃，粮商逃避，粮店关门，正急得没办法，所以瓦德西见了赛金花，就请她做粮台，帮忙筹措军粮。自然有些军官也让她办些别的事，找没有"毒"的姑娘。

至此，赛瓦的交往成了流行话题。访者问赛金花在德国时认不认识瓦德西，她闪烁其词，忽儿说没见过，忽而又说认识。京城见了面，她与瓦帅日则并辔游行，人所共见；夜则同床共枕，顺情顺理。

赛金花却在《赛金花本事》里这样辩解：我同瓦的交情固然很好，但彼此间的关系，却是清清白白；就是平时在一起谈话，也非常的守规矩，从无一语涉及过邪淫。这都是有人见我常常同瓦骑着马并辔在街上走，又常常宿在他的营里，因此便推想出我们有种种不好的勾当来。

因为被杀的克林德是德国驻华公使，德国兵最恨义和团，但凡遇见可怀疑的人立即杀死，并且随意在路上抓人做苦役，不管老弱。赛金花见了不忍，往往上前用德语劝说。德国兵渐渐认识了她，也就听从了。

她对瓦德西说："义和团一听你们要来，早逃窜得远远的了，现在京城里剩下的都是些很安分守己的民人，他们已经受了不少义和团的害了，现在又被误指是义和团，岂不太冤枉？"瓦听了她这话，便信以为实，随着就下了一道命令，不准兵士们再在外边随便杀人，洋兵见到这道命令，行动才稍稍敛迹。

合议难签，关节卡在克林德夫人身上。赛金花苦苦劝说，请克林德夫人放弃让慈禧偿命抵罪的苛刻条件，立个石牌坊悼念，如此等等。到了民国，一战获胜，德国是战败国。一雪国耻，"克林德牌坊"从东单路口挪到中央公园改题"公理战胜"。赛金花应邀参加了揭幕典礼。

有好事者言到：

千万雄兵何处去，救驾全凭一女娃；
莫笑金花颜太厚，军人大可赛过她。

瓦赛到底有没有交往？是不是像赛金花说的那样？没有实证，只有赛金花口述的一面之词，正可谓：历史现场无人见，全凭后人信口说。

七十岁的瓦德西回到德国后，编了本《拳乱笔记》，里面有他的日记、向皇帝的报告、德皇诏书，等等。全书却对赛金花只字未提。两年后，瓦德西去世。至此，瓦赛交往永远成了一段悬而未决的公案。

赛金花的这段"往事"真的如烟一般飘散得无迹可寻了吗？

我国戏曲理论、民俗研究大家齐如山先生，出身耕读世家，早年在同文馆学习德文、法文，毕业后弃官经商，游历欧洲，精心研究西方戏剧理论和中国戏曲理论，关注戏曲实践，为梅兰芳编写了《霸王别姬》《廉锦枫》《凤还巢》《西施》《天女散花》《洛神》等戏，并指导其演艺，操持梅兰芳赴美演出，大获成功。庚子时期，因为他通晓德语，瓦德西请他到中南海紫光阁担任翻译，处理一些事宜。

齐如山曾写过《关于赛金花》一文。述及与赛金花时常见面，记得曾经有两件事她恳请齐如山帮忙，与德军说情。一个是赛金花手下有个刘海三，被德国有关部门逮捕了，赛金花请托齐如山去说情放人；第二个是赛金花卖给德军做军粮的土豆，冻了，德国军官不要，她请托齐如山去说情，通融收下。

齐如山还说"我跟刘半农倒畅谈过一次，不过我同他谈的时候，他所著的《赛金花本事》一书将要脱稿,或已经脱稿"。齐对刘做了一次忠告:"我相信赛金花没有见过瓦德西,就是偶尔见过一两次,她也不敢跟瓦帅谈国事。"

齐说了他的理由,第一是赛的德语不行。文中有:赛之德国话稀松得很,有些事情往往求我帮忙,实因她还不及我,但我的德语也就仅能对付着弄懂而已。第二是齐所见与赛交往的都是德国低级军官,连上尉都难碰到一个。并且数次遇到瓦的时候,赛都不敢前去见他。"所以我测度她没有见过瓦帅,就是见过也不过一二次,时间也一定很短暂,至于委身瓦帅,那是绝对不会有的。"第三是瓦德西无权做主。齐在文中说,瓦虽是联军总司令,但只是因他的官职高,并非德国权大。并且总司令只管军事,国事交涉仍由各国公使主持。

齐如山否定了赛金花与瓦德西的交往,而《赛金花本事》《孽海花》的流布远远超过了齐如山的反证,民间这么传来传去,老百姓也就宁信其有、不信其无。皆因太后皇上在生死关头扔下黎民百姓西狩去了,眼下还不是石头胡同这位妓女在京城和洋兵洋枪纠缠着、维持着?人们说"议和大臣赛二爷是九天娘娘转世"。北大教授刘半农很关注赛金花,很想解开这个谜,他认为:"中国有两个'宝贝',慈禧与赛金花。一个在朝,一个在野;一个卖国,一个卖身;一个可恨,一个可怜。"胡适支持刘半农、商鸿逵师生采写赛金花,在《新青年》杂志上称赞刘半农:"北大教授,为妓女写传还史无前例。"

无疑,在那个时代,赛金花只是个符号式的传奇人物。她沦落风尘,闪亮转身,出入豪门、国门,而后是盛极而衰,衰得让好些人称心如意。1903年4月,她的金花班有一个叫凤铃的姑娘,不忍屈辱卖淫,服鸦片自杀了。赛金花被巡城御史高第枏逮捕,押至刑部,5月被递解回苏州,后被释出狱。赛金花出狱后,花班散了,家财也散尽,后返上海与李萃香、林绛雪、花翠琴、林黛玉、陆兰芳一起挂牌接客。

宣统三年(1911),赛金花嫁给了沪宁铁路段稽查曹瑞忠做妾。次年曹死,赛金花再度为娼。赛金花不甘卖笑为生,1913年她又与曾任参议院议员、江西民政厅长的魏斯炅相识。1916年两人一同到北京,住在北京前门外的樱桃斜街。1918年6月20日,46岁的赛金花与45岁的魏斯炅在上海正式结婚,改名魏赵灵飞。1921年7月,魏斯炅因病去世,赛金花只好搬出魏家,迁入天桥居仁里16号,门口挂个牌子"江西魏寓",过日子全靠别人接济,与多年的女仆顾妈(顾蒋氏)苦挨苦熬。

赛金花颠沛流离、低三下四,屈辱谋生,心里总也割舍不下一个女人的初衷和权利。洪钧死后,她想趁着自己青春年少,找个如意郎君,组成小家庭,生个孩子,过上"嫁汉嫁汉穿衣吃饭"的安稳日子。她试了,可是不能!社会不许，舆论不公！被逼无奈，她只好顶着那两顶说不上是好还是坏的"帽子"，重操旧业。她很快败落了，退出了人们的视野，晚景凄凉，缺吃少穿，到处告借，行同乞丐。

1936年11月4日凌晨4点，赛金花揪着破旧不堪的棉被角，瞪着眼，不甘心地咽下了最后一口气，终年65岁。相随多年的顾妈大恸，哭声惊动了天桥居仁里的片警普玉，他没有报告上级，而是给《立言报》打电话。报社立即停排改版，派编辑吴宗祜赶来，独家报道了赛金花的死讯。这时，京城各界才又想起那个赛金花。人们络绎不绝地赶到居仁里凭吊，捐钱捐物，吴从菜市口鹤年堂赊来一口棺材，民俗学家张次溪建议安葬在城南窑台（陶然亭）义地。

赛金花的墓地在窑台慈悲庵东北的锦秋墩南坡，与香冢、鹦鹉冢相邻。大理石砌墓，1.8米的花岗岩墓碑，碑文由潘毓桂（后来成大汉奸，日本著名艺人李香兰的义父）题写。墓后侧有三块大理石画像诗：张大千作赛金花像，樊增祥仿照吴梅村的《圆圆曲》作前后《彩云曲》叙事诗。旧话重提，人们又说起赛金花在动乱中给京城百姓做的好事，收存着她的墨迹："国家是人人的国家，救国是人人的本分。"夏衍在回忆录《懒寻旧梦录》里说，在八国联军毁灭京城的日子里："朝堂上的大人物的心灵还不及一个妓女。"林语堂借小说《京华烟云》（1938—1939年著于巴黎）的人物表示："北京总算有救了，免除了大规模杀戮抢劫，秩序逐渐在恢复中，有赖于名妓赛金花的福荫。"他称誉赛金花："你做过一些义举，于社会有功，上苍总会有眼的。"

从现存的一些老照片来看，赛金花并不特别美丽，更没有让人惊艳的倾国之色。瑞士女作家赵淑侠当年采访老作家冰心时，冰心说她见过垂暮的赛金花："漂亮看不出来了，皮肤倒还白净，举止也算得上大方文雅。意外的是赛金花居然跟来访的美国记者用英文交谈了几句。"赛金花本来并无奇处，只不过是个任人糟践的妓女。然而命运使然，让她成了"状元娘子""公使夫人"，经历了出使欧洲和"庚子之变"这两段不寻常的日子，被屡次写进书里、戏里，留给后世喋喋不休地叙说与极富想象地猜度，或者被当作一杆枪，发出抨击时事的子弹。

1932年上海"一·二八"事变爆发，日寇入侵。这时，人们又想起了赛金花，想起她"救驾全凭一女性"的故事，就有人借题发挥，谴责国民党对日寇的"不抵抗"政策。中共地下党员、"左"联领导人之一的夏衍，创作七幕话剧《赛金花》，刚一发表就被誉为"国防文学之力作"。人们怀着浓厚的兴趣，猜想由谁来扮演女一号赛金花？不想，猜想变成了争斗。剧本还没有排演，上海业余剧人协会内部就发生了两名女演员王莹与蓝苹争演赛金花的激烈纷争。

当时王莹正与中共地下党员、青帮大佬杜月笙的亲信弟子金山恋爱同居。而蓝苹正与著名影评人唐纳恋爱同居。据夏衍晚年在《懒寻旧梦录》中回忆："双方各有人支持，也各有人反对。……出于无奈，我出了一个糊稀泥的主意，认为可以分为A、B两组，赵丹和蓝苹，金山和王莹，让他们在舞台上各显神通。这个设想章泯同意了，而于伶面有难色。因为他知道蓝苹不论做戏还是做人，都有一丝一毫也不肯屈居人下的'性格'，而要她担任B角，她肯定是要大吵大闹的。"

在夏衍心目中，蓝苹是不甘心充当B角的，于是便安排赵丹和蓝苹充当A角，金山和王莹充当B角。这样一来，作为A组导演的章泯表示"同意"，B组导演于伶便"面有难色"。这个事件的直接后果，是金山、王莹退出业余剧人协会，另建四十年代剧社。他们依仗雄厚的金钱实力与人脉资源，从业余剧人协会拿到《赛金花》的首演权，由王莹出演赛金花，金山出演李鸿章。1936年11月，《赛金花》在上海金城大戏院隆重公演，连续演出了22场。竞争失败的蓝苹一怒之下离开上海前往延安，后来改名"江青"成为新中国的"第一夫人"。等待王莹、金山、夏衍等人的，是"文化大革命"中一网打尽的政治清算。

对积存北京历史悠久的妓院、妓女的清算，是新中国成立不久的一件德政，人们拍手欢迎。1949年11月21日下午5点，北京市第二届人民代表会议一致通过关于封闭妓院的决议。晚8点，2400多名警察、干部，分成27个行动组，带着37辆大卡车，根据事前的调查，封锁了八大胡同地区，查封227家妓院，集中1316名妓女，对她们进行耐心的教育。政府花一亿旧币，买来进口药，给她们治疗性病，并根据她们的意愿，分别给出路。到1950年6月底，其中有596人与工人、农民、摊贩结婚，379人被亲属领回家，有62人被吸收进剧团和医院，最后剩下209人，政府为她们买了82台纺织机器，办了一个新生棉织厂。

自宋以来，屡次新朝初立都有"禁娼"之举，雷声过后，风景依然。而遵从毛主席"打扫房子"的指示，清除北京八大胡同的妓院，解救受苦受难的姐妹们，人性地为千余名妓女安排出路，旷古未有。由此人们挑起大拇哥，由衷地佩服中国共产党，对朝气蓬勃的新中国，充满信心和期望。

第三编
找　钱

钱市小胡同
腰缠四大恒
票号有故事
保镖这一行
银行西河沿

第三编 找 钱

引 子

　　大栅栏洋洋大观，多少人、多少年，在这里成就了多少事业，有成有败，有喜有忧，有的名垂千古，有的风消云散。成败不论，有一点是共同的，那就是到大栅栏的人，都是怀揣梦想来找钱的，找多多的钱，发财致富；找有数的钱，安居乐业；找不着钱，无以为生，只好卷起铺盖离开北京，漂流四方。北京人明晰："钱能通神"，说"有钱能使鬼推磨"，更深刻地体会到"有什么别有病，没什么别没钱"，关键时刻"一分钱难倒英雄汉"……

　　钱，金光闪闪，充满魅力，谁都想拥有，不拒多少，见钱眼开，大到政府，小到个人，概莫能外。政府的钱取自百姓，公务员当为公众办事，这不是道理，而是职守，公务员只有造福黎民百姓这一条道；百姓的钱，取自辛勤劳动，创造的是社会财富，民富国才强。唯有生财有道，才可政通人和。一味地钻钱眼儿，不择手段，损人利己，贪得无厌，终了不过是遗臭万年，历史多次做过结论。

　　过去谁最富？当然是皇上！皇家是天下第一家，天下的钱和万物都是他们家的，所以不少人做梦都想当皇上。可老百姓的血汗钱他一下拿不走，先要经过"炉房"，按规制汰除杂质、炼成官银，才能作为税银，上缴户部入库。大栅栏临近紫禁城的六部衙门，就沾了不少光，大到户部准许的官炉房、钱庄、票号、银行的设立，小到官老爷们怀揣着银票，溜达到前门外吃饭、听戏、找姑娘解闷儿。大栅栏无处不弥漫着纸醉金迷的雾霾，花花世界原来是靠银钱运筹的。梳理大栅栏的五行八作发现，原来这里竟是早年京城的"金融街"。

2008年的钱市胡同炉房旧址

钱市小胡同

从前，北京胡同多，民间有句俗语，说"有名的胡同三千六，无名的胡同赛牛毛"。比来比去，最长的胡同是交民巷，最窄的胡同是前门外的钱市胡同。有人去找，看看怎么个窄法，结果没找着。小胡同怕人看，路牌早被人摘了。一步错过，就会把身边这条黑黢黢的小夹道忽略掉，细一问，这里竟是当年决定京城每日银钱汇率的"钱市"。

钱市胡同长50多米，均宽不足0.8米，是一条东西向的死胡同，唯一的东口开在南北向的珠宝市。这条胡同不光短，而且极窄，东口宽的地方80厘米，里面最窄的地方40厘米。两人对面走过，必有一人提前躲进人家的门楼，另一人才能擦身而过。若是腰围超过三尺的，小心进去被卡住，进退两难，还要请人把你生拽出去。

市者，交易也。从前有肉市、草市、驴市、猪市，现在有超市，难道"钱"还有"市"吗？过去又没有美元，钱跟钱怎么交易？

带着疑惑我走进小胡同，仰头一看颇有"一线天"的感觉。扭头看南面是五所简陋的三合小院子，门上的楹联几经岁月的抹擦，斑驳难认了。站在门对面看楹联，无进深，很困难，只得紧贴北墙矮身细观。

二号门写的是："增得山川千倍利，茂如松柏四时春。"

四号门写的是："全球互市翰琛赆，聚宝为堂裕货泉。"

六号门写的是："万寿无疆逢泰运，聚财有道庆丰盈。"

十号门写的是："聚宝多流川不息，泰阶平如日之升。"

"货泉（钱）"哪，"聚财"啊，"聚宝"啊,说的无非都是"钱"。跟住户一打听，才知道这里原来是清代熔炼银锭的炉房。推门只看到眼前简陋的小平房，猜不透当年是怎么炉火熊熊，把一堆大大小小的银块冶炼成银光闪闪的银元宝的。

再回过头来看北侧，那是逼得人紧贴南墙根儿才能仰视的四座连体楼房，磨砖对缝很齐整。其中两座楼房的墙立面用汉白玉做墙基，门面石刻、窗套、檐口线脚和铁花护栏都带有西洋风格的装饰美。原来这四座楼房都是银号，已知一个是万丰银号，一个是大通银号。"银号""炉房"，两个概念，却是一个时代，一脉相传。这个"脉"就是钱，就是货币的演进。

早年间，人们以物易物，你给我一只山鸡，我给你两条草鱼，彼此双赢，都挺高兴。后来人们占有的物资丰富了，有了价值观念和体现价值的"实物货币"，交换就以货币形式进行，追求"公平交易""物有所值"。原始的"实物货币"有从海边捡来的贝壳，后来掌握了炼铜术，用青铜铸成"刀币""布币""圆钱"，等等。使用中，发现秦汉时期传下来的外圆内方的铜钱，最便于携带和交易，这一外圆内方的"孔方兄"传承了两千年。秦朝以黄金为上币，以外圆内方的铜钱为下币，以"半两"为单位，由丞相李斯用小篆书写，铸在铜钱上，开启了书法铸文的传统。

汉武帝元狩五年（118）铸"五铢钱"，重五铢，故名。钱面刻小篆"五铢"二字。五铢钱形制规整，重量标准，铸造精良，历代都有铸造，只不过形制重量不同。五铢钱至唐武德四年（621）才停止使用,这一货币形式流通长达739年，是我国钱币数量最多、流通时间最长的货币。两宋启用纸币，用途不同，乃有交子、会子、关子等名目。辽、宋、西夏仍沿袭使用汉以来的铜钱，只是镌刻上面的文字不同。元代确定将铜钱本位改为银本位，白银作为官方法定货币，与铜钱和钞（纸币）一起使用。唐宋时银锭称作"银饼""银笏"，交易量很小。金代的银锭重五十两，值百贯，因流通不便，改铸一两至十两，共分五等。元代的银锭作为"元之宝"，有了"元宝"的称呼。但是这个"元宝"没有保住大元。蒙古统治者不懂经济，把商业和金融交给西域色目商人（斡特）经营，自己花天酒地耽于享乐，完全不顾人民死活，以滥发纸质"宝钞"和苛捐杂税支撑他们的腐朽生活，结果："遂至钞料十锭易斗粟不得,而元亦亡矣！"银不保元，银元宝却流传到了明朝依旧盛行，但已不是朝廷法定货币。

清初立国，把银元宝和铜制钱作为主要流通货币，以银元宝为主，以铜制钱为辅。银子铸成元宝后，在市场上流通。最重的银元宝为五十两一大锭。中锭为十两，也流行一至五两的小元宝，叫"小锭"，或"锞子"，还有一两以下的散碎银子。银元宝用于大宗薪俸的发放和大宗货品的批发；制钱用于市面零散的交易。银宝的计量单位是"两"，所以银锭又叫"银两"。清朝的银锭，定型为马蹄形的元宝，也叫宝银。不同重量的宝银，统称银锭、银块。日常交易也可以用老虎剪把银块剪成散碎银子，兑换成铜制钱，照样流通使用，这就有了银与钱兑换的市场。当时京城里到处有钱铺、烟钱铺（卖烟，稍带兑换银钱）、蜡钱铺（卖晚间照明的蜡烛，稍带兑换银钱）办理小额的银钱兑换，业务有二，一个是代客用老虎剪夹碎整宝整银，一个是以银两兑换铜制钱。因成色不同，兑换时有一套折扣办法。

银、铜源自矿产，产量不稳定，流通中由于银缺或铜缺都会引起银钱兑换比值的波动。此外，不管什么原因引起的社会动荡，都会危及银钱交易市场的涨跌乃至崩盘。因而银钱兑换时时在变化，处在起伏波动中。清人震钧在《天咫偶闻》中记载：

  咸丰初银一两易钱七千余，同治初则易钱十千。光绪初至十七千……以后减至十千有余，不及十一千。

鉴于宝银是在各地自行熔铸，虽然类型、名称大体一致，但成色、质地与重量都不一样。各地在使用不同的银两兑换时，有一定的折算比率，算来算去比较麻烦。这时银圆出现了，简便好用。最早是在1840年以后，外国洋银（银圆）大量流入，后来有的地区自铸银圆，混入流行，但都没有改变或者取代朝廷银两制度的主导地位。直到民国24年（1933）才宣布废"两"改"圆"（元），银两才不再作为货币流通使用。

清中期以前，朝廷征税一两以上必须收足银。各州县每年分夏、秋两季征收田赋，也必须上缴足银。因为中央不铸造统一流通的银两，民间使用的银子未必是足银，而且各地银锭的形式、成色、平码不同，因此每逢交税之前，银匠和银铺就将民间的各色银子熔铸成足银，由商户和地方层层上缴。这就使一些银匠勾结吏役在银两成色、分量上造假，苛剥百姓，引起复杂的社会问题。

2009年的钱市胡同 ▶

小小京纪实

找寻大栅栏

清朝的户部衙门在正阳门以东。户部是掌管全国户籍财政的衙门，全国各省向朝廷交来的种种税银，都要上缴到户部，再由户部统一支配。那么问题来了，全国各州台府县收上来的税银平色不同、大小不一、分量不等，吭不银铛一大堆，户部怎么收、怎么入库？这就有了离户部不远、开在前门外珠宝市的银炉房。炉房把各地送来的不合格的大块税银用老虎剪子铰碎，再把散碎银子放进坩埚熔炼，汰去杂质，再按户部的要求，熔铸成统一规格、统一成色、留有纹印的"官宝"（宝银、中锭、锞子、福珠等），方能上缴户部库存。炉房有户部立案、可以代交官项的官炉房26家，如"全聚""复聚""广聚""聚义"等，官炉房信誉高，影响大；也有不少大大小小的私炉房，业主除几家"山东屋子"外，剩下的都是京南深县、蓟县人。这一条直达国库的融金路，看似严防密守，百无一疏，实则处处凶险。炉房熔铸银元宝，不另加手续费，除了利用一进一出的升色耗色、加秤减秤等手段牟利外，还用在元宝中间灌铅、卧铜、熔铸时掺入白铜等手法造假，牟取暴利。据说，熔铸工匠进出熔银炉房必须赤身，身无一丝一缕，就有人出屋时，将银锞子塞入肛门夹带而出，日积月累，乃成土豪。

名妓赛金花曾讲过一段银库库工偷银子的旧事。她说：

他们每当上库的时候，便想法子偷官银，但是库里检查得很严的，每个库兵，在库里上下身不许穿衣裳，只准裹一条仅能遮住下体的三角形布，防他们夹带官银。但他们偷银却另有妙策，先生，我讲一点给你听，你一定会发笑的。他们的妙计只有两条，一条是特别须备一个两层底的茶壶，把银子藏在茶壶底，然后上面盖上一块磁片，再投上一点茶叶，谁也看不出破绽。还有一条就是把光滑的银条弄进肛门里，任你怎样细检查，也绝不会注意到这个妙处，即使检查官知道了，也绝不能把库兵的肛门挣开，看看里面有没有银子，他们便以这个为偷银子上策。后来官库房想出一个法子，把十几张长凳，摆在门口，他们必定要跨过十几张长凳，才可以出门，没有夹带的当然连跨带跳地夺门而出，有些夹带了银条的，也一样能从容跨凳而过，但倘若你一个不得法，银子便会脱离你的尊臀，掉了下来，这个，他们叫作"下蛋"，其实是库兵下银子。他们事前必要服一服开骨散，使得耻盘骨易于扩开，这样惯了，身体自然较弱。

炉房最初以熔铸官银为主业，后来转而以存放现银为主业，熔铸银锭降为次要。各大商家、钱铺、烟钱铺，乃至衙门口、府邸门都以一两家官炉房作为后盾，通融存放零整银两。这就为炉房后来过渡到银号埋下了伏笔。

走进胡同西头，偏右，有一个小门，里面是一座人字木架大罩棚，两侧开着天窗。如今，大棚之下，是两排自建的小木板房，中间挤出一条窄长的过道，可能用于民居。原来的这里是空旷的大厅，就是当年官办的银钱交易市场。罩棚下有官方核准的十八家经纪人，各自用砖砌起方形案子，俗称"十八案"。每天清晨一开盘，十八家经纪人站在各自的案子上，依照当日查对的市场行情，高声吆喝或买进或卖出，成交后他们从中提成。涌进市场的钱铺、粮店、古玩行等众多商家，获知当日交易的行市后，立即将牌价写在纸条上，由随身带进的信鸽携带放飞，商户接到信息，立即开牌营业。也有一些穷人聚在胡同里，得到大棚传出的行情后，立马跑出去，沿街向各铺户报牌价，按月得点报酬。因而，全市一切店铺不到一小时，都能得到钱市胡同传出银钱兑换的行市。

民国以后，曾经作为主要货币的银两和制钱、铜圆，被银圆和纸币替代，炉房熄火没了生意，不少家顺势转身改为银号，钱市名存实亡，小胡同冷落了，但人们贪财的欲望随着物质生活的繁盛，反而愈加膨胀。一个"贪"字毒害心灵，污染社会，占尽史书宝贵的篇章。这里有个一枚铜钱的小故事，虽微不足道，却可烛见世风之正，人心之贪。

这是文友李茂林给笔者讲的一段很有趣的故事。

说到银钱，必然扯到贪官。钱权交错，廉者利国利民，贪者害人害己。只一枚铜钱，即可葬送好不容易到手的锦绣前程。

明清之际，大栅栏的"商脉"一直向西传到了延寿寺街。街兴成市，寺庙附近聚集了越来越多的商号和住家户。清季以来，延寿寺、琉璃厂一线逐渐成为书纸业、古玩业集中的地方。招惹得京城文人墨客、官员富商经常光顾此地。

康熙年间，延寿寺街路东开了一家书铺，店名"廉记书铺"，这里卖的书不仅版本好而且价廉，吸引了不少文人学子。暮春的一个下午，廉记书铺里静悄悄的，偏西的太阳隔着窗外的竹帘照进屋里。只见一位少年挑选了一部《吕氏春秋》，把书往柜台上一放，一边和掌柜的打招呼，一边伸手去钱褡裢里摸钱。就在他掏出钱时，一枚铜钱被带出掉在地上，就看那枚铜钱骨碌碌一直滚到窗根才停下，那少年也没在意。正巧店里靠窗有一个书生模样的青年也在看书，他看到滚到脚边的铜钱，什么话也没说，轻轻地抬起脚，就势把那枚铜钱踩在脚下。过一会儿，买书的少年付完钱，用包袱皮儿包起书来，夹在腋下，走出书铺。这时，那书生模样的青年用眼扫了一下周围，见没有任何动静，就俯下身去拾起了自己脚底下的铜钱。这时在书铺靠墙的凳子上，有一位老者也在看书，刚才那书生用脚踩钱、弯腰取钱的情景被他看得清清楚楚。过了一会儿，老者站起身来走到那书生跟前，和他攀谈起来。攀谈间老者知道，这位书生模样的青年叫范晓杰，他的父亲在京城国子监任助教，书生花了些钱捐了个监生，就在国子监内读书。老者没多说，只是笑了一笑就离开了书铺。

后来，范晓杰通过吏部考核被选派到江苏常熟县任县尉，他高高兴兴从北京出发到常熟上任。他先到了江苏江宁府，投上了自己的名帖要求谒见巡抚大人。没想到，一连几天，巡抚大人就是不见他。范晓杰实在等得不耐烦了，只好到咨部询问，没想到回复竟是：他不必去常熟上任了，范晓杰的名字已经被写进弹劾奏章里了，着即革职。范晓杰问："因何革职？"咨部回答："贪钱。"范晓杰非常吃惊，怎么可能呢？自己还没上任，贪钱从何说起？这时巡抚大人从里面走了出来，说："你不记得在京城延寿寺街廉记书铺的事吗？你在当监生时，一枚铜钱你都要贪取，当了地方官能不想方设法搜刮民脂民膏吗？"范晓杰定睛一看，顿时哑口无言，巡抚大人不是别人，正是在延寿寺街书铺里遇到的那位老者，时任江苏巡抚汤斌。

故事虽小，道理不浅。古老的《尚书·太甲》里说："天作孽，犹可违；人作孽，不可活。"老百姓说得更直白："善有善报，恶有恶报；不是不报，时候未到。"修身首当积德，心中不可有一丝贪念。

日前，听说有关部门将在钱市胡同腾退住户，筹建博物馆，展示老北京金融界的面貌与演进，留下历史的足痕，这对丰富北京历史文化的支脉是件益事。今天，当人们轻松地用手机消费的时候，还能想到当年背着沉甸甸的银锭，去钱铺换一串串制钱的日子吗？鉴往知来，经过比较，权衡轻重，人应该会更清醒，不再被银钱的贪欲蛀蚀，轻松地迈步走向明天。

2008年的钱市胡同炉房旧址▶

腰缠四大恒

走进新整修的廊房头条（如今叫"北京坊"），劝业场两侧有两座很格致的小灰楼，门楣上刻着"金店"二字。字是用金箔拓进去的，闪闪发光，格外抢眼。这时，有明白人指着金店介绍说，知道金店是干什么的吗？金店就是买卖金银的，捎带出售金银首饰，就像今天以出售金银首饰著名的"菜百"。

当年大栅栏地区的珠宝市、廊房头条有不少家金店和首饰楼，接待四方来客，是驰名海内外的北京购金中心。名店比比皆是，如"三阳""天宝""物华"等。

一、"四大恒"为何物？

人类自古就"拜金"，公认黄金是财富的象征。古往今来有多少人追索"黄金梦"而沉迷不醒。

罗马大帝恺撒攻占埃及，凯旋时，抬着1950吨金银游行，炫耀其霸道和富有。汉武帝刘彻四岁时，喜欢馆陶公主的女儿、小表姐陈阿娇，说："如果能娶阿娇

◀ 2009年廊坊头条金店旧址

做妻子,我会造一个金屋子给她住。"这就留下成语"金屋藏娇"一词。细一想,金屋固然贵重无比,虽辉煌却冰冷,真要是住进去,睡得着觉吗?这不过是一句以金夸富的大话。中国的皇帝除了有玉玺,还用高贵的金印签发圣旨,使用金册封谕,以求传至永世。足见黄金之贵重鲜有替代者。直至今日,因为黄金的稀有和开采量有限,衡量国家财富,仍以黄金储备为重要标志。

1840年以前,中国的黄金储备居世界第一位。以1820年为例,中国GDP占世界总量的32.9%,远高于欧洲国家的总和。国民个人的黄金拥有量也高于其他国家,甚至高于现在。一般人家哪个没有几件金银物件,一般妇女谁没金银首饰的?这就使国内黄金的交易分为两路,一路是为保值和增值,到金店买金存储或交易。一路是为打扮炫富,到金店打首饰买金银器皿,装点生活,比如,青年人订婚结婚的戒指;小孩出生、满月、周岁的长命锁;年节回乡,到金店把十个黄豆大的小金窠子,熔铸成一根足赤金条,拿回去多体面。其实,金店出售金银首饰器皿,收买荒金沙金,只不过是应付门面的一小部分,真要是打算购买首饰的人也是去首饰楼,而不是去金店。

那么,金店何为呢?

金店是大买卖,主要经手金银的收储周转。在光绪三十一年(1905)户部银行成立以前,金店发行"银票",一张定额银票既解决了携带银两沉坠不便的困难,又保证了银两流通的安全。这就要求金店的信誉要高,靠山要稳,银票要保值。清末北京市面流传的"头戴马聚源,身穿瑞蚨祥,脚蹬内联陞,腰缠四大恒",就是一句实打实经过验证的民间谚语。前三句意思明白,唯有最后"四大恒"令今人莫名其妙。其实这"四大恒"讲的就是四家金店(钱庄)发行的银票最保险、信誉可靠,缠在腰里轻便放心。

举个例子说明。清咸丰三年(1853)太平天国北伐军攻入直隶,北京城人心惶惶,持有银票的人都想赶紧兑换成现银,揣在身上最保险,一时蜂拥挤兑,造成200多家钱铺倒闭。只一瞬间,不少人手中拿银子换来的银票,变成一张废纸,一生资财化为乌有。而"四大恒"却没有受到影响,银票照样一对一地保值。再一宗,1939年天津发大水,损失惨重，市民生活受到严重影响。天津恒利金店（北京恒利的分店）租赁船只沿途发放粮米、食品，赈济水灾，恒利金店博得良好声誉和信任。

据《道咸以来朝野杂记》载：

> 当时京师钱庄首称四恒号，始于乾嘉之际，皆浙东商人，宁绍人居多，集股开设者，资本雄厚，市面繁荣萧索与有关系。

又记：凡官宦往来存款及九城富户显宦放款多倚为泰山之靠。

"四大恒"的创业者姓董，是浙江慈溪人。乾隆年间董氏在东四牌楼底下摆钱摊，现场兑换银两铜钱。东四牌楼南通税门崇文门，东接粮门朝阳门，北通木门东直门，往来客商如过江之鲫，银钱兑换频繁且迫切。董氏钱摊恰当其位，加之诚信可靠，经营得法，赢得广大客商信任，资金日益丰厚，遂在东四牌楼周围逐步开设了四家钱庄，全以"恒"字开头，分别是"恒利""恒和""恒兴""恒源"。

恒利店是中心主店，开在东四牌楼东大街；恒和店开在东四牌楼北路西；恒兴店开在东四牌楼稍北的隆福寺胡同东口；恒源店位于东四牌楼东路北。董氏家族干脆在东四牌楼三条安家落户，建造了以32号院为中心，连通31号、33号院横向复合型的四合院群落而坐镇东四。

四家店连锁，经营的业务各有侧重。恒和店专管各大官宦富户的金银存放业务；恒利、恒源两店专放典当行的商款，进项颇大。恒利店还在天津估衣街开设首饰局，后来改称恒利金店，在天津经营的时间长、影响大。如今东四牌楼没了，"四大恒"也没了，原来在四牌楼东路南的永安堂药店还在，那也是恒利店的产业。恒兴店的主要业务是服务于各大商号。"四大恒"发行的"银票"信誉最高，在市场上广泛流通，极大地便利了消费、繁荣了市场。到了光绪初年，"四大恒"发展到了顶峰，遂赢得"腰缠四大恒"的信誉。

揭秘"四大恒"的成功要领，全写在明晃晃的字号牌匾上：利、和、兴、源。"利"源于"和"，"和"源于诚信，"兴"盛"源"于"和"与"利"；"和"不是一时之和，"利"不是一地之利，而是眼界宽阔放眼未来，使"利""源源"而至，源远流长。持之以恒，"恒"乃长久，不可有半点懈怠，真正做到艰苦创业，诚信兴业，进取继业，使"四大恒"永恒于市，其银票安全可靠，深获人心。

夏仁虎在《旧京琐记》记载了一件趣事，足见"四恒票"的光彩。

银号首推恒和、恒利等四家，谓之四大恒，居人行使银票以此为体面。昔与某旗下友人约赴城外观剧，此友已更衣入内，久之，俄闻诟詈声，出则嗫嚅曰："甚抱歉，需稍候也。"询其故，乃愤然曰："账房可恶，竟以烟蜡铺之票与我（彼时烟蜡铺亦兼兑换，并发行银钱票），故痛责之，已往易矣。"余曰："误佳剧奈何？"友则曰："此无奈何，余岂可以此示人？"久之，仆返，则崭新之四恒票，始欢欣而出。当时某枢臣好积四恒票，百金一纸，万金为一束，叠置平正，朱印鲜明，时于灯下取出玩弄以为娱乐。已而不戒于火，屋中成束之四恒票并付祝融，四恒家乃大获利市。

由此可见，那时候出票代银、代钱，不只是金店一家，钱铺、烟蜡铺也可以发钱票，代替现钱，但只有金店（钱庄、银号）可以出银票。清朝时，金店所出银票，只能在本地使用。如果到外地需要带银两，就要由票号将银票汇兑到所去目的地，然后再由当地换成本地银票使用。如果不愿意经票号汇兑的，也可以将银两兑换成金块、金条，到达目的地，再卖给当地金店，金店从中赚取差价。

二、金店的大生意：卖官

金店大获利市，大量的银子源源不断地进账，后台强横，无所不能，无人敢惹，偏偏又赶上了王朝末日，从上到下腐败得一塌糊涂，这就催生了金店的另一宗大生意：公开地为朝廷卖官鬻爵。此时，社会上富商巨贾、土豪劣绅，为富一方，有的是金银财宝，就是缺个顶戴花翎招摇过市，光宗耀祖。你有情，我有意，二者一拍即合，遂有了"捐官"的买卖。

夏仁虎在《旧京琐记》里说，金店者初亦作金珠贸易，至捐例大开，一变而为捐纳引见者之总汇。其上者兼能通内线，走要津，苞苴之入，皆由此辈，故金店之内部必分设捐柜焉。其掌铺者，交结官场，谙习仪节，起居服饰，同于贵人。在光绪季年，各种捐例并起，业此者莫不利市三倍，然皆非其本业也。故讥者曰："金店之金在其招牌上所贴之金箔。"

言外之意是挂羊头卖狗肉。

其实"捐例"之风起自清朝中期,彼时为了贴补财政等原因,就有捐官一说,但那仅仅是捐虚衔,并非捐实官。咸丰中期,各省练兵要钱,朝廷就得寸进尺,有了"捐实官"的生意。此后,又变本加厉,借着某个省闹水灾啊、闹旱灾啊、闹兵变呀,抓个由头,就定出捐多少道台、多少知县等,变着法儿地从财主兜里搂钱,金店则大赚特赚。为此,有的金店就设立专门的柜台代办捐官,人们笑称"公金店";没有捐柜的戏称"母金店"。土豪劣绅有的是银子,此例一开,挥手一捐就闹个"候补道",甚至给三四岁的孩子也捐个"候补县",土豪们本来就为富不仁,有了朝廷的官衔,就更加肆无忌惮,强霸一方,任其鱼肉百姓了。

有捐柜的金店自然大有来头,多半是由宗人府、内务府的官员开的,要不就是有两府的官员撑腰,所谓"官商一体",以权换钱。捐柜不仅代客兑款,而且手眼通天,吏部里买通熟人,代为通消息、办差事。所以只要银子花到了,要个什么官、挑个好省份、补个实缺,不是办不到的。正所谓"有钱能使鬼推磨",只要银子开路,金店搭桥,朝里有人,就好做官。做了官再变本加厉地"贪、拿、卡、要",不仅赚回老本,而且利滚利,成千上万地捞,直至榨干民脂民膏,心里哪还有朝廷、百姓?

有个顶级贪官深悟此道,曰:"国之最大腐败,莫过于吏治的腐败。"信然!治理国家的人,一旦把偌大的万乘之国当成自家,想拿啥拿啥,那百姓还有活路吗?

钱市胡同7号银钱交易市场旧址

票号有故事

"四大恒"在东四扬名,凭借的不过是一地之利,而京城的金融中心依旧是前门外,凭借的是贴近宫廷各衙门口和无比集中繁华的商市。在临近大栅栏的西河沿、珠宝市和施家胡同,这一小片地界儿上,炉房、金店、钱庄、银号、票号、银行种种大小不一的金融机构,鳞次栉比、星罗棋布,何止是一条"金融街"?就拿大栅栏南边不远的施家胡同来说,一条长279米,宽约3米的街道,自清末至民国,南北两侧曾有同元祥、裕兴中、福生、启明、信诚记、三聚源、义生、集成、谦生、广瑞等十几家银号开业,因而有"银号街"之称。这条胡同不同于大栅栏,也有别于与大栅栏并排的八条胡同:路面宽阔、平整,东口不是开在粮食店,而是直通前门大街,私人小汽车可以自由出入。胡同里的住房高档、讲究、漂亮,既有中式层层递进的大院子,又有西式小洋楼,在大栅栏地区可以说是羊群里出骆驼,显鼻子显眼,透着银号的趁钱、高贵。

民国初年,革故鼎新,京师一扫清末旧街市的萧条颓败,显露出民国初始百业待兴的勃勃生机。商机无限引发创业的欲望,但创业的实做需要资金的大力支持。原本值守银钱兑换的炉房、钱庄最早开窍,悟到这个苗头,顺势做起了存放款的信贷,变身银号。一些有眼光的商人,不失时机地合股开办银号,放款商家,投资取利。大栅栏地区的商家铺户多、门类广,业主来自四面八方,因而施家胡同的银号也就带有地方色彩,形成山西帮、山东帮、冀州帮、天津帮,等等,其中山西帮最为强势。

小京纪实

找寻大栅栏

这就又回到那句俗话"一方水土养一方人"。而"一方人"流动到北京城，那浓得化不开的乡里亲情，就化作一条异地生存，相互信任、支援的纽带，维系起"一方人"在京城的共生共荣。

我小时候虽然身在京城，却是在前门外山西人的圈里长大的，听的是软软的太谷话，吃的是软软的"拨鱼儿"。早就听说从山西老家来北京找事由的人，心里都有一张"路线图"，那就是来到北京只要找到前门楼子，找到粮食店，找到"恒达店"（客栈）就算到了"家"。那里有人管吃住，有人帮着找事由儿，好歹能让你在北京城落住脚，挣口饭吃。

我父亲年轻时就是顺着这条道来的。他在太谷老家帮人磨豆腐，积攒了两块银圆，顺着火车道一路走到京城，被恒达店保荐到粮食店街的一间小饭馆刷锅洗碗，渐而熬成厨师，在粮食店南口的湿井胡同租了间小房，安了家。此后"一方人"见他勤劳朴讷，又保荐他到前门大街路东北布巷子的"同太永"商号效力。1945年商号歇业，"一方人"出资让父亲做"了事掌柜"的，经营一家布庄。那时，我常随父亲走进观音寺的开源银号和施家胡同的信诚记银号，端详那些穿着西服革履、说着一口山西话的伯伯们，颇有情趣地望着"一方人"的形形色色、起起落落。

1949年，政府清理北京的金融业，所有私人的银号均被停业。开源和信诚记两家银号自然都关张了，父亲经营的布庄也随之歇业，留下三个人扫尾。这时信诚记银号的副理王伯伯没有急着回老家太谷，尽管那里有他的妻子儿女、有他的家。他没走，而是借住在布巷子歇业布庄的楼上。每天照样儿西服革履一丝不苟，到西河沿几家大银行"巡视"一番。周日闲在，常带我到中山公园来今雨轩吃顿美味的西餐。山西人喜欢吃面条，牛肉番茄烤制的意大利通心粉是每餐必选，它既满足了山西人吃面条的喜好，又添加了一种在山西尝不到的酸香浓厚。

闲谈中我问：为什么一般铺眼儿的山西掌柜的长袍马褂穿得那么土，而银号的经理职员西服革履穿得那么洋，难道银号不是买卖吗？他笑了，说这叫"化妆"，做买卖也好比演戏，唱什么戏就要穿什么"行头"，这样上台你才像，才能把戏演好。"如果我离开信诚记银号，到马路东面的'通三益'干果子铺管账，还能穿这身西服革履吗？穿戴是一个职业人不可马虎的外观。一入店，掌柜的就要为你量身定做一身'行头'，让你穿上它想着自己的职守，接受顾客的监督。你若出店，'行头'照收，换回你本来的服装，从此你和店里两不相干。银号当然是你所说的'买卖'，只不过银号每天是与银钱打交道，少则百千，多则上亿，责任重大，于己于人都是件严谨的大事，不能有丝毫的懈怠，因而借鉴西洋银行的服饰，也为了便于国内外同行间的业务交流，约定俗成，每天就穿西装上班。一旦齐整的西服上身，就有一套规矩跟着，比如选择什么样的领带、衬衫、颜色、款式、花纹，以及搭配的皮鞋、颜色、护罩都很有讲究，这是提醒与约束，不单是为了自己好看，而是让客户产生信任，自己恭谨，圆满完成交易。"

我又问：银号歇业了，您为什么不回太谷老家呢？他默然了，久久没有说话。我很后悔，不该问这个问题。这里是不是有让他伤心的地方？

一次他有意无意地跟我说起了山西票号的故事。

我家经营票号有三代了，买卖做得挺大的，总店在太谷，全国各大商埠有分号。十四岁那年，父母给我定了亲，而后让我相跟上本家叔叔离开太谷，来到新疆迪化（乌鲁木齐）分号学徒。从没出过家门，这一走就是千里之遥、人生地不熟的新疆。好在掌柜的是这位叔叔。来到分店我从给掌柜的倒夜壶开始，什么苦活、累活、脏活都要干，没有人在乎你是东家的少爷，只把你当成刚进店的小徒弟，哪个店员都可以随意支使你。在店里熏了五年，没人教，没人说，就凭自己处处留神，看怎么进款，怎么把款汇出去，怎么结算，等等。五年头上，总店把我调到天津分号开始历练票号的汇兑业务。及至票号的业务熟了，才叫我到归绥（呼和浩特）、武汉、广州几个地方的分店当副理。虽然都是存贷款业务，银号却只做本地的买卖；票号就不一样了，除了本地，在外地还要设分号，主要做的是外地的买卖。买卖的范围越大，分号就多，甚至做到国外。做票号这行当，山西人最多，人称"西票"。江南也有人做，不成规模。

"西票"中，太谷人多。为什么呢？太谷人脑子快、心活、眼尖、腿长。按说太谷在晋中，地势平缓，汾水长流，四季分明，是个富庶的好地方。可是这，拴不住年轻人的心，他们总想往外跑，学买卖，成就一番事业。老人讲，元朝以前，太谷人就跑到口外和蒙古人做买卖，以茶叶换皮毛，关系处得不错。到了明朝，西洋和中国通商，独在澳门一地，那么遥远的南方边上，没有人敢放洋前往，唯独太谷人看到这是机会，不能放过，首先去澳门行商。至于国内，三百年前，太谷客商就不避艰险，走遍天南地北。所以国内各地的参茸庄、绸缎庄、绵茧庄、洋布庄，这些较大的商铺，常常是由太谷人创办的。至于钱行、布行、铁行、竹器行、杂货行，也都有太谷人经营，且居行首。

最早，我们家的先人"走西口"到了包头（那时还没有"包头城"，那儿

小小京纪实 找寻大栅栏

只是个荒草甸子），见南来北往的客商吃不上热茶热饭，就在大道边搭了间草房，摆了个小饭摊儿，烧水沏茶，卖馍馍、面条，客人很知足。后来又有客人赶路，错过了客店，就挤在我们家草房里凑合一宿。饭摊儿有了积蓄，就把道边的草房扩充成了五间房，办了个小客店，还老是客满，不够住。后来就扩建成几处可款待客人，也可囤货的大货栈，依旧是生意兴隆。这就造就了从一块大路旁的荒地，到一个小饭摊儿，一个货栈，一条有商店短街，一个集市贸易兴隆的集镇，而建成一座包头城。

听到这儿，我想起大学同窗曲润海给我唱的那首凄凉的民歌"走西口"。旋律低回婉转，歌词真切动人，常使我泫然泪下，却不知几代人走西口经历的艰辛与苦难，才成就事业的如此辉煌。

王伯伯接着说，清朝时候花钱用的是银两和铜制钱，携带很不方便。挣了钱，周转现银要装车，请镖局的镖师武装押运。银两沉重、体积大，这种靠保镖押送现银的办法，不但花销大、费时误事，而且很不安全，尤其在兵荒马乱的年代。嘉庆、道光年间，民间有了信局，通行各省，官吏及商人都觉着好，迫切要求用银票汇兑替代现银运送，这就诞生了用银票兑换现银的"票号"（也叫票庄）。单凭一纸银票就可传递现银，轻便、快速、安全可靠，是个很大的进步。

票号是聪明的商人琢磨出来的。据说，山西第一家票号的创办人是雷履泰。在道光初年，他率先把日升昌颜料铺改成票号。总号设在平遥城西大街路南，分号设在北京崇文门外草厂十条南口。几年后又出现蔚字五联号等，这是平遥帮票号。道光七年（1827），祁县的合盛元茶庄改成票号，继有大德通等，为祁县帮票号。同年，太谷志成信绸缎杂货庄改成票号，又有协成乾等，为太谷帮票号。票号存在约有百年，前四十年（道光、咸丰时期），是山西帮垄断时期。同治二年（1863），浙江商人胡光墉在上海开设了阜康票号，继有杨源丰等，是为南帮票号。后六十年（同治、光绪、宣统、民国初期），是以山西票号为主、南帮票号为辅的时期，说明南方发达了，票号跟上来了。仍然可以说："山西票庄执中国金融界之牛耳，百余年。"（曲殿元《中国金融与汇兑》）

票号办理汇兑、存放款，解决了运送大量现银的困难，加速了资金周转，促进了商业繁荣。经济是国家的命脉，政府掌控着国家的财力，不乏与票号商人相互勾结。因为，票号有条件、有实力，筹措汇解京饷、军饷、筹还外债，收存中央及各省官款，实际上起着代理国库和省库的作用。

王伯伯说，晋商与官府勾结肇始，可以追溯到隋唐时期，武则天的父亲武士彟。李渊父子太原起兵要有充足的后勤保障，这时得到了木材商人武士彟的大力资助，获得了足够的军饷。李渊父子就是凭借当时天下最精华的太原军队和武氏的雄厚财力，才夺取了杨广的大隋天下。所以大唐王朝建立后，武氏被封为"应国公"，地位等同于秦琼、程咬金等开国将领。由此可知李渊父子从武氏那里得到多大的财力资助，而武氏也从他的政治投资中得到了巨大的回报。其后还孕育诞生了中国历史上空前绝后的女皇武则天。

说到这，王伯伯又讲了一段大清重臣张之洞的故事。

张之洞（1837—1909），字孝达，号香涛、香岩，又号壹公、无竞居士，晚年自号抱冰。其名字或出自《庄子·至乐》中的"张之洞庭之野"。他是直隶南皮（今河北南皮）人。清道光十七年（1837）八月初三生于贵州。那时他父亲在贵州当知府。咸丰二年（1852）张之洞十六岁中顺天府解元，同治二年（1863）廿七岁殿试中进士第三名探花，授翰林院编修，此后他历任教习、侍读、侍讲、内阁学士、山西巡抚、两广总督、湖广总督、两江总督（多次署理，从未实授）、军机大臣等职，官至体仁阁大学士。

张之洞打小聪慧异常，有人预料，张子早晚超过张父。果然，张之洞廿七岁殿试中进士第三名探花，授翰林院编修。

翰林院是清水衙门，轻松闲在，张之洞却不随波逐流，从不懈怠，整日苦读苦思写了不少奏议，请堂兄张之万指点。堂兄是过来人，表扬老弟文章过人，颇有见地。但告知他实现宏图大愿，须出任封疆大吏，小小京官作为有限。这小小京官他一做就是二十年，无怨无悔，依旧挂怀国是，频发奏议。

时间到了19世纪80年代。两次鸦片战争之后，大清强敌环伺，民不聊生，国运日坠，人们有所醒悟。朝政急需经国之才，张之洞有关国政外交的奏议引起朝野瞩目，慈禧读罢，先是惊讶，后是赞许，随即决定启用。

张之洞从翰林院外放实职，绝不能单人匹马，两袖清风，他需要一笔不菲的"盘缠"上任打点，可是到哪儿去借钱呢？官场都知道，找山西票号借钱。

经朋友牵线，张之洞来到位于前门外的草厂十条，与日升昌票号北京分号的老板见面，商借十万两纹银。老板上下打量了张之洞一番，含笑告知，三天后回话。

日升昌是山西也是全国最早的一家票号，实力雄厚，信用度高，分号遍及全国各地。十万两纹银对日升昌来说不算什么了不起的大数。但是，老板有事要做：查名册。

在北京营业的山西票号都有一本名册，上面一一开列着有投资价值的官员名字，这些人只要一张嘴，银子立马到账。而名字不在册的官员如果借钱，票号就要调查，看有没有"投资"的价值。

张之洞不在册，且是个刚提升的从四品，虽然父子两世为官，却家产单薄。日升昌婉拒了，张之洞怅然若失，始悟"书上得来终觉浅"。孰料第二天张之洞收到了一封请柬，协同庆票号老板请他赴宴。

协同庆的规模和实力比不了日升昌，一下子拿不出十万两银子。但它能在京城站住脚，自有道理。京城的大客户早被大票号瓜分干净，协同庆就锁定小客户，用低成本、浓情义去发掘新秀，放眼未来，从长计议。日升昌店大欺客，拒绝了张之洞。协同庆捕捉到了张之洞出山的背景与潜力，预料他会把握时机，大展宏图。

席间，协同庆老板劝酒夹菜，谦恭有加；张之洞满腹狐疑，欲言又止。宴罢，协同庆老板坦然允诺：张之洞先取三万两银子打点，日后需要多少银两，自管随时来取，协同庆保证供应。

1881年（光绪七年）7月，慈禧决定：张之洞由翰林院侍讲学士，直升为从二品的内阁学士兼礼部侍郎。一夜之间连升四级！年底，张之洞出任山西巡抚。两年后，张之洞荣升两广总督。

张之洞终于实现了封疆梦想，同时他也不忘老朋友。一到广州总督署，他就开始招商引资，使协同庆票号垄断了两广的金融业；辖区内所有上缴中央财粮税款事务，统由协同庆代理。短短几年，协同庆的势头直逼日升昌。

王伯伯说，明清两代，晋商掌控全国商业、金融业长达五百多年，天下富人十之六七是晋商，其成功的秘密就是与官场联手。晋商明着做生意，功夫却下在生意之外，时刻关注朝廷官场的动态。

元以前，山西蒙古临近，晋蒙两地贸易活络，关系融洽，有元一代，晋商生意平顺，未遭蒙古政权的挤压。朱明王朝初建，为了防范残元军队的袭扰回窜，必须加强边防，但是财力物力跟不上。朱元璋就与晋商协议，只要保证给边防军供应粮食，就能拿到食盐的特许经营权。一下子晋商财源滚滚。

清朝入关前，同样军事物资短缺。晋商见有利可图，就忙着从关里往关外走私，供应当时的"敌军"，两面发财。因此，顺治皇帝一进京，就宴请八位晋商代表，他们被编于内务府，财路畅通无阻。

1900年八国联军进京，慈禧仓皇西逃，一路食不果腹，吃尽了苦头，十分狼狈。到了山西，晋商热情有加，无微不至，临走还奉上二十万两零花钱。慈禧触景生情，十分感动。《辛丑条约》签订后，连本带息约十亿两白银的"庚子赔款"，由晋商票号打理走账，晋商大发了一回国难财。

当时全国总共有51家票号，其中43家是晋商。西方人干脆把票号叫作"Shanxi Bank"！晋商的根在山西，重点在北京，尤其关注京城前三门外众多会馆的学子。当各地读书人进京赶考的时候，他们就选择贫困而聪慧的考生，为他们提供食宿，送点小钱。当考生金榜题名，运作补缺上任时，他们及时提供贷款。新官要上任了，那些小官要升大官了，官场上遇到坎儿了、打官司了，无不需要山西票号做中介、出经费，最后求得官运亨通，带动晋商的财运亨通。

可见，晋商离不开官场，官场同样也离不开晋商。官商共生共荣的结果是滋生各种帮派，对封建政权构成致命威胁。辛亥革命后，票号进入尾声。民国初期，票号陆续倒闭，1921年仅存5家，平遥日升昌1923年歇业，祁县大盛川1929年歇业，三晋源1934年歇业，大德通、大德恒1932年后改银号。

山西票号顺时而生，顺势而扬，也必然有顺世而亡的那一天。王伯伯是见证人，他很高兴讲给我他经历的故事。他留在北京终归无事可做之后，终于不舍地离开了京城，回到太谷的老家，和陌生的一家人团聚了。如今走进施家胡同，我已找不回信诚记的记忆，那个幽静的大院子，已改成杂乱的民居，王伯伯走了，再也没人给我说起票号的故事。①

---

① 明末清初，距太谷县城南二里的沟子村，富户贠攀林结识了傅山，又经傅山介绍认识了顾炎武，三人为筹措反清起义的银饷，议定以银票传代实银，武装押运（镖行的滥觞），由贠攀林在贠家大院开设"票号"。

康熙十二年（1673）贠成旺正式在太谷开办志成信票号，并在太谷、北京、广州设立分号，开中国票号之先河。早于平遥日升昌半个世纪。传说，志成信的资金一部分来自京城大内总管乐三爷，一部分来自贠成旺救助的一个李自成残部受伤的军官。故票号起名"志成信"，太谷人志自都念"自"。不过贠家确是太谷大财主，代代繁荣。其后人贠奇山曾任天津荣生贸易行经理，与我父亲同事，气宇轩昂，为人谦和，颇具经营才干。

保镖这一行

当年粮食店街南段路西、湿井胡同东口路南,有个大院子,院门两侧,都是一抹半人高的白墙,墙面上一样儿地写着"会友标局"四个圆黑的大字。从大车门往里张望,是个挺宽敞的大空场子,黄土垫地,平平整整,时常有人泼洒清水,干湿适度,既不扬尘,又不湿泞,可见是个练功、打把式的场子。院子西边是一排青砖大瓦房,房前高搭凉棚,南北两侧支着刀枪架儿,坐在屋里放眼望去,格外清爽明亮。

每次文大爷领着我去珠市口路北清华池洗澡,打这儿路过的时候,总要止住脚步,满脸崇敬,轻晃着头,指着这个早已消失的院子告诉我,别小看这块长满野草的空地,当年可是个英雄辈出的宝地,在全国十大镖局中,会友镖局名列第二。京城武林它更是赫赫有名。比方说吧,当年北洋大臣李鸿章在西城缸瓦市的家宅,就是由会友镖局派人来看家护院的。当朝一品大臣,把一大家子人的身家性命都交给你,你说,会友镖师们的武艺要不是一等一的出众,他敢接这块"活"吗?换句话说,有了李中堂做靠山,会友在京城的身价能不高吗?

我望着这片早已破败的院落,怎么也猜想不出当年这里整日价豪杰试武、英雄称义、刀光剑影、豪情万丈的热闹景象。这该与大栅栏的灯红酒绿、熙熙攘攘,多么的迥然不同啊!然而,天下事总有正背两面，大栅栏既有炉房、票号、钱庄、银号，就少不了镖局这一行。就如同今日世界，名流冒尖，财富过亿，人与财都到了让人眼红的地步，能少得了贴身保镖这一行吗？

我知道"保镖"这码事来自一出京戏《连环套》和一段相声《大保镖》。

先说京戏《连环套》，演的是清康熙年间的故事。口外连环套寨主窦尔敦为报前仇，盗取皇帝御马，嫁祸江湖侠客黄三太，其子黄天霸假扮镖客拜山，探知真情，约定次日与窦尔敦山下比武。黄的同伙朱光祖深知黄武艺不及窦，乃夜入山寨，盗取窦尔敦护手双钩，留刀寄柬，威吓窦尔敦。次日山下见面，一番规劝，窦尔敦服输，交出御马，随黄见官。虽是清朝的戏，扮相照旧是明朝服饰的老一套。这是一出生、净、丑都很出彩的戏。全剧包括"坐寨盗马""拜山""盗钩"三折。戏里窦的豪爽、黄的骄横、朱的狡猾，被名家演绎得淋漓尽致。"拜山"里黄天霸有一句西皮散板转流水"保镖路过马兰关"，从杨小楼、李少春、李万春、高盛麟唱到今天，那悠扬洒脱的声腔依然回荡在我耳旁。

我是在天桥撂地的场子里，听高德明、高德亮二位兄弟说的传统相声《大保镖》。别看对口相声，就俩人，往台上一戳，同一个段子，不同演员生活底子薄厚不同，技艺水平高低不同，对武术熟知的程度不同，表演出来的相声，效果就大不相同。高德明瘦高，嗓子发闷，但他底子厚，肚子里活儿多，表演沉稳老练，又熟知当年的保镖路数，所以把这段出尽洋相的"怯保镖""倭瓜镖"演绎得正中有谐，寓教于乐，传递了不少当年保镖的知识。

京剧《连环套》和相声《大保镖》只是大概其地传达了"保镖"是怎么一回事。

老年间，"三十亩地一头牛，老婆孩子热炕头"。小农生产，自给自足，经济不发达，主要流通货币是金银和铜，携带不便，外加交通不便，运送银两、货物，除了不方便，就是既误时误事又不安全，这成了阻碍经济发展的一个坎儿。明中期以后经济发达了，特别是随着金融业的兴起，为了交易的便利快捷，有了票号、银票，同时也催生了武力护送银两银票、贵重货物的"护路人"。这种人要具备三个基本条件：品质好、守信用；武艺好，有打败贼人的真功夫；镖路熟，安全可靠快捷。

最早，"护路人"可能是武艺娴熟的"练家子"，受朋友之托，自然要忠人之事。或一人或几人，或骑马或推车，一路护送。银货安全送达目的地后，主人有一笔酬金答谢。日子长了，护送的"业务"多了，就有人出头组成个班子，正儿八经地当个"买卖"做。班子的成员可以是一师之徒、同门授业的师兄弟；也可以是好习练武的一家子；还可以是一块儿当兵、共过生死患难的战友。这个凭借武功，受人钱财，专门为雇主保护财物或人身安全的"买卖"就叫"镖局"。它不同于一般的买卖，靠的是一身武功，卖的是确保银货安全。一路风险，祸及性命，因而镖局是个高风险的"买卖"，内部同仁之间最讲究的是"情、义、礼"三个字，这也是江湖上共同遵从的规矩。镖局身在江湖，其实也是江湖。

话说回来，镖局这个"镖"字该怎么讲呢？

《说文解字》说，镖，"刀削末铜也"。

《广韵》说：刀剑鞘下饰也。

《新华字典》说得最明白：旧时以投掷方式杀伤敌人的武器，形状像长矛的头。

其实这里说的"镖"，也作"标"，是同字不同义的两码事。古时刀剑鞘末尾镶饰的铜鞘叫"镖"。后来有一种放在身上背囊中的暗器，也叫"镖"。我舅舅天桥刘义是"练家子"，他有三只斤镖（有人误为"金镖"），铅白色，七寸长，如扎枪头，三棱，后粗前细，流线型，镖尖锋利，镖后有环，系红绸。每只镖约一斤重，所以叫"斤镖"，很沉、压手。因其粗细渐变，像胡萝卜，投掷出手，方向准、速度快。舅舅演示，拇指按定四指虚托，仰手打出的叫"阳手镖"，俯手打出的叫"阴手镖"，肘下打出的叫"回手镖"。也可以拽住镖穗的红绸子，就势抡起，借劲儿使力，直奔对手，这叫"飞镖"。功夫纯熟的能手，手疾眼快，还可以接住对方投掷过来的镖，再还回去，真个"以其人之镖，还治其人之镖"。京剧《连环套》里说的黄三太的绰号就叫"飞镖黄三太"。让窦尔敦不忿的，就是他"指金镖，借银两，压豪强"，这才有了李家店比武，不胜窦尔敦护手钩，又用暗器（"甩头一子"，即带链儿的飞镖）伤人，二人结下了"梁子"（怨恨）。可见"镖"是辅助刀枪之外的一种暗器。那么，镖局何以用"镖"名局呢？有人解释，"镖"字的左"金"象征武器、兵刃；右"票"说明是为票号服务。对不对呢？难说，因为《金瓶梅》里西门庆也开过"标局"，这个标可是"木"字旁。

那么最早的镖局是在什么时候出现的呢？

受乡人孔祥熙之托，学者卫聚贤经过考证调查，写了本书叫《山西票号史》。说的是票号，连带说出镖局。经卫聚贤考证，镖局的创始人，应当是山西人神拳张黑五。书中记载：

> 考创设镖局之鼻祖，仍系乾隆时神力达摩王、山西人神拳张黑五者，请于达摩王，转奏乾隆，领圣旨，开设兴隆镖局于北京顺天府前门外大街，嗣由其子怀玉继以走镖，是镖局的嚆矢。

卫聚贤还推论，早在明末清初顾炎武、傅山、戴廷栻反清复明时，为保护商人运送现银最早设立了"镖局"。后来镖师们走镖，一旦看到远处山上有贼人的动静，趟子手就抢先高声呐喊："合吾一声镖车走，半年江湖平安回。"据说，这个"合吾"就是"黑五"的谐音，表示镖行不忘"黑五"创业之功，绿林都是一家人。

随着社会生活的日益复杂，镖局的业务面越来越大，不但承接保送一般私家财物，就连地方官上缴的饷银、官府驿站专门为朝廷押送的信函，也靠镖局押运。由于镖局与各地都有联系或者设有分号，一些汇款业务也由镖局承当。后来，社会不安宁，看家护院、保护银行等差事，也来找镖局派人。到了清朝中叶，随着票号的产生，镖局的主要业务就是为票号押送银镖和票镖。清末，票号逐渐衰败，镖局的主要业务转向为官宦士绅富商大贾押送贵重物品和人身安全，由此镖局走镖形成六大镖系，即信镖、票镖、银镖、粮镖、物镖和人身镖。

经营镖局要具备"三硬"：一是官府要有硬靠山；二是绿林要有硬关系；三是自身要有硬功夫，三者缺一不可。

镖局接一单"买卖"叫作"出镖"或"走镖"。按脚程远近、货物所值收取不同的"镖利"，商定后签订"镖单"。镖单注明起运地点、商号、货物名称、数量、镖利多寡等，双方各盖图书（印章）。镖物护送到指定地点、商号后，收取议定的镖利。走镖通常由总镖头或是经验老到独当一面的镖头"押镖"，拿着接收镖物的清单，再带上官府开的通行证。遇到关口，拿出通行证给把门的官兵验看。为了避免纠缠，镖师总要顺手塞给他们一些银两。

途中发现路中间摆着荆棘条子，就知道往前走有事了。这叫"恶虎拦路"，路中间的荆棘条子不能自己挑开，必须准备与劫路人见面，镖头会下令"轮子盘头"，意思是叫所有的镖车围成一个圈，准备御敌。但是，不到最后关头通常是不会硬碰硬地"破盘"——就是撕破脸，动手打起来。闯江湖混口饭吃，一半仗着武艺，另一半则是靠嘴皮子里满口的江湖黑话，目的是把贼人"说"走了，两不相伤。所以，镖局的人押着镖车，喊着镖号，不断告诉人家："合吾！"（大家都是江湖同道、自己人。）

如果喊镖号实在不行的话，就要对"唇典"。唇典是武林中的行话，只有镖局中人明白，外人根本听不懂。比方说，行话里抽烟叫"炒坑"，火柴是"亮子"，上衣是"叶子"……如果对方仍不打算歇手，就尽量拿话应付，套近乎，实在不成，那就只好抄家伙"亮青子""挡风"（就是拨出刀剑，把贼人打跑）。打不过，被劫了镖车的也不少见，这叫"失镖"。失了镖，就要包赔客户的损失。镖师在每趟走镖之前，就已经打点好了家里的一切，做好一旦出事便不再回家的准备。

保镖不易，充满风险。因此镖师尚武，必须雄赳赳、气昂昂，一往无前。他只有压倒贼人。像黄天霸那样以勇气、智慧和群力，制服强悍的窦尔敦，保住镖车，没有别的选择。这是拿生命当赌注的"生意"，只能胜，不能败！镖师既是镖局的灵魂，也是客户信赖的靠山。

威武不屈，天下称雄，是镖局给外人树立的形象。其实镖师们心里出门走镖最不想打，常年念叨的只是一个字：和。人世间以和为贵。

因为他们见识了太多的争斗厮杀和流血死亡，看破了人心的贪婪、险恶与残暴，尤其能感悟到"和为贵"的价值、"和气生财"的可能。镖师们常念叨的口头禅叫作"三分保平安"。这是从血路上捡起来的宝贝，是件比刀枪还锐利的武器，既能取胜又不伤人。此招对镖局有效，推而广之，行行也有效！

所谓"三分保平安"就是：带三分笑，让三分理，饮三分酒。

镖师身处江湖之深，怎的不懂世间之险？待人接物绝不能逞一介武夫之鲁莽，而要十分谦和，面带三分笑容，尊老敬长，礼贤下士，一派谦谦君子之风范。

比如，路上行车、打尖住店时，与人发生口角，镖师总是礼让三分，不说粗话，不动武，不与地方上的"恶人"发生冲突，遵行强龙不压地头蛇的行事方法。地方上的"恶人"一般也不找镖师的麻烦，深知来者不善，善者不来，没点真本事，谁敢出来走镖？镖师遇事总是礼让三分，尽量大事化小，小事化了，而后一了走之。

镖车一上路，镖师就不再喝酒了。即使隆冬"三九"，为了御寒暖身，年高的镖师有时喝上两盅，但以三分酒量为限，绝不敢多饮。能喝一斤的，最多喝上三两；中午打尖时不喝酒，更不和不认识的人开怀畅饮。偶遇亲朋好友，虽是久别，也是以茶代酒。老镖师是进店后一切安排妥当了之后，再关起门来独饮，绝不会超过三分，年轻的镖师则是滴酒不沾。

镖旗开路，镖车随行，保镖一路，总难免碰上各处的"地头蛇"和杂七麻八的人上前拦路挑衅。针锋相对，还是隐忍退让？自然是退让为上。重任在身，不生是非，得过且过。这样的场面镖师们见多了，也把这些人琢磨透了。每到此时，镖师便早早跳下马来，像对待官面一样谦恭有礼，递上镖单、路引，诚恳告秉："小字号走镖为生，此次路过贵方宝地，多有讨扰，失礼之处，还望多多海涵。"说完一抱拳。

如果对方识相，见镖师如此谦和，又有官方的大门槛帖子，哈哈一笑，立刻做个顺水人情，把路让开，放镖车过去。但也有些不知天高地厚的地方恶人，把镖师的礼敬当成胆小怕事，以为这些镖师没本事，不仅不让路，还叫着喊着非和这些镖师过过招、"学两手"不成。被逼无奈，镖师只好双手抱拳道："朋友既然看得起，在下只好奉陪了，但客不压主，先让您三招。"

遇着这种人，以礼相待、和平解决最好。俗话说，"相骂无好口，相打无好手"，一旦失手伤了对方，若是穷朋友就吃上你了；一旦败了，镖师面子上不好看。所以对于这些上门挑衅者，通常采取三种方法化解：对武林中落魄的朋友，本着人不亲、功夫亲的精神，留他吃饭，送他银两、衣物，好生送朋友上路；对武林中的高手，先把他稳住，天天当贵宾招待，暗中火速派人摸清这位高手的来路和师传，一旦确认是正道中的朋友，就直言请他帮忙，以客卿相待，走上几趟镖后，若认为此人不但武功，而且阅历、胆识、人品均够得上位达官，就由前辈老镖师出面请他留下来一道干了；若道不合，则礼送之。对于那些专门前来捣乱的公子哥、"秧子"，要谨慎对待，公子哥大多是清廷的王公、高官、宗室之后，身边常有一伙混吃混喝架秧子的人挑唆他闹事，借机敲诈人的钱财，而且大多人又不敢惹。碰到这种情况，镖局的原则是哄。秧子们都是不知世事的小雏，一架就晕、一捧就乐。歹人们把秧子架到镖局来以武会友，镖师们则连拍带哄，把秧子哄糊涂了，说不定在附近酒楼上还能摆几桌，宴请镖局的诸位达官，庆贺以武结友，镖局也说不定因祸得福，又添个"大门槛"。

别看镖局对待贼人坚持谦和、避战、委曲求全，那是手段；一旦镖局和雇主签订了镖单，就会尽职尽责甚至不惜生命地去保护雇主生命财产的安全，履行镖局的职责。江湖讲的是义气，更在乎名声，不守信的镖局就是块没人捡的"抹布"。

小京纪实

找寻大栅栏

说了半天"虚的",还要说"实的",回过头来到粮食店,找寻会友镖局的踪迹。捋到头儿,会友镖局的创始人叫宋彦超,他字迈伦,1810年生于河北冀县(今冀州市)赵庄一个耕读世家,在家习武,他是三皇炮捶拳乔三秀的第三代传人,深得秘技,武艺超群。宋彦超仔细揣摩,集平生所学,潜心钻研,创"夫子三拱手"的绝技。

清道光二十五年(1845),宋彦超36岁,进京投奔"神机营"报效国家。老七王爷醇亲王奕谖叫他与营中的教头比武。宋出手神奇微妙,众高手皆败在他手下,老七王甚喜,惊呼"真乃神拳也"。赏赐五品顶戴。此后,"神拳宋迈伦"名动京城武林。1860年英法联军入侵北京时,宋迈伦亲率众弟子,保护前门外大栅栏商业区。宋在京城久居,耳闻目睹朝政腐败,自感报国无望,便弃官经商,在京师前门外粮食店街创办"京都会友镖局",以武会友,一面从事保镖生意,一面传授武艺,开拓了北京三皇炮捶门历史的新纪元。

清同治五年(1866),于连登的儿子于鉴(字镜堂)先跟他父亲学艺,后来拜宋彦超为师,得宋之奥妙后技更精绝,功达上乘。自此,于鉴在北京大开山门,传授三皇炮捶拳。此后很长时间京都会友镖局同"三皇炮捶门"名声大震,镖局的生意兴隆,三皇炮捶拳也广为传播。后来镖局还出现了李尧臣这样的杰出镖师。他在"九一八"事变后日军进犯热河时,为29军传授自创的无极刀法,使将士们如虎添翼,奋勇杀敌。在长城喜峰口战役中,学了无极刀法的大刀队,手刃日本军近百人,追杀日寇60余里,缴获大炮18门。跟李尧臣学过武术的人很多,京剧武生泰斗杨小楼演闹天宫的猴拳和梅兰芳在《霸王别姬》中的虞姬舞剑,都是李尧臣传授的。后来李尧臣还战胜了日本人蓄意谋划的两场擂台赛,大长了中国人的志气。

1921年会友镖局歇业,也结束了镖局三百多年的历史。然而随着社会的演进,"保镖"这一行,已走过行业的门槛,漫漶成社会生活中的"保安"力量,而不容小觑。

附：我的保镖历史：李尧臣自述

光绪十六年，我才14岁，就离开直隶（今河北省）冀州李家庄，来到北京，在荷包行学徒。1894年，经人介绍，加入了会友镖局。

当时北京城有八个大镖局，会友、永兴、志成、正兴、同兴、义友、光兴、兴隆，都在前门一带。会友镖局是最大的一家，开设在粮食店南段路西。另外还有些跑散镖的，没有镖局这么大的规模。我进镖局的时候，正是会友最盛的时代，南京、上海、西安、天津各地都有分号。镖局的规矩，和一般商号不同，都是师徒关系。那时，南北各地，师兄、师弟、师叔、师大爷，共有一千多人。常在北京柜上的，总共二三十人。总管事的人，我们称之为"当家的"。当时的当家的，名叫孙一廷，一般人都叫他老孙四，我们称他孙四掌柜。

进镖局首先得拜师傅，我的师傅名叫宋彩臣。镖局子的人全凭一身功夫吃饭。拜师以后，首先是跟着师傅学武艺。先练拳术，叫作三皇炮捶。三皇也叫作三才，就是天、地、人。后练六合刀。随后又练大枪，36点，24式。十八般武艺，差不多都练到了。以后又练水上的功夫。水里得使短家伙，分水揽、雁月刺、峨眉刺、梅花状元笔之类，学会了不少。水陆功夫学会了，就学使暗器。一般都知道，有些镖行的人能使飞镖，飞镖也叫斤镖，因为一个镖的重量足有一斤重。小说上说什么金镖，那是念别了。还有紧背花装弩、飞蝗石子。

学会了软硬功夫，还得练飞檐走壁、蹿房越脊。所谓蹿房，是攀着房椽子头，往上一翻，一丈多高，一蹿就上去。落到房檐上，要轻轻落下，不能有动静。越脊，是说越过房梁，在房梁上走。不能在屋瓦上行走，踩在瓦上，嘎嘣一声，把瓦踩碎，别人就发觉了。上了墙，照例要在墙上往下面瞭望。看看院子里或是花园子里有没有沟、井、翻板，有没有狗，听听有没有大人说话、孩子哭。有时候还要用问路石试探一下，要是没有动静，才能翻身跳下，跳下去也要轻轻落下，不能有声音。

学会了飞行本领，还要练马上功夫。古来作战，有车战、水战、步战、马战。保镖也要准备这四样同敌人打仗的技术。保镖在镖车上，拿着长枪，就和古时车战仿佛。在船上水里和敌人交手就是水战。步战、马战，更是常有的事。

走镖，护院，保护库丁

当时社会挺不安宁，各地都有贼人铤而走险。有七八十人一伙的，有二三十人一伙的，也有三五成群的，盘踞在各地。所以行路的人，就得找会武术的人保护。起先，有些会武术的人，住在客店里，等候客人雇用，他们只推着一个小车子，客人雇妥了，就推着小车子上路，一天要走八十里地，这就是保镖的起源，后来买卖一天比一天发达，就自己立个字号，开一家车店，备有轿车，听候客商雇用，这就是镖局子了。到了后来，又在各地设上分号。

那时候，不仅单身的客人上路要找镖局保护，商人运送货物更得委托镖局，才能防止贼人抢夺。那些走马上任的官老爷（卸了任、发了财的更不用说了）也得请求镖客沿途保护。最后，连地方官运饷银和各种款项，没有镖局随同保护，休想平安无事。社会秩序越坏，盗贼越多，镖局的买卖自然发达。

走镖，是镖局子一项最重要的买卖，还有一项重要的买卖就是看家护院。当时的大宅门、大商号都得有看家护院的。后来外国人到中国办了很多洋行、银行，他们也请镖局子的人去保护。如华俄道胜银行就由会友给保护。

除了走镖、护院，还有一项买卖，就是保护库丁。原来当年库丁是一项很肥的差使，库丁可以从银库里往外面偷带银子。尽管防护很严，如库丁出来时要裸体折一个跟头，但库丁还是从肛门里偷偷带银子出来。库丁这样发财，北京城里就有些混混儿，专抢库丁，等于绑票勒赎，因此，库丁上班下班，就得找镖局保护，才能不被流氓绑去。

除此以外，当时北京的宝局（赌窑）和娼寮，也要请镖局派人保护。另外一些镖局才做这些买卖，八大镖局的人都看不起他们。

当时镖局给这些人服务，能拿多少报酬呢？保镖的人，每个月也就挣四五两银子，头儿们也多不了多少，七两二钱银子就是最多的了。到了年终，柜上赚了钱，大家可以分点红，但那时当家的吃大股，一般人分的也不多。护送大官上任，遇见官儿高兴，送到以后，赏个十两二十两的，那是外快，不在正式收入之内。一个保镖的，每个月虽只挣几两银子，可是吃的是柜上的，而且好吃好喝，生活还是挺舒服的。

镖局子制度也不像做买卖的那样紧，都是师徒关系，论起来是一家人，更不像当官差的有什么阶级高低大小之分，因此，一般人都觉得干这行挺自由、挺舒服。

保镖的光会武艺还不行，必须得学习行话。不过，镖行的行话，不仅是同行之间应用，主要还是和江湖上的贼人见面交谈。这种行话，我们叫"春点"，一般人称之为"江湖黑话"。镖行和贼打交道，首先得会"春点"，彼此拉交情，镖行必须和气，光凭武艺高强，想制伏他们，那还是不行。

我们镖局子里，白天在柜上，除了吃饭就是练武，傍晚，该出去坐夜的就纷纷到各家住户、商号坐夜去了。轮着谁出去走镖，就得出去走镖，大约一个月平均轮上这么两趟。走镖的时候，看保的货物多少，由当家的派人。少则一两个人，多则十来个人（大约保一万两银子用一个人）。人多了，总有师傅或师叔、师大爷带着，一切听他们指挥。走镖的时候，遇见贼人，两下没说好，得交手了，当徒弟的要不卖力气，让别人看着，就显着"没种"，没法出头了。总之，做贼的人，固然是亡命，保镖的也是亡命。你要豁不出去，不跟贼人较量较量，丢了镖，得赔账不说，往后谁还找你？

"贼"就是朋友

当我走镖的时候，早已不推小车了。客人坐在车上，货物也分别装在车上，车上插镖局的镖旗，保镖的骑着马跟在车后保镖，一路上紧盯双目，时刻留神。当时地方不靖，遍地是贼，有数十人一伙的，也有三五成群的，还有一两个藏在树林后面，看见单身走过来的就行抢。

保镖的到傍晚太阳尚未落山，就要找店房住下，进了店房，必须派人守夜，以免夜间有什么闪失。第二天，天还不亮，就要抓紧早赶路了。

当时遍地是贼，走在路上就难免和贼打交道。贼人隐藏在各处，冬天往往在地里趴着，夏天就在高粱地里藏着。有时候打扮成种庄稼的、砍柴的，很难分辨出来。有些贼人往往在道路当中放些荆棘，拦住人马的去路，也有些摆成十字的，不小心马要让它扎着了，也没法走了。保镖的一看路上有这些荆棘，就知道有贼了。说句行话，这叫作"恶虎拦路"。明知道这些荆棘是贼人放的，还是不能自己下马把它挑开，必须做好准备，和贼人见面。

这时，当头儿的立刻吩咐手下的兄弟们，举着枪，拿着刀，看住镖车，当头的自己却要放下武器，紧走几步，向前准备和贼人答话。贼人看见有镖车路过，也有个为首的上前和镖行办交涉。这时候，镖行的头儿要满面笑容，抱拳拱手，先向贼人行礼，招呼一句："当家的辛苦！"他也回一句："掌柜的辛苦！"按着镖行的规矩，"贼"是朋友，遇见了贼，就是朋友到了。如果初次见面，他必问你："哪家的？"我们就说："小字号，会友。"接着他又问："你贵姓？"我们就说："在下姓X，草字XX。"可是我们不能问贼"贵姓"，要一问，他就该疑心了。

"朋友"见面以后，必须拿黑话对谈，说明这一方面确是内行，对方确是"江湖上的朋友"。黑话的内容，不外两点，第一，彼此都是一师所传，应当讲江湖的义气。更重要的，镖行必须承认，这碗饭是贼赏给你吃的。他问："穿的谁家的衣？"就答："穿的朋友的衣。"要问："吃的谁家的饭？"就答："吃的朋友的饭。"这倒是句老实话，要没有做贼的，也就用不着保镖的了。做贼的，每天以打劫行抢为主，看着镖行的情面，有一部分"高高手，放过去"了，这不是做贼的给镖行留下这碗饭么？所以镖行称贼作"当家的"，跟称呼镖行的"掌柜的"一样。

两下里拉了一阵黑话，平安无事，就放你过去。有荆棘条子的，他就替你挑开，表示同意"借路"，让你通行了。临分别时，我们还要客气几句："当家的，你有什么带的？我到XX（某处）去，二十来天就回来。"贼人一般说："没有带的，掌柜的，你辛苦了。"

他准你过去以后，他就高声喊一个"合吾"。有时贼人趴在地上，远远地看不见，但为首这个贼喊了一声"合吾"以后，就听见远远地"合吾""合吾"，一声接着一声，贼人要多，"合吾"音就接连不断，喊上好大的工夫。

遇见贼人不听这一套，硬要和你比武较量分个胜负的，那就只好和他相拼了。真的动手的情形，一百次也未必有一次。可是干镖行的死在贼人手里的，也不在少数。

还要保护贼不出事

因为镖局子和贼交"朋友"，所以贼到北京来买东西时，我们镖局子就有保护的责任。

当时官面上有专管拿贼的采访局。他们称贼为"点子"。贼一进京，采访局就挨后面跟上了。可是一看见贼进了镖局，他们就不敢拿了。为什么官面上还让镖局一头呢？因为镖行有后台，我们称之为"大门槛"，也就是当时在朝廷最有势力的大官。比如会友镖局，后台老板当时是李鸿章。他应名算是会友的东家，可是也不用他出资本。因为会友派人给他家护院守夜，拉上了关系，就请他当名誉东家。采访局子得罪了镖局子，镖局子跟李鸿章一提，一张二寸长的小纸条，就要了采访局的命。所以他们就不敢找镖局子的麻烦。

贼人到了北京，来到我们柜上，他和谁熟识，就由谁陪着。白天，他出去买东西，晚上回宅子里睡觉。在外头吃饭的时候，都由镖局子会账。一日三餐，好酒好饭。做贼的进城，都打扮成买卖人的样子。进京的时候，身边带着不少钱。他买东西，自己付钱，这倒用不着镖局子破钞。

贼在北京住几天，连买东西，带看热闹，住够了，就由镖局子送他出城。临走时，起五更，由镖局派轿车，还有镖局的人骑马护送。贼坐在镖车里面，送出城后，镖局的人就回来了。赶车的人早由镖局子交代过，反正坐车的人叫你把车赶到哪儿，就送他到哪儿，什么话也不用问。送他到了地方后，他一定多给赏钱，绝不少给。

贼进北京这几天，镖局子必须特别小心，绝不能让他出事。要是贼住在镖局里，出了事，让官面上给逮去，镖局子就算栽了，你再保镖，路上遇见贼人的同伙，他必和你作对，镖就不能走了。

镖行和贼，就是这样相互利用。正因为有贼，而且贼讲江湖义气，镖局才能站得住，吃得开。可是镖局和贼究竟是两码事。贼做的是没本钱的生意，多半是走投无路铤而走险的光棍，而镖局子的人多数是有身家的人。会武艺的人要进镖局，并不是那么简单，必须确实可靠，有人知底担保，所以对于做贼的人，尽管镖号称他朋友，可是贼绝不能进镖局。镖局的人，忽然不干了，去做贼，这种事当然也不是没有的。可是镖局子绝不能容他。因为这种人离开镖局子去做贼，必然和镖局子作对。

轻易不动武

前面说过，保镖遇见贼人，全凭江湖黑话和他周旋，只要他肯点头借道，

小京纪实

找寻大栅栏

就算过去了。贼人急了，咱们也不能急，总用好话对付他。所以保镖的以和气为先，轻易不和贼动武。可是贼要不讲江湖义气，那也就顾不上了。为了保住镖车就得和他拼个你死我活。

出门保镖跟贼人交手，一交手，三两下，至多不过五招，就得把贼赢了，才能保住镖车无事。记得有一回，保镖路过固安县浑河以北摆渡路口，上了船。船户一看镖车多，有钱，刚过河他们就要截我们的镖。船户足有十多个，我们保镖的也有七八个人。两下说拧了，动了手。船户们用船蒿，我们使硬家伙拼了一阵，把他们打败，才没出事。

还有一回，在郑州庙以南，晚上住在店里。第二天，一早五更我们就动身了。刚走不远，就有一道桥。贼人暗地里把桥给弄坏了，表面上可又不显，带头的正要过桥，桥坏了，结果连人带马陷在水里，忙说："不好。"知道遇见贼了，直给贼说黑话，贼说什么也不放我们过去，真要与他们交战。

后来，火车、轮船一通，来往客商不用起早雇民船，保镖的生意也就越来越少了，最后就专门做护院的买卖。镖局子也逐渐减少了，只剩下会友一家。

当时前门外珠宝市、大栅栏都成立了商团，归会友镖局保护。街道两头都有铁栅栏，有事的时候，就把铁栅栏关上，由镖局把守，民国元年北京兵变，曹锟的第三镇在北京抢开了。珠宝市、大栅栏两条最阔的大街，却没受到损失。民国六年（1917）张勋复辟，段祺瑞马厂起兵，带着兵向北京进攻，在城里发生巷战，北京秩序相当混乱。珠宝市、大栅栏都因为由会友镖局保护，没有受到什么损失。

民国十年（1921）会友镖局也结束了。镖局子里的师兄弟、师叔、师大爷，年纪大的都回家养老去了；年轻的就由各银行、商号、住宅分别雇用，替他们看家护院。会友从最初开设，一共办了三百年，师徒相传了好几辈。

上图 早年的西河沿东口 ▶
下图 2008年的西河沿196号中原证券交易所旧址 ▶

银行西河沿

如今,站在前门楼子底下往西望去,会看到一条洋味十足的短街:西河沿。洁净优雅,两侧高楼联袂却无迫人的压力,尤其是路北的两座楼房,风韵独具,既有西洋的高雅,又佐以中式的华贵,典型的民国气派。这就是1908年开业的"交通银行"与1915年开业的"盐业银行",我国最早的两家银行。

一、西河沿

西河沿原本是一条护城河的河沿儿,后来成了长街。这条街,东起前门大街,西至和平门外新华街,全长1150米,均宽6米。因为它傍着大前门的西护城河由东向西延伸,故名"西河沿"。北京人称河边儿为"河沿儿",但这条街名不儿化,直呼"xiheyan"。那时护城河面宽阔,时有游船画舫荡漾水面。朝罢归来的汉官常常宽衣备酒放舟河面,观赏两岸风景,借以疏解心情。清顺治年间的诗人王渔阳歇官经旬,与友人在临河酒楼小酌,留下诗行,再现了彼时河景:

◀ 上图 盐业银行旧址   下图 交通银行旧址

小京纪实

找寻大栅栏

> 下直经旬发不梳，河楼高会剪春蔬；
> 已喜绿蒲藏睡鸭，更烧红烛射游鱼。
> 玉河杨柳见飞花，露叶烟条拂狭斜；
> 十五年前曾系马，数株初种不胜鸦。

心欲散淡，野趣横生，只一派温馨的水乡春色。清初实行旗汉分居，一般的汉官都要住在前三门外，上下朝必从前门闸楼进出，西河沿至琉璃厂一线就成了他们每日必走的熟路。商人识趣，投其所好，在沿路相继开了书铺、纸店、古玩店，供下朝的官员、文人雅士驻停浏览，随心选购。清初文人王士禛在《香祖笔记》中记曰："京师书肆，皆在正阳门外西河沿，余惟琉璃厂有之。"看来，西河沿老早就成了文人喜爱的"书市"。

然而，大清延宕了两百多年的江山，再也不能浑浑噩噩地在梦境中往下混了。进入20世纪，西方的火车头"哗儿"的一声，闯进了古老的北京城，一下子碾碎了"玉河杨柳"的水乡静谧，震撼了紫禁城，敲响了大清王朝的丧钟。

1906年，英国人在前门楼子东边与东交民巷仅有一墙之隔的地方，建成了欧式火车站，开通了京奉线（北京至沈阳）；随后，法国人又将京汉路延到前门西，建造了客货两用的西火车站。东西火车站的建成，像开闸放水一样，把来自四面八方的客流、货流一下子泄到前门楼子底下，东河沿没有地方消纳，涌进了相邻的打磨厂；西客站边的西河沿较有空间，渐而挤进了商场、客栈、会馆、银行，等等。昔日的护城河也被挤没了，顶替红荷绿柳的是喧闹的街市。地利抓人，东口最显眼的地方造起三座洋建筑：劝业场、交通银行和盐业银行。

交通银行在西河沿路北9号，临近煤市街，建于1931年，地上四层，地下一层。钢筋混凝土砖混结构，水刷石饰面，基座是花岗石贴面。主立面以西方建筑构图为主，又结合了中国传统牌坊的模样，顶部仿造额枋用了大块灰塑卷草云纹装饰，上加斗拱和绿色琉璃檐头；一层当中进出大门的门头，镶有绿色琉璃门罩，采用传统垂花门的样式，典雅肃静；三层窗洞口用雀替装饰，窗户两侧各有一只突出墙面的立雕龙头；围绕着一层营业大厅设有办公室，北边有辅助用房和员工宿舍，在建筑中部形成了一个内院。

东立面一层有一个侧门通往内院，建筑师将这个门头向上延伸，一直到二层顶部，安排了丰富的装饰：最下方是如意连续图案，接着是一组方石雕栏杆和栏板，顶部是双层如意云，还有两个突出的立雕龙头雨落水口。这种型制的设计，无论是结构还是装修都别出心裁，带有明显的中西建筑思想和文化交融的痕迹，是中国著名建筑师杨廷宝先生的代表作。

　　交通银行对面路南，是劝业场北门（后门），位于前门西河沿24号，它的正门开在廊坊头条17号。和廊坊头条的正门相比，后门的建筑体量较小，但非常规整协调，采用了爱奥尼柱、花瓶栏杆阳台、圆拱形山花等西式古典装饰，以少胜多，独立成篇。

　　过去我无缘进入交通银行，经常打穿闲逛的反而是交通银行西侧的街坊：西河沿菜市场（前门菜市场），对此我印象颇深。那时候去中山公园，游罢往回走，通常的路线是顺着长安右门往南，经过旧刑部街到棋盘街，而后不走前门大街，偏要从西河沿菜市场的北门进，在里面到处转转看看，可买可不买，而后出南门，进劝业场的后门，再转，出劝业场的正门，稍拐，进门框胡同，到大栅栏，过马路由大蒋家胡同回家。这是一条眼观腿溜精神舒畅的旅游路线，常逛常新，绝无重复之感。

　　印象中，当年的西河沿菜市场是北京城规模最大、菜品最全、货色时鲜的一级菜市场。首先是它得了地利,开在火车站脑门儿底下。有些紧俏时新的货品，随着火车卸货，最早开包上市，因而近水楼台，进货最快。其次，前门大街地界儿饭馆多，饭座儿多，对各种菜品需求量超大，销售得也最快，就连四九城各处的大饭馆子，每天都有人一早赶到这里采购备料，因而西河沿菜市场名冠京城。朱家溍先生载文言说："北京人吃的螃蟹来自天津附近的胜芳。北京前门西河沿菜市有个螃蟹批发站，最大的螃蟹每一斤两只。正阳楼把这种螃蟹用芝麻喂养几天再供应顾客，的确异常肥美。"现在这个菜市场已被拆除。

二、交通银行

　　交通银行自然起自交通，起因是铁路。19世纪铁路的发明，改变了人类的命运，至今铁路仍在推动着社会的发展，改变着人们的生活。回顾这段历史，颇有启发之处。

小小京纪实 找寻大栅栏

1767年经济萧条，英国的生铁价格大跌，铁块堆积如山卖不出去，又没处放。有人别出心裁，把铁块铸成长长的铁条沿路平铺。又有人好奇，把运矿石的小车放在两根平行的铁条上推着走，发现又轻又快。18世纪末，英国人瓦特等人发明了蒸汽机。就有人忽发奇想，试验把蒸汽机放到铁轨上拉车，不是多拉快跑更省劲儿吗？结果1814年，英国人斯蒂芬森发明了蒸汽机车，个儿不大，走行也慢，当时就有人骑着马，轻松地超过蒸汽机车，嘲笑他是"疯子"。不过，"疯子"不"疯"，依旧坚持实验。1825年，英国人在达林顿至斯托克顿之间修起了全世界第一条铁路，全长21公里。这回人们看到了火车头的威力，"铁路"给英国带来巨大的实惠。

为了扩大这个实惠，靠着两次鸦片战争进驻中国的英国人尝到得了便宜的滋味，胃口大开，还想无休止地占更大的便宜。1862年英国驻广州领事馆向清政府提出修广州至江西的铁路，1863年怡和等27家洋行请准修苏沪铁路……

在慈禧的眼里，洋人如洪水，火车头就是猛兽，她既怕得要命，又阻挡不住修路的风潮。1865年，英国商人杜兰德在北京宣武门外铺设了一条500米的铁路，名为"展览铁路"，为的是让大清臣民见识见识铁路运输的优越和威力。结果，火车一拉鼻儿，吓坏了大清人儿。报载"其迅疾如飞"，时人"诧所未闻，骇为妖物，举国若狂"，"几至大变"。步兵统领衙门赶忙"饬令拆卸"！本来是一场推介会，不想事与愿违，遇到死脑瓜子不识"货"，"展览铁路"彻底砸锅！

其实清廷对洋人修铁路心中有三怕：一怕"资敌"，有了铁路助力，可以长驱直入，为所欲为，岂不是老虎长了翅膀！二怕"病民"，修铁路占农田迁祖坟，破坏了风水。三怕"失业"，铁路完工，沿线的舟船车辆的挑夫，路站的客栈旅店没了生意，流民易于激发民变。

更有一事可笑可悲。

洋人盘踞上海，早就想修建上海至吴淞口的铁路，解决"卡脖子"路运输不畅的问题。先是英国领馆提出修铁路，遭拒。怡和洋行不甘，耿耿于怀。继而，美国驻沪副领事奥利维布拉特福知其不可强求，采取中国人"明修栈道，暗度陈仓"的老办法，向上海道台沈秉成申请修筑一条"寻常马路"请准购地。沈道台准了。于是怡和洋行的肯德露等人，串通英伦拉比公司的代理人拉比，在上海挂起一块"吴淞道路公司"招牌，以"建造适于车辆通行道路"的名义，在淞沪沿线，征购长14.88公里，宽13.7米的路基，于1874年开工。他们暗中从海上运来铁轨、"先导号"火车头，谎说是修路的机械，骗过上海当局。其实，他们已经铺设钢轨到了江湾。当时乃是窄轨铁路，全长16公里，铁路沿线设有高约五尺的竹篱笆墙。

1876年2月14日，沪淞铁路完工，铁轨、站台、机车一应俱全。生米做成熟饭，木已成舟，清廷傻了眼。每天小火车跑得欢欢的，上海吴淞快速往返，明摆着是件大好事。下令拆吧，既不得人心，又赔不起。朝廷找李鸿章要主意。李中堂早有自办铁路的想法，故说："由朝廷照原价买回，招华商股份承办。"朝臣无计，慈禧照准。双方议价25万5000两白银，分三期交英方，最后完款赎回。未完期间，仍由英方管理，运输照常，效益属英方。从1876年12月1日通车至1877年8月25日，不到九个月的时间，运送旅客14万人次，盈利达到英国国内铁路水平。看来，这条铁路修得很有必要，效益超好。1877年10月20日，交完余款的铁路移交大清。时任两江总督的沈葆桢早有盘算，以异乎寻常的速度拆毁铁轨，推倒车站，扒平路基，名义上说是挪到台湾重建铁路，实际上没有迁运经费堆弃一旁，任凭风雨侵蚀，变身废铜烂铁。李鸿章知悉叹道："以重价购铁路，而竟在收回拆毁，实不知其何心？"

何心？抱残守缺死心眼，榆木脑袋不开窍。铁路的优势明摆着，有目共睹。经历了甲午惨败，明眼人都体悟到"落后就要挨打"的道理。大势所趋，人心所向。要修路，而且要自己出资，不能让洋人得便宜卖乖，骑在中国人身上作威作福。朝野都有这个见识。李鸿章主张修铁路要"用洋法，雇洋人，自我兴办"。光绪也下诏："庶政公诸舆论，铁路准归商办。"

光绪三十三年（1907），因屡遭洋人胁迫，全国掀起赎回京汉铁路权的爱国热潮，赎铁路就需要钱，清政府财政拮据，为了筹集资本，乃委派邮传部组建官商合办的银行，赎回铁路路权，命名为"交通银行"。1908年3月4日，交通银行在北京正式开业。资本额定为白银500万两，实收250万两，分成5万股股份，其中邮传部认购2万股，为最大股东。委派时任四川建昌道的李经楚为总理，山西道员周克昌（四川浚川源银行的创办人）为协理，由邮传部参议、铁路总局局长梁士诒为帮理。

李经楚是李鸿章的胞侄，义善源票号的总司理，曾任邮传部右参议。邮传部奏请设立交通银行时，就推荐李经楚为总理，认为李精明干练，长于理财，于银行事宜讲求有素，经验尤深，可以担当此任。李经楚在交通银行草创时期确有建树。不过他一手负责交通银行，另一手总也放不下自家的义善源票号，就难免有挪用资金、公私兼营之举。辛亥革命前，上海股票市场出现泡沫，交通银行和义善源票号陷入其中。新任邮传部尚书盛宣怀早就对李经楚有看法，这次揪到了李的不是，乃令李经楚返还所欠交通银行债务。李经楚的义善源票号破产，他将所有票号典当品、地契抵偿债款，不足之数不惜变卖家产、首饰，还清欠款。李经楚去职后，周克昌、陆宗舆先后继任交行总理。

中华民国创建后，交通银行股东联合公会推选梁士诒为总理。

梁士诒，字翼夫，号燕荪，广东三水人，他是交通银行创行元老之一，1907年11月任交通银行帮理。他与李经楚关系密切，武昌起义后，任邮传部副大臣及署理大臣。1912年3月，他任袁世凯总统府秘书长，后曾署理财政部。1921年12月，梁出任北洋政府国务总理。他无论在政治舞台还是在交行的历史上，都是一位很有特色的人物。他前后两度担任交通银行总理，达七年之久。他知道在中国，银行的生存发展都离不开政治人物的左右，因此与上层领导积极结交。袁世凯久有称帝的打算，路人皆知。梁士诒在他所代表的交通系讨论此事时，诸干将议论纷纷，莫衷一是。梁士诒在旁边听得不耐烦了，干脆点破道：赞成帝制不要脸，不赞成就不要头。要头还是要脸，你们自己看着办。会上诸人你看看我，我看看你，最后一致同意："要头不要脸！"袁世凯倒台后，"不要脸的"梁士诒作为鼓吹帝制的祸首被通缉。以后任凤苞、曹汝霖、张謇、钱新之等人先后入主交通银行。1928年11月，南京国民政府改组交通银行，始设董事长及总经理。先是财政部指派卢学溥为交通银行第一任董事长，董事会选举胡祖同为第一任总经理，后宋子文的亲信胡笔江和唐寿民分别被指派为董事长和总经理。抗日战争爆发，唐寿民先去了香港，次年回上海主持交通银行复业，任董事长。民国三十二年（1943）三月，唐出任"汪伪全国商业统制会"理事长，沦为汉奸。就在这期间，前门外西河沿交通银行大楼建成并投入使用。

交通银行除独家经理轮船、铁路、邮政、电报四大事业营业收入外，还注重公私存款、抵押放款、汇兑等普通商业银行业务的经营。交通银行是中国早期四大银行之一，也是中国早期的发钞行之一。自宣统元年（1909）发行第一版银圆券、银两券、小银圆券，至1942年发行无地名法币券，"印刷通行银纸"的三十三年，它是近代发钞史中发钞最长的银行。交行钞面的图案设计，不用人像，而是采用最新交通科技成果，比如，巨大的发电机、海上巨轮、钢架铁路桥、新型飞机、先进的火车头、高压线电塔、现代化码头，等等，记录了交通科技的发展，设计思想很是超前。民间俗称交行的钞票为"火车头票"。

三、盐业银行

再说盐业银行。盐业银行原本是袁世凯的大哥袁世昌的内弟张镇芳创办的。张镇芳就是"民国四公子"之一张伯驹的父亲。

在袁世凯任直隶总督的时候，张镇芳任天津长芦盐运使，主管河北、山东等地的盐政，那是个非亲近莫属的大肥缺。因为盐业是官办垄断性企业，成本低，劳动力便宜，又是家家户户过日子离不开的必需品，销路绝无问题。因此历来的盐官没有不发财的，一个地方盐运使，一年的收入少说也可进十万两白银，超过一个县太爷，更何况是总揽半个北方盐政的长芦盐运使呢！张镇芳成了大富翁，与袁世凯又有特殊关系，还兼任了粮饷局总办和袁世凯本人的私人账房，辛亥革命后当上了河南省都督。张镇芳为了能将盐税集中管理和运用，1915年3月，在袁世凯的支持下，他创办了盐业银行。此前，代理财政总长、那位"不要脸的"梁士诒，也几次建议国务院设立盐务实业银行。盐业银行原定总股款500万元，其中官股200万元，私股300万元，实际上由于财政官员们的抵制，官股只交了10万元，后来这10万元也转给私人了，所以盐业银行是个有官方背景的、私人性质的商业银行，股东都是腰缠万贯的清廷旧僚。

1917年，张镇芳回京参与张勋复辟而被捕，盐业银行总经理就改由当时天津造币厂厂长吴鼎昌担任。吴鼎昌是民国时期盐业银行的总经理，又是"北四行"（盐业银行、金城银行、中南银行、大陆银行的联合经营组织）和四行储蓄会的发起人及主要负责人，他不愧是中国现代金融界富有传奇性的著名人物。

吴鼎昌，浙江人，原本一介书生，1903年考取官费赴日留学，后加入同盟会，辛亥革命后，他在北京曾托梁士诒推荐，进中南海见过袁世凯，可是老袁看不中他。梁士诒就问袁世凯："您为啥不用他啊？"袁世凯说："你看这个人说起话来喉咙喑哑得让人听不见他说什么，而且脑后有'反骨'，你敢用，我可不敢用！"果不其然，后来就是吴"收拾"了张镇芳。他虽然一分股票也没有，却当上了盐业银行的总经理。

吴鼎昌在管理和用人上都有一套。他不搞一朝天子一朝臣，而是用人之长，尽力发挥每个人的特点。如北京分行的经理，原先张镇芳掌权的时候就是岳乾斋，吴鼎昌上任后仍很重用他，并通过他，长年从事一项特殊的业务，就是向那些掌握了大量清廷文物、改制后又没了钱粮的清朝遗老，包括末代皇帝溥仪在内的清室后裔办理押款。仅此一项业务，就使盐业银行大发其财。

岳乾斋办事极有古风，对那些日趋没落的旧王孙很是同情，人家拿了东西来押款，他总是开价比别人高一点。比如人家拿了一对古瓶来，要求押两万，他知道人家有困难，就主动提出："两万够不够？两万五吧！"那时，清廷逐年依靠抵押变卖宫中物件度日，先后共抵押了60万元，后来连本带利达一百数十万元。岳乾斋还想为人保密，不肯拿出账本，后来董事会决定将抵押物品没收处理。这一大批古物中，仅瓷器就有2200多件，最著名的是一套金编钟，合计毛重1.2万多两，折合纯金4000多两。还有两个金塔，每个重500两，有半人高，七层，每个塔身和门上都镶嵌了珠宝，夺人眼目。这都是乾隆皇帝八十岁大寿时，各省的督抚聚资铸造的贡品。还有金册封22页，包括慈禧册封12页，还有隆裕皇后的册封6页，另有金印5颗。后来盐业银行变卖其文物所得的巨款，除还清了清室的押款本利之后，还剩下千余件文物，其中就包括那16只金编钟。这些剩余之物就成了盐业银行的账外之财。日本人占领华北时，银行将金钟藏在天津法租界，后来又藏在英租界四行储蓄会的地下室小库房里。日本军方和副领事以及胜利后的国民党大员，都曾追问过此事，天津行均小心应付，直到新中国成立后交给国家，现存于故宫。据说，中国人造卫星播放的《东方红》乐曲，就是由这套金编钟奏出的。

盐业银行位于西河沿街东口路北。钢筋混凝土砖混结构，面阔七间，以红砖墙为主调，两端略用块石饰壁柱，柱头有雕饰，中间五间用二层高的爱奥尼柱式，上作檐壁、檐头，三层窗头用三角形山花装饰，最上端有花瓶栏杆式女儿墙，其余三面装饰简单，红墙局部用白色腰檐和白色窗套，门窗洞口较大，一层用弧形拱券，二、三层为方窗。这就是1915年由袁世凯批准建立，占地面积约800平方米的盐业银行，2004年被北京市公布为文物保护范围及建筑。

值得一提的是，1918年年初，交通银行和当时的中国银行第一次"停兑"，一些银号、钱庄就开始买卖两家银行的钞票。北京的盐业银行经理岳乾斋和金城银行总经理周作民，以梁士诒为后台，发起成立了我国第一家由国人创办的北京证券交易所。这个交易所位于东四南大街的"干鱼胡同"，后胡同改名为"甘雨胡同"，这里原来是一座清政府接待外国使节的会馆。1918年6月6日，北京证券交易所在这里开张。北京证券交易所开业后一直到1928年，是该所发展的黄金阶段，当时北京证券交易所是北洋政府公债最直接的销售市场。南京国民政府成立后，北京改为北平，于是在1929年，北京证券交易所改为北平证券交易所。失去了经营公债的地利优势，北平证券交易所日渐萧条，1939年6月，该所因战事影响而宣告停业。这个交易所现在已经看不到了，可是在前门外离盐业银行和交通银行不远处的196号，我们可以看到民国时期北京著名的中原证券交易所旧址大楼。这是一个有五间进深，中间是天井的环形建筑。一层为营业厅，二层为环行围廊，是大户交易处。从天井往上是一个巨大的木制三角形顶棚，四周开有气窗。现在这里的住户是中科院的部分家属。走进这里似乎可以感受到旧时股票交易场景，这里埋藏了多少股市的故事，又该有多少股民们的喜悦和哀伤。

如今，西河沿，既无河，更无河沿儿，却有一条收存旧时金融记忆的老街。

第四编
找　人

朱启钤和他的民国旧事
田汉和他的《白蛇传》
程砚秋和他的《锁麟囊》
裘盛戎和他的《秦香莲》
大美不亏大节

引 子

　　入夜，大栅栏灯火辉煌，如一条地上的灯光"银河"，回应着满天星斗。这条地上"银河"，正是大栅栏人聚集、焕发出的智慧之光。百年兴衰，潮起潮落，那光流的点燃，是一个个、一点点发生的，钻木取火，铁石撞击，爆发出智慧的光芒和能量。大栅栏是条漾满智慧的街。在险恶的商海风浪中，智慧是导航的灯，救命的草，是劈波斩浪踏上成功彼岸的一条路。

　　聚集在大栅栏谋生的人，五行八作，三六九等。他们大多是抛家舍业投奔北京的寻梦人。这些人或许没有家族光耀，没有优越的生活条件，没有受过良好的教育，是饱尝饥寒而难以求生，激燃起他们头脑中的睿智，是跌扑地上摔得腰酸腿疼才学会识路的本能。他们聚集在前门外，从大栅栏的兴旺中，发现别人的需要，开发自己的本领，乃至辨明舶来品的佳妙，借风使船打造自己的甲板，寻找自己的航向。他们靠智慧和毅力，在拥挤的大栅栏地界上站稳脚跟，成家立业。

　　大栅栏人的忠于业、厚于客，获得了北京人的宠信，又为北京人的品格不断充实营养。可以说，老字号的品质和诚信，老戏园子的传承与精彩，是大栅栏的两盏明灯，照亮自己，照亮京城，也流传后世。

　　大栅栏星河灿烂，有历史演进使然，也离不开高人引领辟路。徜徉大栅栏东口，繁盛的前门大街不该忘记昔日关注于它，并为京城做出切切实实业绩的内务总长、京师市政公所督办的朱启钤，也不该遗忘从大栅栏老戏园子摔打出来的京剧名家程砚秋、宋德珠、叶盛兰、裘盛戎，以及国歌作者田汉，等等。

朱启钤和他的民国旧事

　　大栅栏空前的发展昌盛，得益于百年前的那次革故鼎新。大前门解开了堵在北京人心窝的"大疙瘩"。一位开明的"北京市长"，用袁世凯大总统亲自颁发的银镐，刨开了国门沉重的城砖，疏通了北京南北中轴线。这一下可不得了！他破的是瓮城，释放的却是刚刚甩脱封建枷锁的百万黎民，从此人们可以挺直腰板儿在京城大街小巷自由地走来走去。

　　这个故事虽然渐渐老去，今天读来却异常新鲜，仿佛那是还没有过完的昨天……

　　1912年，清室退位，民国肇始，定都北京。从表面上看，北京没动窝儿，还是那个"里九外七皇城四"的北京；可性质却悄么声儿地变了，天下大变。它不再是庇护皇上万岁万万岁的"日下"，倏然转身成了亿万庶民初尝民主滋味的、中华民国的首都。

　　无论怎么说，这都是中国旷古未有的一件大事！

　　然而，北京的城和人都很不自在，一方面京城民众为结束千年帝制而欢欣鼓舞；另一方面却又为旧形制给新生活带来的不便而焦躁。皇朝没了，皇城还在，那位小宣统还待在后宫里白天享乐、晚上做梦呢。而素有国门之誉的正阳门瓮城，

◀ 朱启钤和张学良等在北戴河合影

小京纪实 —— 找寻大栅栏

依然固若金汤,像个死疙瘩,纠结着京城四面八方的交通,堵塞了民国首善之区的勃勃生气。南来北去的人们成天绕着皇城兜大圈儿,费时、费力,还堵心。举个例子,1914年,原来靠着天安门西边的社稷坛被开发为北京第一个公园——中央公园开张迎客,亘古未有,立即轰动全城,住在外城的市民欣喜非常,蜂拥而至,竟堵在正阳门闸楼底下延宕了两个多小时,才缓缓通过。高大坚固的正阳门成了北京城南北交通卡脖子的瓶口。

民国了,说是民的国了,真会有人站出来,管管老百姓这档子堵心的难事吗?

时任民国政府内务总长,兼任京师市政公所督办(相当于北京市长)的朱启钤对此了然于胸,而且早有谋划。他是清朝的旧人,却怀着一颗务实新政的决心,就等着时机一到,大展宏图,修饰、规划民国京都。

朱启钤,字桂辛、蠖公,人们尊称他为"桂老"。祖籍贵州开州(今开阳),1872年生于河南信阳,1964年2月26日卒于北京。他是光绪举人,1903年任京师大学堂译书馆监督。此后曾任北京内城、外城巡警总厅厅丞,东三省蒙务局督办,津浦路北段总办等职。1912年7月起,他连任陆徵祥、赵秉钧两任内阁的交通部总长。1913年8月代理国务总理,稍后任熊希龄内阁的内务部总长。1914年兼任京师市政公所督办。1915年他拥护袁世凯称帝,担任登基大典筹备处办事员长(处长)。1916年袁世凯称帝失败,他引咎辞职,遂移居天津。袁死后,他应袁世凯长子袁克定之请,为"项城营葬于垣上村,修建了袁陵"。言及"不以成败论英雄",避谈袁的是非。1918年8月当选为安福国会参议院副议长,未就任。1919年徐世昌大总统委任他为南北议和的北方总代表,去上海与南方代表谈判。和谈破裂后他退出政界,寓居津、沪弃政经商,曾经参与创办中兴煤矿、中兴轮船公司等企业。中华人民共和国建立后,任政协全国委员会委员、中央文史研究馆馆员。著有《蠖园文存》《存素堂丝绣录》《女红传征略》《丝绣笔记》《芋香馆诗》《清内府缂丝书画考》《清内府刺绣书画考》《漆书》等。

1927年,朱启钤根据日本的传抄本,重新刊刻了久已失传的《髹饰录》,交王世襄研究。王世襄说:"《髹饰录》是中国现存唯一一本古代漆工专著。但全书文字简略晦涩,且类比失当,所以极难解读。过去此书唯一抄本远在日本，后经曾任北洋政府代总理的著名学者朱启钤先生刊刻印行。他知道我有这方面的志趣，遂将此书交给我诠释解说。"王世襄编写此书前前后后用了三十年，除写作本身的艰难外，又迭遭政治坎坷，但他初衷不改，善始善终，不负朱启钤先生的厚望，于1983年终于正式出版了《髹饰录解说》一书。1998年修订再版。

王世襄在晚年回顾一生作诗《大树歌》，其中歌咏：

> 蠖公授漆经，命笺《髹饰录》；两集分乾坤，字句度往复……十载初稿成，公命幸未辱。

他与桂老常年相处，师生情深，他颇有感触：

> 从任何角度来衡量，朱启钤先生对社会和历史的贡献都是他人无法比拟的。任何人，若从事过他一生所从事的任何一项事业并做出他那样的贡献，都足以自傲人生，而他一生却从事了举不胜举的多项事业，并项项做出非凡的贡献……其人生与成就如海深山高，反而使我们所无法企及，难以理解，必是主要原因之一。

一、打开皇城通路为民

光绪三十一年（1905），清廷实行新政，效仿日本，设立了巡警部，由徐世昌任尚书，原工巡局总监内阁学士毓朗任左侍郎，主办北洋警察的直隶候补道赵秉钧任右侍郎。朱启钤调巡警部，派任北京内城巡警总厅厅丞，后转调外城总厅厅丞。

当代作家曹聚仁先生在《听涛室人物谭》中说：

> 无论如何桂老总是写民国史前半页的主要人物之一；和去年（1963）在台北九十大庆的许世英都是清末推行新政的人物。辛丑回銮后，桂老便任外城巡警总厅厅丞（等于后来的警察厅长，内城巡警总厅厅丞为汪嘉丞），许静老（许世英）便是桂老那儿的行政处签事。我们如今看来，警察算得什么？在当时，却是了不得的大事，也只有年轻有胆识敢作敢为的敢去推行。那时，他们在外城大栅栏（京城最早铺的石渣路）推行过单行道制，而敢违犯这规矩的乃是肃王善耆的福晋，他们有勇气判罚那福晋银圆十元，真

是冒犯权威，居然使肃王听了折服，这才施行得很顺利。

朱启钤在担任京师内外城巡警总厅厅丞的时候，心里很清楚，当时的朝廷已危如累卵。他无意捕人帮凶，为行将垮台的封建王朝卖命，只是终日奔走内外城的大街小巷，揣摩五朝帝都市政布局的得失，日后如何修改补救。在此期间，他谋划京城公安消防的设立，创办了北京警察的市政基础建设。

1913年2月22日，光绪的皇后隆裕太后去世，民国政府27日在太和殿举行悼念大会。朱启钤负责警务，在大会西侧的社稷坛（今中山公园）里值班。他盘桓在千年古松坛庙之间，思索着京城鼎新之后的市政管理和布局，暗下决心，他把值班的那个小屋起名"一息斋"，取朱熹"一息尚存，不容稍懈"之义，以自励也！

1911年辛亥首义成功，民国初建，朱启钤担负政府要职，正好为他昔日的谋划，搭建了一座实现夙愿的平台。朱启钤是位实干家，他有理想、有抱负、有谋略、有眼光，热爱北京，行动果敢坚决，做事善始善终。他记得年轻时随姨父瞿鸿機进京，一眼看见北京高大的城门楼子和雄厚的城墙，就被深深地震撼了。那是历史留给今人带有温度的躯体，满身伤痕累累是历史对后人的诉说与警示。游走京城，面对四周撞入眼帘的城与墙，他景仰、叹息，又有些悚然地担心北京城门城墙今后的命运。对一个来自异地他乡、如今重权在握的高官来说，这份担心是杞人忧天呢，还是具有远见的关顾？

时间，静默地期待回答。

北京的城门有"里九外七皇城四"二十座之多，外城拱卫内城，内城环护皇城，皇城紧紧守卫的是明清两代帝后性命攸关的紫禁城。其中，皇城最紧要，它既是紫禁城的保卫盾甲，又是为帝后奢靡生活提供保障的后勤库房，占地很大。皇城南启天安门，面对今日的长安街；东启东安门，面对今日的南北河沿儿、王府井；西启西安门，面对今日的西皇城根儿一带；北启地安门，面对今日的平安大街、钟鼓楼。皇城四周环绕着高大的黄瓦红墙，壁垒森严，闲杂人等，概莫能入。

1912年民国建立，政府优待皇室，溥仪一干人等仍居后宫，紫禁城的前朝三大殿和外围皇城归还民国。但旧的形制未除，依然排斥着京城百姓。地安门外的百姓想去大栅栏逛逛，必须往西走到西四牌楼，再往南出宣武门，折向东才能到达前门外的大栅栏。那时候出门全靠两条腿，要耗费小一天的时间，还要考虑原路返回，明明正北正南，两点之间直线最短，却被皇城阻隔，老百姓苦不堪言。皇城成了堵在北京人心口窝儿的一个大疙瘩。

朱启钤熟悉宫廷和内外城格局，心中久有盘算。考虑到"皇城宅中，宫墙障塞"，只有"禁御既除，熙攘弥便"。因此，打破皇城禁锢，势所必然。开通东西两横（景山前街、东西长安街）和南北三纵（府右街、南北长街、南北河沿）五条通衢，是他改善北京市政刻不容缓的重要举措。

他顶着种种诽谤和重重阻力，打通了景山北上门的前街，这样就贯通了从朝阳门到阜成门的一条长街，穿起了孚王府、东四牌楼、隆福寺、景山、故宫、大高玄殿、北海、团城、中南海、西四牌楼、帝王庙、白塔寺等名胜景点，成了北京城里最负观赏性的一条街。

他破除了天安门前严密封闭的禁区，拆除东西两座长安门和俗称东西"三座门"的卡墙，打通了具有"神州第一街"称誉的东西长安街。东西"三座门"正名长安左门（位于太庙东）和长安右门（位于社稷坛西），为三阙卷门，敦厚雄伟，是文武百官进出紫禁城的必经之门阙。长安街的开通展现了民国新貌。朱启钤在长安街上刻意地保留了这两座厚实的"三座门"和街东、街西两座单牌楼，为历史留下纪念，为长街添加景观，用以加深人们对古城的记忆，珍重先人的遗存。

为了着重解决京城南北向路少的矛盾，他打开皇城，开通了府右街、南北长街、南北池子三条南北干道。并在面临长安街的南街口，设计了"南长街"和"南池子"两个拱形卷门，样式古典简洁，既与皇城红墙黄瓦形色一致，又美化了新辟的街道，一览平直，树影婆娑。这一修改，大大便捷了京城东西尤其是南北的往来通行。本来，他还想打通朝阳门的南北小街。因为当地官宦缙绅的百般阻挠，终未成功。后来，日寇占领北京，用强力打通了这条窄窄的小街。直到今天，政府给力，南北小街才得以展宽通达。

天安门是"金凤颁诏"的所在，他下面面对的是一个呈"T"形的封闭空间，南端开启"大清门"（明朝时叫大明门）。"T"形空间围有高大的黄瓦红墙，内中建造了东西向、折而北向的144间"千步廊"。这里原是朝廷各部办公的朝房，后废，改作堆物的库房。大清门外与正阳门之间有白玉石甬道，两侧空地圈以白玉石栏，俗称"棋盘街"。

朱启钤拆除了废弃多年的千步廊，将可用的建筑材料运到清除了百年垃圾的社稷坛，修建了"水榭""塘花坞"和曲折的"游廊"等新景点，他号召各界人士捐款，自己带头，共得9万余元，市政补助1万余元，计10万余元，建成、开放了北京城的第一个公园：中央公园（1928年改名中山公园）。他还设计、建造了西式大理石"格言亭"，石柱上镌刻我国圣贤语录，安放在中央公园后河，既装饰景点、便于游人歇脚，又利于教化民众。后来在东单也放了一座，他原想在京城街头多建几座，未成。侥幸中央公园的那座被磨去格言的格言亭还在，记挂着朱老人一份未竟的心思。

千步廊拆除后，面对长安街的北墙拆除，豁然开朗，形成宽大明亮的广场，东、西、南三面的红墙仍保留。大清门改名"中华门"。原想利用大清门旧匾镌刻，翻过来一看竟是"大明门"，这一翻就是五百多年！

二、修改正阳门

朱启钤打开皇城，更多的是便利了内城居民的出行，进而缓解了内外城，乃至全城人们的出行困难。这样，打开正阳门瓮城的禁锢，就成为疏解京城南北交通的关键所在，也正是解决京城民愿和政府为民的契合点。他宽容友善的人际关系和说到做到的务实精神，很快得到他的上司和同僚的信任与支持。

正阳门位于北京内城南垣的正当中，取"圣主当阳，日至中天，万国瞻仰"的意思，是国门，俗称前门。正阳门是一组结构严谨、气势恢宏的城池建筑。它包括正阳门、箭楼、瓮城、正阳关帝庙、正阳观音庙、东西闸楼和正阳桥、五牌楼一组相互关联又结为一体的传统建筑。在内城九门中，正阳门规模宏大，至高无上，门禁严格。

正阳门的正门终年不开，在皇帝出巡，或到天坛、先农坛祭祀时才开启。平时进出内城的车马行人只能从瓮城东西两侧的闸门进出，而闸门向夕即闭。在更交五鼓时，左右闸楼才暂开一次，以便官员进城上朝，这时赶早的外城市民也可以随之而入，叫"赶夜城"。庚子以后，东交民巷的外国使馆紧临城门，出入不便，洋人要求弛禁。清廷就变通了一下：关门不上锁，有急事就开；宣统时，就实行上半夜开左门，下半夜开右门。以后，洋人还嫌不便，就自行在正阳门与崇文门之间，扒了个"豁子"叫"水关门"，这样就可以从使馆区的东交民巷自由出入，摆脱了大前门的限制。朝廷只能瞪眼干瞅着。

洋人可以扒豁子，想怎么干就怎么干。京城子民却没那个胆子，变通日益窘迫的生活，反而是"麻绳蘸水——越抽越紧"。

明代中叶以后，为进京应试举子暂住修建的会馆，在前门外就有一百余家。前门外的人口剧增，商业日渐发达。御道两侧迅速出现了鲜鱼口、大栅栏、粮食店、煤市街、珠宝市、肉市、布巷子、猪（珠）市口等闹市。到了大清开国，多尔衮扶保小福临进京，实行旗汉分治，把汉人统统撵到外城。接受明亡的教训，为了保住八旗军民子弟不被声色腐蚀堕落，朝廷严令，茶园、戏楼、妓院只准在外城开设，就连每年正月十五万民同乐的灯市，也从东城的灯市口搬到了前门外。很显然，内城的固守与外城的繁荣形成极大的反差，进出交流的需要日趋急迫。大前门的拥堵成了疏解全城交通的瓶颈。

比这更紧急的是，在光绪二十七年（1901）和光绪三十二年（1906），京汉和京奉两条铁路的车站分别建到正阳门瓮城东西月墙跟前。北京人进出城本来就困难，这回又加上从四面八方来北京的旅客，一下火车被堵在前门楼子跟前，交通"愈形逼窄"。昔日威武庄严的正阳门一时成了"拦路虎""绊脚石"，正阳门非得改改模样不可。是拆，是改？怎么拆，怎么改，改成什么样？都是大问题。更何况受政府优渥待遇的溥仪"小朝廷"一干人等，还在紫禁城后宫里住着，影影绰绰没离开人们的视线。虽然脑袋后面的辫子没了，但脑仁儿里还残留着一块"王道乐土"，天朝威仪，国之"龙脉"，堂堂"国门"，天子犹在，土木之工岂可擅动！动正阳门，难！

朱启钤深知其难，修改正阳门不仅缺资金、少劳力，工程庞杂，而且有人会散布这是伤害"龙脉"、拆"祖宗基业"、大逆不道的谣言，惑乱民心！加上箭楼外围东西荷包巷商店密集，向来是日进斗金的宝地，拆除后如何安置、补偿，更是个关乎社会稳定的大问题。因此，修改正阳门的工程一朝失误，就会招来塌天大祸，为后续的京城市政改造带来难以克服的困难，乃至败坏民国政府的信誉。

身居官场，朱启钤深谙内里矛盾的错综复杂和利益攸关。但是，他也清楚，如果调度有方，协同去异，脚踏实地地去做，也可以因势利导，推进工程的顺利进行。他有过这方面的经验。

小小京纪实

找寻大栅栏

民国初立,大总统府设在中南海。原来的"三海"与紫禁城连通一体,民国总统府的大门总不能还开在旧日王朝的午门,照旧在紫禁城里过日子吧?

朱启钤熟知古建结构,他把中南海南侧的宝月楼底层改室为门,起名"新华门",拆除了楼南侧的外围皇城墙,大门两侧建八字墙,直对西长安街,门内建大影壁遮挡内部景象,既合建筑规矩,又合安全保密。他又在大门对面的路南,修了一长溜儿西式灰色花墙,以示整齐严肃,同时也遮挡了当时设在路南的外国兵营。这一改,上上下下都拍着巴掌说好,新华门沿用至今。

朱启钤对修改正阳门十分慎重,他深知操作起来必须悉心规划,合乎法度,不能有大的闪失过错。到了民国四年(1915),身为政府内务总长的朱启钤向袁世凯呈递了《修改京师前三门城垣工程呈》的报告,具体内容是:"拆除正阳门东西月墙,于原交点处各开两门,旧基址改筑马路。箭楼崇巍则仍留存……"方案取得了袁世凯的许可。为了表示支持其排除阻力,袁世凯象征性地颁发给他一只红木银镐的银镐,上面镌刻:"内务朱总长启钤奉大总统命令修改正阳门,朱总长爰于一千九百一十五年六月十六日用此器拆去旧城第一砖,俾交通永便。"重任在肩,权威俱显。

1915年6月16日,朱启钤冒雨主持了修改正阳门城垣的开工典礼。他手持袁世凯大总统颁发的特制银镐,率先刨下了第一块城砖。由于他谋划得当,筹资有方,用人得力和赢得各界的广泛支持,工程进展迅速,当年年底全部完工。12月29日,朱启钤奉命率同督修官、交通部次长麦坚信,外国工程司罗克格,京师警察总监吴炳湘一次验收合格。

正阳门是怎么修改的呢?

首先是拆除了环联正阳门与箭楼瓮城的东西月墙;把月墙外的东西荷包巷两个占路小市场拆除,搬迁到天桥,用拆迁的材料辟建新市场,给商户一定的补偿;在正阳门东西两侧添砌新墙二幅,全用旧砖,厚3米,东西墙各打开两个大门洞,每个门洞宽9米,高8米,分别安装了带滑轨的钢门,实行单行,东进西出;修筑了两条宽20米的马路,路中设置造型鲜明的"安全岛",路边开辟洁净的人行道,全部用唐山产的钢砖铺砌。新修排水暗沟800米,还修了中华门导入护城河大暗沟两条,防止雨季积水漫溢。

这个修改工程时新、方便又美观。时人高兴,写诗称赞:

> 人马纷纷不可论,插车每易见前门。
> 而今出入东西制,鱼贯行来妙莫言。

保存、修饰"工筑崇巍"的箭楼是另一项重点工程,这是疏通之外的存美。箭楼原是守卫正阳门的敌楼,满布箭窗,坚如堡垒。朱启钤珍爱我国古建筑,考虑到瓮城拆除后的箭楼不仅要完整保存,还需要加以修饰和美化,才能独立成章,光华四射,与正阳门城楼前后呼应。

失去月墙的箭楼,孤零零、光秃秃很难看,像块板砖,但是它又首当其冲,面对前门大街,遥望永定门,是北京城的脸面。怎么修饰?朱启钤有想法,但不自专,他请京汉铁路的德国工程师罗克格主持设计,在箭楼东西两侧各增筑一座弧状月台,加大箭楼的体量,并在月台外墙装饰了三重低垂幔帐束以玉佩的水泥浮雕,中西合璧,美观大方。

在箭楼94孔箭窗上楣,添加了白色半弧形遮阳华盖,每扇窗户都装上了明亮的玻璃。箭楼东西两侧新建的楼梯不是直上直下,而是曲折盘升,各82级,全用磨光的大条石砌成,石梯衔接处展示平台。护楼与护梯的汉白玉石栏杆,采用传统造型,玲珑剔透,尽显皇城风韵。

他还购置了3对大石狮,摆放在箭楼东西楼梯口和正阳门前。在箭楼与正阳门之间的棋盘街植草种树,外圈环以粗重的锚链与石墩间隔相连,围出一片广阔的绿地,供人们休闲观赏,也成为进出火车站旅客的站外休息地。春节期间,这块休闲广场还是前门大街和大栅栏商家为京城百姓大放烟火的"比武"场地。

1949年2月3日,叶剑英、聂荣臻、林彪、刘亚楼等和北京市委书记刘仁等就是在箭楼的东月台上,检阅了中国人民解放军的入城式。前门大街两侧挤满了欢乐的北京市民。

朱启钤很重视修改正阳门工程的环境治理。他尽量使用拆下的材料,能用就用,不糟蹋先人留下的一砖一瓦,比如,他把拆除瓮城的城砖,用在正阳门两侧新砌的城墙和四个门洞,物色器质与原有向东西延展的城墙一致,自然平实,看不出变动的痕迹。

如何运走清出的8.8万立方米的渣土,在当时是个大难题。朱启钤利用大总统特令和曾任交通总长、内务总长、北京市政督办的有利条件,要求京汉、京奉两铁路，把道轨铺设到东西瓮城跟前，将渣土及时装车，用小火车头沿东西两线分别外运到西便门和东便门外的蟠桃宫，垫平铁路两侧的洼地，展宽民用土地的面积，不仅节省了人力物力财力，也缩短了工期。大前门的修改，自然对京奉、京汉铁路有利。朱启钤让京奉、京汉两个铁路局各拨银圆20万元列入预算，万一不足，再由北京市政部门补齐。结果全部费用29.8万余元，其中还包括偿付征用商民房屋的拆迁费7.8万元，比原预算费用节省了四分之一以上。北京只拨交6万元，无形中，这减轻了北京市的负担。

值得一提的是，民国初立，新旧更迭，对北京古城适时的改造，虽然势在必行，但容不得过激过火，任何败笔都将留给子孙后代，在历史上留下永远的悔。所以，朱启钤把工程只限于对一切古迹的"修改"，并非大锤一抡，铲车一铲，通通砸碎铲走，推倒重来。朱启钤敬畏先人留给古城的成果，只修改不适应古城持续发展的失时部分，维护古建的主体，修旧维旧，最大限度地护持古建的原址原建。

在修改正阳门箭楼工程中，朱启钤维护其"工筑崇巍"，只让德国设计师修饰增美，构筑良好的环境。美国驻华公使芮恩施曾经提醒在中国的外国设计师，如果不懂中国建筑，最好不要轻易与朱启钤接触，因为他是个有很强文化自尊的人。

说来有趣，借此又可以窥见朱启钤的心迹。修改后的大前门，刻意地保留了原来蹲在瓮城圈儿里的两个精致的小庙：东北角的正阳观音庙和西北角的正阳关帝庙。

明末松山战役中，兵部尚书、蓟辽总督洪承畴被后金生俘，崇祯帝错以为他以身殉国了，很是痛惜，就在正阳门瓮城中的东北角建祠祭祀。后来得知洪承畴叛变降清，十分气愤，就撤了洪的牌位，改供观音大士。历史跟即将殉明的崇祯帝先开了个小小的玩笑。

正阳门瓮城中西北角建有关帝庙，与观音庙正好东西对称。

关帝庙中的关羽神像并不高大，身如常人，却栩栩如生，格外传神。据说当初朝廷塑像二身，一奉宫内，一供此间。明末，大内关帝庙被焚毁，只有这座庙的神像硕果仅存，故倍加珍贵。明清两代皇帝最崇信关羽，尊敬他护国持法，忠义千秋，便处处修建关帝庙，让老百姓顶礼膜拜。商人也尊他为财神，在店中置龛供奉，终日香烟缭绕。因此，过去在京城拐弯儿抹角儿到处都是的庙宇中，关帝庙最多，烟火最旺。

关于这个正阳关帝庙还有个传说，挺神。

据说，明成祖朱棣每次出征回来，发现正阳门关帝庙里的白玉石马（注意，不是赤兔马）总是大汗淋漓，仿佛神马也刚刚护驾出征归来，一身疲惫；朱棣心动，总是给白玉石马帔红，给关帝上香、以示谢恩。既然皇上都相信这位关老爷如此灵验，京师和来自全国各地的大小官吏，怎么能不争相磕头上香，祈求庇护呢？升官、保官的机会都应在关老爷身上，那些做了亏心事和犯了罪的官员，更是把一线生机系在关帝面前的一炉香里。那时候，关帝庙上空，香烟缭绕，终日不散。

关羽惯使一柄青龙偃月刀，百战不殆，因而在关帝庙内有信众贡献的三柄大刀，被称为"三宝"，非常珍贵。三柄大刀最大的长两丈、重200公斤，另两柄分别重60公斤和90公斤，都是清嘉庆十五年（1810）陕西绥德城守营都司马国镒在前门外打磨厂三元刀铺定铸的。每到农历五月初九，关帝庙都要举行一次磨刀典礼，届时将刀抬出，请三元刀铺的工匠举行仪式，将刀磨光，再放回原处。"关帝画像"据说是唐代画圣吴道子的手笔，1900年"庚子事变"中被德兵掠走。"汉白玉石马"雕刻精细，是明代遗物，在历次拆修正阳门时，不知何时丢失。

明代刘侗、于奕正所著《帝京景物略》对正阳门关帝庙有详细记载。清《宸垣识略》称，正阳门内两座庙内均有明朝万历年间的石碑。清代《日下旧闻考》记载关帝庙建于明朝初年，有明朝六座石碑。

石碑一度遗失。2008年6月，北京市丰台区南苑乡槐房村民宋振启在改建自家房基时，发现了两座石碑。经考证，正是正阳门瓮城关帝庙的著名石碑。一座石碑是明朝书画家董其昌书的《汉前将军关侯正阳门庙碑》，另一座碑是康熙皇帝的书法老师沈荃书《正阳门关帝庙碑》。据当时的老人们回忆，在20世纪60年代，上级曾动员各公社、大队进城拆城墙砖，运回来建集体房屋，那时也拉回来一些条石，两块石碑也就顺便被拉到丰台了。

回过头再说正阳门的观音庙，香火也同样旺盛。

清初，朝廷为了内城的肃静，把娱乐和商业赶到前三门以外，谁料到，无心插柳柳成荫。这一招，反而大大促发了外城的繁荣。偏巧前门楼子两边又建成了东西火车站，全国各地乃至外国来的旅客一下火车，就迈进了繁华的前门大街，去大栅栏购物听戏。前门外简直成了无所不有的享乐天堂。内中消解情色之欲的花街柳巷，也不可或缺。这就是大栅栏以西夙有"八大胡同"之称的红灯区。众多不同身世、不同等级的烟花女，都有着一段卖进魔窟的血泪史和一样的苦楚与期盼，她们希冀早日跳出火坑，找个"好人家"，生个胖小子，过上舒心的日子。

正阳门观音庙成了京城烟花女许愿还愿、寄托希望的必到之处。她们把幸福的梦想，押在观音大士的"有求必应"上。因此，每到春节，烟花女们梳妆打扮、漂漂亮亮地齐到前门上香，一路上花枝招展，娉婷走来，惹得路旁观者如堵，成了岁末前门的一道风景。两座精致的小庙于1967年被拆除干净。

三、增香除臭，美化北京

民国初立，由朱启钤内务总长兼任京师市政公所督办，一竿子插到底，担负起北京市政建设的规划和实施。

为了逐步改变北京"刮风是香炉，下雨如墨盒"的脏乱差，他疏浚整理了北京街市的一些排水沟渠。历史上，北京虽是辽金元明清的帝都，排水工程却一向欠缺，帝后们只顾在"三海"里观荷荡桨，哪管城中野潦遍地、臭沟纵横？尤其是前三门以南，地势低洼，"水道湮垢，民居昏垫，阛阓殷填，咸苦不便，乃徇于众，为之辟城门，开驰道，浚陂阪池，治积潦，尘壤壅户者除之，败垣侵路者削之，经界既正，百堵皆兴"。（以上指在宣武门及后来冯玉祥开的和平门外的新华街、琉璃厂、虎坊桥、虎坊路、天桥、西龙须沟等地段，疏通沟渠，填平下洼，改明沟为暗沟，铺建马路等事。）工程很大，受益至今。

朱启钤还在城南新华街、琉璃厂、香厂路、万明路、新世界、城南游园一带，建立工商模范试验区，摸索建设新北京的经验。

朱启钤做事不仅务实，而且求细，常在不经意处显露大精神。

进入民国，万象更新，北京街巷布局开始变化。京城原来各座城门上的匾额都是使用满汉文并列的格式，残留着清王朝的旧有信息。民国二年（1913），朱启钤撤除了旧匾，请书法家邵炯章书写了只有汉字的新匾，高悬城上，面目一新。

就在这一年，朱启钤任交通总长，出席中华民国第一次国会。7月，他向袁世凯呈递报告，请示设置国民一年四时节令的假期，袁世凯只批准了"春节"一项,同意春节例行放假,1914年实行。自此农历岁首的元旦改称"春节",公历1月1日名为"元旦",两个"元旦"分清楚了。此例沿用至今。

修改正阳门工程,不光疏理了交通拥堵,更为北京从清朝的帝京转变为民国的首都塑造了鲜明亮丽的新形象,推动了前门大街、大栅栏、鲜鱼口、珠市口等街市的繁荣。这也证明了道路通则人心畅,通畅则激发生命力的道理。自此千万中外旅客走出火车站,会立刻被高大的前门楼子、宽敞的绿地和婆娑的绿树所吸引,留下深深的印象。

除旧布新,让国民享受到新的康乐生活,把帝王专属的禁地还给百姓,朱启钤做得果断、及时、不误民心。1914年,朱启钤为北京民众兴建了第一座公园——中央(中山)公园,园内广种牡丹花,春日吐香争艳,轰动全城,遗香至今。此后,他又主持陆续开放了故宫(前朝)、北海、景山、先农坛、天坛、太庙、万牲园(今动物园)、黄寺、玉泉山、颐和园、汤山等公园,从而保住了帝都宫殿园囿的根基,免于被后世荒废毁弃。站起来的中国人怎么也想不到,民国初立,就可以这么快地走进昔日帝后的宫殿、禁苑,尽享天子般的安乐,怎能不奔走相告,趋之若鹜?今天,当人们徜徉于京城各处公园时,不该忘了当年朱启钤的果敢力行和他那一份留给后人的关爱之心。

其时,他还有更紧迫的事要做。为了防备日本军国主义觊觎我国东北,蓄意掠夺盛京、热河两宫珍宝的狼子野心,朱凭着与清室的良好关系,经袁世凯大总统批准,将沈阳故宫和热河避暑山庄的珍宝陆续分批运回北京故宫。并于1914年在西华门内,设计修建了收藏文物的"宝蕴楼",首创了"古物陈列所",对外开放。同时,他在中央公园筒子河西侧建了一座红漆木桥,便利游客由公园直达古物陈列所,瞻仰国宝。这是我国第一座早于故宫建立的博物院。

据画家吴欢(吴祖光、新凤霞次子)回忆,他的祖父吴瀛那时正出任京师市政公所坐办,管理紫禁城里的溥仪才是他的职守所在。另外"吴瀛还兼任内务部警政司(当时的治安管理最高机构)第三科科长。他接受的一个重要任务,就是去清朝热河行宫,把那里的全部文物、书画运回北京,安置在紫禁城内,设立古物陈列所,建金蕴楼(应为宝蕴楼)储藏,布置文华、武英二殿陈列,这是大内古物第一次公之于世"(《百年斯文》)。1952年,故宫博物院成立之时,吴瀛是第一任院长易培基的主要助手。

过去,封建王朝不准在京城路边种树,怕有刺客隐匿其间。朱启钤访欧归来,从德国带回清新的洋槐树,广种京城路旁,染绿古都,也带来了五月的槐花香。

他还从日本引进了"爬地松",种植在北戴河他选择的墓地上,青葱覆地,与高耸入云的青松相映成趣,透露了朱启钤的铮铮骨气和不老精神。

他还借鉴国外,把"路灯"引进京城王府井、前门大街等重要街道。那时没有电,每天擦黑儿前,由路工扛着木梯给路旁高杆上的油灯逐个儿加油点亮,驱走古城伸手不见五指的黑暗,天亮时,再逐个儿将灯火按灭。就这,还有老臣上朝告御状,说朱启钤坏了老辈儿几辈子夜里不点灯的节俭门风。

朱启钤是贵州人,却对北京有故乡般的眷爱。在民国初建的四年里,他像个大管家,不知疲倦地为北京操劳,除旧布新,为京城百姓谋福利,为古城比比皆是的古迹找出路,总想让古城的"苍老"焕发青春,展现民国"换了人间"的新面貌。他曾建成环城铁路,便利市民出行。他曾想修竣正阳桥下环内城的护城河,筑坡植树,恢复京城水系,泛舟通航,接连京杭大运河。只是时机不予,他也无能为力了。当时的美国公使芮恩施看得很清楚,称赞他:"作为一个建设者,他成了北京的奥斯曼男爵。"(奥斯曼是法国塞纳省行政长官,他在巴黎实施过大规模市政改革,并建设新的供水和沟渠系统。)这个评价说对了一半,朱启钤还有更多的贡献为常人所不及。

四、创建中国营造学社

朱启钤年幼丧父,1881年随母亲寄居在姨夫瞿鸿禨长沙的家中。瞿鸿禨担任四川学政时,朱启钤以捐府经历试仕四川省,供职盐务局。1894年,朱担任修凿云阳大荡子新滩的工程委员,开始接触我国传统的水利、土木工程,工匠们的智慧与创造力引发他极大的兴趣,开启了他一生关注我国数千年古建营造的情志和做事务实、事必有果的品格。

1919年(一说1917年),朱启钤授命徐世昌大总统担任南北议和的北方总代表。和谈破裂后,他在从上海回京的途中,经南京在江南图书馆发现了宋代李诚著的《营造法式》34卷手抄本,如获至宝,十分欣喜。这解开了他千年古建理论无从寻觅求证的谜团。著者李诚以他个人十余年监理建筑工程的丰富经验,参阅了大量文献和旧有的规章制度,广泛收集工匠讲述的各工种的操作规程、技术要领和各种建筑物构建的性质、加工方法，编出了这本以朝廷名义颁布的《营造法式》，于崇宁二年（1103）在全国发行。因此，这份手抄本是目前发现的中国最早记述关于建筑的规制与技术的一本专业书。从此以后，"营造"二字的含义就专指中国传统建筑及其建筑技法和规范。鉴于该手抄本的珍贵，1919年，朱启钤委托商务印书馆以石印本印行，同时又在北京刊行仿宋本。之后，他又组织人员对清钦定工部《工程做法》一书进行校注。

《营造法式》的发现，激发了朱启钤对中国古建珍贵遗产进行科学研究、调查保护的决心。1925年，朱启钤与版本专家陶湘合作，搜寻公私藏本，以绍兴本原文仿崇宁初刻本重写、雕木版，图样仿绍兴版重绘，加彩色印石制版，合而成书，重由商务印书馆出版。

1925年，朱启钤与陶湘、瞿兑之、叶恭绰、孟锡钰等人在天津成立了"营造学会"，研究建筑文献和中国传统建筑式样。学会由他私人出资，会址就设在他北京赵堂子胡同的寓所。

1930年2月，"营造学会"更名为"中国营造学社"，发行《中国营造学社汇刊》，朱启钤亲自担任社长，并在故宫内废弃的一角，找了西庑的十几间旧朝房作为学社研究总部。为取得持续研究，营造学社申请了由中美、中英庚款支持的中华教育文化基金董事会的经费。学社有了财力，更关键的是人力。朱启钤人脉强盛，他请学社成员、清华老校长周贻春专程赴沈阳，动员东北大学建筑系主任梁思成和他的夫人林徽因加入学社。1931年秋，梁思成夫妇回京，正式加盟营造学社。无官方号召，朱启钤凭着他个人的魅力和行事作风，广纳社会精英，齐聚学社，如著名建筑师杨廷宝、赵深，史学家陈垣，地质学家李四光，考古学家李济等名家，还有许多财界和政界人士。一时营造学社群贤毕至，蔚然大观。

营造学社内设法式部和文献部，分别由梁思成和刘敦桢主持，分头研究古建筑形制和史料，并开展了大规模的中国古建筑的田野调查工作。从1932年至1937年抗日战争爆发，短短五年间，学社成员用现代建筑学科学严谨的态度，对当时中国大地上的古建筑进行了大量的勘探和调查，搜集到大量珍贵的数据，其中很多数据至今仍然有着极高的学术价值。朱启钤成为我国古代建筑研究保护的奠基人。在这期间，杰出的宫廷工匠"样式雷"（雷发达家族）制作的烫样流向市肆，为了抢救这批无价之宝，朱启钤紧急向中华教育基金会建议，由北平图书馆从生活贫困的样式雷住宅购得，使这批宫廷建筑实样资料得以保存。

1937年，中国营造学社因北平沦陷而停办。其间，中国营造学社先后出版了《中国营造学社汇刊》《工段营造录》《元大都宫苑图考》《营造算例》《牌楼算例》《清式营造则例》《梓人遗制》《哲匠录》《同治重修圆明园始末》等书刊。朱启钤认为：中国营造学社在历史上，在美术上皆有历劫不磨之价值。

抗战期间，梁思成、林徽因等人在极其艰苦的条件下，使用朱启钤精心复制，又从天津大水打捞抢救出来的图录资料，坚持在四川李庄写作《中国建筑史》，开展田野调查，继续中国营造学社的工作，劳苦功高。

五、开拓北戴河疗养胜地

1916年，朱启钤因主持铁路工程，公务出差来到北戴河海滨。清政府虽然早在1898年就正式宣布北戴河海滨为中外人士的避暑区，但没有在这里建立统一管理的行政机构，所以，京津一带的英、美、法、德等外籍人士纷纷涌向北戴河海滨，强占土地，建房筑屋，还成立"石岭会""东山会"等自治团体，妄想把北戴河海滨变成外国租界，不服从中国管理，企图独立自治。

民国初年，每年来北戴河海滨避暑的外籍人士已多达千人以上，他们建造的各种洋楼、别墅多达数百所，自行管理，自成体系。北洋政府的一些上层人士和京津地区的一些富商买办，也纷纷来北戴河建房避暑，但他们居住区域内的道路、桥梁、卫生等公共设施都很简陋，与外国人居住的东山、横石岭一带截然不同，形成强烈的反差。

1916年夏，朱启钤初来北戴河就感到：北戴河是中国的领土，中国人必须组织起来，建立地方自治机构，争回主权，统一规划，建设和管理海滨地区。

经过一番酝酿，1918年7月，他发起组织了北戴河海滨公益会，被推举为会长。他阐明，公益会的宗旨就是负责海滨的地方公益事业以及市政管理、建筑规划、税务收支、开发建设等项事宜，目的是"谋公共之健康,宜有高兴之娱乐""愿将北戴河海滨为北方之模范自治村"。公益会成立之初，没有经费，朱启钤首先捐赠大洋1000元，在他的带动下，大总统黎元洪、收藏家徐世章、买办雍剑秋，政府官员施肇基、吴鼎昌、军阀段芝贵、田中玉以及实业界人士张叔诚、李希明等人都有大量的捐款，张叔诚还把他父亲张翼在北戴河海滨购买的一批地皮无偿地捐献给公益会。

从1918年到1927年，在朱启钤担任公益会长的10年间，公益会会员个人捐款达44805.40元，其中朱启钤个人捐款捐物折洋19530元。此外，公益会还有北宁铁路局及地方少量税收的补助。

在北戴河，朱启钤用这些资金主持修建了道路36条，总计长达22公里；新建桥梁、涵洞160余座；新建医院1所、小学1所和莲花石公园；在海边修建了3座游泳场，均设有更衣室和卫生间；设苗圃、引良种、种树50余万株；设立了邮局、电报局和自来水厂等公用设施，并重新整修了当地的名胜古迹，极大地改善了海滨的面貌和环境卫生。凭借朱启钤管理北京市政的经验，公益会把海滨的建设、行政、治安、环保集合为一体，起到了收回主权、建设海滨、繁荣市井、造福桑梓的积极作用，为后来北戴河海滨建成现代化城镇和北方最大的旅游避暑胜地奠定了基础。

自朱启钤1916年初来北戴河，至1937年抗日战争爆发，前后21年。每年"暑期必往，岁以为常"，他在联峰山买了一块地皮，于1918年建成一座别墅，名为"蠹天小筑"，并于1923年在别墅的附近选了一块吉地作为朱家的茔地，准备百年后埋骨于此。

1964年，朱启钤病逝于北京，享年93岁。朱启钤去世后，有关部门曾征取其家属子女的意见，问是否仍按照朱先生遗愿葬在北戴河茔地，答复是"老人生前另有准备"，故未坚持葬在北戴河海滨。后来经周恩来总理批准，他的遗体被安葬在八宝山革命公墓。

为表彰朱启钤先生在北戴河开发和祖国文化建设上的诸多贡献，经中共中央办公厅、国务院办公厅批准，由朱氏海内外亲友集资，1999年7月在北戴河联峰山朱家坟内建起了"蠖公亭"，亭内铸朱启钤先生半身铜像一座，石亭古朴典雅，铜像庄严肃穆。

六、大义凛然，爱国爱家

1937年4月13日，中山公园理事会成立，众望所归，朱启钤担任理事长。

是年7月7日，日寇发动"七七事变"，占领华北，北平沦陷。气焰嚣张的日伪组织，企图逼迫朱启钤参加江朝宗组织的"北平治安维持会"。朱启钤以整理出版家乡历史文献为由，拒不参与列名。

次年，大汉奸王克敏组织"北平临时政府"，王与潘毓桂等又逼迫朱启钤参加。朱启钤以正在编纂《贵州碑传集》为辞，一再拒绝。日伪不满，以赵堂子胡同为警备地区为由，强令朱启钤搬家，他被逼无奈，迁往北总布胡同。此后，他不断受到种种威胁逼迫，朱启钤就以称病、预立遗嘱、分配遗产等多种办法，与日伪周旋，始终未与敌伪政权同流合污，表现了崇高的民族气节。

朱启钤生前始终不忘家乡，他深深热爱贵州故土，为贵州的文化事业竭尽一己之力。1919年徐世昌任大总统时，他争取到官银14000余两，重修了位于大栅栏西边樱桃斜街的北京贵州会馆。他多方收集黔系宦游人士著述，包括明代马士英的《永城纪略》、清代陈法的《河干问答》、近人邢端所辑的《清代黔人馆选录》及贵阳知府刘书年的《刘贵阳遗集》等。朱启钤还手抄《开州志补辑》，于1939年两次寄到开阳家乡，帮助家乡修撰《开阳县志稿》。

七、急公好义，保护文物

1921年，朱启钤作为徐世昌总统的专使代表，去法国接受巴黎大学授予的文学和法学博士学位。他相继游历考察英、意、比、德、美、日六国。在巴黎，他曾向困境中的我国留法勤工俭学人员捐助5万元。1946年，徐特立在他写的《回忆留法勤工俭学时代的王若飞同志与黄齐生先生》一文中，谈到此事："平民留学生和贵族学生两营垒的对立，在法国最为明显。徐世昌总统时曾捐国币10万元，徐的代表朱启钤到法国时，捐款5万元，其名义都是救济勤工俭学的学生。但前10万元是支给华法教育会间接分配，结果得款者不是勤工俭学的学生。后5万元是直接分配给勤工俭学的学生。因此华法教育会出版的报纸，对徐世昌登报致谢。对于朱启钤，则称之为收买勤工俭学学生的收买费。"1949年后，徐特立老人对朱启钤的好友章士钊老人述及："民国10年，公（朱启钤）

过巴黎，适值勤工俭学生濒于饥饿，公（朱启钤）慨然拨赠国币5万元……"徐特立执笔写了感谢信，一些留学生用变色铅笔在两个小本子上签名留念表达对朱启钤深深的谢意。毛主席在约见章士钊时，也曾详细地问过他的"起居各状，倾服之意，溢于言表"。（以上均见章士钊给朱启钤便签。）

朱启钤酷爱民族文化，为抢救收藏文物不吝家财，旨在保存、研究和交流，并有多部著作问世。他急公好义，热心公益事业。

他喜好收藏，尤以缂丝收藏为最，被誉为"中国缂丝收藏第一人"。缂丝不同于织锦、刺绣，它采取通经断纬的手法，织出有如雕刻般的立体绣品，用于龙袍等高档织物，工艺繁难，价值极高。有"织中之圣""一寸缂丝一寸金"的称誉。民国初年，清皇室贵族日趋潦倒。朱启钤从恭亲王奕訢的后人手中购得一批缂丝珍品，有的年代可推至宋朝。有日本人闻讯后，愿出价百万购买，朱启钤不为所动。但因当时时局动荡，朱启钤唯恐国宝有失，遂以二十万元低价转让给了张学良，成为沈阳博物馆的珍贵藏品，保存至今。1950年，朱启钤将珍藏的明岐阳王世家名贵文物56件，捐献给故宫博物院，文化部颁发奖状予以表彰。这批文物中的《吴国公（朱元璋）墨敕》《张三丰画像》《明太祖御帕及纪恩册》《平番得胜图》等文物至为珍贵。

朱启钤一生极喜藏书，藏书楼名曰"存素堂"。他藏书有特点，特别留意地方文献和工程建筑方面的书籍。比如，他在经营营造学社期间，收藏河渠、建筑等类图书，自称：河漕为经国大猷，工官之掌录，幕客之秘籍，方州文献，臣僚奏议，故家架藏，往往而出。因而编撰《存素堂入藏图书河渠之部目录》1册，著录有400余种，是研究中国水利史必备的资料。地方文献有《存素堂入藏黔籍之部目录》1册，著录黔人文献400余种。1953年，他将多年藏书捐献给北京图书馆、清华大学、古代建筑修整所和贵州图书馆。

八、兴办民族企业

1916年，朱启钤退出政界后，专心兴办实业。他长期惨淡经营的枣庄中兴煤矿与开滦煤矿、抚顺煤矿并称为我国三大煤矿。其中只有中兴一家是民族资本企业。他在上海创建的中兴轮船公司是我国首家以民族资本兴办的远洋轮船公司。中华人民共和国成立后，在其他常务董事的共同努力下，他以董事长名

义号召滞留在香港的9条轮船毅然起义，回归北上，这成为新中国远洋运输事业的基础力量。

朱启钤是一个杰出的管理人才，在经营上十分重视设备的更新和技术的改造，大胆使用技术专家。到1936年，枣庄中兴煤矿产煤量达到173万吨，从而使中兴公司走向以煤为主，煤、焦、电、钢铁、农林、铁路运输为主，轮船运输为辅的多种经营的综合性大企业。1952年，中兴煤矿公司公私合营后，朱启钤继续担任董事长。其间，他仍不忘祖国文化事业的传承与发展。有一事必记。

1918年，我国地质科学的奠基人、时任地质调查所所长的丁文江教授，随同蔡元培、翁文灏等人赴欧洲参加巴黎和会担任会外顾问。1920年回国时，他带回大批欧美地质文献典籍，这无疑对中国新建地质科学人才培养和研究调查十分重要。然而资料众多、无处安放，新建图书馆又缺少资金。丁文江接受矿政司长邢端的建议找朱启钤募捐。时任中兴煤矿公司总经理的朱启钤当仁不让，并与开滦矿总局总经理、英国人奈森代表两矿认捐14000元，丁文江又以其良好的社会影响，获得大量捐款，共得39000元，不仅在兵马司建成新的地质图书馆，还扩建了丰盛胡同的地质陈列馆。黎元洪大总统莅临新馆揭幕。关于丁文江的答谢宴会，他的好友胡适在1922年8月5日的日记里这样记载：

> 在君（丁文江的字）邀我吃饭，请的客都是曾捐钱给地质调查所图书馆的人，有朱启钤、刘厚生、李世伟等，共十三人。这是我第一次见到朱启钤。此人自是一个能干的人；听他的话，竟不觉得他是一个不读书的人。他是近十年内的第一个能吏，勤于所事；现在他办中兴公司，每日按时到办公室，从不迟误。交通系的重要分子，以天资的聪明论，自然要推叶恭绰；以办事的真才论，没有可以比朱启钤的。

北平解放前夕，朱启钤寓居上海。周恩来总理授意来北平参加国共和谈的章士钊给他写信，劝他留在大陆。上海解放后，周恩来即派朱启钤的外孙章文晋接他来京，定居在东四八条原其五女儿朱湄筠的住宅。

新中国成立之初，周总理指示有关部门就北京市天安门广场的扩建征求朱启钤老先生的意见，北京市政府秘书长薛子正派人将朱启钤接到老司法部，与会的还有雕塑家刘开渠。朱启钤提了四点意见：

一、天安门广场周围不要修建超过天安门城楼高度的建筑；

二、扩建广场移动华表时，特别要注意西边那座华表，庚子时被打坏过，底座有钢箍；

三、广场上东西两座"三座门"，尽量不拆；

四、东西"三座门"南面的花墙是当初（民国二年，1913年）为了与东交民巷的外国兵营隔绝，经我手，在改建新华门时同时修建的，不是古迹，可以拆除。

当时他的意见得到了尊重。

九、两位总理的惺惺相惜

朱启钤年长周恩来近三十岁，二人在不同的时代都担任过政府总理。周恩来很尊重朱启钤，朱启钤也由衷地佩服周恩来总理。此外，二位总理还有着两段亲近关系。

周总理1914年在天津南开中学读书时有个好同学叫章以吴，两人都爱演话剧，章以吴去北京结婚，周总理接替他演同一个女主角。章以吴的父亲章一山在京师大学堂编译馆与朱启钤是至好的同事。朱将自己的二女儿朱淇筠许配给章的儿子章欣（章以吴）。章以吴成了朱启钤的女婿兼秘书，他儿子章文晋从小长在朱启钤身边，得到外公悉心的培养，并得以去德国留学，接受了马克思主义，成为青年革命者。后来章文晋成为周总理的得力助手、外交部副部长、第二任驻美大使，被美国评为最有风度的大使。基辛格说："章文晋使我改变了对新中国外交官的看法。"

1957年深秋的一个傍晚，周恩来到东四八条看望朱启钤。周恩来说他在北戴河看到一篇碑文，上面有他叔父周嘉琛的名字，问朱启钤知道不知道。朱启钤说："民国二年，我任内务部总长，举办县知事训练班时，你叔父是我的门生，当时他正在临榆县知事任内。"周恩来笑着说："那你比我大两辈，我和章文晋（朱启钤的外孙）同辈了。"朱启钤要家人为总理上茶，总理的随行保卫人员出于当时的安全规定，向朱家的人摆手，示意不必上茶。由于朱启钤年事已高，眼花耳聋，没有看清人们的举动，仍在不断催促："快给总理上茶！"茶端上来后，周恩来端起来就喝，还吃了糖果。总理的这一举动解除了难堪的局面，拘谨的气氛一下消失了。谈话时，朱启钤因耳聋经常打断周恩来的谈话，家里人就向他摆手示意。周恩来看到后说："不要阻止他，让老先生说嘛！"

朱启钤担心死后被火化，托付周恩来："国家不是说人民信仰自由吗？我不愿意火葬，我死后把我埋在北戴河，那里有我继室于夫人茔地，我怕将来办不到，所以才和你说，你帮我办吧！"周恩来高声回答："我一定帮你办到，你相信我，放心吧！"朱启钤脸上露出欣慰的笑容。

他曾对家里人评价周恩来说："总理是我在国内外所遇到的少有的杰出政治家，也是治理我们国家的好领导。可惜我生不逢时，早生了三十年，如果那时遇到这样的好领导，我从前想做而做不到的事一定能办到。"

1961年，朱启钤八十九岁。民间有"过九不过十"的习俗。周总理在全国政协特别为朱启钤主持了祝寿活动。闲谈中，周总理说到朱家菜在京城很有名。朱启钤忙说，一定请总理拨冗来家指导。其实，哪有"朱家菜"？朱启钤持家一向很节俭。1961年12月7日中午，周总理答应到东四八条朱启钤家聚餐，朱家连忙请北京饭店准备了两桌菜，自家又准备了几个贵州家乡菜。邓颖超先到，总理因在大会堂作报告耽搁，但还是来了，畅谈后与章士钊及朱氏家人合影留念。

1964年2月26日朱启钤病逝时，周总理正出访亚非等国，公出在外，特别委托统战部李维汉部长主持追悼会，并送了鲜茉莉花圈。他的遗体安葬在八宝山革命公墓。

百年甫过，回望朱启钤老人，人们不得不感念他居高官做平民、办了一辈子利国利民的实事。尤其是他在民国初立短短的四年里，殚精竭虑、排除困难，为北京的市政建设做了那么多的好事，使我们至今承袭他的恩惠。静夜长思，老人的"稳健干练、事必果行"，令人钦佩、激人自省。

田汉和他的《白蛇传》

我小时候怕蛇，最怕与之不期而遇，倏然被咬上一口，轻者致残，重者丧命。那时候城南房屋破旧，杂草丛生，时有蛇鼠出没，防不胜防。绕口令唱到："长虫围着砖堆转，转完了砖堆钻砖堆。"令虽拗口，却是实情。还记得小伙伴去坛根儿逮蛐蛐，常常打草惊蛇，只用小棍一拨拉，就见密厚的青草簌簌一动，那蛇便逃遁了，原来蛇也怕人。

我小学校临近的龙须沟，本是一座废弃的明代古庙，大殿森森，缺窗少门。教"国语"课的陈老师常常说起大明嘉靖年间，在这座大殿的佛祖案前，供奉过一对雌雄白蛇，二蛇纤细小巧，如两支银钗，不食不饮，盘卧锦缎之上，煞是精美，但有祈愿者，无不灵验，一时香火旺盛。陈老师叮嘱说，蛇的样子难看，被称为"蠢虫"，但它最有灵性，是"大仙"，不可轻易伤害。我糊涂了，刚刚讲完孙叔敖斩埋两头蛇，积了阴德，官至楚国令尹；刘邦腰斩芒砀山的大白蛇，杀了白帝子，才得了大汉江山，怎么陡然一转，陈老师又说蛇属灵异，是仙，不可伤害呢？蛇到底是害，是妖，还是仙呢？

那年五月节，我在西珠市口的华北戏院看了四维戏校上演的京剧《金钵记》（田汉1947年版），荡气回肠，身心为之一振，竟爱上了那个美丽多情、勇敢坚贞的白娘子，多少天挥不去她一身缟素的倩影，完全颠覆了我对蛇的憎恶与恐惧。

从蛇之惧、蛇之疑，再到蛇之爱，《白蛇传》伴随着历史的演进，述说了一个人心真伪、善恶转圜的民间故事。

一、古老的民间传说

古老的民族大都有古老的神话传说和民间故事延续、流传。透过这些奇异瑰丽故事，我们往往能够烛见民族成长的印痕和文明智慧的光泽。

我国汉族地区常把《牛郎织女》《孟姜女》《梁山伯与祝英台》和《白蛇传》约定为"四大民间传说"。因为，这四个传说起源时间古老，流传地域广泛，至今尤为人们喜闻乐道；人们早把传说植入民间的共有节日，有一套习俗相符，代代因袭，如"七月七"向织女乞巧，"五月五"喝雄黄酒防毒虫；早在千年以前，这四个传说就见诸文字，呈现舞台，成为诗歌、传奇、话本、小说、马头调、子弟书、弹词、鼓曲、戏曲的不舍题材，屡屡翻新，别出心裁。这种文学现象，世所罕见。

四大民间传说有共性，都是以貌美如花、心坚似铁的女性为主角。尽管她们有仙女、闺秀、义妖之别，但为了爱，一样地奋不顾身，分别与天庭、王命、礼教、佛法抗争，不屈不挠，不惜豁出生命。四个传说生活气息浓郁，情节跌宕起伏，尤其最后的悲喜剧的收尾，如"鹊桥相会""哭倒长城""化蝶起舞""合钵倒塔"，出人意料，切人心愿，凸显织女、孟姜女、祝英台、白素贞矢志不移的美丽心灵，感人至深。

四个传说都是戏剧舞台上久演不衰的名剧。其中，我独爱《白蛇传》的故事和戏。

遥遥远古，初民生存艰难，最惧洪水。江河横溢，无路逃生，人或为鱼鳖，遂有"共工怒触不周山""女娲补天""大禹治水"等神话流传。《说文解字》曰："禹，虫也。"学者说，此"虫"即蛇也。初民发觉洪水未至，蛇群纷纷出洞乱窜；洪水暴发，群蛇攀树避祸，似乎先知先觉，有超人的灵异。加之蛇的生命力、繁殖力极强盛，蛇就成了初民顶礼膜拜具有神力的"英雄"，甚至被奉为先祖。古书记载："共工，神也。人面、蛇身、朱发。""轩辕，黄龙体。""鲧死，三岁不腐，剖之以吴刀，化为黄龙。"初民以为英雄必具蛇身。而古汉画像石、壁画大量出现的"伏羲、女娲人面蛇尾交媾"图，以及我们自称是"龙的传人"，崇拜的原型主体仍旧是蛇。

神话是"通过人民的幻想，用一种不自觉的艺术方式加工过的自然和社会形式本身"。古印度和古希腊也都有人蛇交媾为神的传说。我们的初民试着从对蛇的观察等自然现象，来解释宇宙和人类自身的由来。

此后，随着历史的演进，经过七拼八凑，装扮起来的五爪金龙就隐藏了蛇身，成了中国皇帝自诩真龙天子的图腾，号令天下唯命是听。而蛇形如绳，阴柔纠缠，便"嫁祸"女人，编排出种种毒蛇美女食人化骨的故事。

二、故事源远流长

宋初，李昉等十二人奉宋太宗王命，收集民间听闻，编纂类书《太平广记》。洋洋洒洒五百卷中，有三卷是说蛇的故事，其中《白蛇记》常被人认作《白蛇传》的源头。

故事说的是，大唐元和年间，一个叫李黄的官二代加富二代，在长安候选官职时，路见一位香气袭人的白衣女子，死追硬赶，花钱打点，终于与女子厮混了三天，第四天他回到家，全身化为腐水，空余一颗头颅。家人循迹找到白衣女子的住处，却了无所见，邻人说曾有巨大白蛇盘踞。这是把"女人是祸水"贴在白衣女子的身上，警示时人美丽凶恶食人。

后来明代的洪楩，辑话本、拟话本，编印了一本《清平山堂话本》，原名《六十家小说》，书中收录了宋元明三代的短篇小说，其中有一篇《西湖三塔记》，讲的是奚宣赞（似许仙的发音）在西湖边救了一个迷路的女子白卯奴，送她还家，被卯奴之母白衣娘子留住半月有余。奚宣赞想回家，白衣娘子闻讯便要取食他的心肝。多亏卯奴搭救他脱险。最后宣赞的叔父奚真人施法术，祭请神将捉住三个妖怪，原来白衣娘子是白蛇，卯奴是乌鸡，老婆婆是水獭。奚真人造了三个塔，把三个妖怪镇压在西湖中。

有人以为，《西湖三塔记》发生的地点在西湖，人物有奚宣赞和白娘子，还有个类似法海的奚真人，结尾是三塔镇三妖，很像是《白蛇传》的前身。然而这个白衣娘子贪得无厌，摆弄一个吃一个，只有食之欲而无人之情，分明是个比蛇还恶的妖精。并且蛇女是乌鸡，蛇母是水獭，荒诞不经，这与此后冯梦龙整理、编写的《警世通言》第二十八卷《白娘子永镇雷峰塔》全然不同。

冯梦龙生于明末清初动乱之时,他不因循守旧,很看重通俗文学的传播效应。他认为:"日诵《孝经》《论语》,其感人未必如是之捷且深也。"因此,他收集话本编写"三言"(《警世通言》《醒世恒言》和《喻世明言》)时,注意每个回目故事的完整,情节的曲折,细节的真实,特别是人物性格的鲜明、饱满。冯梦龙笔下的白娘子美丽豪爽,爱得耐心执着,亦妖亦侠,迥异于大家闺秀和小家碧玉。冯梦龙笔下的许宣(许仙)勤劳本分,心地平和,也如常人般地遇事无主见。环绕在白许身旁的青青(是条修炼千年的青鱼)、法海、李募事、李克用等人,笔墨浓淡适宜,用以烘托白娘子。在冯梦龙的回目中,已有了游湖、借伞、盗银、合钵、雷峰塔的大致情节,只是囿于说书人的平铺直叙,掀不起波澜。

白蛇传的故事深得民心,几乎广泛地为我国民间说唱的各种形式所采用,如流行于东北的马头调,北京的八角鼓、子弟书,河南的鼓子词,江南的小曲、山歌,南词、弹词、滩簧,乃至传教的宝卷等,都有这个传统节目。较之于说书,加上配乐演唱的曲艺的手段更丰富也更悦耳,白蛇传更好听了。

通俗文艺的感染力确实巨大,白蛇的美颜善行赢得了民众衷心的同情和喜爱。人们恼怒许仙的动摇,忌恨法海的多事,坏了人家的好姻缘,盼着雷峰塔快快倒塌,好让美丽的白娘子重见天日。正是民间的通俗文艺肯定并传导了白蛇传的美学价值取向。

民众爱听爱看,故事还在继续。明嘉靖年间,杭州艺人陶真演唱的评弹《义妖传》开始在传说中揉进浓浓的生活气息和款款的人情味。使听众从九天云雾之中,降落到湖光潋滟的清波门前,跻身白许,同喜同悲。这一创新,被学者赵景深誉为白蛇故事的"最高成就"。至今评弹《义妖传》仍在江南书场被一代代评弹名家传演不衰,乃有白蛇传的"活化石"之称。

白蛇传的传说勾引起文人的兴趣,有说不完的话,写不完的书。清嘉庆十一年(1806),江荫香托名玉山主人或玉花堂主人编写的十三回小说《雷峰塔奇传》雕版面世。作者叫它奇传,而不叫传奇,申明它是说部,不是戏曲。作者找来一堆话本、唱本,进行重构重述,把悲剧的结尾改为喜剧的大团圆。不过很奇怪,书在原版姑苏原本上列了三个书名:内封是《新本白蛇精记雷峰塔》,目录为《新编雷峰塔奇传》,序里却称为《雷峰梦史》,书名的异样,泄露了作者编书的意旨,最后以《雷峰塔奇传》流行。

三、舞台上的演变

其实,白蛇传的传说最适宜登上戏曲舞台,人物粉墨登场,活灵活现,直接与观众呼应,面对面地交流。

据史料记载,最早写的白蛇传剧本是大明万历年间陈士龙创作的《雷峰塔传奇》,在舞台上演出过,却没有流传下剧本。

清乾隆三年(1738),自号蕉窗居士的黄图珌在钱塘刊出了他创作的《雷峰塔》(看山阁乐府本)。这部传奇分上下两卷,从"慈音"起,到"塔圆"止,共三十二出。结尾唱诵"色即是空空即色,其中妙理少人知"。据说此剧在雍乾之交时演出过。它是现存最早的白蛇传戏曲剧本。

还有一个梨园旧抄本,是乾隆时著名戏曲演员陈嘉言父女二人合编的。虽然现存这个本子的曲谱不全,但自乾隆至民国的几百年间,一直有人以折子戏的方式演唱。当年四大名旦演出的昆曲《水斗》《断桥》两折,就依据此本。

第三个保存下来的剧本,是清乾隆年间新安人方成培改编的《雷峰塔传奇》(水竹居本)。他自号岫云词逸,这个改本分四卷三十四出。第一卷十出,从《出山》《收青》到《舟遇》《订盟》;第二卷七出,从《开行》《赠符》,到《端阳》《求草》;第三卷八出,有《谒禅》《水斗》;第四卷九出,从《断桥》到《祭塔》。方成培说,他对原本的改编是为了"有裨世道,以归于雅正。较原本曲改其十之九,宾白改十之七"。几乎是从新作过。改编者说,这个本子是应官商之请,为贺乾隆南巡"于祝嘏新剧时,开演斯剧,衹候应承"。有了乾隆御览的身价,《雷峰塔传奇》观者如潮,几乎无人不知了。

故事说到这儿已经成型了,从虚幻到现实,从惩戒到抒情,聚集了妖与人、人与仙的浸润转换,如转花筒般光怪陆离:一条修炼千年的蛇精,不羡天上宫阙作威作福,不持法力无边呼风唤雨,偏偏降下凡尘,嫁个凡人过日子,开个药铺救活人,生个儿子传家业。当这点幸福时光被法海等剥夺时,她舍命盗仙草,拼命战金山寺,就是被罩进金钵、镇压在雷峰塔下,她依旧无怨无悔,遗爱人间。

白娘子感动了世间人。就连横眉冷对的鲁迅先生都著文《论雷峰塔的倒掉》拍手称快，说出："他居然倒掉了，则普天之下的人民，其欣喜为何如？"

戏曲的形式也在与时俱进，演唱手段愈加丰富。清同光以来，在昆曲向乱弹（京剧）逐步交班的过程中，《白蛇传》获得宫廷和民间的共同欣赏，那时就有了京昆"两下锅"的演出形式，或唱全本，或挑几折，演员用心，常演常新。观众喜欢看，演员很爱演，白蛇传成了剧团显示阵容的保留剧目，也为演员展示才艺、翻唱新声提供了一个自由发挥的空间。几乎全国所有剧种，包括歌仔戏、木偶戏、皮影戏，都在反反复复地唱着《白蛇传》。

四、田汉的画龙点睛

京剧兼收并蓄，集戏曲表演唱、念、做、打、舞之大成，为传承千年的白蛇传预备了一个理想的大舞台。所以京剧一露面，就把昆曲、徽班、梆子、高腔等地方戏演出白蛇传的精华、绝活儿，按照剧情的需要，一一采纳，看来特别养眼悦耳。

比如，最早的《白蛇传》，开场第一出叫《双蛇斗》，采用京昆合演的"风搅雪"。雄性的青蛇非要和雌性的白蛇成婚。白蛇不允，双蛇斗法，最后白蛇战胜青蛇，青蛇甘愿为侍女，以姐妹相称下山。当年四喜班著名旦角演员余玉琴，文武兼长，他的《泗州城》《演火棍》《盗仙草》《铁弓缘》等武戏一时无两。他的文戏如《贵妃醉酒》《十三妹》等也名动朝野。因而他饰演的白蛇与名净李顺德饰演的青蛇，一开场就是一场惊人心魄的恶斗。对双剑、走旋子、大开打，撒火彩，气氛紧张热烈。

京剧四大名旦梅尚程荀，都按照自己的风格和擅长演过白素贞，展现出了白娘子不同格调的美。荀慧生是花旦翘楚，他的《白娘子》俏丽多情，风韵绵永，全剧款款道来，细腻感人。

梅兰芳只以昆曲演出《金山寺》和《断桥》两折，下功最勤，演了几十年，抠了几十年，总在琢磨，精益求精。他说："《金山寺》《断桥》

是乔慧兰、陈德霖、李寿山几位老先生交给我的。我初次上演《金山寺》并不带《断桥》。是民国四年（1915）四月四日在吉祥园俞振庭所组双庆班里。那天是路三宝的青蛇、程继仙的许仙、李寿峰的法海、俞振庭的伽蓝、郭春山的小和尚、王毓楼的鹤童、宋宝亭的鹿童。"阵容强大，一台云霞。梅兰芳迁居上海后，又向昆曲前辈丁兰荪学身段，与俞振飞等研究唱腔，汲取观众和专家的意见。对于这两折戏，梅先生没有故步自封，总在不断求索：全讲究细腻熨帖，要从表情、做工、唱法各方面来发抒情感。因而梅兰芳的白娘子既雍容大度，又柔情万种，使人铭记于心，难舍难忘。大师精品昭示后学，求艺全在锲而不舍。

尚小云侠肝义胆，他把自己任侠重义的高尚品德融入白娘子的体魄，加之他嗓音高亮清脆，便以《祭塔》一折为重点，设计了大段的"反二黄"唱腔，如泣如诉，优美动听，令台下观众无不动容。他的学生张君秋继承了这段"反二黄"，结合自己的嗓音进行创新，又成为张派的核心唱段。

程砚秋身材高大，武艺高强，是太极高手。他结合自己嗓音、功力的特点，也和他老师梅兰芳一样只演《金山寺》和《断桥》。他的开打招招见功，要言不烦，塑造了白娘子武艺超群、法力无边的英姿，佐以宋德珠饰演青蛇的超凡武功，珠联璧合，一时无两……程腔委婉低回，缠绵悱恻，流淌出白娘子对许仙爱中有怨、怨源于爱的真情。

一部白蛇传呈现了四位大师的艺术造诣，也体现出这四位先贤互让互学、让人让戏的崇高艺德，为今人楷模。

全本《白蛇传》成了许多旦角的看家戏。1936年，北平《立言报》比照"四大名旦"，主持民众投票，选举"四小名旦"。结果李世芳、毛世来、张君秋、宋德珠以高票当选。为了庆祝，曾在长安戏院合演了一场《四白蛇传》。毛世来的"游湖""结亲""酒变"，宋德珠的"盗银""盗草""水斗"，李世芳的"断桥"，张君秋的"祭塔"。派戏高明，尽人所长，令老戏迷津津乐道，没齿不忘。

现在常演的京剧《白蛇传》是田汉先生根据昆曲、京剧老本改编的。他是爱国诗人，写了国歌；他是杰出的剧作家，写了《名优之死》《文成公主》《关汉卿》等名剧。同时他也对中国戏曲的发展做出了不可磨灭的贡献。在艰险的抗日救亡途中，他创办了四维戏校，从全国招考学员，聘名师教子弟，提前为新中国准备下"中国戏曲学校"，培养出一批行当齐全的优秀演员，支撑起共和国几十年的京剧舞台。他为京剧创作的《江汉渔歌》《白蛇传》《谢瑶环》等名剧，改变了老戏本文学性差的缺欠，讲究戏的结构，讲究唱词的诗意，讲究用多种

手段塑造人物，无形中把延续了二百年的京剧领上了与时代发展同步、与国际戏剧舞台争奇斗艳的新天地。田汉喜爱《白蛇传》，他对之倾注了诗人的激情、战士的爱憎和赤子的纯真，因而他笔下的白娘子真爱饱满，小青疾恶如仇，许仙纯朴善良，法海恪守佛法。戏中人物随冲突的递进逐步展示性格，不是简单化、贴标签。比如他分析许仙时说："他代表了忘我无私的爱和自我保存欲望剧烈战斗的情人。他是善良的，但也是动摇的。他若完全不动摇，便没有悲剧；他若动摇到底，便成了否定人物。"（田汉《<白蛇传>序》）

我看过田汉1947年版的《金钵记》，刘秀荣饰白素贞、谢锐青饰小青、张春孝饰许仙、袁国林饰法海。一台比我大几岁的年轻人，演出一台焕然一新的老戏，既熟悉又陌生，令人十分兴奋。赶到1949年10月1日后我在新建的广和剧场，再看这拨优秀演员以中国戏曲学校的名义，首演田汉修改过的《白蛇传》时，没有了陌生，增加了亲切、信任和关注。那是一次诗的洗礼，曲的慰藉和戏的感动。

传说千年的白蛇传，还在述说，也还在演唱，如一条追波逐浪的生命之河。如今人们已然不满足于传统老旧的絮絮叨叨，而是把目光放开、放大，转移到白娘子身边的青蛇、法海等，探求"妖想成人，人想成佛"的欲念纠结。白蛇传就像一面镜子，映现着不同转换的风景和流动不息的人形。

这或许正是我喜爱白蛇传的一个原因。

上图 毛泽东接见人民艺术家老舍、梅兰芳、田汉 ▶
下图 梅兰芳、俞振飞、梅葆玖演出京剧《白蛇传·断桥》剧照 ▶

程砚秋和他的《锁麟囊》

那日溽热,眼前一片模糊。应北京出版集团之约,我们在中轴线地安门内东侧的一座四合院中聚会,纵论京城"胡同"的前世今生。顶上树影婆娑,门外断井残垣,唯这孤岛似的三重院落风光依旧,静谧如初。这里曾是明内府二十四衙门的属地,至今留下火药局、织染局这些莫名其妙的地名。

我常想,"胡""同",本是两个互不沾边的字,硬拼在一起却成了延续北京几百年生命个体的家园,多如牛毛的胡同里蓄藏着北京城厚重的别样历史,留给人们不尽的猜想与眷恋。胡同,是一条路,走进去是家,走出去是世界。胡同被拆了,却躲进人们的心里,煎熬着今天的现实,呼唤着社会的省悟。

转天,应市政府参事室张庆主任之约,讨论程派京剧《锁麟囊》的人文内涵。我走进万明路百年东方饭店,登高远眺,眼前浮动起当年的"新世界""城南游园""四面钟",以及街对面三庆徽班落脚的韩家潭,街东能容纳两千多名观众的"第一舞台"、文明茶园……耳边似乎隐约听闻铿锵的锣鼓,这里是京剧的老家,也是程砚秋度过苦命童年、新星升起的地方。

一条胡同,一个院落,一位名伶和他出演的一部名剧,带给我们的远远不

◀ 京剧《锁麟囊》剧照,程砚秋饰演薛湘灵

止舞台上那几刻钟"你方唱罢我登场"的演艺。解开"锁麟囊"(贵子袋)的葫芦嘴儿，倾洒在我们眼前的宝物，不光有传家至宝夜明珠、赤金链儿，更有一束传自远古的仁爱之光。

一、"贵子袋"里的"宝贝"

"贵子袋"是女儿出嫁时，妈妈为之特别准备的锦囊荷包。

荷包，包何？名为"贵子袋"，包的是一位慈母期盼女儿早生贵子的赤心。荷包不大，可随身携带；荷包精美，多是母女精心绣制而成。通常荷包外绣麒麟送子、缠枝花草，五色斑斓；内装金银珠宝，价值连城。这既是为女儿出嫁系在身上纳福的吉祥物，又是为女儿日后以防不测预留的救命钱。

"贵子袋"分量不轻，饱含着传辈人深深的爱，爱中有梦，梦含期待。因为，中国家国一体，女儿只有早生贵子，才能在婆家立住脚跟，讨得传宗接代的正统地位。"贵子袋"虽小，喻义却大，它显示，男大当婚、女大当嫁，生儿育女不仅是一家一户的喜事，也是牵连到家安、国兴，民族昌盛的人生大事。

今日中华，延续五千年，尽管时代更迭，有兴有衰，历尽坎坷，但如"贵子袋"里蓄存的仁爱暖流，始终流布在我们民族博大的心怀中，鼓动神州"苟日新，日日新"，创造壮丽的未来，因而在漫长的历史中迭次上演了无数动人的故事。

京剧《锁麟囊》取材于清代扬州学者焦循的《剧说》，书中引用了胡承谱《只麈谈》的一则笔记。

这是一个贫富异位、仁爱互生的因果故事。

徽歙间，某嫁娶日，适两新妇舆同憩同道。一极贫女,一极富女，始而皆哭，久而贫女哭独衰。富女曰："远父母，哭固当，若是其衰欤？"命伴妪舆侧叩之。贫女曰："闻良人饥饿莫保，今将同拼命耳，奚而不哀？"富女心恻，解荷包赠之。盖上舆时祖母遣嫁物也。贫女止哭，未及道姓氏，各散而去。抵门，境况萧索，新郎掩叹迎妇入，忍泪告曰："吾家固贫，填沟壑分也。今日累君，奈何？"

妇以荷包付之，开视，则黄金二锭，重四两许，易银三十余两，以其零市钱米酒馔，行合卺礼。问金之所来，妇语以故。乃合伙经商，一年获利数倍，凡贸迁无不如意，不十年成巨富。苦不知赠金何人，心怀歉恨，于后宅起楼，供荷包祀之，以志不忘。

富家女于归，夫家父家连被回禄，继而疾疫，屡遭破败。十年以内，如水刷沙，资财立尽。贫女财丰得子，谋所以乳之者，遍觅无人当意。媒妪以富家女荐之，甚合。两妇相见，彼此敬爱，谊如姐妹，都不知曩日途中事。越一岁，乳娘抱儿往后楼福拜，见荷包，视之，所绣花物，类己针法，忽念旧事，不觉泪下。婢洞之，告主妇，问哭之故，则曰："记嫁时途中，曾以此物赠贫女，不料吾今日之贫。感慨今昔，故心酸耳。"主妇语其夫。明日请族长四邻及乳妪之翁，奉酒安位，再拜而谢，愿将所有资财，皆荷包中物，全数奉还。乳妪坚拒，只允收其原荷包所值之倍。众宾赞双方仁义，居间剖分，各居其半，并世为婚姻，以仁义世其家。

掩卷思之，人生何处不相逢，同哭未必同悲苦。当富家女心存同情，由生疑进而得知贫女嫁后无望时，"富女心恻"，随即解下祖母赠予的"贵子袋"，慨然送给不相识且不曾谋面的路人，"未及道姓名，各散而去"。这可不是一时兴起，率尔为之。富女所赠的锦囊不仅内有可使对方一次脱贫的两锭黄金，更有一份仁爱的祝福，这才有了贫女夫妇的感恩与自强，打定主意合伙经商，结果"贸迁无不如意，不十年成巨富"。一颗爱的种子由富地移到贫地，结出幸福果，救了一家人。因此，这个故事最紧要的关节是富家女的"心恻"，是她有一颗"泛爱众，而亲仁"的爱心，能将心比心，爱及他人，绝非为自己日后图个"种瓜得瓜，种豆得豆"，希冀好心有好报。

人聚人散寻常事，财散财聚会有时。故事用一个荷包穿起来，就有了"戏"，它激起涿州文人韩補庵的创作热情，挥笔编成《绣囊记》剧本，交给当时京城赫赫有名的奎德社（女戏班）班主杨韵谱排演。

"荷包"同样打动了任侠好义的程砚秋，他把这个"荷包"交给了初识的翁偶虹，翁先生心有灵犀，慧眼识珠。他既有深厚的古诗文功底，又有丰富的舞台经验，更有同样的仁爱之心，便调动种种手法，将小小荷包化作五色斑斓的《锁麟囊》，成为程砚秋一生不舍的代表作。

二、《锁麟囊》的光泽

翁偶虹接受程砚秋之请托，要把几百字的赠囊故事，铺衍成一出充满程派味道的感人喜剧，自然要做种种准备，调动种种手段。他熟读素材，做足功课，在动笔之前，脑子里先搭起一座小戏台，让戏里的人物活动起来，一一登场亮相：他们什么扮相、归什么行当，按情节怎么分场次，哪几场是重点，核心唱段怎么安排，甚至锣鼓经用什么牌子都事先打点好。只等一开锣，大幕缓缓拉开……他的腹稿已经戳在戏台上了。

但是，问题来了。程先生擅长演悲剧，如《金锁记》《荒山泪》《春闺梦》《鸳鸯冢》《文姬归汉》等，观众印象深刻。这次换演喜剧，怎么个"喜"法，"喜"从何而来呢？观众是否乐于接受呢？他颇费斟酌。

翁偶虹想，程先生需要的该是"狂飙暴雨都经过，次第春风到吾庐"的喜剧效果，是人物在大变动后精神境界的提升，不能转一个圈圈回到原地。这既非《打面缸》式的闹剧，亦非《凤还巢》式的皆大欢喜。程式喜剧需要发自内心的"喜"，而且要"喜"得发人深省，不能有"馊哏"。这就不能不从针砭时弊入手，揭露人情世故，在讽刺社会问题中，展示心灵的良善与美丽，使仁者爱人，亦恶人，以善止恶，天下归心。

作者按故事编排人物，手到擒来。《锁麟囊》是一出旦角戏，十七个角色中，作者安排了九个丑，内有两个旦丑丫鬟，其余七个丑均属市侩、油子，是社会上随处可见的"势利眼"。（鼻梁上涂抹"豆腐块"的丑行，在京剧中不是内心猥琐的小人，就是不登大雅的下人，当然武丑中还有出手迅疾、口齿伶俐的"开口跳"，丑旦、婆子丑不涂"豆腐块"。）一出戏用这么多丑，很少见，戏台一下子活跃了，社会气息扑面而来，喜气盈盈。

大幕拉开，傧相父子相继上场，类似古代的"参军戏"，二人插科打诨，说出良辰吉日有一贫一富两份婚礼，何去何从，喋喋不休，互讥对方嫌贫爱富，是"势利眼"，由此揭开全剧的人格冲突。明场以锁麟囊为线索，推演两位嫁娘六年后因洪水成灾而贫富异位的境遇；暗场则颂扬了薛、赵两位嫁娘知书达理，知人爱人、互谅互助的高尚品德，最后在薛湘灵"为人心地须善良，得知己，齐欢畅"的唱词中圆满落幕。

《锁麟囊》写于1939年，正是抗日烽火燃烧，中华民族最危险的时候！此时人心焦虑，摆在人们面前的，是用宵小的"势利眼"去判明个人的取舍呢，还是互爱互帮，共赴国难？这是一场尖锐的心灵之战。

程砚秋和翁偶虹没有在舞台上振臂高呼，动员观众同仇敌忾，奔赴沙场。而是用一出温馨的喜剧，慰藉观众，"洪水"将至时，摒弃"势利眼"的自私自利、鼠目寸光；呼吁"怜贫济困是正道，哪有那袖手旁观在壁上瞧"的正确态度，伸张传统的道德力量，着人友爱互助，共克时艰。

翁偶虹深谙京剧三昧，他大处落墨，为薛湘灵写戏、安排精彩唱段，突出薛湘灵的"君子"气质，让所有的配角，从不同的侧面去烘托她，为她增光添色。在展示薛湘灵的扮相美、声腔美、做派美的过程中，凸显她的心灵美，揭示这美的真谛，源于传统道德的"仁爱"，美的力量，"仁者无敌"。

两千多年前，孔夫子面临礼崩乐坏的社会动荡。他挺身而出，干预生活，修《诗》《书》，定《礼》《乐》，序《周易》，作《春秋》，周游列国，以杰出的智慧，提出"仁"是最高的道德原则、道德标准和道德境界，建立以"仁"为核心的伦理思想结构。用"仁"去调整、端正人与自然，人与社会和人与自身的关系，实现"泛爱众，而亲仁"的理想。

仁的道德范畴含义极广。孔子在不同时间、不同地点，针对不同人，对"仁"有不同的阐述，但究其本意主要有两条：

爱人：

樊迟问仁。子曰：爱人。问知，子曰：知人。

这里孔子说的"爱人"就是对人好；"知人"就是理解人。戏中春秋亭一场，薛湘灵听见赵守贞的哭声，由同情、理解、生疑到知情生怜、慨然赠囊的过程，正是"君子坦荡荡"心路的完整体现。

修己以安人：

子曰：己欲立而立人，己欲达而达人。能近取譬，可谓仁之方也已。

孔子强调为仁（人）要先从对于自己做起，心正方能身正，凡事要设身处地将心比心，推己及人。戏中，像梅香、碧玉两个丫鬟讥讽主人走背字时的浅薄之言，薛赵不是申斥咆哮，而是"修己以安人"，率先垂范，教化"小人"。类似的仁德还有"己所不欲，勿施于人""以不忍人之心，行不忍人之政，治天下可运之掌上"，等等。

世间有句老话"无君子不养小人"。过去在天桥，也常听那些打把式卖艺的人在打钱时常说："无君子不养艺人。"这是江湖话，却在一定程度上讲明了观众与演员的关系。侯宝林常说的"观众是我们的衣食父母"，也是这个意思。

何为君子呢？孔子说："君子喻于义，小人喻于利。"他说的君子既有权贵，也有具备高尚道德的"士"（知识分子）；小人则是整日逐利谋生的大多数。一如司马迁所描绘的"天下熙熙，皆为利来；天下攘攘，皆为利往"。被视为"小人"的民众，总是社会的绝大多数，是君子的等下之人，又是生活财富的直接创造者。与小人类似的还有"野人"。孟子说："无君子莫治野人，无野人莫养君子。"话说得明白不过，治理乡巴佬靠"君子"，但养活君子，就离不开乡巴佬。君子何高，野人何低？各司尔职罢了。

《锁麟囊》的九个丑都是服侍富家小姐、夫人的"下人"，自然属"小人"之流。他们没条件也不可能"读诗书，知礼仪"，因而心胸不大，浅薄粗俗，恒以"势利眼"看人谋事，在戏中被派入"丑行"应工。但话说两面，君子有钱可以养活小人是事实；而小人效力伺候君子生活起居也是事实，只有这二者合一才支撑起整个社会。因此，话翻过来，也可以说成"无小人不养君子"。

翁偶虹深解其意，他在戏中对"势利眼"并没有大兴挞伐，而是温情地暴露，执为笑柄，用它抓哏，令观众笑而耻之，收到喜剧的效果，戏里没有势不两立的阶级对抗，是相辅相成的"一台戏"。因此，薛湘灵尽管饥肠辘辘，但在得到粥厂施舍的最后一碗救命粥时，她也毫不犹豫地把粥送给年迈的老婆婆而心地坦然。她富贵时赠绣囊，贫饥时赠粥食，薛湘灵的心灵，一以贯之地闪耀着同样的仁爱光辉。

再说赵守贞，她体谅父爱，守穷固本，知恩图报，还爱于人，同样是"修己以安人"的典范。孔子讲仁有三德，曰："居处恭，执事敬，与人忠。"又把"仁"的实践性归纳为"恭、宽、信、敏、惠"五种对人对事的态度。作者塑造的赵守贞与薛湘灵形为两个旦角，实为一个品德范本。

但是仁德，并非生而知之、从娘胎里带来。孔子建立的学说也是靠他"学而时习之""敏于求"，从实践中总结出来的。比如孔子说到富庶了以后该怎么办时，讲述了这样一段经历：

子适卫，冉有仆。子曰："庶矣哉！"冉有曰："既庶矣，又何加焉？"曰："富之。"曰："既富矣，又何加焉？"曰："教之。"

孔子指出，人富了，有了佣人和大把花不完的钱，就该加强自身的修养，用道德约束自己，怀仁义，知礼仪；不然，就会"为富不仁"，钱就成了催命符、要命鬼。

翁偶虹在设计戏中人物时，有很好的解释。他说："我只是从朴素的思想出发，把富家写为书香门第的阔小姐，把贫家写为书香门第但已破落贫寒的穷姑娘。他们的基本性格，当然有富而娇骄、贫而卑悲的不同，但是在故事因素的提供下，贫富双方都是同样具有善良心地的人物。"作者提示，只有同样出身于书香门第，知书达理，才同样具有善良的心地。用书香去熏陶心香。谭嗣同在《仁学》中指出："仁为天地万物之源，故虚心，故虚识。"故学而后知仁，不学无以知仁、做人。可见，后天的学习修养是十分必要的。

如何修身？《剧说》的作者焦循在《论语通释》序中，强调"仁恕"。他说：

> 圣人之道惟在仁恕，仁恕则为圣人，不仁不恕则为异端小道。所以格物致知正心诚意修身齐家治国平天下无不以此故。

恕字从如，从心，就是将心比心。有了仁还必须对人讲恕道。他以"修身齐家"作为"治国平天下"的前提，又以"格物致知、正心诚意"作为"修身齐家"的前提。知书达理了，个人的品德才能高尚，这样的人多了，才能家和、国强、天下太平。因此，孔子把"修己"看成是仁爱存失的第一要务。

翁偶虹指出，薛赵赠囊、报恩的行为：体现了人与人之间真与善的基本美德。这种美德，千百年来它在社会生活中确实发挥着某种调整人与人之间关系的重大作用。当一个人具有这种高尚的道德观念时，不管有没有外在的监督，他都会根据自己对于这种道德的内在信念自觉地择善而行……

今天，我们回味翁偶虹老人这段话，感悟尤深。正是借助"仁"的理念和实践，孔子之前数千年和孔子之后数千年的民族血脉，才得以贯通连接，没有中断分裂。孔子发现了"仁"，并把礼乐植根于仁的基础上，这是孔子对中国文化的伟大贡献，也是对世界文明的伟大贡献。仁爱之光何止照耀古今神州！

1988年，75位诺贝尔奖获得者在巴黎发表联合宣言，指出：21世纪人类要生存，就必须汲取两千年前孔子的智慧。这些年世界动荡不安的局面，验证了上述的论断。只有世界充满仁爱，摒弃仇恨、厮杀、战争，人类才有和平，也才有幸福和美好的未来。

程砚秋留给我们的《锁麟囊》与《春闺梦》，一喜一悲，如同两种表情，却传递出一样的心声：唯有仁爱的光辉，才能照亮我们眼前和心头的暗夜。

三、程砚秋的不舍

1940年4月30日，程砚秋主演的《锁麟囊》在上海黄金大戏院首演，一炮而红，好评如潮，场场爆满。连演10场后，他打算换演一场《玉堂春》，观众不允，坚持要看《锁麟囊》。程砚秋答应了，又连演了15场，竟然出现一人领唱、众人合唱的炽热场面，依旧场场爆满，一票难求。一出新戏，不歇气地连演25场，还欲罢不能，京剧史上少有，《锁麟囊》轰动了上海滩，也震撼了中国剧坛。

这是程砚秋实至名归的功到自然成。

从1939年翁偶虹动笔打本子，二人不断地切磋、修改、琢磨唱段词句。在此后一年多的日子里，程砚秋完全沉进《锁麟囊》戏中。他到草木葱茏、人迹罕至的什刹海、后海河沿儿漫步，浅吟低唱，编腔儿、找身段；就是在看外国电影时，也注意从电影插曲的旋律中寻找感觉，化入薛湘灵的唱腔中。偶有所得，他就跑到大马神庙，请老师王瑶卿把脉，支着儿、验腔儿、定身段，调度位置，戏本融进了王大爷的关爱与心血。程砚秋赋予《锁麟囊》的则是自己的生命。戏的哲理和艺术，完整地解读了程砚秋的人格和艺魂。套一句哲学语义：程注《锁麟囊》，《锁麟囊》注程。

20世纪50年代初，《锁麟囊》被禁演。理由是它"宣扬阶级斗争调和论，美化地主阶级"，是一株大毒草。《荒山泪》《春闺梦》也被禁，罪名是宣传"战争恐怖论"，为蒋介石打内战制造舆论。这使一向追求进步、热爱共产党的程砚秋不解，心痛，且难以忍受，尤其不能忍受的是自己倍加珍爱、倾尽心血的《锁麟囊》再不能登上舞台。但他还存有幻想，赶忙修改，把囊里的金银珠宝拿出来，只赠一个空袋子，薛小姐也改为"薛老师"，突出抗洪救灾，期望戏改局的老爷们高抬贵手。不想，领导指示、批判更凶。程砚秋的身心受到极大伤害。

1958年3月，就在程砚秋病危离世的前两天，一位负责人来病房探视，程砚秋拼着最后的气力，又提起《锁麟囊》。这位负责人毫不客气、斩钉截铁地说："《锁麟囊》这出戏是不能再唱了！"5日傍晚，年仅54岁的程砚秋因心肌梗死症不幸逝世，党组织追认他为中国共产党正式党员。碑文介绍他的代表作里没有《锁麟囊》。

但《锁麟囊》留在人们心里。1979年，程派传人纷纷冲破藩篱，开始演出《锁麟囊》。经历"文化大革命"摧残，人们尤感世间"仁恕"的可贵和薛湘灵的可爱。《锁麟囊》受到新老观众的热烈欢迎，一时成为全国热演热播的京剧剧目。人们陶醉在程腔优美宛转的意境中，呼唤仁爱之光冲破暗夜所给予的光明。

回顾程砚秋的一生，可以说他是一位践行"修己以安人"的谦谦君子，是百年来梨园界难得的德艺双馨表率，他的为人处世，同他的舞台艺术一样令人肃然起敬。看看他是怎样对待他身边人的，就可以认识台下"仁至义尽"的程砚秋。

对母亲托氏，他克尽孝道

程砚秋是满族人，原名承麟，1904年出生在一个高贵的正黄旗家庭。民国后家道中落，父亲贫病而死，孤苦的母亲靠缝穷养活四个男孩。承麟最小，最懂妈妈的心，为了减轻负担，六岁时，妈妈于心不忍地将他写给荣蝶仙作"手把徒弟"，小承麟心甘情愿地接受"蹲大狱"似的学徒生活，去当个被人看不起的"戏子"。走出家门，他对妈妈说，等孩儿学好大戏挣大钱，好好孝敬您。

对师傅荣蝶仙，他记恩不记仇

师傅荣蝶仙收下小承麟，给他改名程菊侬。"手把徒弟"就是师傅出钱包徒弟吃住，请老师教戏。只等徒弟出师成名，为师傅赚来大把的银子，还本带利，犹如赌局的"押宝"。从前学戏叫"打戏"。学戏靠打，狠打，不打记不住，不打不成才。小菊侬聪明懂事，不爱说话，练功不怕苦，学戏一门灵，天赋一副好嗓子，身段也好。荣蝶仙看到了回本儿挣钱大有希望，打得更狠、逼得更厉害，恨不得一棍子打出一个"梅兰芳"。菊侬明白师傅的苦心和期望，暗想师傅打我"还不是为我好"。他从不怨恨，只恨自己进步慢，练功更加刻苦，演出也更频繁。终于在小菊侬12岁那年，人们眼前一亮，在戏台上发现这个好孩子。他有一条清脆高亮的好嗓子，身段俏丽，功夫瓷实，台风正，堪比当年"青衣泰斗"陈德霖。陈老夫子外号"石头"，人们就亲切地叫菊侬"小石头"。菊坛名宿孙菊仙、刘鸿升有意提携他，让他配戏。小菊侬红了，改名程砚秋。1922年正月初一，他挑班组织"和声社"时，请师傅荣蝶仙当社长（业务经理），陪自己唱戏，程砚秋的老戏新戏几乎都请荣蝶仙担任重要的配角，两人台上台下很融洽。荣管业务又演出，自然包银丰厚。

1923年4月26日，程砚秋与果秀英（后改名果素瑛）结婚。当时是荣蝶仙的夫人和梅兰芳的夫人（王明华）代表男方去果家下定，可见荣蝶仙与程砚秋情同父子。后来，荣蝶仙出走失踪，程砚秋责无旁贷地奉养师母一家人，回报老师的开蒙之恩。他幼功扎实，得益于师傅近似严酷的教练，腿上仍残留被师傅痛打的淤血疙瘩，直到二十年后，他去欧洲考察时才在德国的医院手术治愈。他敬重师父，只记着荣蝶仙的好。

终生感念罗瘿公

罗瘿公是广东顺德人，父亲是翰林院编修。他23岁中副贡，官至邮传部郎中。1908年出任唐山路矿学堂坐办。民国成立后先后出任总统府秘书、国务院参议、礼制馆编纂等职。得知袁世凯蓄意称帝，他愤而辞职，搬到广州会馆，出没戏院，结交王瑶卿、梅兰芳等梨园泰斗，情谊颇深。他对好友说："吾欲以无聊疏脱自暴于时，故借一途以自托，使世共讪笑之。"

一次堂会，罗瘿公见到12岁的小菊侬，惊其为梅郎之后的奇才。写诗赞道：

除却梅郎无此才，城东车马为君来；
笑余计日忙何事，看罢秋风又看梅。

他频繁地在报刊上著文评介，自己掏钱买票，请朋友看戏，菊侬声名远播。

不久，菊侬变声"倒仓"，此时本该调息静养，荣蝶仙却安排一日数场的演出，并准备带菊侬应邀赴上海参加繁重的商业演出。罗瘿公情急如火，与荣商谈无望，为救小菊侬的艺术生命，他多方筹措，集资一千三百元银洋，为小菊侬赎身，使之脱离荣家，获得自由身。接着他为菊侬补习文化课，教他识字、读诗、喊嗓子练功，还请名师教戏，拜见王瑶卿；并以徐悲鸿画的《天女散花图》作为见面礼，引荐他拜梅兰芳为师。梅兰芳高兴地收下了这个徒弟。

自此，罗瘿公把全部精力投在程砚秋身上，为他编写了《梨花记》《龙马姻缘》《花舫缘》《孔雀屏》《红拂传》《花筵赚》《风流棒》《鸳鸯冢》《赚文娟》《玉狮坠》《青霜剑》《金锁记》十二部戏。1923年，程砚秋组织的和声社到上海闯码头，罗瘿公陪程砚秋见康有为、陈叔通、陈散原、吴昌硕等名人，安排剧目，接洽剧院，联络各界人士，事无巨细，操心受累。

有人讥讽他整日与戏子为伍，自甘堕落。罗瘿公向友人剖白心迹："吾既不能囚匡天下，仅借此一縻心力，亦当引之（指程砚秋）于正道。"程砚秋一度迷恋打牌，一次输掉600银圆。罗瘿公痛心疾首，搜走所有赌具，气得一言不发，留柬警告。程砚秋当即惊醒，力戒赌牌，追悔不已。想到自己的成功，程砚秋由衷地感叹："程有今日，罗当首功。"

1923年9月18日，程砚秋二次赴上海演出，长达53天，共演出70场、34出戏。就在载誉返京前，罗瘿公和社长荣蝶仙都因操劳过度而病倒了。程砚秋把罗瘿公送到京城最好的德国医院，不吝费用请好大夫、用好药，但终未见效。1924年9月23日，罗瘿公在北京东交民巷德国医院病逝，安葬在西郊万花山墓地，享年52岁。程砚秋料理了先生的丧事，安顿了家属，痛楚地题写了挽联，一时传诵：

> 当年孤子飘零，畴实生成，岂惟末艺微名，胥公所赐；
> 从此长城失恃，自伤孺弱，每念篝灯制曲，无泪可挥。

不愿做官又不愿敛财的罗瘿公，晚年两袖清风，家无长物，生活很拮据。辞世前的一个岁末，他对好友黄晦闻说："吾度日之资今日只余一金耳，以易铜币百数十枚，实囊中不复听歌钱也。"听了这话，让人心酸。

死前，他立下遗嘱，不许家人把自己一生所任官职写入墓志铭，墓碑只写"诗人罗瘿公之墓"。他还希望墓碑由陈散原书写。于是程砚秋在罗死后第二年，前往上海拜见散原老人，乞书"诗人罗瘿公之墓"七字，并酬以润笔五百金。散原老人感其风谊，拒收润金并赠诗一首：

> 湖曲犹留病起身，日飘咳唾杂流尘。
> 斯须培我凌云气，屋底初看绝代人。
> 绝耳秦青暗断肠，故人题品费思量。
> 终存风谊全生死，为话西山涕数行。

罗瘿公诗好,书法好,学问好,品德最好。生前他热诚待人,助人无数。22岁的徐悲鸿来到北京想出国学画,拿着康有为写的介绍信,去见罗瘿公。罗看了他的画,发现他是人才,就找到当时的教育总长傅增湘,推荐徐悲鸿公费出国学画。傅增湘信任罗瘿公,就准了。康有为、罗瘿公、傅增湘三人联手,为中国成就了一位杰出的画家和美术教育家。

民国初年,齐白石由湖南入京时知名度不高。瘿公很欣赏他的画,结为知己,到处为他扬名,还经常在白石的画上题诗,借以提高白石的身价。他题诗"青藤雪个皆神笔,三百年还见此人",把白石誉为徐渭和八大山人。齐白石赞美罗瘿公的书法:

> 破愁开口笑,喜得故人书。
> 天马无羁勒,惊蛇入草芜。

罗瘿公笔锋刚健,有闻必录。他在梁启超主编的《庸言报》上开设专栏,发表有关时事掌故的文字,如《庚子国变记》《戊戌德宗之密诏》《中英滇案交涉本末》《中日兵事本末》《割台湾记》《拳变余闻》《中俄伊犁交涉始末》《太平天国战记》《鞠部丛刊》等,文笔雅洁、材料翔实、论说剀切,深受读者欢迎。这些笔记,多为瘿公亲历亲闻,弥足珍贵,受到学者的重视,至今仍是了解晚清衰亡不可多得的史料。

回望罗瘿公的一生,无疑,他最伟大的"作品"是为中国京剧成就了一位杰出的艺术大师程砚秋。如果没有罗瘿公的"赎身"义举,以及此后他的百般呵护,乃至为之殚精竭虑,耗尽生命,很难想象我们今天还能够享受到《锁麟囊》的幸福。

在程砚秋的身后,站着罗瘿公、荣蝶仙、王瑶卿、梅兰芳、金仲荪、翁偶虹这些先贤,还有文亮臣(老旦)、曹二庚(丑)、郭仲衡(老生)——他的盟兄弟们,也是他矢志不移的配角。这是一个仁爱的集体,他们把人世间爱恨情仇的故事,搬上舞台,明晃晃地演给观众看,传递数千年来的仁爱品德,促人觉醒,清平社会。

今天重读《锁麟囊》的精彩,回顾程砚秋的不舍,尤感世人都该有一颗博大有力的仁爱之心,读书充电,焕发光芒,人人担当,共同驱除眼前和心头的黑暗。这行动当从"己所不欲,勿施于人"开始。

裘盛戎和他的《秦香莲》

冬夜清冷，剧场融融。铿锵的锣鼓、激越的胡琴牵动着全场观众与"秦香莲"结伴而行，同悲同喜。天津青年京剧团精彩的演出，把《秦香莲》这出骨子老戏演得声情并茂，令人觉得既熟悉又新鲜，回味无穷。

提起秦香莲，老百姓都知道，那是个坚贞不屈的奇女子。她含辛茹苦，相夫教子，孝敬公婆；公婆死了，她割发买葬，掩埋了公婆，拉扯着一双儿女，进京寻夫。熟料中了状元的夫君陈世美，昧了良心说假话，被皇家招赘为东床驸马，把父母妻子儿女通通抛到了脑后。什么人伦天理都不要了，只要床上的娇妻、桌上的美味、眼前的荣华。就在真相即将大白的那一刻，他黑下心来，竟要杀妻灭子，除掉"祸根"，保住他奢靡的生活。

这不是一出戏，几乎是一部历史提出的经典问题。

两千余年，封建礼教用"三从"(未嫁从父，出嫁从夫，夫死从子)"四德"(妇德、妇言、妇容、妇工)，把一代代天资聪慧的良家妇女捆绑得服服帖帖，用以巩固"男尊女卑"的王朝统治。然而"男"们是怎样"尊"呢？读着圣贤书、做着昧心事的"陈世美"们，只要一朝权在手，就泯灭良知，有悖公理，挑战法制，为所欲为。此刻，面对如山的强势，弱女子秦香莲母子三人，有谁去怜、更有谁去管？"四书五经"里找不到答案，但戏里有。老百姓把秦香莲请到舞台中央，高声控诉陈世美，让台下的观众出主意，该怎样惩办这些不仁不义之徒？

众口纷纭，这就有了不同版本的《秦香莲》。

一、《秦香莲》有过"征番"的"履历"

秦香莲既无权无势又无钱，怎么斗得过高高在上的驸马爷呢？

有人出主意求神灵庇护。于是，秦香莲在三官庙避难的生死关头，三官神显灵，传授兵法。顷刻，母子三人得了一身好武艺，打遍天下无敌手，而后挂帅征西夏，像杨门女将一样大破敌兵，宋王封赏，加官晋爵，威风八面。得胜还朝，秦香莲奉旨审讯当年被王丞相举报的陈世美，处置了不义人。这就有了《赛琵琶》《四本秦香莲征番》《女审》《秦香莲挂帅》一类的戏曲。在《女审》中，秦香莲酣畅淋漓地痛斥了陈世美，最后是杀是罚，左右为难。编剧人有两种不同的处置：一种是请出开封府的包大人两面说合，大事化小，小事化了，既然一殿称臣，又曾是一家亲眷，干脆抹去是非前怨，重新和好，破镜重圆。这样编排虽是个喜剧结尾，但灭掉了秦香莲的铮铮骨气，损伤了老包的铁面，是个馊主意，不足取。第二种处置是，秦香莲痛斥陈世美不仁不义不忠不孝之后，经冬哥秋妹说情，未开杀戒，将陈世美押送开封府，请包大人了断。陈世美的结局，留给观众去猜想。

清代大学者焦循在他所著的《花部农谭》里说："花部中有剧名《赛琵琶》，余最喜之。为陈世美弃妻事。"他很赞成戏里秦香莲征番还朝大报仇的结尾，认为《赛琵琶》远"赛"过元末明初高明的《琵琶记》。

其实，高明在《琵琶记》里对蔡伯喈与赵五娘的婚后离合是另一种趋近现实的演绎。

故事讲述汉代书生蔡伯喈（蔡邕，汉中郎将，蔡文姬之父）与赵五娘婚后幸福美满，但其父蔡公硬逼着他进京赶考，他不从，却不敢有违父命，只得别家赴京。伯喈得中状元后，又被迫与牛丞相女儿结婚，他不从，却不敢有违权势，只得依之。他想念父母，欲辞官回家，朝廷不允，他不从，更不敢有违王命，只可隐忍。其家遭灾荒，蔡父母双亡，赵五娘割发买葬，手挖黄土，埋葬公婆。而后身背琵琶一路行乞，进京寻夫。难得牛小姐深明大义，接纳了五娘，全剧以大团圆收场。剧中蔡邕的"三不从",既粉饰了蔡伯喈全忠全孝的"美德",又揭示了"士"们在求取功名路上心理的尴尬与扭曲。《琵琶记》刻画人物细腻贴切,文采斐然,堪称中国戏曲史上的不朽杰作。很明显,赵五娘与秦香莲虽属一类人物,但性格、处境、命运、结局不同,无可厚非。蔡伯喈隐忍屈从,表现的是"士之苦",绝非陈世美忘恩负义杀妻灭子的"士之恶"。

有个叫童德伦的史学家考证,《秦香莲》这出戏是按真人真事编的,还真与高明的《琵琶记》有点瓜葛。

主角陈世美真名叫陈年谷,字熟美,均州(今湖北丹江口)人,自幼聪颖好学,顺治十二年(1655)考取进士,外放饶阳知县,政绩突出。三年后,经吏部考核,调回京城升任刑部主政郎中,康熙十年(1671)任户部侍郎,康熙二十三年(1684)携老妻还乡养老。陈熟美为人正派、为官清廉,民声颇好。顺治十五年(1658),陈的同乡好友仇梦麟、胡梦蝶进京找他走后门求官。陈熟美晓之以理,婉言谢绝。仇胡二人认为过去帮过陈,如今他做了官"忘恩负义",不帮忙,心中愤恨不已。恰巧二人在京城戏园子看了高明的《琵琶记》,遂萌发报复之心,花银子让戏班子按照《琵琶记》的路数,把蔡伯喈改名陈世美,演一出陈世美被招赘驸马,抛弃妻子儿女,最后死在包公铡下的故事。这出《铡美案》在京畿地区演出后,颇受欢迎。仇胡二人暗暗得意,陈熟美夫妇却心中坦然,一切如常。事实上,陈熟美的第二任妻子叫秦馨莲,是均州六里坪秦家楼人,婚后夫妻二人相敬如宾,白头偕老。

这段"考证"是不是实情,无人追究。它却证明《秦香莲》这出戏一直获得观众的关切与喜爱,契合了人们嫉恨"陈世美"忘恩负义,期待"包青天"铁面无私的心愿。戏从心出,还从心入,因而《铡美案》盛演不衰。

二、《秦香莲》落定包龙图《铡美案》

这出戏把秦香莲的故事安排在宋朝,就是因为开封府里有位铁面无私的包拯包大人。

相传包拯"日断阳,夜断阴",刚正不阿,专管人间、地府的不平事。秦香莲拦轿喊冤,自然一告便准。包大人接状延陈,劝之不成,击鼓升堂,当面对质,人证俱在,他手托乌纱帽,铡了陈世美。这就是京剧的《铡美案》、晋剧的《明公断》等以包公(净角)为主角的戏。戏里,秦香莲(旦角)降为配角;包大

小京纪实 找寻大栅栏

人打坐开封府,成为主持正义、决定人物生死予夺的核心人物。演到这里,戏就从一个弱女人悲惨的遭遇,转入清官断案洗雪冤仇的包公戏。

包公是我国人人皆知的大清官,他在民间传说、戏曲、评书中被许予人神兼有的超能量,是黎民百姓呼唤公平正义的精神寄托。至今,他依然是华人世界最具号召力的正义化身。

包公生于公元999年,殁于公元1062年,享年63岁。他名拯,字希仁,谥号孝肃,北宋庐州(今合肥)人,天圣进士。宋仁宗时,他曾任监察御史、天章阁待制、龙图阁直学士、枢密副史等职务。他做过县、府两级的官,管过朝廷司法、监察、经济、军事、外交等事务,处事严谨,经验丰富。《宋史·包拯传》说他"立朝刚毅,贵戚宦官为之敛手";人们把难见包拯笑,比如难见黄河清。妇幼皆知其名,尊称包待制;民间流传"关节不到,有阎罗包老"的谚语。包公在开封府尹任上,清正廉洁,秉公执法,深得百姓爱戴。包拯去世不久,就有包公断案的故事在民间流传,如《合同文字记》《三现身包龙图断冤》等。人们把侦破疑难杂案的故事都算在包大人的账上,他成了宋朝的福尔摩斯,胡适说他是个"箭垛式"人物。

到了元代,政治腐败,社会黑暗,民族矛盾与阶级矛盾纠缠在一起,日益激化。民不聊生,人们渴求清官出世,解民倒悬。文人学士被元统治者打入"九儒十丐"的最底层,断了开科取士的升官梦,不少怀才不遇的名士,把一腔情愫倾进戏曲,挥笔成就了如关汉卿的《窦娥冤》、王实甫的《西厢记》、白朴的《梧桐雨》等经典名剧。于是,人们景仰的包公,就从说书人的口中,走上众目睽睽的舞台,观众看到了"活包公"。

从金院本到元杂剧,反映包公断案的戏有十一种之多,如无名氏的《陈州粜米》《合同文字》《神奴儿》《盆儿鬼》,关汉卿的《包待制三勘蝴蝶梦》《包待制智斩鲁斋郎》,郑廷玉的《包待制智勘后庭花》,李行道的《灰阑记》,曾瑞卿的《留鞋记》,武汉臣的《生金阁》,还有一种是科白不全的《张千替杀妻》。包大人现身舞台,把一件件冤狱案从头到尾地演来,使台下观众看得真真切切,感同身受。这样,观众在沉浸于欣赏戏曲的同时,激发起正义感和同情心。戏曲跨越了历史,给观众与"包公"开辟了一条"对话"的通道,也为梨园子弟搭建了一个塑造"包大人"艺术形象的大戏台。

那么,戏台上的"包大人"能否与人们心目中久仰的"包大人"一致起来呢?

中国戏曲向来以"行当"分派角色。历代戏曲家们通过大量的生活观察与艺术实践,极为高明地把舞台上的各色人等,归纳为"生、旦、净、末、丑"五大行当,后来"末"行派入"生"行,成了"生、旦、净、丑"四个大行当,而每个大行当又依据人物性格与演艺特色细分若干支。包公刚正、威严,气度凛然,自然一登台亮相就被派入"净"行,俗称"花脸"。包公通常的扮相是,脸上黑色打底,白眉,脑门勾月牙;颔下挂黑满髯口,身着黑蟒,腰横玉带,头带相貂,声若洪钟。有些戏,也有以嗓音高亢的老生演员扮演包拯的,如刘鸿升、高庆奎演出的《铡美案》《探阴山》,李和曾演出的《包待制智斩鲁斋郎》等。

《铡美案》是一出从京剧初始就常演的花脸戏,算来也有两百多年。在这期间,一代代饰演包拯的名净,不仅在声腔、形体、程式等方面,结合剧目、剧情,有传承,有发展,有突破,有创新,而且在人物内心世界的体验上,也日趋充实贴切,渐次去除了包拯的符号化和神化,还原了他的人性,增强了包公感人的艺术魅力。演员是按照人们心目中的包拯和自己的理解去塑造"包大人"的,经过观众不断地检验、评定,获得许可,"包大人"这一角色才取得演员与观众共同的首肯,遂成模板。

《铡美案》是一出正净吃功夫的唱功戏,它为演员提供了一个尽情挥洒铁嗓钢喉和施展做派的空间。早年京剧名净何桂山、穆凤山、金秀山、金少山、裘桂仙和裘盛戎等人,相继为我们塑造了既相似又别样的包龙图形象,留下脍炙人口的精彩唱段。由此,正净(唱功花脸)随有"铜锤"(《二进宫》徐延昭)、"黑头"(《铡美案》包拯)两种代称,其表演难度也在行内流传下"铜锤怕黑(包公),架子怕白(曹操)"的谚语。

三、《秦香莲》里的"黑头"高昂也妩媚——说裘

1927年春天,12岁的裘振芳(小名大群)跟着父亲裘桂仙,走进了富连成科班。他本该排入"世"字科,因他8岁开蒙,随父学艺,已经会了20多出戏,是带艺入科,肖长华老师就把他排进高一级的"盛"字科,接续父业,照旧学"花脸",起名裘盛戎。其父裘桂仙随即担任了富连成的授业老师,既课子又教人。

小盛戎脸瘦、身量不高,随他父亲,但嗓音高亢嘹亮,扮相清峻,有台缘,

小京纪实

找寻大栅栏

加上他机灵敏捷入戏快，台上一亮相就装龙像龙、装虎似虎，就连配个《红鬃烈马》里的魏虎也能配出彩来。他的拿手好戏《探阴山》很叫座，实习时破例被安排在压轴，观众发现富连成有个能唱会演的"小包公"，趋之若鹜。《探阴山》那段二十句的二黄，很要功力，小盛戎唱得丝丝入扣、翻江倒海，既道出了包拯为官的一腔衷悃，又展示了盛戎接替乃父裘桂仙的演唱才艺。老观众咂摸着滋味品出裘桂仙的婉转悠长，领略到金秀山的高亢嘹亮，内心获得极大满足。

早年间人们把看戏叫"听戏"：听唱，听演员大嗓门高亮音，嗓子痛快不痛快，讲究满戏园子可桶儿灌。说金少山在鲜鱼口华乐园唱《铡美案》，一声"包龙图打坐在开封府"，前门楼子都晃悠。那年头没有戏园子，它的前身是喝茶会友的茶园，喝茶是正道，台上演戏是助兴。人们对坐，正着脸喝茶聊天，侧着脸有一搭没一搭地支起耳朵听戏。因而只有演员用高挑洪亮的大嗓门压倒茶园嘈杂的嗡嗡声，才能拢住茶客的耳音，叫他们扭过头瞄一眼戏台。戏台是三面看的高台，不拢音，更无任何扩大器传声，全凭演员的自来嗓。再者，彼时舞台没有充足的灯光（照亮的设备先是香头、蜡烛，后是纱灯、汽灯等），演员的扮相、表演不为人注意，所以演员就把四功"唱、念、做、打"中的"唱"摆在首位，自称是"唱戏的"，留下"唱戏靠嗓子，拉弓靠膀子"的谚语。平日演员练私功，最紧要的也是天不亮就跑到城墙根儿"喊嗓子"，回来大段大段地吊嗓子。嗓子喊开了，晚上登台才痛快，才能收放自如、要下"好儿"来。当年"十全大净"金少山就凭着铁嗓钢喉和人高马大，陪着梅兰芳在上海唱《霸王别姬》，落了个"金霸王"美誉。所以，在戏台上，甭管是生旦还是净丑，嗓音高亢嘹亮是演员够不够格的第一要素。

人跟人不同，话也不能说绝，要是演员的嗓音先天失润或者后天失调，上台不能够"响堂"，就必不能吃上祖师爷这碗饭、有所成就吗？未必。许多大艺人嗓子条件有欠缺，但他们却能通过艰苦的练习，化劣为优，创造出不同凡响的新流派，别具一格，获得观众的喜好。

就说裘桂仙吧。裘家祖上是绍兴人，后来定居北京经营中药材，与梨园行不搭界。偏偏裘桂仙从小酷爱京剧，不顾家里的反对，进票房投师问艺，又入小鸿奎科班坐科学戏，后来拜一代名净何桂山学铜锤花脸，演出《草桥关》《铡美案》《探阴山》《御果园》《白良关》《断密涧》等戏。他功架沉稳老练，嗓音又好，很受观众欢迎。

  青春期变声，戏曲界叫"倒仓"，是决定演员命运的一大关。平稳渡过，嗓音恢复如初，甚至更加清亮的，是维护得好，命好；嗓音回不来，乃至沙哑不成音的，命运就不济了。那时想上台唱戏，那是万难！只能改习文场或后台杂务，或者干脆离开梨园行。裘桂仙聪颖过人，他平素不光唱得好，还拉得一手好胡琴。19岁"倒仓"时，他抄起胡琴成了"伶界大王"谭鑫培的琴师，还给他的老师何桂山伴奏多年，可见他的琴艺有多么高超。光绪三十年（1904）他以琴师的资格入选朝廷的升平署，成了内廷供奉，随着谭鑫培进宫侍候慈禧老佛爷。裘桂仙会唱、懂唱，手音精妙，因而他的演奏不仅给两位宗师的演唱"托"得严丝合缝儿，而且能借唱亮音，美化声腔，为演员的用气辟出一条通畅豁达之路，使唱段至真至美。两位宗师对桂仙的演奏心满意足，屡加好评。

  这段日子，裘桂仙一人独步地尽情领受谭派老生唱腔的奥秘，又对何桂山老师刚柔兼济的演唱有了近身的了解。宗师们声情并茂的演唱给了他极大的启发和省悟，宗师的每一举手投足和开口吟唱，他都能随声应和，心领神会，犹如出自己体。这为他后来培育裘盛戎，早早蓄存了丰厚的资源，条件如此优裕，空前绝后，无人能比。

  裘桂仙一面上园子为名家操琴，一面私下里试着恢复嗓音，他依然钟情于舞台。终于在民国元年（1912），他应俞振庭、王凤卿之约，与陈德霖、王凤卿在东安市场吉祥园演出《二进宫》。观众对他的复出期盼已久，一朝登台，赞誉不绝于口，响动京城。此后他又与余叔岩长期合作，对盛传至今的"余派"有了切身的感受和领悟。他成了新老谭派的见证人和传习者。难得裘桂仙和余叔岩二人的音量都不宽大，定的调门却不低，音色优美，韵味醇厚，唱法极尽劲峭圆健，有如天生地设的一对生与净。

  裘桂仙是何桂山的学生，他的嗓音不及老师宽，且时有枯涩，少"炸音"。但他汲取了老师行腔平实、咬字真切、韵味醇厚、苍劲持重的精髓，在选择剧目、扮演人物上，扬长避短，发挥自己擅演端庄肃穆凝重人物的特长，如姚期、包拯、徐延昭、单雄信、尉迟恭、李密等。他又从舞台调度、人物气质、脸谱勾画、演出节奏、服饰设计等方面，弥补自己身材较矮、面容较瘦的不足，使用"内功外发"，弘大了所扮人物的个性，给观众留下强烈的印象。（此后，这些宝贵的经验都被裘盛戎一一接受且不断创新。）名净郝寿臣曾陪裘桂仙唱过《白良关》《洪羊洞》，分饰戏份儿较轻的尉迟宝林和焦赞，裘桂仙分饰尉迟恭和孟良，二人旗鼓相当，配合默契。郝老钦佩裘桂仙，赞道："目前铜锤花脸这一行就得算他。"①

梅兰芳每演《穆柯寨·烧山》，总要特请裘桂仙和侯喜瑞分饰孟良、焦赞，他说：金秀山、黄润甫二位之后，最好的一对孟、焦二将就是裘桂仙、侯喜瑞，到现在也没有比得过他们二位的。

当代著名架子花脸侯喜瑞对裘桂仙又有一番感受："他的唱，好比好黄酒，酒喝完了，挂在碗上还有一层，那叫'挂碗'。"

侯老以酒比唱，说的同样是味醇。听裘桂仙的唱，韵味绕梁，余音三日不绝于耳。

裘桂仙演艺精湛，执业严谨，为人忠厚，拿的戏份却远远比不上唱红了的"四大须生""四大名旦"乃至郝寿臣、侯喜瑞这些位硬配角，戏码也总是排在比开场帽儿戏强不了多少的前几出。他日子过得很紧巴，只够在宣武门外小胡同的大杂院里租几间房，求个温饱而已。他是净角裘派的创始人，却没被列入花脸界"金（少山）、郝（寿臣）、侯（喜瑞）"三大流派之中。铜锤一路自是"金霸王"的天下。直到20世纪50年代，他的次子裘盛戎一曲《姚期》威武升帐，重现裘韵，继而"廉颇负荆""龙图转世""黄盖诈降"等才将铜锤一路的审美取向，由"声震屋瓦"转向"余韵绕梁"，乃至后来出现"十净九裘"的兴替局面。

裘盛戎惟妙惟肖地再现了乃父裘桂仙的神韵，且不断汲取生、旦如周信芳、程砚秋等不同行当不同流派的优长，着力锤炼唱腔以声传情的新境界，调动程式潜在的艺术魅力塑造人物、完善剧情，因而他扮演的姚期、廉颇、包拯等人物，面貌一新，一时无两，获得内外行一致的推崇。

四、《秦香莲》拍电影，经典永存

裘盛戎擅演包公戏，如《铡美案》《遇后龙袍》《赤桑镇》等，这

---

① 参阅朱家溍：《我记忆中的裘桂仙、裘盛戎》，载方荣翔、张胤德编：《裘盛戎艺术评论集》，中国戏剧出版社1984年版，后同。

些戏足以显示他的艺术追求和演艺风格。他喜欢演，观众喜欢看，百看不厌。裘盛戎演包公有得天独厚的传承和长久演出的实践，但他不自满，依旧孜孜以求，求深求细，花了很多心思，比方说，大幕拉开包公该怎么出场。裘盛戎1957年答《戏剧报》记者问时谈道：

> 从前那些老前辈非常讲究人物登场的第一个亮相，第一个亮相应该把人物的性格、类型、身份、地位，甚至于年龄大小、忠奸、智愚、文武、粗细，等等，都交代出来，传统戏曲这种表现手法，对表现人物、点活全剧是很有好处的。

《秦香莲》是出大戏，前半场秦香莲唱主角，哀哀吟唱，凄婉动人。戏中，秦香莲（正旦）与陈世美（老生）、王延龄（老生）三人迭次对唱，紧凑火爆，矛盾激化升级。他们演唱得越精彩，对后半场包公出场的铺垫就越充分，观众瞠目凝神只等着包大人出场的那一瞬。

其实，为这"第一个亮相"，裘盛戎早在开戏前就来到剧场的化妆室，不闲谈，不说笑，正襟危坐，侧耳听着台上的锣鼓，紧随着剧情的进展，潜心入戏，提前沉进包公的世界。他敬重戏台，同父亲裘桂仙一样。他常说，扮戏时"我不是我"，到台上"我就是他"。

台上，《杀庙》逃生的秦香莲母子仓皇下场。随着幕后雄浑的"喔……"地一声喝道，场上锣鼓骤然一变，"快长锤"催出八名彪悍的勇士和张龙、赵虎二员猛将，这时早已入戏的包拯"是在'四击头'后走出，目光平视，左手撩袍，右手端带，要威严而无官气，用这样的出场亮相来表现这个人物的公正、稳重、刚毅和果断"。这个亮相，扫荡了上半场的愁苦阴霾，开启了后半场阳光下的正义审判，全场观众和满台演员的精神为之一振，顿生包公再世之感。

除了亮相、身段，唱是塑造包公戏曲形象的主要手段。大堂上，包拯有一段脍炙人口的西皮导板转原板《包龙图打坐在开封府》。这段唱情理交织，振振有词，唱了两百多年。紧接着包拯与陈世美快板交锋，急如闪电，间不容发，如飞瀑直泻，声势凌厉，听着非常过瘾。美学家王朝闻评道：

> 我听他（裘盛戎）所演唱的《秦香莲》，听到"包龙图打坐在开封府"，觉得唱法由松弛转向激越，转得那么有劲头又那么自然，令我感到精神振奋。他把那个"府"字，唱得那么有新鲜感却又不显得火气十足，这是真本领。

这句唱使我觉得，临战的包拯将与陈世美斗争到底的决心和气派的威严。

王朝闻是美学大家，他从一句西皮导板，听出包公内心的潜台词，预知剧情的走向，鉴赏到声腔激越的美，领略到裘盛戎的真本领。这是唱者的功力、听者的悟性。花脸的"大嗓门"果真会散发出这么大的魅力吗？

诚然，在生旦净丑四大行当中，唯有净（铜锤花脸）的唱腔高亢嘹亮，盈室冲堂，充沛着阳刚之强、雄劲之美，最有气势。但长期以来，铜锤唱腔受"高大实洪"的左右，只在乎嗓门大、调门高，直来直去，可桶儿灌，却轻慢了歌者以声传情、声情并茂的主旨，游离到剧情以外。裘盛戎却把握住"我就是他"的表演守则，紧紧扣住"唱腔和唱法都要随剧情和人物的不同而变化"去处理每句话白，每段唱腔。

在《秦香莲》最后一场，有一段包拯由心软赔情转而心坚似铁的抒情唱段："这是纹银三百两，拿回家去度饥寒……"这在包公戏中稀有、动人，韵味醇厚，观众听着实在喜欢。此后这一抒情"咏叹调"，在《赤桑镇》中有了更精彩的发展。对花脸极富人情味的抒情演唱，裘盛戎体验细微，处理精当。他在演《铡美案》时，特别注意根据剧情来决定戏该怎么演法。譬如，包拯在戏里共有三次喊"香莲"，每次喊法都不同。第一次叫她去认陈世美，喊得很干脆，理直气壮，有我包拯做主给香莲壮胆。第二次，皇姑来时，他喊"香莲"，声音较轻，借以观察秦香莲的胆量如何，怕把她吓坏了。第三回，国太来时，包拯感到事态严重，陈世美一时未必能铡得了，就想送一点银子给香莲，打发她回去，官司就别打了。所以这次喊"香莲"，心里既恼着国太母女，又愧对香莲母子，声音自然就低沉了……等到摸着香莲孩子的头，哽咽着唱"教子成名把书念，千万读书你莫做官"的时候，包拯心里头那种说不出道不尽的苦楚、心酸，观众才能充分领略到。

这段演唱抒情味很浓，揭示了在唱、念、做、打的背后，不能缺了"情"、少了人物的内心主导，叮嘱演员在戏台上是在演"他"，而不是演"我"。如果演员在台上只顾自我陶醉地欣赏自己，耍身段、冒高腔，而忘了"我就是他"，那就糟了。

纵观《秦香莲》全剧，包拯约有108句唱，板式包含导板、原板、流水、快板、摇板、散板等，这些板腔比较准确地传达了包拯起伏不平的心情。裘盛戎依据剧情发展和场景需要，处理唱段的每个字眼儿、每句唱腔都有独到的设计和表现，而不是"一道汤"，更非"一吐为快"。为达到以声传情的目的，他很讲究发声的"气口"，字眼儿的"正切""反切"，"四声"的调式，恰当地以气托声，做到"松、通、空"，巧妙地使用"提、挑、弹、蹦"等方法吐字行腔，使吟唱越加俏皮华丽，过耳难忘，呈现了"裘腔"大花脸的浓浓韵味和深深情意。

当铁杆儿裘迷向他请教，何以他的唱如此令人沉醉、痴迷、念念不忘时，他如实道来：

> 我觉得作为一个花脸演员应该灵活地运用声音。在花脸的唱功要求上，一般人都有这样一些看法：认为花脸只是声大气壮。其实花脸在唱功上主要是如何通过自己那种圆润浑厚的声音和刚正而又豪壮的唱腔来表达这一行当中某一类型人物的思想感情。而这些思想感情，又是通过戏的要求来体现的。因此，同是一个花脸的唱法，也会因人的性格和剧情发展的不同，在声音的要求上也各有不同。他不能一味地追求声大，而是有大有小、有强有弱、有粗有细、有厚有薄，像做菜一样，要把各种材料都准备好，灵活地使用声音，才能丰富地表现人物的思想感情……

裘盛戎不光艺术精湛，而且是个憨厚实诚的"老好人"，没架子，能容人，有人缘，从不争头牌、计较排位，只以戏为重，应了他的小名"大群"。20世纪50年代末到60年代初，正是在他和一些热心人的不懈奔走下，中国京剧界几位大名鼎鼎的"头牌"，如马连良、谭富英、张君秋、赵燕侠等名家相继聚集到北京京剧团，使团内阵容强大，捧月的群星也多是在京剧界演艺不凡的艺术家。一时北京京剧团的金字招牌辉耀海内外，陆续推出《秦香莲》《赵氏孤儿》《官渡之战》《状元媒》《海瑞罢官》《杜鹃山》等经典名剧，为中国京剧史留下了光辉灿烂的一页。这其中由裘盛戎（饰包拯）、张君秋（饰秦香莲）、马连良（饰王延龄）、谭富英（饰陈世美）、马长礼（饰陈世美）、马富禄（饰张三阳）、谭元寿（饰韩琪）等名家合演的《秦香莲》，是这出戏有史以来空前硬整的阵容。戏报一贴出，立即轰动京城，名震海外。1963年秋，长春电影制片厂不失时机地拍出戏曲艺术片《秦香莲》，侥幸留下这部京剧经典，珍存了裘盛戎、马连良、张君秋和李多奎等几位大师演艺的声影。

时光荏苒，半个多世纪过去了，天津青年京剧团以强力阵容演出的《秦香莲》，

小京纪实

找寻大栅栏

令人欣慰。在这出戏里，马、谭、张、裘的神韵不光得以继承，而且借助今天优越的条件，表、导、演的艺术水准都得到了大幅度的提高，满足了新老观众的审美需求。孟广禄是裘盛戎得意传人方荣翔最寄予厚望的门生，他嗓音好，有激情，为人谦和，肯于钻研，演裘派戏不仅力求形神兼具，而且有领悟和创新。赵秀君是张君秋老师亲传弟子，她的嗓音有乃师的"娇、媚、脆、水"，甜润清新，舒展自如，在《秦香莲》一剧中，她从头唱到尾，戏份很重。随着剧情的发展，她把握得很到位，一段《琵琶词》唱得如泣如诉，催人泪下，成功地完成了秦香莲艺术形象的塑造。李军是上海京剧院的当家老生，他饰演的陈世美唱做俱佳，与孟、赵的对唱势均力敌，旗鼓相当，搭建了全戏的掎角之势。朱强是马派传人张学津的弟子，十分难得地传承了马连良的艺术神韵，寿堂一场，他的话白酣畅俏丽，起伏跌宕，如九曲溪水，一路奔来，很见功力。戏中韩琪、国太、皇姑等演员都唱做不凡，加之优秀的乐队和舞美的良好配合，织就满台云锦，光彩无限。

一出《秦香莲》可以烛见京剧两百余年的演进脉络，展现历代名角儿梯次传承的艺术精华。它是先辈艺术家留给我们的宝贝，是人类精神文明的集萃。昔日和今天的艺术家们以杰出的才能、勤奋、智慧与创造力，为我们描绘出一幅灿烂的寻梦画卷，因而经典穿越时空光辉永存，是不朽的。近闻京剧《秦香莲》已被列入陆续开拍的十部经典戏曲艺术片，我十分欣喜。这样不仅留下了今日京剧《秦香莲》的精彩影像，便于传播海内外，弘扬京剧文化，而且可以充分运用电影语言的表现手法，提升和扩展京剧的审美特点，使舞台艺术片愈加臻美动人。京剧《秦香莲》的经典之路虽漫长，却一步一"莲"花，步步芳"香"。

裘盛戎饰演京剧《姚期》剧照 ▶

大美不亏大节

我与朱文相、宋丹菊都得到过大栅栏老戏园子的实惠,我们仨从小就喜欢京剧,方式结果都不同。文相是官绅子弟,有机会结识京剧大家,台上台下都能尽窥京剧的堂奥,终于修炼成戏曲表导演理论的一代名家。丹菊是门里出身,父亲宋德珠是武旦翘楚,名列"四小名旦"。她不仅耳提面命全盘继承、发展了父亲的"宋派"艺术,而且作为国家非物质文化遗产传人培养了众多优秀学生,在舞台、讲台上德艺双馨。我则是从大栅栏戏园子里扒台口、看蹭儿戏入门的京剧爱好者,至今乐此不疲。尤其是在与朱文相、宋丹菊夫妇相识的漫长岁月里,每次见面,说的是戏,论的是艺,处的是人,受益良多。每当忆及,历历在目,言谈笑语,迄今难忘。

一、都是育英中学的学生

我上小学的时候,京城缺柴少电。上学的路上总忘不了带根麻筋儿(麻绳披子),随手捡起路边的树枝儿、树杈儿,纸头、纸块儿,用麻筋儿捆扎好,带

◀ 京剧《牡丹亭》剧照,程砚秋饰演杜丽娘、宋德珠饰演春香

给妈妈引火做饭用。

追寻我和文相、丹菊的既往，常联想到儿时的拾柴。那一枝枝一杈杈、曾经活泼泼地长满绿叶花朵的"生命"，虽已萎落，却依然含蓄着旺盛的热能，期待被点燃，爆发出烈烈火光，焚烧自己，再一次创造出新的生命。

我1950年入学时，学校还叫北京私立育英学校。文相在1953年入学时，校名已改为北京25中了。育英学校是男中，创建于1864年，由灯市口的美国基督教公理会投资和管理，同时创建的还有女中的贝满学校。过去，北京人把灯市口的育英、贝满和东单的汇文、慕贞称作贵族学校，这话不假，因为这四座学校除了学费高（我入学时，每月交一袋洋面）、师资强（大多具备大学讲师以上水平）、设备好（有各种实验室、音乐教室、美术教室等）以外，生源的出身不是官宦、富贾、归侨，就是教授、专家等高级知识分子家庭。有的一家三代同读一校，甚至授业于一师。新中国成立后，虽然"贵族"失存，隐隐中那贵族的精神气韵尤在。

育英学校设有小学、初中、高中、运动场和宿舍五个院，规模较大。1955年，在位于骑河楼的三院（有400米跑道的运动场，培育了年维泗等足坛名将和孙鸿年教练），盖起了具有那时较现代化楼房的高中部，脱离25中，改新名65中。我和文相先后从65中毕业，分别考入大学。

育英的师生爱好广泛，重视德智体美全面发展，师生尤其多喜好京剧。星期天在东安市场里的吉祥戏院，常常可以看到育英师生们忘情舞台的身影。在"育英人"身上不难发现热心公益、开拓进取和勤于事业的因子。

二、蹉跎中的相逢

1962年，我和文相同年从不同大学毕业。我被分配到空军部队做文化教员，他被分配到郊区当老师，音信不通。

1966年"文化大革命"初始，我被抄家，部队大字报贴出要"揪出陆平派到空军的黑笔杆子"，同时空政保卫部查出我"有里通外国的嫌疑"。三罪归一,瞬间我被专人押送西安"政治训练队"交代问题,劳动改造。次年,我们被西安造反派轰回北京。部队不安排工作,我每天去喂猪、帮厨,战士们议论纷纷。后来让我参加战士宣传队,团政委交代负责人,我属控制使用、监督改造。

一年冬天,宣传队到永定门外给驻扎的部队演出,场院四周围满了附近的农民和中学师生。我发现在外圈人丛中,有个戴眼镜的人与众不同,他清瘦,穿着一身旧棉衣,神情专注地观看每一个小节目,像读一本书。啊,是朱文相!意外相逢,我们很兴奋,却没有多谈。此情此景彼此都明了,遂留下了住址。

三、文相的援手

"文化大革命"结束后,1978年,朱文相考取了中国艺术研究院张庚、阿甲的研究生,如愿以偿,倾心于他钟爱的戏曲表导演艺术。我原想离开就业的公交公司找个大学去教书,却都因无权势背景,屡屡被人从"后门"抢走了名额。

一天接文相电话,问我民航找人编杂志,去不去?机会不等人,我赶忙骑车到八条朱府了解细情。

原来,改革开放伊始,中国民航开通了国际航线,比照国外航班,客舱内需要配备航机杂志。民航的人不明就里,跑到邻近的中华书局求助。在书局做编辑的老同学刘宗汉闻讯,立即告知文相,文相赶忙征询我的意见。在空军时,我曾接触过民航,有所了解,但更乐意参与新杂志的开创。我兴冲冲来到民航总局面谈,又因我无后门引荐难以决定。可当时急于用人办刊,就采取现场考试我古文、英文和作文三门功课的办法,上报总局政治部审核,后经政治部黄乃一主任批准,我开始了后半生的杂志生涯。

在65中,朱文相和我既不同班,又不同年级,不过点头之交。永定门外一别,他当时虽处逆境,却惦记着我,这才有了他和宗汉施以援手,为我提供编杂志的契机。应了"多一个朋友多一盏灯"的老话。我明白,这"灯"的光明,源自文相那颗平和仁爱的心。

与爱新觉罗·溥任(溥仪四弟)先生的夫人张茂滢女士闲谈时,她总是夸奖文相"心里有人,和气,对谁都好",有乃祖朱启钤老先生"中和"的遗风。张家与朱家是三代世交,彼此很了解。茂滢的祖父内阁学士张翼,庚子后曾奉命护佑年轻的醇亲王载沣出使德国，其父张叔诚是著名的企业家、收藏家，他们与文相的祖父朱启钤、父亲朱海北过从甚多，因而溥任和茂滢对文相的看法是准确的。只是，文相的襟怀中和，固然有他家传的美德，也有他在世间磨炼的积淀。襟怀的中和对他后来的治学和从业都有积极的影响。这使我想起朱自清先生在《山野掇拾》说的："他是个含忍与自制的人，是个中和的人。"

四、文相的谦和

文相为人谦和，谋事讲"和合"。

2001年10月，民盟北京市委员会和中国社科院受市领导之托，邀请京城名家学者研讨"人文奥运与北京市文化建设"的内涵和实践，迎接2008年在京举行的29届夏季奥林匹克运动会。文相作为中国戏曲学院的院长和著名戏曲理论家应邀参会。他很珍惜这次借助奥运向世界展示中国戏曲的机会，便向主办单位郑重地推荐了刘宗汉和我一起参会。为此，我们多次在文相家小聚，开动脑筋，畅所欲言，并到颐和园德和园大戏楼实地踏看，走访专家，拟出了一份关于在北京举办国际京昆戏剧节等三项建议的提案。文相让我起草，请宗汉修改，最后由他定稿，在会上宣读。

这个提案论述择取北京城中轴线上的天桥、紫禁城和恭王府三个点，展示北京的俗文化、皇家文化和雅文化，落实在颐和园德和园举办国际京昆戏剧节。这个提案受到市领导的重视，专门发了一期简报。

我们三人中，我是旅游记者，宗汉是文史编辑，只有文相专门从事戏剧研究。但他不自专，听取我们从不同角度提出的意见，集思广益，而后综合归纳，化他为我，深化了课题的内涵，且富有新意，便于操作。成文时，文相一再注明每个人的贡献。

孔子说："君子和而不同，小人同而不和。"文相有君子之风，他的谦和，既展示了他诚心待人、宽容同道的襟怀，也披露了他善于触类旁通、兼收并蓄的治学方法。这里没有矜持自诩，也不仅是"谦逊"二字就可以解释的。唯心中"致中和"，方有事业上的宽胸怀、能容人、广视野、得合作。在常说的治学与做人的一致上，文相是榜样。

五、中和，京剧正宗的风格

文相出身于世家，从小有看戏和接近京剧名家的优越条件。他爱戏，私下也跟名家学戏。耳濡目染，对京剧看得多，知道的多，既有广博的感性认识，又积存下许多名家演出经典名剧的记忆。难得的是，他并没有停留在"玩票"的雅兴上，而是定下心来，透过舞台纷繁的表演，去探寻京剧魅力的所在，追其源、查其流，提升到理论层面，理清戏曲艺术发展的脉络，从中觅见规律。

这并非是件人人都做得来的易事。他在中央电视台戏曲频道讲述京剧流派，脉络清晰，提炼到位，讲评公允，显示了他多年厚积薄发的积累与思考。

京剧是舞台艺术，两百年舞台上走马灯似地不断涌现出一拨拨好角儿，留传下一出出久演不衰、创作空间广阔的骨子老戏，标示出京剧发展每一个时期的高峰。往往台上一位好角儿成功地征服了热情的观众，就会独树一帜，引来台下无数的拥护者，跟着，仿效者有如雨后春笋般地随处萌生。一时节，"满城争说叫天儿"，谭门精艺传七代；"十净九裘"，昔日的洪钟大吕归入今日的刚柔兼及，声情并茂；"南麒北马关东唐"，更是地不分南北，扬长避短地不拘一格展示出千秋别样……

这是京剧的宽容与计较。

角儿这么唱，琢磨着花样翻新；观众这么听，欣赏着推陈出新。两下里只要心碰心，意相随，就能绽放出一朵奇花，引领一时之尚。可又有谁肯花心思，去猜度花红背后的来龙去脉，条分缕析地把京剧说得头头是道，令后学者心明眼亮地步入京剧圣殿的堂奥呢？

文相做到了。他有深厚的文史功底和多年浸染京剧的经验，能从文学经典中探幽发微，刻意发掘京剧表演美学的根茎脉络。比如，他以《易经》的太极之象，说舞台上的变化与均衡；从儒家的伦理教化，说戏曲的寓教于乐；以老庄的超脱飘逸，说表演的穿越与虚拟；以禅宗的顿悟之妙，说演员与观众的"意通神和"。他分析《诗经》中怨妇诗的"乐而不淫，哀而不伤，怨而不怒"，引申到京剧舞台上不瘟不火、雅俗共赏的艺术追求，以及京剧讲究以理节情、以情喻理的导向，令人思之信然，茅塞顿开。

六、致中和，艺术的至高境界

细观梅兰芳、程砚秋、杨小楼、余叔岩、马连良、裘盛戎等名家的演唱，不难发现，他们运用程式既能驾轻就熟，挥洒自如，又能不着痕迹，不落窠臼。他们的演唱看似简易平淡，却把声情控制得恰到好处，散板中见韵味，慢板中见气度，快板中见功力，摇板中见潇洒。无论是演还是唱，名家们绝不哗众取宠，赚取廉价的掌声，而是守住过犹不及的"中和"风格，心中有人物，表演循剧情，疏密有度，收放有节。

我常想，京剧真是门绝妙的"人的艺术"。台上诸人各有各面，因扮演的角色、占位和比重不同，结构生发出诸多矛盾。只以行当来说，就有生与旦，生旦与净丑，主角与配角，唱与念，唱念与做打，演员与乐队，文场与武场的诸般交集。一旦大幕拉开，诸角色就以各自行当的不同特色，融入戏中，依次演进故事矛盾的生发、撞击和结局。

舞台时空，寻求叙述的简洁、完整。其实，"戏"的本义就是嬉斗、挑逗。一台戏，种种因素相辅相成共融一体，相得益彰，融入一个包容（合成）种种不同的"和"字当中。这个"和"必须是由演员与观众共同（合作）完成的。看戏的熟客，尽管对剧本、剧情、唱词、程式烂熟于胸，还是攒着劲儿，等着那个精彩的"节骨眼儿"，要下"肯节儿"的那个"好"来。这使我常常想起京剧名家李万春对我说的："离开观众，我们什么都不是！"

翻开周朝时的《礼记》，它给"中和"下的定义，仿佛说的是戏，是台上的表演："喜怒哀乐之未发谓之中，发而皆中节谓之和。"

在剧情演进中，演员扮演的角色既要控制住剧中人喜怒哀乐的情绪，又要在节骨眼儿上，恰当而艺术地把剧中人的感情展现出来，这叫"中和"。这种"一脚门里，一脚门外"的表演方法，既区别于斯坦尼斯拉夫斯基全身心投入的"体验说"，又区别于布莱希特纯表演的"间隔说"。《礼记》说的"发而皆中节"是演员的功力、造诣在舞台上恰如其分的发挥,它与现场观众期盼的艺术享受应该呼应为一。京剧名家裘盛戎先生对我说:"其实一段唱,哪点能要下好来,我清楚,观众也清楚,就看你能不能拢住劲,把握住尺寸,两好砸一好。"我想这就是"发而皆中节"。裘先生听我这么一说,瞪大了眼,说:"古人真有这话?"

《礼记》进而归纳提出"致中和"的更高境界:"中也者,天下之大本也,和也者,天下之达道也。致中和,天地位焉,万物育焉。"

对演员来说,"中"是修炼,"和"是探索,"致中和"就是创造自己鲜明的艺术风格,享有代表剧目,得到公众的认可。

文相孜孜不倦地研究,为京剧的表导演理论以及戏曲教育事业留下了丰厚的遗产。

七、文相故去,丹菊送我遗著

那是文相在病中抱憾的至嘱。

刚刚失去亲人,丹菊很快强忍着悲痛,全身心地投入很不熟悉的编辑出版工作,夜以继日,克服重重困难,在老友刘宗汉等人的支持下,完成了《朱文相自选——戏曲表导演论集》《阿甲戏曲艺术理论研究文集》《朱文相追思录》以及《宋德珠舞台艺术》大型图文纪念册等著作。这既是丹菊对亲人朱文相、父亲宋德珠的永久纪念,也是把朱文相精研的戏曲理论传之久远的公德之举。

我回忆每次和文相对坐,他总是颇有兴味地听我外出采访的见闻,很少插话,更很少说及他的工作。因而,我对他的学术造诣和治校业绩了解甚少。如今,展读一册册厚重的专著,老友平和的面容时时出现在我面前,我不仅重识了戏曲理论家的朱文相教授,而且又发现了一位舞台上叱咤风云、舞台下坚忍不拔的贤妻良母——宋丹菊。

我与丹菊相识在八条寓所。那天上午,文相临窗写作,丹菊一面招呼我落座、送茶,一面麻利地给文相的茶杯续水,只见她轻移莲步,点点俱到,如一缕清风飘然而过,"圆场"走得漂亮极了。后来文相搬到自新路,我们见面的机会多了,谈天说地,丹菊只是在一旁斟茶倒水,不言不语,尽主妇之道。

那时,她正忙着排演父亲的名剧《改容战父》。我始终没有机会观看丹菊的现场演出,但一直关注着她的艺术实践。比如她1986年赴美国讲学并获奖;

1987年获第五届中国戏剧梅花奖；她与我国文物专家、杨派名票朱家溍合演了《青石山》、昆曲《浣纱记·寄子》，得到观众和朱老的好评。这些信息被图文并茂地在杂志上发表后，时常引来读者询问宋丹菊是不是四小名旦宋德珠的女儿，顺而总提起当年京剧舞台的繁盛景象。

八、珠光菊影依旧熠熠夺目

丹菊没有赶上他父亲宋德珠那个时代的幸事。

宋德珠十二岁考进由焦菊隐担任校长的中华戏曲专科学校，遇到那么多好老师、好同学，成为第一科"德"字科学生。而后冲破陈规，第一个以武旦挑班，众星捧月，红遍大江南北，独创"宋派"武旦艺术，扬名"四小名旦"。

宋丹菊又是幸运的。她出生在梨园世家，自幼随侍父亲左右，耳提面命，早早被熏成了"戏人"，立下了"台上见"的心愿。她虽然没有踏入戏校大门，却被荀慧生大师慧眼识珠，领进家门。由武旦陈金彪先生教练基本功、打把子，荀先生从旁指导。从1956年起，执着的丹菊承受了父亲宋德珠一板一眼亲传的《女起解》《玉堂春》《武家坡》《桑园会》《小放牛》《金山寺》《大英杰烈》《虹霓关》《扈家庄》《穆桂英》《青石山》《摇钱树》《刺巴杰》等二十多出宋派名剧。

丹菊从她父亲身上悟出，唯有根深方能叶茂。武旦的根本行当是"旦"，演的是戏中的"角色"，不是砌末（道具）。只有角色立住了，一身武艺才使对了地方，开打起来才有情有理。再如，"跷工"和"打出手"是武旦必练的基本功，要练到熟能生巧。什么叫"巧"？巧就应该巧在为剧中的人物增色，为情节添彩，而不是游离于剧情以外会打把式的行头。

文戏是基础。她循着父亲文武并进、广收博采的习艺精神，借助父亲在梨园界广结的情谊，拜访名家，登门求艺。从童芷苓学《姑嫂英雄》《杀惜》《宇宙锋》；从魏效荀学《红娘》《得意缘》《花田八错》；从陈永玲学《金蟾刺蚌》；又受教于芙蓉草（赵桐珊）、李慧芳、冀韵兰、谷玉兰、邓德琴、赵德勋、王元信等席前，学戏、练功，练功、学戏……

丹菊把一天的时间排得满满的，就连散戏后，她也央求管灯光的师傅晚关一会儿灯，她再跑俩圆场。她不知疲倦，不顾伤痛，把一颗心、一身劲儿都用在戏里边。在她眼前，父亲宋德珠永远是榜样。

1959年，宋德珠的弟子小王玉蓉把十四岁的宋丹菊领进阵容强大的北京京剧团，出演现代京剧《青春之歌》"监狱"一场中被囚禁的一个小姑娘，"台上见"的理想实现了。

1960年，她随剧团走进中南海怀仁堂，为毛主席等中央领导人演出《盗仙草》，开始了她的专业演出。

1963年，她随马连良、谭富英、张君秋、裘盛戎、赵燕侠率领的北京京剧团赴香港演出，一时轰动华人世界，精彩的演出再现了京剧史上鼎盛的辉煌。丹菊有幸荣列名师云集的北京京剧团，不仅得与名师们同台共演，现场感受众名师的艺术魅力，而且朝夕相处间，随时随地得到名师的启迪教诲。

丹菊心里有戏，眼里有人。每当她演完开场的《打焦赞》《盗仙草》《扈家庄》一类"帽儿戏"之后，她就找个不碍事的地方看戏"偷艺"。对于头牌名师们的戏，她全神贯注，不敢疏忽；就连傍角儿的配角，乃至旗锣伞报的上下场、站位，她都搁在心里，以备不时之需。有一次，裘盛戎演《铡美案》，饰演皇姑的演员病了，她自告奋勇临场顶替，演出圆满成功，她受到裘盛戎的夸奖，还得了个"宋大胆"的绰号。其实，在丹菊"大胆"的背后，是她"爱戏如命""为戏而生"的恒心和平日苦心积累的结果。

她曾陪赵燕侠演出《白蛇传》，饰演青蛇；赵演《红娘》，她饰莺莺。同台献艺，她对赵燕侠老师清新流畅、文武通透的"赵派"风格有了亲历的感悟。这让她想起当年父亲宋德珠与程砚秋、俞振飞合演《金山寺》。机遇永远属于那些做好准备的人。

丹菊这段剧团实践使她在获取了丰厚的艺术营养的同时，开阔了眼界、提高了审美水平。因而，她不敢止步，唯有锐意进取一条路。这一年，她时常走进于连泉（筱翠花）老师的家中，认真学习花旦的基本功，领悟"筱派"艺术的精髓。1990年，为纪念徽班进京两百年，她与从台湾回京的二舅孙元彬（饰张绣）、三舅孙元坡（饰曹操）、名武生马玉璋（饰典韦）合演了《战宛城》，名震海峡两岸。她在戏中饰演的邹氏，既有乃父宋德珠的风采，又有乃师筱翠花的神韵，鲜灵活泼，无出其右者。一台充满骨肉亲情的两岸合作戏，再现了当年由孙毓堃、宋德珠翁婿合演、轰动京城的《战宛城》，老观众对丹菊饰演的"邹氏",不由得挑起了大拇哥。

丹菊受益多门,流派缤纷,营养丰富。她在学戏时,不拘一格,把青衣、花衫、闺门、泼辣、短打、长靠等旦角戏,样样学到手,记在心,揣摩旦行中扮演不同年龄、性格、身份的女性的同与不同,巧妙地将"四功五法"融进角色的创造,做到了"万物皆备于我""我用万物饰不同"。

父亲去世后,她秉承父亲拜师王瑶卿老先生领受"王派"的固本之路,拜在王瑶卿大弟子程玉菁的门下,承继了王派代表作《棋盘山》《破洪州》《十三妹》《得意缘》;加工了《虹霓关》《战金山》《四郎探母》中的萧太后和《王宝钏》中的代战公主等二十多出戏,领会了程玉菁老师说的"王派宋派是一家"的道理,从而夯实了宋派武旦刻画人物的基础。她认为,一个优秀的京剧旦角演员,不光要扮相美,演唱美,技艺美,而且要给观众留下长长的意境美。

功夫不负有心人。1987年,丹菊荣获第五届中国戏剧"梅花奖"。在为她个人举办的专场晚会上,她一以贯之地连演了宋派经典《扈家庄》、昆曲《寄子》、宋派名剧《改容战父》。允文允武,神采飞扬,观众齐声喊好,由衷地赞叹丹菊的技艺、功力与造诣,令人同时想起当年的宋德珠,对今日京剧舞台上的宋派武旦艺术,有了全新的认识。

九、志同道合,相濡以沫

过去,人们参加婚礼,讲究送整幅绸缎的"幛子",高悬厅堂,上缀"天作之合"四个斗方,以示祝贺。

文相丹菊的"天作之合",是北京京剧团的小生演员闵兆华做的月老,一根红线拴定了这对志同道合的小青年,一个爱戏及人,一个敬重书生,京剧匹配了这段好姻缘,又拓展开一条幸福的艺术之路。

说来有趣,时值"文化大革命",一切听从最高指示。二人结婚是红卫兵开的证明,在街道办事处登记,高声朗读的语录是"团结起来,争取更大的胜利!"团结不成问题,胜利一定收入囊中,语录成了他们日后功成名就的宣示。

那时文相是落魄到农村的教书先生,丹菊是剧团反动权威的"黑子女",困窘不安的日子使两颗相爱的心贴得更紧了,患难中,他们乐观、从容,规划着未来的事业和生活。儿子出生了,起名曰"天",天助我也!他们对未来充满信心。

"文化大革命"一结束,两个人立即朝着自己预定的航向,展翅飞腾。一个跟名师研习戏曲表导演理论,一个访名师演练旦角的流派艺术。在京剧广阔的天地中,雕凿朱氏的"三突出理论"、宋派"美媚脆锐"的艺术风格。

有人说,人生如戏,瞬间风起浪涌。

1991年,戏曲学院师生到宣武医院进行常规体检,文相被查出"肝癌"。晴空一声雷,顿时,这个令人羡慕的幸福家庭陷入莫大的恐慌。亲朋好友,乃至文化部的有关领导都很焦虑,想方设法为文相联系最好的医院、最好的医生,力图止住癌魔的脚步。我闻讯去看他,他并无异常,依旧是那么淡定、从容,笑着问我近日采访的见闻。我注意到丹菊的不安和忧虑。

后来,文相在肿瘤医院做了几次化疗,大夫生疑,经几个医院专家的会诊,认定文相未患肝癌。然而,凶狠的化疗已然极大地破坏了文相肝脏的生理机能。腹水严重,他腹胀如鼓,难以仰卧,饮食休息都成了大难题。文相痛苦不堪,丹菊痛苦尤甚。为了爱人,她忍痛告别了大红大紫的舞台,离开了北京京剧院,调到中国戏曲学院传授宋派艺术,延续京剧的血脉。这样,她可以匀出时间,搀扶着难以行动的文相四处求医问药。

丹菊要强,不肯把悲苦无奈的一面示人。每次文相住院,她都一人独挡,搀着病人,拖着一大包备用的生活用品,挤进出租车。公公朱海北先生也一度住进文相就诊的北京医院。她三楼一个,四楼一个,来回跑,把自己的饥饱劳碌都忘了。一颗心操碎了,全贴补在亲人的安危上,哪里还有自己?

即便如此,丹菊也有钟爱的京剧。

文相养病期间,丹菊在卧室安了个叫铃,以防不时之需。铃声一响,丹菊就惊出一身冷汗。岂料,文相叫她拿本记下他刚想到他书中的一个细节。文相在佑安医院住院两年多期间,丹菊在家看电视,发现一出好戏或遇到什么不懂的问题,就打电话向文相请教。文相总是像以往那样细剥就里,批解得头头是道,令丹菊受益匪浅。

就在病危通知书频频连发的日子里,文相以惊人的毅力带出了七个研究生,勉力为戏曲理论队伍多充实几员生力军。面对即将飘忽而去的人生,他已不能进食,但仍然记挂着他终生不舍的京剧。他对曾经一起并肩工作的学院领导交代,要力戒学风浮躁、艺风浮华、作风浮夸；强调戏曲舞台要坚持突出表演艺术，突出主演艺术，突出表现人物的唱念做打技艺的"三突出"原则。

从1991年医院误诊，到2006年11月15日文相撒手人寰。十五年，5475个日日夜夜，丹菊与文相朝夕相对，经历了常人难以忍受的折磨和苦痛。她倾心救助病危的丈夫，只要有救，哪怕剜出自己的一颗心，她也不会迟疑。这是丹菊对文相的大仁大爱，大节大义。在她身上我发现，文相的中和精神以及对京剧的执着追求，已然与丹菊合二为一。而丹菊在舞台上美媚脆锐的宋派风格，正以台下为妇为夫的另一面，给人信服的解释，大美不亏大节。

丹菊说："我认为文相不但是我的伴侣，也是我的老师。如果说我在艺术上有什么点滴的成就，那也是与文相的熏陶分不开的。在生活和艺术上我们有着太多的共同语言。我和文相的几十年是探讨艺术的几十年，也是相濡以沫的几十年。"

人生得一知己足矣，文相有福结缘丹菊；

吾辈有幸，得遇朱文相、宋丹菊这样德艺双馨的挚友；

人间有幸，当为明日的清明盛世祈福！

附：《京剧宋派艺术论集》序

打开眼前的这本书，是一轴画卷。

金山水漫，亭亭玉立的白娘子仗剑索夫；战鼓撼天，全身披挂的一丈青叫阵梁山；杨门校场，烧火的丫头挥棍横扫三关上将；砀山坐寨，豪情万丈的万香友改容战父；青石山前，风情万种的九尾玄狐挑战天神……

时光拨动舞台，转换出一番新光景，大青衣甩脱了温雅娴静，顶盔贯甲擂鼓战金山，走出了抱肚子傻唱的窘迫；小花旦踩跷舞蹈，泗州城上刀枪飞舞，武艺不让须眉……

观众笑了，满意了，鼓掌了。本来嘛，台上的旦角就该像世间的女界一样，有的动，有的静，有的如花似玉，有的志气如钢，哪能都一个模样、一样嗓门、一个腔调儿。于是,演员开窍了,移步不换形,青衣、花旦、花衫、闺门、泼辣、玩笑、短打、长靠……如园中百花,姹紫嫣红,千姿百态,旦角越演越细,百有万种,演不尽尘世纷繁,情海茫茫,京剧的天空闪现出一位位当家"老板"的星光,一支支艺术流派温热舞台。流派,由源而流出清远,由艺而派生出个性。流派,正是京剧繁盛时的标志、艺术成熟的硕果。

打开眼前的这本书,是一个故事。

他叫宋宝禄,12岁,瘦瘦的,看着挺苗条。1930年秋天,父亲把他送进崇文门外的一所大四合院,刚成立的中华戏曲职业专科学校(简称中华戏校)学戏。他是第一科"德"字科的学生。焦菊隐校长给他起了个艺名,宋德珠。

那年头,大帅们没事老打仗,老百姓没事老听戏。大栅栏的戏园子夜夜客满,唱戏的比着赛地练好腔儿,排好戏,聚拢观众的心气。当初老生当家,早有前后"三鼎甲"、前后"四大须生"定论;而后旦角走红,报社组织民众票选优伶,顿时轰动社会。台上的角儿、科班的小学员都卯上了,露一次脸能管一辈子,谁不稀罕?观众瞪着眼支棱着耳朵等结果,看自己钟爱的那个"角儿",能不能一举登龙榜。中国人讲究四平八稳,"四"是常数。因而评出来"四大名旦""四小名旦"。

那时候,公众过日子少不了京剧,没钱进园子,听话匣子,再不然坐在茶叶铺门口听大喇叭,自发地给京剧加油、添彩,无形中天边亮起一抹曙光,混迹京城缺吃少穿的贫民,给孩子找到了一条活路——"写"进科班学戏。生活无望,科班有梦,即便如蹲十年"大狱",或许有个出头之日。一旦成了角儿,那好日子还有个边儿?像程砚秋、张君秋……

穷则思变,唱戏是一家子脱贫圆梦的道儿。在科班、戏校,宋德珠周围的师兄弟哪个不是苦出身?苦根儿扎进深土,结出的瓜又大又甜。

宋德珠知道学戏是件苦活儿,可戏校管吃管穿,能学戏还学文化,他太知足了。起头他学老生,后来学武生,一次排练《二龙山》,演孙二娘的唯一武旦学员董德林病倒了,老师张善林(十阵风)见他身材苗条,模样姣好,俩眼有神,嗓音脆亮,毯子功、把子功又练得非常出色,就叫他改学武旦,顶替孙二娘,结果一上台,大家眼前一亮,一致叫好,就他了!

生活不可能是一条直道儿,在转弯的肯节儿,他没有犹豫,立马抓住机会,使出浑身解数,找到自己最合适的出发点。戏校慧眼识"珠",请富有经验的老师教他跷功、出手、武打;延聘校外众武旦名家传授他《打青龙》《金山寺》《扈家庄》《夺太仓》《青石山》《泗州城》《丑荣归》《贵妃醉酒》等骨子老戏。翁偶虹老师又给他写新戏，剧目丰富，显露了他能唱、善舞，又能打的全面才能。

宋德珠初放毫光，惊动了梨园先辈和四大名旦，他们观珠、识珠、惜珠、爱珠、护珠，传授自己的拿手好戏，看他演出，详加指点。前辈先贤和四大名旦如此悉心浇灌一棵良苗，殊为罕见。德珠知恩，点滴入心，多师教诲，充实了胸臆，打开了眼界，脑中开始解构程式，追寻一种"是她，不是她，更是她"的新武旦。

这是一场苦斗，是自己跟自己成心过不去的苦斗！名师再好，也要自己下血本,苦学苦练。他深知,把命交给戏,戏才养活你,让你"活"。

武旦难学，不光要中规中矩首先唱好旦角儿，还要踩上跷，满台飞舞打出手，扔得出去，收得回来。他幼功瓷实，依旧不敢懈怠，从难从严，自讨苦吃，从早到晚绑着跷，在冰上跑圆场，在大风中打出手，流血流汗，一身是伤。这是收获绕不过去的付出，台下功夫深，台上才威风。他身段美，"起打"脆，这里灌注着前辈名家的心血，也融入了他怀着一颗"戏心"，用一双"戏眼"对日常生活缜密的观察：滑冰、养鱼、看鸟、观柳，天上的流云，林中的小溪……都跟戏连上血脉，"万物皆备于我"，我就是戏。汲取了多种养分，才能激发创新的灵动。他以心许戏，一心一意，容不得心分八瓣，想这又顾那。他明白，心散了，艺就没了，就真的没"戏"了。

有了"戏心"还要动脑子,演一场进一步。宋德珠悟出"多学、巧练、精研、善择"的精妙，在戏里散发出轻盈柔曼、干净利落、繁复花哨、刚劲妩媚的独有风格，方家点头称善，提炼为"美、媚、脆、锐"的艺术特点，公称"宋派"。流派，原来是艺术个性的升华，是集体智慧的汇聚。

他文武兼备，昆乱不挡，以旦为根本，延伸出武打和刀马的遒干劲枝，剧目丰富，既有《扈家庄》的火爆花哨，又有《玉堂春》的哀婉动听，人物鲜活，演出十分叫座。景孤血老人回忆说："曩观我校之戏，十之有九为红珠而入座。""红珠"是他成功地演出了翁偶虹老师为他量身定做的新戏《虹桥赠珠》后，观众给他的爱称。原来的《泗州城》光是开打出手，很少唱，人物不丰满。在《虹桥赠珠》里，他情意绵绵，为爱拼命，文武兼容，他的才能全面展现，观众认可了"她"。

1936年秋，北平《立言报》发起广大观众投票选举，他和李世芳、张君秋、毛世来一起荣膺"四小名旦"的美誉。1939年，出科后，他在老师、师兄弟和同行志友的支持帮助下，领衔组建了"颖光社"，寓意脱颖而出，红珠放光，开创了武旦挑班、挂头牌、唱大轴儿的先例，一时轰动剧坛，受到京、津、沪等地观众热捧，成为梨园界一时之盛事。

宋德珠挑班颖光社，是在"四大须生""四大名旦"各领风骚、红极一时的繁盛年代，一个唱开场的武旦敢于挑班儿、挂头牌、唱大轴儿，没两把刷子不成，这不光是财力和实力的比拼，更重要的是自信，明珠自发光。他成功了。拍板的是观众，认账的是票房。由此推论当年宋德珠的头牌是何等服众，演艺何其辉煌。

京剧史记下了这段盛事，1939年，他应上海黄金大戏院之聘，带领颖光社赴沪演出，班底超强，二牌老生是"杨派"的创始人杨宝森；铜锤花脸是奠基"裘派"的裘盛戎；架子花脸是"郝派"名家袁世海。头天打头戏，十分硬整，杨、裘、袁合演的《失·空·斩》珠联璧合，一时无两，迷倒戏迷。宋德珠的大轴《金山寺》一开场就砸个碰头好。随着剧情演进，高潮迭起，热浪排空，观众完全被台上白娘子的美媚俘获，水战开打，急如风快似闪电，他使出的"出手"险峻诡异，令人眼花缭乱，台下炸了锅，惊呼不已。临了，只一个"大刀下场"，台上"跺泥"亮相五分钟，台下掌声雷动轰响五分钟，演员"神了"，观众"疯了"，不住地点赞这位"钉在台上纹丝不动的白娘子"。

"白娘子"轻挪莲步，终归从舞台上款款而下，回到他眷爱的戏校，践行他的承诺：用一生的心血培育新苗，回报当年老师对自己的哺育和各界观众的厚爱。他对学生说："我来的时候什么都没有，走的时候，什么也不带走。"1984年7月18日，这位始自戏校、终自戏校的一代名伶宋德珠走了，为我们留下了珍贵的宋派艺术和他的女儿——国家级和北京市级两级非物质文化遗产代表项目京剧传承人：宋丹菊。

打开眼前的这本书，是一面明镜。

旦角化妆离不开一面明镜。小丹菊最爱看父亲坐在镜子前描眉打鬓，梳头贴片子。只一炷香的工夫，慈祥的父亲就幻化成一位娉婷少女、一位白衣少妇、一位盔甲女将、一位迷人女妖……大幕拉开，台上忽而莺歌燕舞，忽而鏖战正酣，父亲仿佛是九天仙女下凡，把美媚与英武揉在一起抛撒人间，观众痴迷地喊好，恋恋不舍。小丹菊沉醉了，打心里热爱父亲的艺术，暗下决心，追逐父亲的脚步，把心许给戏，许给父亲，许给高深莫测的舞台，许给一拨一拨痴迷京剧的观众……

丹菊十一二岁时，长得细高挑儿，脸目清秀，嗓音清亮，天生一个演员坯子。一次，荀（慧生）太太电约他父亲去山西街（荀住宅），父亲带丹菊同往，荀先生一见就高兴地说："这孩子长得多好，学戏了吗？"一句话，把丹菊引上京剧之路。在台上，丹菊多才多艺、文武双全，能戏甚多；在台下，她会教学生，不计其数的学生经她手而成才。

父亲从女儿渴望的眼光中，看到自己的身影和希望，心心相印，颇为宽慰，带她练功学戏，尽情地把自己的艺术见解和舞台经验传给女儿。

丹菊没有得到进戏校的机会，开始艰难的独自跋涉。为了打好继承宋派艺术的基础，她遵从父亲问师多门的教诲，得到荀慧生、程玉菁等大师名家的栽培。这个幸运来自父亲的正直为人和过去结下的深厚友谊，也来自丹菊锲而不舍的求学和谦诚的态度。

私淑比不得戏校有组织安排，可以静心学戏。"走读"全靠自己的勤奋和老师的垂青。那些日子，丹菊穿着一身洗旧的练功服，骑辆破车，东奔西走，虔诚地向老师求教，回来找个空地刻苦地练功、默戏，领悟老师的每一句教导。基础有了，宋德珠又把女儿叫到自己身边口传心授，跟随他练功拉戏，使丹菊逐一把握住宋派艺术的真传。

生活不会老哭丧着脸看你受苦，它也有绽开笑脸拥抱你的时候。在丹菊前行的路上，有两件幸事。一个是她进了由马连良、谭富英、张君秋、裘盛戎、赵燕侠五大头牌领衔，汇集众多优秀演员的北京京剧团，随侍大师左右，在同一个舞台上为众大师配演、唱开锣戏。这是一个京剧演员做梦也求不来的好事。20世纪50年代末60年代初，她在马、谭、裘大戏前演开场戏，差不多每天演两场至三场戏，得到充分锻炼，功到自然成熟。她把握住天赐良机，当仁不让，随时请教，聆听大师们的答疑解惑，零距离地瞻仰大师们的艺术风采，接受他们倾囊的智慧、技艺，承接他们宝贵的经验，丹菊当时每天"三点一线"，老师家、剧场、练功场，除吃饭，没有上街时间，多学、多练，一天一身汗、两身汗。这些经历也为宋派艺术不断注入新的营养。

另一幸事是她与戏曲表导演理论家朱文相教授喜结良缘。她不仅获得了文相忠贞不渝的爱情，更得到了一位志同道合的良师益友。她随时听取文相的辅导与帮助，从而加深了对宋派艺术的理解，提升了宋派艺术的美学价值。

在剧团，1970年从干校回京后，丹菊日益功力见长，演戏多，大活小活全面，在团里人缘好，所以谁都愿意用。20世纪80年代初，丹菊来到赵（燕侠）剧团，此时排了大戏，丹菊能挑着唱大轴了。每逢父亲从外省回京，照顾父亲的同时也少不了学戏、拉戏、讲戏。有时丹菊趁假日去河北省学戏。就这样，丹菊虽没进学校，但她学戏之多，会戏之广，看戏之博：在京剧方面有百余出，昆曲方面也有廿余出之多。中国戏剧梅花奖历史上第一个京剧武旦演员就是明证。

珠光菊影，丹菊成功地用自己精良的演出和辛勤的教学，光大了宋派艺术，惠及全国，远播海外，赢得中外业内外观众的一致推崇。她恪守父训，不知疲倦地传授了一批批优秀的后起之秀，为延续宋派血脉、振兴京剧做出了宝贵的贡献。

当下，"流派"一词很时兴。演的、学的都忙着标榜自己属于某派某派，舍弃厚积薄发、积攒相当数量的剧目，却把功夫下在刻意的模仿上。轻视了京剧内涵的博大精深，慢待了先辈明师玉汝其成的苦辛，迷惑了自己，也混淆了视听，"流"而失源，"派"无个性。

《京剧宋派艺术论集》的出版，正逢其时，恰如送君一面求教名师、匡正时弊、指明正路的"明镜"。照亮师尊，也照亮自己。这里既有宋德珠、宋丹菊父女的谆谆教导，又有专家学者的真知灼见和继承者的切身领悟。本书持论公允，耐读好看，披卷细读，如同与一位良师益友促膝长谈，收益良多。

诚然"开卷有益"，信哉，开卷有"戏"。

这确实是一本了解京剧、学习流派、知晓生活的好书。

跋
大栅栏，不泯

林胜利

一

重修的大栅栏开街后，我又一次走进这里。

看着满街涂得花里胡哨的门脸，说不清是大栅栏丢失了从前的模样，还是我失落了记忆里的魂灵。

大栅栏是浓缩老北京文化的一隅天地，三千年来，南来北往的人们，孕育着北京源远流长的历史文化。

大栅栏是老北京一块儿特殊的地界儿，八百年来，它见证了风雨沧桑的帝都，铭刻着北京的灿烂辉煌。

大栅栏坐落在皇宫门前，六百年来，它经历了二十四代皇帝的登基、驾崩。它演绎着一代又一代京城过客的故事，光怪陆离的梦。

大栅栏是老北京人痴迷的地方，新北京人迷茫的地方。

走进大栅栏，在朱家胡同21号门前遇见一个美国人，他用洋味儿的中国话聊着这灰砖斑驳的"临春楼"，我惊讶，大栅栏竟让西方人如此着迷。和这个美国人的交谈中，我眼前浮现出那条斜贯半个曼哈顿岛子的百老汇大街。

跋　大栅栏，不泯

十多年前，密歇根大学的安尼教授带着我从曼哈顿南端的南码头一直走到最北面230多街的黑人区。在布鲁克林大桥上，他说："这是美国历史上最悠久的大桥，明年我去北京，你一定要带我去看北京最古老的地方。"他来北京后，我带他钻进了大栅栏那片迷宫般的胡同，我给他讲了许多大栅栏的故事。他感慨地说："北京太古老了，大栅栏是北京的百老汇，它比曼哈顿的百老汇深奥万千倍。如果把大栅栏搬到纽约去，美国就没有历史了。"

安尼的表情唤醒了我童年的记忆，这记忆朦胧、清晰。

1955年的一个夏日，我坐着赵爷爷的洋车遛弯儿，拐进了大栅栏。那是我第一次看见大栅栏，大栅栏是梦里都没见过的地方。

大栅栏人多热闹。说这儿人多热闹，是与我家住的那条胡同相比，白天看不见仨俩人，晚上路灯一亮，幽黑的胡同里没一个人影，偶尔行人走过，总怕是"拍花子"的来啦。

大栅栏里的店铺高大雄伟，毗邻相连，一家挨着一家看不见尽头。一眼望过去，各式各样的幌子铺天盖地，五彩缤纷。买卖人操着南来北往的口音吆喝着生意，听起来，这长腔短调、高低音，此起彼伏，像是一街筒子的地方曲艺。

街上的人形色各异，穿旗袍的摩登姑娘打着旱伞挎个小包儿坐在洋车上，

1955年，前门大街北段西立面图之一（此后六幅为连续图）

大栅栏
————

穿长褂的先生漫不经心地摇着纸扇子，背褡裢的乡下人挥着草帽匆匆走过，光膀子的爷腰上插着烟袋锅子满街溜达，推着独轮车的人卖切糕，推着两轮车的人卖西瓜，挑着担子的人卖小吃，挎着篮子的人在街上吆喝……

　　许多铺子门前站着店小二，他们老远就和我们打招呼，听到最多的一句话就是："老爷子，给小爷儿买点什么？"赵爷爷总是那句话："不缺什么，带这孙伙计遛遛儿。"店家人总是笑呵呵地说："得嘞，您慢走，缺什么再来。"那时我以为赵爷爷认识他们，长大了才明白，这是老北京买卖人的礼儿。

　　出了大栅栏东口走进前门大街，这街上的人更多更热闹。叮叮当当的有轨电车伴着马车、自行车、脚踏三轮车、洋车和骑着驴的人们慢悠悠地驶过前门楼子，偶尔一两辆美吉普和大道吉驶过。

　　夕阳下，前门楼子上的雨燕声伴着火车的汽笛声，满天飞舞，映着落日雯霞，如梦中仙境。

　　赵爷爷告诉我："前门是内城九门之首，有'国门'之称，它由城楼、箭楼、东西闸楼、瓮城组成。过去前门的门洞只能皇上走，老百姓得

(大栅栏街东口)

从东西闸门进出。前门楼子下的这座关帝庙是京城香火最旺的地方，每逢皇上祭祀回来，都到庙里烧上一炷香。这庙里有吴道子画的关帝像，庙前有明成祖北征的白玉石马雕像，这些宝贝都被洋人盗走了。1900年夏天，义和团抵抗洋人，在大栅栏里火烧卖洋货的店铺，引起了一场大火，这把火烧光了大栅栏多半条街，烧光了廊房头条、二条、三条、珠宝市，大火飞过城墙，烧毁了东交民巷西口的牌坊和那里的店铺。这一年冬天，八国联军的大炮把前门楼子轰塌了。"

赵爷爷背着我爬上前门楼子，看见北京城池的那一刻，我以为登上了天堂。向北看，层层的山峦下，巍峨壮观的一圈城墙连着13座雄伟的城楼，红墙黄瓦的宫殿浩浩荡荡，万千的四合院簇拥着两座白塔，几潭碧透的海子映在其中。向南看，也有一圈城墙连着14座城楼，正阳桥上车水马龙，五牌楼下人群熙攘，护城河里小船荡漾，东西两座火车站汽笛声声，密匝匝的胡同穿插在灰砖灰瓦的房宇里，大栅栏毗邻相连的店铺披着落日霞晖……

我沉醉在老北京城的梦里。

回来时，前门大街两侧的便道上挂起了明亮的马灯，灯光像一条蜿蜒的龙，灯下是一拉溜儿的小摊儿，吃的、喝的、穿的、戴的、用的应有尽有，摊主儿笑呵呵地招呼着生意，买主儿慢悠悠地逛着，那场面看上去祥和热闹、一派繁荣。

1955年，前门大街北段西立面图之二

大栅栏

赵爷爷说："这是前门大街夜市，已经开了几十年了。京城的百姓来这儿图的是乐儿，买的是便宜，摊主求的是营生。这买东西和卖东西的人都是城里城外的穷人。"

夜色下，大栅栏在红红绿绿的灯影里。

赵爷爷放下长长的洋车把，从车座下的箱子里摸出一盒洋火，小心翼翼地划着了洋火棍，点燃了车把前那盏擦得锃光瓦亮的紫铜色油灯，拐进了西河沿。我问赵爷爷："这大栅栏可真大啊，我们转了有俩钟头吧？"他边拉车边回头说："大栅栏大着呢，从前门大街到琉璃厂，从西河沿到虎坊桥，还有煤市街、粮食店街、珠宝市、廊房一二三条、杨梅竹斜街、李铁拐斜街、八大胡同和好多地方，这么大的一片地方都算是大栅栏。我们只遛了大栅栏北面的两条街，改明儿我拉你去大栅栏的南边遛遛。"

穿过和平门城墙洞拐进顺城街，赵爷爷接着说："前门外包括前门大街、打磨厂、鲜鱼口、天桥、大栅栏，这些地方就数大栅栏名气最大，大栅栏不光买卖多、人多、行当多，大栅栏还有三杂，这儿地形杂、人杂、社会杂。大栅栏这边的胡同尽是斜街，这些胡同又窄又细，错综复杂

交织在一起,有百十来条,不在这儿住上三两年,根本弄不明白东南西北。早些年,小鬼子进北平的时候,不敢往大栅栏的胡同里钻,他们哪见过这么大的北京城啊,怕钻进胡同里出不来,就在胡同口贴上'人丹'的广告画,画儿上人的胡子往上翘的是死胡同,胡子往下撇的是活胡同。"

赵爷爷喘了口气又说:"从前,这大栅栏里的人不都是做买卖的,权贵官宦、文人墨客、各路豪杰、风尘戏子、东西洋人、城里平民、乡下穷人,还有地痞流氓,三教九流的人都到这儿来。大人物在这儿做大事,小人物在这儿混日子,有钱有势的人在这儿开个大门脸儿,没钱没势的人在这儿盘小铺、摆地摊,洋人来这儿倒弄老物件,找乐儿的人在这儿听戏玩票、泡茶室逛窑子,推车挑担的人在这儿挣口饭钱,地痞流氓在这儿吃地面儿。特别是那些初到京城寻梦的人,一准儿都看上了大栅栏,以为这儿到处都能捡着金子,他们哪知道这大栅栏是天堂,也是地狱啊。"

听赵爷爷这么一说,我惊讶,这惊讶懵懵懂懂,像烙印留在了我五岁的记忆里。

1955年，前门大街北段西立面图之三

大栅栏

二

　　五十多年过去了，我一次又一次地走进大栅栏，总想解开赵爷爷留在我童年里的梦。然而，大栅栏却给我蒙上了更多的好奇与不解、思考与困惑。

　　本书作者杨澄先生是一位在北京生活了七十多年的老北大人，他说："大栅栏的学问是一本读不完的书，是打开老北京历史文化之门的一把钥匙。"何以此说？大栅栏生成的历史与大栅栏衍生的故事，是传承老北京文化的一束多彩的火焰。尽管这火焰时亮时暗，但六百年来，它没有熄灭过。即使在我对新修的大栅栏失去感觉的时候，透过那花哨的装饰，穿过熙熙攘攘的人流，钻进七弯八拐的胡同，依然能看见隐藏在深处的文物遗迹，这遗迹散落在大栅栏的街巷里：庭院门道里的花窗栩栩如生，院子里的石雕饰物千姿百态，老房子里的硬木家具素木如初，脱落的白灰缝里露着砖雕的"大通银号"牌匾，"合力经营晏子风"的对联留着下半句，砖雕的门楼残缺不全……每每看见这些，我困惑的心情时而像浩瀚的大海，咆哮着冲出海滩，荡涤污浊的大地；

（廊房二条东口）

时而平静，像喷薄日出的海面，一抹碧绿、一抹深蓝、一抹绯红。

我百思不解，那些修复大栅栏的人为什么不遵守修古还古的原则，把这大栅栏整得像暴富的豪宅，难道这些设计师不懂北京的历史文化？我想起欧洲那些国家，它们年年都在修复老祖宗留下的古建筑，走过德国、西班牙、意大利、英国、捷克、匈牙利等，看着那些古老的宫殿、教堂、城堡、街巷，依然是中世纪的模样。

既要建设新北京又要保护老北京的口号，是阴阳相悖的两种概念，怎能混淆？

走出大栅栏，看着崭新的前门大街，怎么看怎么别扭，就像是刚搭起来的一台道具布景，一种莫名的感觉油然而生，以为看见了浓妆艳抹的俗女人。我无心流连在这条比大栅栏还魂牵梦绕的前门大街上。穿过五牌楼，望着弯弯的新月，向着内城东南角楼下残存的那段明城墙走去。

夜色幽深的天际线上，古老的城墙历历清晰。

我呆呆地坐在城墙下的土坡上，俨然一尊冻僵的雕像，沉默无语。

借着街灯的光亮，我翻开《找寻大栅栏》这部书稿。那一刻，恍惚跨越了京城三千年的历史，八百年的古都……在这漫长的岁月、短暂的日子里，残存的这段城墙经历了大明朝的兴起，清政府的灭亡……它见证了八国联军的硝烟炮火、义和团的反抗、日本军的刺刀铁蹄，熙来攘往的开发商，络绎不绝的农

1955年，前门大街北段西立面图之四

大栅栏

民工……古城经历了太多的灾难。

冻僵了的思绪伴着寒冷的风。

我想起罗哲文先生在蔚州古城墙上对我说的话："每次看见城墙我就想起北京的老城。五十年前，如果采纳梁思成先生提出的完整保护北京古城、在西郊另建新城的建议，不采纳苏联专家提出的在北京老城址上改建的意见，今天的北京就能和巴黎、罗马一样，有一座老城和一座新城。老北京的城楼、城墙毁坏了，那是不可逆转的损失啊。"

我回想着那段历史。1952年，拆除了长安左门、长安右门、崇文门瓮城、西便门城楼和箭楼；1953年拆除了阜成门瓮城和箭楼、朝阳门城楼、广渠门城楼、左安门城楼和箭楼；1954年拆除了地安门；1956年拆除了右安门箭楼；1957年拆除了永定门城楼和箭楼、朝阳门箭楼、广安门城楼；1958年拆除了右安门城楼、东便门城楼；1959年拆除了中华门；1965年拆除了宣武门城楼、阜成门城楼、东直门城楼和箭楼；1968年拆除了崇文门城楼；1969年拆除了安定门城楼和箭楼、西直门城楼、箭楼和闸楼……

我坐在寒冷的风里，默默地守望着幸存的1500米内城城墙。

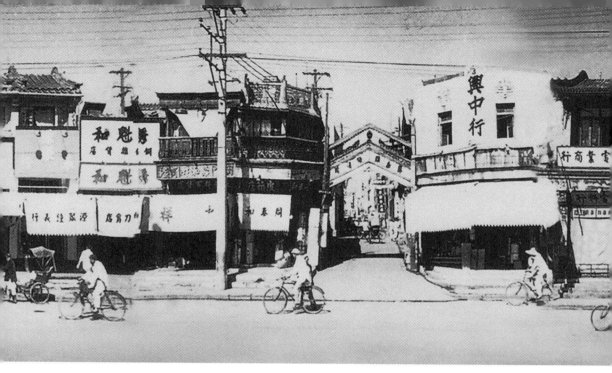

（廊房头条东口）

  恍惚中，月光下升起了海市蜃楼，我看见了老北京丢失的3万8500米内外城城墙、9000米长的皇城红墙、35座气势恢宏的城楼和箭楼、7座内外城角楼、22座精美的牌楼，还有那密密麻麻的3000多条胡同、10多万座四合院……我还看见了伴随着我生活了14年的宣武门城楼。

  眨眼间，海市蜃楼消失了，我的心情又一次跌进了大栅栏地区能不能保存下来的忧虑中。

  从前，老北京有前门大街、大栅栏、鲜鱼口、王府井、西单、东单、西四、东四、菜市口、隆福寺等十几条繁华的商业街。如今，只剩下大栅栏了。那些商街已然没了古的模样，重新冠以金街、银街、商业第一街等美名，无论怎么叫，都是一种没了古字的失落。高楼大厦堆起来的金街、银街在世界上有万千条，哪条能比得过百老汇、拉斯维加斯？大栅栏这条有六百年历史的商业街，在世界上独一无二，那是百老汇和拉斯维加斯能比得了的吗？

  十多年来，拆与不拆大栅栏的决定在宣武区（西城区）拉锯般地争论着，宣武区政府为保护宣南文化，硬是做出了穷汉子挺直了腰杆子保护大栅栏地区的决定。这决定像梁思成、罗哲文保护北京城一样，为北京的历史文化留下了不朽的功绩。

1955年，前门大街北段西立面图之五

大栅栏

转而又想，北京诱惑着多少人的梦，这大栅栏能保得住吗？

我不知道亡羊补牢的教训有多深刻。但我知道，它在告诉新北京人要加倍地珍惜老北京的文化遗产，如果这些遗产消失了，古都北京就没了"古"字，像是从西单移到掠燕湖北岸的那座"弘佑天民"的牌坊，没了自己的根。

如今的北京，到处都打着老北京的幌子。什么老北京文化、老北京民俗、老北京小吃、老北京玩意儿、老北京这老北京那的，"老北京"的旗号充满在影视传媒、书刊报纸、吆五喝六的叫卖声里，他们浅薄幼稚地以为庆丰包子、炸酱面、豆汁、炒肝、驴打滚就是老北京。那些打着老北京旗号的人是否知道，今天的老北京老在哪儿，老北京还留下多少老玩意儿，老北京的老从何而来？老北京的老是从老北京的物质文化与非物质文化遗产而来，从老祖宗留下的家底而来。这就好比古玩店里没有骨董，那还能叫古玩店吗？换句话说，如果明天把大栅栏周边的胡同都拆了，失去了胡同的大栅栏还能叫大栅栏吗？保护大栅栏里的老北京文化，修复大栅栏，不仅仅只是廊房四条，而是东起前门大街　西至琉璃厂　北至西河沿　南至珠市口这片以大栅栏为

中心的集商业、金融、戏剧、影视、出版、会馆、餐饮、市井、胡同、民俗于一体的大栅栏宣南文化圈。这片地区如果能够完好地保护起来,它的历史文化价值将与故宫、长城一样金贵。

半圆的月亮挂在古老的城墙上,城墙没有雉堞。

合上《找寻大栅栏》书稿,我望天长叹。

今天的北京,满街筒子簇拥着南来北往、匆匆寻梦的人,他们没见过老北京的模样,不懂胡同文化,喜好大马路,以为把北京建成高楼林立的世界大都市去跟曼哈顿拼天际线,那才是北京的梦。

五十多年来,改造北京城的人走了一茬又来一茬,北京城像热锅上的煎饼,二环、三环、四环、五环、六环,一圈又一圈地往外摊。北京的常住人口从解放初期的400万膨胀到2200万,北京的汽车从改革开放初期的10万辆剧增到600万辆,北京的流动人口如潮水般地涌来,他们建起了城中城、村中村,北京成了人人都想居住的地方。北京有多少生活资源,能承受多少人,有谁想过,一旦突发灾难,谁救得了这座庞大的城市?

殊不知,五十年前拆老北京城楼、城墙的新北京人,五十年后成了老北京人,他们是否会后悔?

1955年，前门大街北段西立面图之六　　　　　　　　（西河沿街东口）

大栅栏

无奈里，我想象着五十年后的北京，又一茬新北京人成了老北京人，他们重复着五十年前那茬新北京人的反思，悔恨之下，推倒了前三门的板楼，盖起了城墙，建起了宣武门、崇文门、左安门、右安门、四牌楼、外城西南角楼……把新北京恢复出满城的赝品古建筑，这是我多少次梦中惊醒的北京。

三

昨天是正月十五，我又一次走进大栅栏。

阳光下，前门大街上五彩缤纷，万千人群。月色里，大栅栏霓虹璀璨，万盏花灯。

表演民俗的人在前门大街上闹花灯。当金色的狮子、银色的龙，从五牌楼下奔腾而出的那一刻，我看见了古老的北京，回到了五十多年前的大前门下。当我看见舞狮子的那个小男孩儿只有十四五岁时，心中闪起了火花，这火花伴着飞舞的狮子、奔腾的巨龙，薪火相传在

（正阳门箭楼）

前门大街上。

忽然间，我寻回了梦中的老北京，迷茫的大栅栏。

我想起了沙漠里的拉斯维加斯，那是西方人几十年里，用冒险和金子赌出来的一座现代化城市。陶醉里，我看见大栅栏是六百年里，来北京寻梦的人用血和泪堆起的一隅东方古城。

大栅栏是浓缩老北京历史文化、市井民俗的一座博物馆，虽经一次次的风雨摧残，古街的魂灵不散，它像朔望漂泊的星斗，折射着老北京三千年的光亮。

大栅栏，不泯。

己丑年正月十六

主要参考文献

曹子西主编：《北京通史（全十卷）》，中国书店1994年版。

北京市社会科学研究所《北京历史纪年》编写组编：《北京历史纪年》，北京出版社1984版。

沈榜编著：《宛署杂记》，北京古籍出版社1980年版。

崇彝：《道咸以来朝野杂记》，北京古籍出版社1982年版。

孙承泽：《春明梦余录》，北京古籍出版社1992年版。

于敏中等编纂：《日下旧闻考（全八册）》，北京古籍出版社1981年版。

蒋一葵等：《长安客话》，北京古籍出版社1980年版。

刘侗、于奕正：《帝京景物略》，北京古籍出版社1980年版。

徐珂编：《清稗类钞（第七册）》，中华书局1986年版。

杨米人等：《清代北京竹枝词（十三种）》，北京古籍出版社1982年版。

齐如山：《京剧之变迁》，辽宁教育出版社2008年版。

苏移：《京剧二百年概观》，北京燕山出版社1989年版。

王书奴：《中国娼妓史》，上海书店1992年影印版。

刘半农等：《赛金花本事》，岳麓书社1985年版。

陈争平：《金融史话》，社会科学文献出版社2011年版。

余钊：《北京旧事》，学苑出版社2000年版。

王永斌:《北京的商业街和老字号》,北京燕山出版社1999年版。
张金起:《百年大栅栏》,重庆出版社2008年版。
陈平原、王德威编:《北京:都市想象与文化记忆》,北京大学出版社2005年版。

图书在版编目（CIP）数据

找寻大栅栏/杨澄著. —北京：北京大学出版社，2019.2
（北京学丛书·纪实系列）
ISBN 978-7-301-30070-1

Ⅰ.①找… Ⅱ.①杨… Ⅲ.①商业街-介绍-西城区 Ⅳ.① F727.13

中国版本图书馆 CIP 数据核字 (2018) 第 260875 号

书　　　名	找寻大栅栏 ZHAO XUN DASHILAN
著作责任者	杨　澄　著
责 任 编 辑	董郑芳（dzfpku@163.com）
标 准 书 号	ISBN 978-7-301-30070-1
出 版 发 行	北京大学出版社
地　　　址	北京市海淀区成府路 205 号　100871
网　　　址	http://www.pup.cn
新 浪 微 博	@北京大学出版社　@未名社科-北大图书
电 子 信 箱	ss@pup.pku.edu.cn
电　　　话	邮购部 010-62752015　发行部 010-62750672　编辑部 010-62753121
印 刷 者	北京大学印刷厂
经 销 者	新华书店 787 毫米 ×1092 毫米　16 开本　24.25 印张　357 千字 2019 年 2 月第 1 版　2019 年 2 月第 1 次印刷
定　　　价	71.00 元

未经许可，不得以任何方式复制或抄袭本书之部分或全部内容。
版权所有，侵权必究
举报电话: 010-62752024　电子信箱: fd@pup.pku.edu.cn
图书如有印装质量问题，请与出版部联系，电话: 010-62756370

作者声明：本书内容庞杂，讲述及引文如有不当和错误，均由本人负责，并致歉意。